U0541393

国家社科基金项目

中国村落有机体文化生态变迁研究

陈志文　章明卓　叶剑楠　著

中国社会科学出版社

图书在版编目(CIP)数据

中国村落有机体文化生态变迁研究 / 陈志文, 章明卓, 叶剑楠著. —北京：中国社会科学出版社, 2024.2

ISBN 978-7-5227-3260-2

Ⅰ.①中… Ⅱ.①陈…②章…③叶… Ⅲ.①村落文化-文化生态学-研究-中国 Ⅳ.①K928.5

中国国家版本馆CIP数据核字(2024)第053870号

出 版 人	赵剑英
责任编辑	宫京蕾
特约编辑	李晓丽
责任校对	王 龙
责任印制	郝美娜

出　　版	中国社会科学出版社
社　　址	北京鼓楼西大街甲158号
邮　　编	100720
网　　址	http://www.csspw.cn
发 行 部	010-84083685
门 市 部	010-84029450
经　　销	新华书店及其他书店
印　　刷	北京君升印刷有限公司
装　　订	廊坊市广阳区广增装订厂
版　　次	2024年2月第1版
印　　次	2024年2月第1次印刷
开　　本	710×1000　1/16
印　　张	26.25
插　　页	2
字　　数	446千字
定　　价	148.00元

凡购买中国社会科学出版社图书，如有质量问题请与本社营销中心联系调换
电话：010-84083683
版权所有　侵权必究

序　言

　　文化，有传统与现代之分，因此，村落也就有了传统村落与现代村落之分。现代文化通常是指工业社会以来新产生的文化。因此，中国进入工业化以来，村落文化就有了从传统向现代变迁的历史必然。然而，这一幅画面并不是徐徐展开的，而是以"突变"的方式展开的。

　　村落传统文化，在中国改革开放以来的40多年时间里，经历了城镇化带来的巨大冲击，村落文化生态系统发生了深刻的变化，以至于我们在欣赏城市美景的同时，还来不及回头，农村地区却已显现出"老弱化、空心化、污染化、非农化、贫困化"等问题，农村地区出现不同程度的衰退。这与实现中华民族伟大复兴的目标是背道而驰的。因此，如何实现乡村振兴，成为构建城乡融合的韧性国民经济体系和实现共同富裕等重大战略问题的关键，也成为学界关注的重点。大量学者从不同的视角展开研究，有的从村落传统文化保护和利用视角开展研究，有的从农村社会治理视角开展研究，有的从农村经济发展视角开展研究，等等，不一而足，成果斐然。但从系统角度对村落开展整体的研究，成果尚不多见。

　　本书作者陈志文，是我在金华经济技术开发区工作时的老部下，其国家社科基金研究成果《中国村落有机体文化生态变迁研究》，便是从系统角度对村落文化生态变迁开展整体研究的成果之一。该成果首先将村落看成一个整体，将村落物质空间系统与社会和经济系统结合在一起研究，从而使该成果便具备了物质系统观；同时将社会系统中政治、经济、思想、血缘、伦理各种关系联系在一起研究，试图解读出他们之间相互影响的逻辑关系，这使得成果又具备了文化系统观。其系统研究的方法，给读者带来诸多创新点，难能可贵。

　　1. 提出了村落有机体概念，创建了村落有机体理论。

　　作者创新性地提出了"村落有机体"概念，并从村落有机体"细胞"

的定义出发，分析了在"人的自我生产"过程中村落有机体个体细胞分裂、繁殖、死亡、再生、重组、侵入等多种生命形式；进而提出了村落有机体"器官"的概念，认为："在村落有机体组织的生长和发育过程中，细胞功能开始分化，某些细胞功能（空间）发育成为村落有机体的'器官'，以整体大于个体的方式增加有机体生存能力的原则，接替或整合个体细胞中的某项管理功能，从而实现对群体细胞的控制，达到群体细胞协作的一致性。"这样的观点是新颖的，也是形象生动的；继而根据马克思社会有机体理论，认为："村落有机体具有'经济、政治、思想、血缘、伦理'五大器官，这五大器官调节着村落社会'经济、政治、思想、血缘、伦理'五大社会关系。"理论依据充分，结论合乎情理；并从中国传统哲学视角解读了五大"器官"之间相生相克的内在逻辑关系，实现了理论建构的本土化，这样的逻辑推理和理论探索，是非常有意义的。

2. 提出了文化地图的概念，探索了文化地图的编制原理与方法。在本书的第六章中，作者定义了"文化地图""文化坐标""文化高度""文化等高线""文化图式""文化密度"等新概念，将测绘学原理运用于人文地理学研究，这种文、理多学科相融合的研究方法拓展了人文科学研究的深度与宽度。将"古"字抽象化，并与国家所颁布的1:500地形图图式进行组合，通过剪裁、抽象、类比等手法，演绎、设计出一套传统文化要素图式，体现出作者较强的想象能力和扎实的创新功底。并在后续三个样本村落的案例研究中实现了文化地图的编制。虽然村落文化地图尚存在某些不足，但这一创新思想，将对城乡文化地图的编制及文化地图的产业化带来重要的启示作用。

3. 构建了村落有机体结构模型，拓展了村落有机体理论。在村落有机体理论基础上，对村落有机体物质空间和社会两大系统层层剖析，构建起村落有机体结构模型。以结构模型为依据，建立起村落有机体健康度评价指标体系。并以县域为单位，选取样本村落，利用熵权法和TOPSIS法进行了科学研究。结论符合实际，找出了当今乡村振兴和乡村建设中存在的主要问题，对未来乡村的建设具有现实指导意义。

村落社会是一个复杂系统，麻雀虽小，五脏俱全。不采用系统的研究方法，难以把握村落发展中问题的关键。该成果既有系统的理论研究，又有鲜活的样本分析；既有样本区文化背景的历史研究，又有对村落未来文化新形态的展望。开启了村落研究的新方法，体现了作者较为宽阔的学术视野和较深的学术修养，为城乡规划学、人文地理学研究村落乃至城市和乡村的融合发展，提供了一系列新的视角和方法。值得推荐，是为序。

国际欧亚科学院院士、
住房和城乡建设部原副部长
2023 年 6 月于北京

前　　言

村落传统文化生态是一个复杂的系统，其复杂性体现在村落社会以生产方式为基础，各种社会关系同时存在而又相互依存。要理清这一复杂的系统，就必须坚持系统的观点，建立起合理的、科学的理论与方法。唯如此，方能合理解释村落文化生态变迁过程。

一　理论构建

苏格兰生物学家格迪斯在1915年出版的著作《进化中的城市》一书中认为："城市是一个活的有机体。"由此我们认为村落也是一个鲜活的生命有机体。"户"是村落社会、经济、文化活动的最基本单元，正如"人"是从一个受精卵开始发育一样，村落有机体也是从最早着床于某一地理空间的一个单细胞（户）开始发育的。我们将"户"所占领的空间——住宅+院落空间，称之为村落有机体的"细胞"（以下简称细胞）。

"人"是居住在"细胞"中的细胞核。细胞核携带着遗传基因，在"人"的自我生产过程中，不断促使细胞分裂、繁殖，从而使具有血缘纽带关系的机体组织不断发育和生长，最终形成村落有机体。个体细胞的生长包括分裂、繁殖、死亡、再生、重组、侵入等多种生命形式，结构上，村落有机体同样遵循细胞—组织—器官—有机体的生命结构。

在村落有机体组织的生长和发育过程中，细胞功能开始分化，某些细胞功能（空间）发育成为村落有机体的"器官"，以整体大于个体的方式增加有机体生存能力的原则，接替或整合个体细胞中的某项管理功能，从而实现对群体细胞的控制，达到群体细胞协作的一致性。按照马克思社会有机体理论，社会有机体包含"经济、政治、思想、血缘、伦理"五种关系，相对应地，村落有机体具有"经济、政治、思想、血缘、伦理"五大器官，他们分别以"经济中心、行政中心、教化中心、宗祠、礼乐中心"的形式表现出来。① 五大器官之间暗合中国传统哲学中"金、木、水、火、土"五行相生相克的关系。村落有机体的发展，不决定于某一个器官的作用，而是各大器官之间相互作用的结果。因此，只有这五大功能共同健康发展，才能使村落有机体处于和谐状态，五大功能缺一不可。其相生相克的矛盾关系，推动了村落有机体生长和发展。

这就是笔者研究过程中最大的发现和成果，我们称之为"村落有机体理论"，并以论文的形式发表于《经济地理》2020年第11期。在随后的研究中，从系统的观点，从村落有机体历史发展的视角，来考察、研究村落传统文化生态沙漠化现象及应对机制。

二 研究的逻辑及章节安排

根据C.伯里安特城市边缘区理论，城市郊区分为近郊、远郊、边远三个不同圈层。② 笔者选择了浙江省金华市作为研究区，在三个圈层中分别选择了南侧郊区近郊村——雅叶村、远郊村——蒋里村、边远村——郑宅村三个村作为样本村，开展文化生态变迁研究。同时选择了城市东侧一个远郊村——东京村，作为村落空间形态变迁专题研究样本村。以样本研究法，来寻找村落文化生态沙漠化中的普遍规律。

村落有机体是单个"细胞"着床于某一个地理空间后不断发育生长的结果。那么，它是在一个什么样的区域文化环境中生长和发育的，这样的环境将培育出什么样的地域文化和基因，都经历了哪些重大的社会变革，这是首先需要回答的问题。

因此，第一章先从地域文化的源头——稻作文明开始研究，从历史的变迁中，梳理出样本区历史发展的脉络，寻找出滋养村落有机体生长的区域文化形态及其内涵；进而回顾了自鸦片战争以来中国传统文化生存环境所经历的历次重大的历史事件，从而搞清国人文化自信心丧失的原因，找出村落文化生态沙漠化思想动因。在村落文化生态变迁中，城市化是村落传统文化生存环境变迁的重要因素，总结了改革开放后以农村经济改革为动力的城市化、城市土地出让制度改革推动的城市化、质量提升与速度并

---

① 陈志文、胡希军、叶向阳、叶剑楠：《中国传统村落有机体生长内在逻辑研究》，《经济地理》2020年第11期。

② 全国城市规划执业制度管理委员会：《城市规划相关知识》，中国计划出版社2002年版。

重的城市化三个阶段主要特征。本章最后，就样本区的城市化历程进行了总结和回顾。从而从总体上分析了村落文化生态沙漠化的背景及驱动力。

第二章研究了村落有机体生长所依托的自然空间环境及其结构。从"村落"的概念落手，研究了村域的地理空间构成，认为村域的地理空间构成可以分为三个区域：建成区、耕植区、生态背景区。并指出"三生空间"是村落所有文化要素的空间载体。进而对村落建成区、耕植区、生态区的空间结构分别进行了进一步解剖和分析。研究了在不同空间中村落文化要素的构成。村落的所有文化要素，相对应的都有某一个地理空间作为载体，从而建立起文化要素与地理空间之间存在着的一一对应关系。

第三章着重介绍了村落有机体生长的内在逻辑，创立了"村落有机体理论"。这是笔者研究中的一大创新，也是课题研究的一个理论基础。从村落有机体"细胞"概念入手，系统分析了"细胞"的生命演化过程。村落有机体存在五大功能器官——血缘器官、政治器官、经济器官、思想器官、伦理器官，并分别研究了这五大器官的结构形态及其功能。最后用中国传统哲学思想"阴阳五行"理论来解读村落有机体中五大器官之间的相生相克的矛盾关系，从而揭示了村落有机体内在的生命逻辑。

第四章研究了村落传统文化生态沙漠化形成的机制。首先，从村落有机体理论视角考察。村落有机体理论认为："村落有机体是否能够健康运转是由'经济、政治、思想、血缘、伦理'五大功能器官主导的，每一个器官，都具有一个相对独立的协调系统和工作机制，一旦某一个器官功能缺失或发生病变，则会引发其他器官的病变，从而导致村落有机体机能的衰变和死亡"。[①] 这五大器官中，"思想器官"变迁是决定因素。在中国长达两千年的封建社会中，五大器官在"儒家"文化体系中，各自扮演着重要的角色，可以说，在西方工业革命的浪潮没有冲击中国国门之前，农耕文明的生活方式从未发生改变过，五大器官的结构相对稳定，其相生相克的运行轨迹，一直在固定的轨道中运行，从未发生"转轨"。这其中，"思想器官"的稳定，起到至关重要的作用。因此，"思想器官"是农耕文明转轨到工业文明的"生命按钮"。当"思想器官"受到巨大的外

---

① 陈志文、胡希军、叶向阳、叶剑楠：《中国传统村落有机体生长内在逻辑研究》，《经济地理》2020年第11期。

力冲击，人的思维方式跳出原有轨道，从而引发行为方式的转轨。思想器官变革将引发社会有机体其他四大器官变革，进而引发各大器官新旧功能的更替，从而导致村落文化生态的变迁。其次，从新马克思主义空间理论视角研究村落文化生态沙漠化的形成机制。新马克思主义空间理论认为资本总是在利润的追逐中借助政治权利重新塑造着城乡空间形态，无论什么资本，无一不加入到"追逐利润"的队伍中来，其中自然包括农村村民的个人资本。

资本在不同历史阶段以不同形态表现出来，马克思认为，资本的存在形式经历了"自然形成的等级资本"和"现代资本"两个阶段。笔者认为，在新中国成立后至改革开放前这段时期，希望不经过资本主义社会而直接过渡到社会主义社会，试图用资本的否定性创造一个社会主义国家。因此，提出"反资本"的概念。笔者认为，资本在农村文化生态中的存在形式共经历了"自然等级资本—反资本—资本"三个发展过程。资本之所以是农村文化生态变迁的动力，源于不同形态资本在不同时期对农村文化生态空间作用的不同。农村文化生态变迁源于不同形态资本在空间上的作用与空间表达，也在时代的发展中呈现出更多的空间形式。

第五章选择金东区东京村作为样本村，从马斯洛需求理论视角，考察新中国成立以来农村建筑空间形态变迁的过程。从"形"的变化中寻找"态"的内在演变趋势，从而来探究村落文化生态变迁内在的驱动力。建筑物作为人类有目的性的物质创造，其形态的生产就成为用材料、结构、色彩、轮廓、肌理等"形"的因素构造主题的情绪、意念、环境、时间等因素组成的"态"的表达。"形"的要素具有可变性、可组织性，是物质的、客观的；"态"的定义来自于人的需求和感受，是变化的参数，是主观的、心理的[①]。

建筑空间是村落文化的物化形态，不同历史时期的生活方式，以不同的建筑空间形态表现出来。《易经》说："道以成器，而器以载道。"建筑作为人类创造的重要的"器物"，承载着"天人合一"之道。因此，研究村落建筑空间形态的变迁规律，可以找到村落文化变迁的规律。

第六章研究了村落传统文化生态的识别机制。当今的村落，到底还存

---

① 杨涛：《建筑形态演进的科技动因》，天津大学，博士学位论文，2012年。

留着多少传统文化要素,其在村落中具有什么样的分布规律,至今无法科学识别,人们只能估摸一个大概。传统文化要素在村落规划、建设中,往往经常被人忽视,从而造成进一步破坏。因此有必要建立起一种传统文化生态识别机制。笔者创立了"文化地图"概念,定义了"文化坐标""文化高度""文化等高线""文化图式""文化密度"等新概念,从而构建起村落文化生态识别机制。希望通过"文化地图"的编制,达到村落文化生态识别一览无遗的目的。以"古"字为基本寓意,将"古"字转化为符号"■",用来表示"传统"之含义。并在此基础上,进一步简化,以"■"来作为传统文化要素的基本符号。将其与国家所颁布的1:500地形图图式进行组合,通过剪裁、抽象、类比等手法,演绎、设计出一套拥有知识产权的传统文化要素图式。并对三个样本村进行了文化要素的实地调研,计算出每一幢建筑、每一个历史遗留文化要素的文化高度,从而编制出村落的文化地图,从实践角度告诉读者文化地图的编制方法及过程。

第七章研究了村落有机体健康度评价问题。村落有机体传统文化生态沙漠化程度,直接体现在村落有机体"五大器官"的健康程度。因此,如何构建村落有机体健康度评价体系,是对村落有机体理论的进一步延展,是评判村落传统文化生态沙漠化的科学手段。

村落有机体由物质空间系统和社会系统两大系统构成。通过对两大系统九大场景的层层剖析,构建形成了村落有机体的健康度评价指标体系;以金华市金东区为样本,在金东区县域空间范围内均衡选取了46个样本村,采用熵权法及TOPSIS法对金东区46个样本村的数据进行了定量分析,测定了各村落有机体健康度水平,分析了当今乡村建设中存在的问题,并提出提升村落有机体健康度的策略。

第八章研究了村落传统文化生态沙漠化应对机制。首先,针对生产器官的功能修复,提出了"基于村落公司化的农村经营模式",目的是恢复村落有机体的造血功能。其次,对村落政治器官的治理功能进行了问诊,认为村落治理的主要问题在于"政体"与"村民"连接纽带的缺失。"政体"与"村民"连接纽带具有两种形态:情感纽带和经济纽带。在解放前,宗族社会体现为血缘关系的情感纽带。在集体化时期,体现为"集体共同所有"的经济纽带。这两个时期,都表现出良好的政治治理结构和秩序。因此，村庄治理的出路，在于如何利用好这两种媒介，形成政体与村民的有效连接。再次，着重研究了村落传统物质文化空间的重构。基于建筑"内外境域"的理论，提出如何提取传统建筑的文化基因，并提出了文化基因修复及应用的方法。进而提出了耕植区生产景观和生态区生态景观修复的一般性原则和方法。最后，就村落非物质文化遗产的保护与利用提出了策略。

第九章对村落文化生态新形态进行了展望。认为中国传统文化这棵老树，虽历经磨难，但枝干还在，树根尤深。即便在工业文明的春天里，依旧能够长出新芽，并与原来的枝叶相互融合。传统文化基因能与现代科学技术相融合，发展形成新的文化形态。这便是新旧文化的融合，也可理解为东西方文化的融合，我们称之为村落"城乡融合"的文化新形态。城乡融合的文化新形态，不但有传统的根基，更体现出中国特色的现代化本色。并从城乡人口流动趋势、城乡生活方式的融合、五位一体的综合实践多维视角，认证了村落文化新形态必将到来。

"思想器官"是村落文化生态运行轨道转轨的"生命按钮"。要树立文化自信，使人们从西方文化的崇拜中再次"转轨"，归根结底在于人们思想的变迁和思维方式的转轨，因此，必须重新构建农村教育系统。重新认识"太阳能"给予人类生存和发展的重要意义，重新认识"天人合一、人与自然的和谐"的真正含义。以生态文明引领未来社会发展新潮流，是构建村落文化生态新形态的必由之路，也将是构建人类命运共同体的文化本底。

目 录

第一章 样本区的历史背景…………………………………………（1）

 第一节 样本区地域文化的源流………………………………（4）

  一 稻作文明的摇篮……………………………………………（4）

  二 中原文化的传入，区域中心的确立………………………（6）

  三 经济中心的南移，文化中心地的形成……………………（9）

  四 区域文化的形成……………………………………………（13）

 第二节 传统文化生存环境的变迁……………………………（14）

  一 一方水土养一方人…………………………………………（14）

  二 鸦片战争，文化自信失落的开始…………………………（16）

  三 新文化运动，传统文化命运的转折点……………………（18）

 第三节 改革开放后中国城市化历程…………………………（20）

  一 以农村经济体制改革为动力的城市化阶段（1978—1992）…（21）

  二 土地出让模式推动下快速城市化进程（1992—2011）……（23）

  三 质量提升与速度并重阶段（2012年至今）………………（25）

 第四节 改革开放以来样本地区城市化概况…………………（26）

  一 金华市城市化历程…………………………………………（27）

  二 金华全市城市化总体特征…………………………………（34）

第二章 村落传统文化要素构成及其与地理空间的对应关系………（39）

 第一节 村落的概念……………………………………………（39）

 第二节 村域的地理空间构成…………………………………（41）

  一 建成区的地理空间构成……………………………………（43）

  二 耕植区的地理空间构成……………………………………（46）

  三 生态区的地理空间构成……………………………………（49）

  四 空间的隔离与连续…………………………………………（51）

五　村落地理空间构成……………………………………………（51）
　第三节　村落不同空间的文化要素构成……………………………（53）
　　　一　文化系统的构成与形成机制……………………………（54）
　　　二　村落营造中的制度文化…………………………………（58）
　　　三　村落建成区文化要素构成………………………………（65）
　　　四　生产空间的文化要素构成………………………………（72）
　　　五　生态空间的文化要素构成………………………………（72）

第三章　村落有机体生长的内在逻辑……………………………………（75）
　第一节　城市、社区、村落…………………………………………（75）
　　　一　村落空间是由无到有的过程……………………………（75）
　　　二　村落、社区、城市是不同级别的有机体………………（76）
　　　三　马克思的社会有机体理论………………………………（79）
　第二节　村落有机体生长的内在规律………………………………（81）
　　　一　细胞的概念………………………………………………（81）
　　　二　细胞的生命演化…………………………………………（82）
　　　三　器官的发育与生长………………………………………（87）
　　　四　器官的生命逻辑…………………………………………（96）

第四章　村落传统文化生态沙漠化形成机制…………………………（103）
　第一节　有机体理论视角下村落文化生态沙漠化形成机制……（104）
　　　一　"思想器官"是文明转轨的"生命按钮"……………（105）
　　　二　"思想器官"的作用机制……………………………（105）
　　　三　政治器官的作用机制…………………………………（119）
　　　四　经济器官的作用机制…………………………………（124）
　　　五　伦理器官的作用机制…………………………………（129）
　　　六　血缘器官的作用机制…………………………………（136）
　第二节　新马克思主义空间理论视角下村落文化生态沙漠化
　　　　　形成机制…………………………………………………（138）
　　　一　新马克思主义空间相关理论…………………………（138）
　　　二　文化空间化与空间文化化……………………………（144）
　　　三　农村文化生态理论的空间思想解读…………………（145）
　　　四　不同时期资本对农村文化生态变迁的影响…………（148）

第五章　新中国成立以来农村建筑空间形态变迁 (158)

第一节　村庄概况 (160)
第二节　建筑"细胞"形态形成的内在机制 (162)
一　马斯洛的需求理论 (162)
二　建筑"细胞"形态形成内在运行机制 (163)
三　新中国成立以来农村建筑空间形态变迁分期 (165)

第三节　为求温饱时期（1949—1978） (166)
一　土改：房产权属变更与"细胞"空间的切割（1949—1952） (167)
二　合作化：生产空间的重构和新型人际关系的形成（1953—1965） (169)
三　"文化大革命"：传统文化的劫难和村落的初步外延（1966—1978） (180)

第四节　为获尊重时期（1979—1991） (184)
一　为获尊重的行为模式 (184)
二　传统建筑形态的延续 (185)

第五节　归属的迷茫和文化的迷失阶段（1992—2003） (193)
一　外廊式建筑代替了内廊式建筑 (194)
二　结构的户型化与社会的隔离化 (194)
三　暴发户形态的出现 (196)
四　城中村的发育与畸形生长 (197)
五　农村生产力要素的快速流失，乡村空心化 (198)
六　古建筑开始遭受人为破坏 (199)

第六节　自我价值实现阶段（2012年至今） (203)
一　个性化建筑开始 (203)
二　传统文化的回归 (203)

第六章　村落文化生态的识别 (206)

第一节　文化地图 (206)
一　理论构建 (206)
二　相关概念 (208)
三　文化地图与地形图之间的关系 (209)

四　文化地图的功能…………………………………………（210）
　　五　文化图式……………………………………………………（211）
　　六　文化地图的测绘……………………………………………（212）
　　七　文化生态的识别……………………………………………（215）
　　八　附录 A　文化地图图式……………………………………（217）
　　九　郑宅村简史及其文化地图编辑……………………………（225）
　　十　蒋里村简史及文化地图编辑………………………………（237）
　　十一　雅叶村简史及文化地图编辑……………………………（239）
　第二节　样本村传统文化生态比较………………………………（241）
　　一　最具生命力的文化要素……………………………………（241）
　　二　样本村农村土地经营现状分析……………………………（251）

第七章　村落有机体健康度评价……………………………………（255）
　第一节　相关理论……………………………………………………（256）
　　一　村落有机体理论……………………………………………（256）
　　二　可持续发展理论……………………………………………（256）
　　三　"乡村振兴"战略……………………………………………（257）
　　四　场景理论……………………………………………………（258）
　第二节　村落有机体健康度评价指标体系构建…………………（259）
　　一　村落有机体的"结构"剖析…………………………………（259）
　　二　场景的构建…………………………………………………（260）
　　三　健康度评价指标体系的构建………………………………（264）
　第三节　金华市金东区村落有机体健康度评价…………………（272）
　　一　研究区域概况………………………………………………（272）
　　二　样本村选择及数据来源……………………………………（274）
　　三　数据处理方法………………………………………………（275）
　　四　金东区村落有机体健康度评价……………………………（279）
　第四节　村落有机体健康度存在问题及提升策略………………（286）
　　一　存在问题……………………………………………………（286）
　　二　策略…………………………………………………………（286）

第八章　村落传统文化生态沙漠化应对机制………………………（288）
　第一节　基于村落公司化的农村经营模式………………………（288）

一　改革开放以来农村改革历程评述……………………(289)
　　二　聚沙成塔的困境……………………………………(291)
　　三　现代农业的多种模式探索…………………………(292)
　　四　现代化农业经营公司的设想………………………(293)
第二节　村庄的治理………………………………………(298)
　　一　农村治理现状………………………………………(298)
　　二　村庄治理的困境……………………………………(300)
　　三　村庄治理的出路……………………………………(303)
　　四　传统治理的当代价值………………………………(308)
第三节　村落物质文化生态的重构………………………(313)
　　一　村落建筑景观的重构………………………………(313)
　　二　村落生产景观的重构………………………………(337)
　　三　自然生态景观的重构………………………………(344)
第四节　村落非物质文化生态的修复……………………(347)
　　一　浙江非遗文化生态空间格局………………………(348)
　　二　非遗文化生态保护与利用…………………………(353)

第九章　村落文化生态新形态………………………………(357)

第一节　城乡融合文化新形态的逐渐兴起………………(357)
　　一　人口流动趋势的未来判断…………………………(357)
　　二　城乡生活方式的相互融合…………………………(365)
　　三　"五位一体"的逻辑关系…………………………(373)
第二节　文化认同的转变与文明的新走向………………(374)
　　一　文化认同的转向……………………………………(374)
　　二　城市文明的未来走向………………………………(376)
　　三　归居田园的哲学思考………………………………(381)
第三节　村落文化生态新形态……………………………(387)
　　一　古代文人的素养与品质……………………………(388)
　　二　时代新人的品质……………………………………(391)
　　三　村落文化新形态构建………………………………(394)

后　记………………………………………………………………(401)

第一章　样本区的历史背景

中国农村，曾有过和谐的文化生态。掩映在山水、田园之间的村落，曾经鳞次栉比，屋舍俨然。黑、白、灰三色涂抹的建筑，有如一幅泼墨山水画，安静地铺设在青绿之间，炊烟袅袅，生机盎然。村落之中，屋舍之前，鸡鸣桑树之巅，蝴蝶翻飞花间；每一处农田，每一条溪流，都流淌着绿色的春烟。每一方山水，每一处月痕，都孕育着稻粟的香甜。然而，这一切似乎已成过往，正可谓：

儿时负笈出乡关，四十年来魂梦牵。

回首何堪人已老，夕阳落处少炊烟。

四十余年的城市化的进程，使中国农村地区的传统文化快速消失。农村出现了"生产要素非农化、农民社会主体过快老弱化、建设用地空废化、水土环境污损化、贫困地区深度贫困化"①的趋势，还有一个就是传统文化生态沙漠化。

"文化沙漠"是指"外来文化与本地文化经历了一个冲突到融合的过程，传统文化逐渐消失或变迁，而新的文化又没有产生或由于其发展历程短，得不到认同的文化生态现象"。姜建国于1995年就提出："防止文化沙漠向农村地区蔓延。"②

农村，脱胎于农耕文明。当一个社会细胞（一户人家）着床于某一片土地，这个细胞便开始生长、发育、分裂、繁衍，从而逐渐形成细胞团，最终发育形成村落有机体。这个有机体以农耕为本，在太阳能的哺育下，与自然界进行着永恒的量能循环，并保持着量能输入、输出的动态平衡。人们遵循动物界血缘关系的自然等级，协调着人与人之间的关

---

① 王成：《现代乡村与城乡融合发展》，《2017年中国人文地理学年会主题报告》。
② 姜建国：《警惕"文化沙漠"在农村蔓延》，《农村·农业·农民》1995年第2期。

系,享受着长幼有序的亲情和关爱,并自觉规范着个人的言行。家庭和睦,邻里无争,村落社会生机勃勃,井然有序。然而,在进入工业化以后,农村不仅撕裂了原有的能量循环系统,也撕裂了传统的道德价值体系。农村生产力要素持续外流,细胞功能衰退,导致农村活力不足,农民失落感增强,在丢弃传统文化的同时,也找不到在现代社会中的归属感。

在以各级城市为中心的社会网络之中,每一个城市,"就像一个巨大的'章鱼'(octopus),或者叫'水螅'(polypus),是一个巨大的不规则的增长物"[1],它不断地吸吮着周边小村落的能量,并将触角进一步延伸至田园深处。在吞噬农村地区各种生产力要素的同时,还将城市的生活方式、思想观念和行为习俗输向农村,从而将其控制范围内的各个村落"塑造"成自身的模样。这个巨大的"章鱼"所具有的魔力之一,在于资本的空间生产。它使人们疯狂,使人们见钱眼开,使人见利忘义,从而使人丢弃传统道德价值观念,成为资本空间再生产的工具;魔力之二,在于不断吞噬农村生产力要素,使人们逃离农村,从而使农村地区空废化,形成城乡之间发展的不平衡。"触角"所到之处,村落无不深度变迁。

根据C.伯里安特城市边缘区理论,城市及郊区形成了四种典型的村落,即城中村、近郊村、远郊村、边远农村。当你从城市这条"章鱼"的腹中顺着它的某一条"触须——道路"往外走,你便可以看到不同地带、不同村落的景观。城中村,原有村落的物质空间形态已经荡然无存,取而代之的是密集而拥挤的多层建筑或经规划改造的高层建筑,这些新生的建筑形态,已成为"章鱼"肌体的一部分,称之为"民改居",村民生活完全市民化;近郊村,是其改造最成功的样板,长相几乎与它一模一样,只是个体小一点而已,近郊村附着在"章鱼"身体周边,享受着"章鱼"生长过程中给他带来的溢出效应,村落景观别墅化,村民生活半市民化;远郊村,有其七分神似,尚留三分旧痕;边远村,五分旧模样,五分新痕迹。四种样本村落由近及远,分别呈现出不同程度、不同形式的

---

[1] [英]帕特里克·格迪斯:《进化中的城市——城市规划与城市研究导论》,李浩等译,中国建筑工业出版社2017年版,第18页。

传统文化生态沙漠化现象。

中国用短短40年时间走完西方200多年的工业化道路，这个过程中，农耕文明与工业文明这两种文明形态经历的激烈碰撞所产生的能量，足以使一切历史遗痕化为灰烬。急剧的"化学反应"，足以改变一个人的思想观念和生活方式。矿物能源以其巨大的能量，支撑起城市中的万家灯火和车水马龙，以其"钢铁侠"的形象，用钢筋混凝土碾压所有的土木建筑。农耕文明所依赖的太阳，由此开始暗淡无光，人们似乎已经不需要太阳的关照，似乎完全可以由煤炭、石油、天然气乃至核聚变所产生的能量取而代之。作为身处历史聚变中的你我，在这样激烈的变迁面前，既无思想准备，也无力阻挡。城市化浪潮，快速荡涤着历史的遗痕。当你还来不及回首，眼前曾经熟悉的一切，已成为过往。熟悉的旧街巷不见了，熟悉的古建筑消失了，熟悉的民俗风情不见了踪影，熟悉的田园荒芜了。没有了长亭相送，却出现了空心村老人寂寞的眼神；没有了历史建筑的痕迹，却留下了游子无尽的乡愁。当你享受工业化带来的物质文明的同时，你是感受到温暖还是寒冷？是恬淡还是紧张？是幸福还是痛苦？

这一切，都使人心情沉重，使人反思。村落文化生态沙漠化，是一个历史的过程。那么究竟是什么原因，使人们抛弃维系千年的田园生活，将人们置身于陌生而冰冷的城市丛林之中？是什么原因，让人们心灵迷失于由钢筋混凝土世界而深感无所归宿。要寻找答案，就要从研究村落文化生态沙漠化形成机制开始。本书以浙江省金华市作为研究区，选取近郊、远郊、边缘三个不同圈层的样本村落，进行研究，从历史文化背景入手，用历史唯物主义的眼光来找出村落文化生态沙漠化的历史动因，从而寻找村落变迁的轨迹。

这个历史背景有三个方面内容：一是样本区地域文化的源流是什么；二是样本区村落传统文化生存环境到底经历了哪些重大的历史事件，从而导致传统文化沙漠化，导致人们文化自信心的丧失；三是样本区经历了什么样的城市化历程。只有先回答这三个问题，才能从总体上把握村落文化生态沙漠化的历史背景，才能了解地域文化本来的面貌和特征，才能正确把握未来村落传统文化生态修复的方向和目标。

第一节 样本区地域文化的源流

一 稻作文明的摇篮

金华古称婺州，地处金衢盆地中段，北靠金华山，南抱金华江，隔江与南山相望，钟灵毓秀，物产丰腴，人文荟萃，民风淳朴，自古有浙江第二大粮仓之称。勤劳勇敢的金华人民世世代代在这片古老的土地上勤劳耕作，生息繁衍，谱写出了辉煌灿烂的历史文化。

金华得天独厚的自然地理和气候条件，孕育出中国最早的稻作文明。金衢盆地史前人类很早就掌握了水稻的种植与加工技术，据考古学界近年来对浙中及附近地区的考古发掘，前后共发现了新石器时代遗址19处，其中以金华市浦江县上山遗址①为最，被学界称为稻作文明的摇篮，并于2006年11月命名为"上山文化"。这19处遗址，大多数处于金衢盆地，说明金华不但是史前人类的聚居地，而且是钱塘江流域稻作文明、农耕文明和村落文明重要的发源地，更是人类文明的发祥地之一。而金华市正处于上山文化生态圈之核心区。

金衢盆地及周边考古发现的19处史前遗址②，最集中的地方有两处：一是永康城市周边，二是金华市婺城区汤溪镇周边。这两处位置，有着共同的特征：两者都处于南部山区向平原转变的一级台地，同时还处于小河流刚流出山谷进入平原的交界地带。这说明，人类沿小河流域走出山区，

---

① 上山遗址：位于浙江省钱塘江支流浦阳江上游的浦江县黄宅镇境内，面积2万多平方米，是长江中下游地区早期的新石器时代遗址。考古学家发现了几片夹碳陶片，并在陶片表面和胎土中，发现了许多稻壳和稻壳的印痕，这就是经人类选择过的早期栽培稻。上山遗址考古还出土了石磨盘和石磨棒组合、通体磨光的石锛和石斧，以及大口盆。这些看上去十分简陋的工具，却是稻谷的加工、煮食的重要工具，系统的证明了上山遗址当时的生活已经是原始稻作农业。上山遗址代表了一种原始的新石器时代文化类型，这种地域文化于2006年11月被命名为"上山文化"。

② 十九处遗址：1. 上山遗址；2. 小黄山遗址；3. 青碓遗址；4. 荷花山遗址；5. 下库遗址；6. 青阳山遗址；7. 山下周遗址；8. 大公山遗址；9. 湖西遗址；10. 庙山遗址；11. 蕉山遗址；12. 长城里遗址；13. 长田遗址；14. 太婆山遗址；15. 义乌桥头遗址；16. 老鹰山遗址；17. 仙居下汤遗址；18. 临海峙山头遗址；19. 金华三潭山遗址。

摆脱穴居，首先在较为开阔的山谷与平原的交界地带定居下来。生活方式从山林的狩猎和野果采摘变为平原地区的狩猎和草籽采摘，食物链发生改变，并在野生草籽（野稻）的采食过程中，在自觉与不自觉之间发明了野稻驯化，从而进入了农耕文明的萌芽形态。随着农业技术的进步、人口的发展，人群开始寻找更开阔的生存空间，从而稻作文明从钱塘江的上游地区向下游更开阔的平原地区发展。其中钱塘江的重要支流——浦阳江，是稻作文明从金衢盆地走向更开阔的杭嘉湖平原的最理想的出走通道。

《尚书·禹贡》载："三江既入，震泽底定。"禹贡中所说的三江指的就是松江（吴淞江）、钱塘江、浦阳江。吴淞江是太湖以东、钱塘江以北、长江以南这一三角平原地带最重要的一条东西向走向的支流，要将这一地带多余的雨水疏浚到东海，吴淞江是唯一的通道；钱塘江自然不必说，承接着杭嘉湖平原多余雨水的疏浚任务；而浦阳江则是负责浦江、诸暨两个小平原及杭绍平原西侧局部多余雨水的疏浚任务。

中国大小江河众多，为何《禹贡》赋予这三条江河这么高的历史定位，唯一的解释是这三条河流在中国农耕文明的发展过程中具有重要作用。"震"，是八卦中的一卦，"震卦"代表正东方。这三条河流所处的位置，正处于中国大陆的正东方。"震卦"两阴爻在上，一阳爻在下，代表一种往上、往外发展的方向。故其正象为雷。秋冬季中间潜于两阴下的气血，春天到来，就开始往上、往外发展趋势，振动其上之阴之气，驱使着天地万物萌生，如春天里的蛰雷。"震"，在此有暗指农耕文明的发生，正如春天的草木，往上、往外而展。因此"三江既入，震泽底定"，可理解为松江（吴淞江）、钱塘江、浦阳江这三条江河流疏浚工作完成，河水东入大海，"东方那一片沼泽"——围绕着太湖东南侧这一大片沼泽地带，可将多余的雨水疏浚出去，改沼泽为良田。于是，农耕文明有如春天的草木，生机勃发，并不断往外扩展，传播。

由此可见，具今有10000多年历史的上山遗址等，是人类走出山谷走向平原开始农耕的产物；而距今7000—8000年历史的萧山跨湖文化，则是上山稻作文明沿浦阳江从上游地区向下游发展的结果；人类借助独木舟①跨过钱塘江，形成距今5000多年历史、具有国家文明形态的良渚文

---

① 萧山跨湖桥遗址，出土了一艘被誉为"中华第一舟"的"八千岁"独木舟。

明，则是稻作文明成熟的标志。由此可见，金华地区，是江南最早步入农耕文明的地区之一。

二 中原文化的传入，区域中心的确立

(一) 中原文化的传入

战国时，越被楚灭，归楚国。楚文化是中国春秋时期南方诸侯国楚国的物质文化和精神文化的总称，是华夏文明的重要组成部分。楚国先民最初生活在黄河流域的中原地区（河南新郑），南迁后给楚地带来了先进的华夏文明因素，并以中原商周文明特别是姬周文明为基础向前发展为楚文化。从文化性质来看，楚文化更多地保留了中原姬周文化的特色，因此，对周礼文化的传承，更具原真性和完整性。

《史记·越王勾践世家》中曾记载："越王勾践，其先禹之苗裔，而夏后帝少康之庶子也，封于会稽，以奉守禹之祀。"春秋战国之际，著名的越王勾践打败吴王夫差后，曾"致贡于周，周元王使人赐勾践胙，命为伯"[1]。从此句可见，勾践自认与周王朝的关系是"君臣"的关系。而周礼是中国儒家文化的源头，因而金华地区在南蛮文化基础上，首先接受正宗的儒家文化的洗礼。越国因"少康恐禹祭之绝祀，乃封其庶子于越，号曰无馀。馀始受封，人民山居，虽有鸟田之利，租贡才给宗庙祭祀之费"，而重视"祭祀文化"，这与周礼中以"祭祀文化"为核心，是一脉相承的。因此，金华的宗族文化，历史源远流长。秦统一六国，统一度量衡，实行郡县制，百越地区正式纳入中原文化版图。

(二) 区域中心的确立

秦王政二十五年（前221），在金衢盆地东、西两地设乌伤、太末（也作大末）两县，隶属会稽郡。东汉初平三年（192），析（乌伤）南置长山县（今金华，下同）[2]，金华县治，由此始。金华有史以来，首次成为区域的政治文化中心。

长山县治，有学者认为在现在的金东区孝顺镇。笔者认为并非空穴来风。清《道光金华县志》载："城北高山，双峰入云，名双尖山，东北峰

---

[1] 司马迁著，张大可注释：《史记》，华中科技大学出版社2019年版。
[2] （南朝宋）范晔撰：《后汉书·郡国志》，中华书局2007年版。

名'华金尖',西南峰名'法华尖',以两峰中间一字'金'、'华'得山名。县以山名,故曰金华。"从这段文字表述可以看出,当时长山县名改为"金华",是取城北两座山峰(即现在的双尖山)名字中间一字而来。双尖山正处于孝顺镇的北侧,从风水学角度理解,长山县城,以长山为"靠背",取双尖山作为"主山",是完全可以理解的。

(三)区域核心文化的确立

"乌伤""孝川""孝顺"等行政中心地名字的由来,都与儒家文化的核心——"孝"文化相关。'乌伤'取意于"乌鸦反哺","孝川"(孝顺镇的古名),相传是孙权行经孝顺被一孝子的孝行所感动而为其取名。不管故事的真实性如何,从区域政治文化中心的地名中,可以领悟到区域所弘扬的主题文化思想。

曾子说:"民之本教曰孝。夫仁者,仁此者也;义者,义此者也;忠者,忠此者也;信者,信此者也;礼者,礼此者也;行者,行此者也;强者,强此者也。"[1] 在传统的儒家文化中,仁、义、忠、信、礼等都是十分重要的内容,而曾子将这些内容都和"孝"联系在一起,认为讲求仁爱的人,只有通过孝道才能体现仁爱;讲求仁义的人,只有通过孝道才能掌握适宜的程度;讲求忠的人,只有通过孝道才能真正合乎忠的要求;讲求信的人,只有通过孝道才能合乎真正的信实;讲求礼的人,只有通过孝道才能对礼有真正的体会;讲求强大的人,只有通过孝道才能真正表现出坚强。曾子还说:"夫孝,置之而塞于天地,衡之而衡于四海。推而放诸东海而准,推而放诸西海而准,推而放诸南海而准,推而放诸北海而准。"[2]

由此可见,金华是弘扬和推崇儒家文化的首发地和核心区。"孝"文化源远流长,从"孝"道中,践行"仁、义、礼、智、信"诸多内涵,"孝文化"是"金华人文精神"的文脉之源。

(四)金华儒释道文化的兴起与融合

1. 道教文化的兴起

清《光绪金华县志》载,自黄帝南巡金华山,开铸鼎炼丹先河以来,

---

[1] 黄怀信译注:《大戴礼记·曾子大孝》,上海古籍出版社2019年版。
[2] 黄怀信译注:《大戴礼记·曾子大孝》,上海古籍出版社2019年版。

道学家、医学家、神仙家接踵而至,如赤松子、九天玄女、安期生、老子、黄初平、葛洪等众多仙道人物,都在金华山这座"炼丹名山"留下了采药、炼丹、修道、飞天的传说和踪迹。金华山成为道教第三十六洞天,赤松山成为黄大仙修仙得道之地,金东区在道教文化中占据着独特的地位。

黄初平(约328—386),后世称为"黄大仙",是著名道教神仙。出生于浙江省金华市金东区仙桥村,在金华山中的赤松山修炼得道升仙。传说因为炼丹得道、羽化登天,而且以"药方"度人成仙,得到人们的信仰和崇祀,赤松宫、赤松涧成为得道成仙的福地象征。

医者父母心。在古时缺医少药的年代,医生助人为乐,救他人于危难,寄托着老百姓生的希望。因此,一个具有良心、且具有高超医术的医者,一定会受到当地百姓的崇拜和信仰,其救死扶伤的事迹往往会传遍各地乃至被神话,成为一个地方的保护神,被老百姓供奉在庙宇之中,世代享受香火。对这类被神话人物的敬仰,也正是宗教"行教化"的功能与表现,是弘扬助人为乐、与人为善精神的具体表现。而立的庙宇多了、信仰的人多了,一种道德价值观念也就升格为宗教信仰。

2. 佛教文化的传入

达摩(?—536),天竺人,禅宗二十八代佛祖,是把禅学带入中土的第一人。达摩到中国弘扬大乘佛教之时,正值南北朝分裂的时代,社会治安极差,民心凋敝,原有的佛教教理偏重于追求个人名利,趋附权贵,造成世风日下,道德观念也愈来愈难以发挥制衡作用。达摩行医济世,遍施爱心,在下层百姓中广结善缘,引起共鸣。

达摩祖师漂洋过海,来到中国,自广州到南京的过程中,途经金华,与金华结下了不解之缘。达摩曾在金华一带停留多年,梁普通元年(520)收义乌傅翕为徒,在香椿树下结庵修行,史称善慧大士,成为四方敬仰的名僧,并同梁武帝结下佛缘。公元550年,梁武帝敕建双林寺,同时在金东区境内敕建的还有盘龙寺、大佛寺,还有婺城区境内的九峰禅寺、智者寺等,金华佛教至此开始兴盛。

3. 儒释道文化的融合

佛教文化传入中国,是中国历史上第一次外来文化的渗入,同时也是第一次文化大融合。达摩祖师收义乌傅翕为徒,傅翕与达摩、志公并称

"梁代三大士,"傅翕由此而称"傅大士"。傅曾作有 300 多首诗偈颂文来阐释佛理禅意,劝导世人看破世间的功名利禄,尽心修证佛法,才能最终得到大解脱。

日本学者忽滑谷快天指出:"梁武帝时代,僧副、慧初等,息心山溪,重隐逸,小乘之弊犹未能去。独傅翕超悟大乘,出入佛老,感化及于后世禅教者,翕一人也。"[①] 说明傅大士在佛教中国化过程中的作用。佛教要中国化,离不开中国本土的"道"和"儒",尤其是受儒学影响很大。

傅大士(497—569)倡导三教合一。南怀瑾先生说:"傅大士以道冠、僧服、儒履的表相,表示中国禅的法相,是以'儒行为基,道学为首,佛学为中心'的真正精神,配上他一生的行径,等于是以身设教,亲自写出一篇三教合一的绝妙好文。"[②] 从此,儒释道三教合一,成三足鼎立之势。

可见金华这一片土地,成为中国历史上三教文化融合的倡导者,足见这一方水土所养之人,具有宽阔的心怀,具有极强的包容之心。

三 经济中心的南移,文化中心地的形成

(一)经济中心的南移

随着京杭大运河的开通,南粮北运成为可能,中国逐渐形成了经济、文化中心在南,军事、政治在北的社会空间格局。从而带来了两浙地区经济文化的大发展,并推动区域城市空间格局的调整。

1. 经济空前繁荣

隋炀帝开凿大运河,直接改变了秦朝以来以陆路交通为主的交通方式。每一次交通方式的大变革,都直接导致城市空间格局的重构和区域经济的变迁。江南经济的发展,就得益于大运河的南北贯通。南粮北运,极大促进了江南地区的农业经济和工商业经济的发展。作为浙江省第二粮仓的金衢盆地,借钱塘流域水系,与中国大部分地区取得了经济联系,极大促进了金华地区的社会经济发展。

---

① [日] 忽滑谷快天:《禅学思想史》,宋立道译,中国社会科学出版社 2019 年版。
② 南怀瑾:《禅话》,东方出版社 2022 年版。

到北宋，中国国力强盛，四大发明相继诞生，而且发明了纸币——交子。著名史学家陈寅恪在邓广铭《宋史职官志考正》序言中说："华夏民族之文化，历数千载之演进，造极于赵宋之世。"张择端的一幅《清明上河图》描绘出北宋汴梁城市繁荣景象，柳永的一阕《望海潮》，描绘出杭州城市的繁荣景象，直接引发了金兵南下的侵略念头。由此可见，江南地区，到宋朝，社会经济发展空前繁荣。为南宋金华儒学文化及豪门望族的兴起，打下了坚实的经济基础。

2. 城市空间格局的重组

交通方式的改变，直接引发城市空间格局的重组。唐武德八年（625）"省长山，入金华"。金华县治，从长山（孝顺）移到现在的金华城市所在地——三江交汇之处；太末县由汤溪移往衢江边的龙游。类似城市空间的转移，在全国范围发生，形成了沿各大江河兴建的城市群空间格局。交通运输的发展，进一步促进商业经济和农业经济的发展，同时促进了农民商业意识的提升和商品经济的发展。

3. 唐诗之路的形成和文化的繁荣

水运网络的形成和交通的便利化，使南北文人交流成为可能。从唐长安城到江南道教文化中心地——天台，有两条水路可行：一条是经大运河到杭州经绍兴到天台；另一条经鄱阳湖到衢州到兰溪，再由金华经陆路到台州，或由新安江到杭州到天台。由此形成了浙江四条诗路文化带。

文人的游学，促进南北文化的交流，进一步促进儒、释、道文化的融合，同时，这些自隋朝开科取士以来登科的寒门弟子的游学，也进一步促进南方地区寒门弟子的读书热情，"朝为田舍郎，暮登天子堂"，成为寒门子弟最大的梦想，也由此形成了江南地区浓厚的耕读文化氛围。金华"耕读"文化，成为区域文化的另一个核心。

（二）文化中心地的形成

1. 文化中心地的形成

继永嘉之乱、安史之乱后，宋室南渡又造成大批中原望族南迁。作为临安陪都的金华，自然成为各望族安身立命的首选之地。吕祖谦吕氏一族，便是典型代表。

周敦颐是北宋理学的创始人。《宋元学案》中对于周敦颐的地位有这样的论述："孔孟而后，汉儒止有传经之学。性道微言之绝久矣。元公崛起，二程（程颢、程颐）嗣之，又复横渠诸大儒辈出，圣学大昌。"①宋明理学以孔孟之道的儒学为主干，还多方吸收了道家、佛家的思想精华，逐渐成为中国封建社会中占统治地位的哲学思想。

继北宋程门理学肇起，以兰溪范浚（1102—1150）为代表，金华理学在北宋末、南宋初便已发端，吕祖谦（1137—1181）继之，与唐仲友（1136—1188）、陈亮（1143—1194）共同生发为婺州学派，与朱熹（1130—1200）闽学、陆九渊（1139—1193）金溪之学，形成三足鼎立之势，金华成为南宋文化高地。

朱熹之后，黄榦嫡承；黄榦之后，分江西一派和浙江一派，黄榦传给何基，何基传给王柏，王柏传给金履祥，金履祥传给许谦。《宋元学案》称"北山四先生"。至此，金华成为南宋理学文化中心地，学子前来求学者，络绎不绝。

2. 理学传播与民间书院兴起

东莱（吕祖谦）学派分两支：一支由徐文清传黄文献传柳文肃（贯）再传宋文宪（濂）。宋文宪（濂），为明朝婺学之端；另一支由何基传王柏再传金履祥传许谦、柳贯再传宋濂。

民间书院，如雨后春笋般兴起，南宋时期金华著名书院有丽泽书院，唐仲友的说斋精舍、道一书院，何基的北山书院，王埜的山桥书院等；元明时期，增加崇正书院、正学书院；至清朝，有桐荫书院、滋兰书院、丽正书院、长山书院、鹿田书院、九峰书院等。这些书院，既是婺学一脉的传承载体，也是"小邹鲁"文化的物质空间载体和这一方学子的精神寄托场所。同时，地方私塾教育也遍地开花。著名私塾有傅村的尊道书塾、诚正书塾等。②为学术传播、人才培养和文化繁荣，做出了不可磨灭的贡献，形成了地方浓厚的耕读文化氛围。

金华书院林立，学者云集，讲学成风，学术活跃，人才辈出，文化昌盛，而被天下誉为"小邹鲁"。对于理学的研究，不但形成师徒相传的明晰地域文脉，而且在前人学术理论基础上，不断深化和创新，不断把理学

---

① 黄宗羲：《宋元学案》，中华书局2013年版。
② 龚剑锋：《金华历代书院的兴衰》，浙江文化信息网，2013年10月25日。

理论推向深入。

3. 村落文化兴起与传播

除了以上北山四先生形成学门之外，仅南宋一朝，共有九位金华籍学子先后担任南宋宰辅，分别是楼炤、王淮、葛洪、范雍、范锺、乔行简、林大中、马光祖等，这些姓氏多成聚族而居的望族。其中王淮的王氏一族为代表，形成了望族群，并通过姻亲关系，形成金华范围内的望族裙带关系。含香、曹宅的曹氏，山口邢氏，杜宅杜氏等，相互之间都有姻亲关系，皆为宋元之后的名门望族。金华明清时期形成的四大财主有唐雅的王氏，傅村傅氏，仙桥钱氏，马鞍山金氏，这些村落不但重视物质空间建设，更重视儿孙的教育，形成了主流文化之外具有典型地域文化特色的村落文化。

名门望族之间，文人相互唱和、交流，极大促进了村落文化发展，最典型的是村落空间景观的营造。在吟咏金华大景观的同时，也塑造出村落的八景、十景，并以诗歌的形式进行传唱。如杜恒的《金华十咏》，邢沂的《平山八景》，元末曹宅曹志的《金华十咏》等，目前宗谱中保留"地方十景诗"的村落有含香、曹宅、蒲塘、东藕塘、山口等村落。到清朝，以曹宅为中心，曹开泰发起成立"北麓诗社"，是金华历史上有史记载的第一个诗社，成为金华文化又一新的文化高地。

村落不但重教学，且重文化传播。金东区东藕塘村是北山四先生之一金履祥最大的后裔居住地，金履祥的第三孙金若龙，元至和年间（1054—1056），从为官之地临海返乡，途经东藕塘，优美的风景令他流连忘返，因而在此地卜筑而居。清代雍、乾时期，金律在自家七进厅后花园中建起奎光阁作为书院，聘请多名金华的知名学者讲学，书院最兴旺之时，几乎把整个村建成了一个大学城，对婺学文化的传播起到了极大的推动左右。

东藕塘印书坊远近闻名，所印书籍不仅影响了金华的学者，还出版了一部书，使得金华的先贤扬名全国。这部书就是被收入《四库全书》而广为人知的《金华征献略》。此书分12类，分别记述了八婺之地自古以来的先贤事迹。

从金华一个村的文化发展可见一斑，金华村落文化的内涵极其深刻，并对婺文化的传播、复兴，起到了极大的推动作用。

四 区域文化的形成

(一) 宗族文化的形成

中国农耕文化，最典型的特征是形成以血缘为纽带的血缘村落。在儒家文化影响下，村落对祭祀高度重视。但在明朝之前，只能是有品阶的官员方能建立家庙，一般百姓人家不允许建立宗祠，各家各户只能在自己的"堂前"祭祀祖先。"庶人无庙，四时祭于寝"，是礼法中的基本规定。公元1536年，明代嘉靖皇帝颁布诏令，允许民间"联宗立庙"，从此，民间建立宗祠终于获得了合法的地位。全国各大村落、望族，争相建立宗祠。宗祠成为村落中最重要的公共建筑之一。

随着宗祠的建设，宗谱的修订，也成为宗族文化建设的重要内容。同时，村落发展历史、大事记、名人传记等编写，都极大促进了村落文化发展。族规的制定，进一步强化了村落自治。"宗祠、族谱、村规民约"共同组成"物质、制度、精神"三种文化要素兼备的宗族文化系统。

(二) 区域耕读文化空间体系的形成

随着宗祠建设，在区域范围内，形成了耕读文化的物化空间形态和体系。

1. 首先表现在宗族自治结构的进一步完善。农村社会的控制是指国家层面上的主体对农村社会组织和个体在政治、经济、文化等方面的多维空间的作用和约束活动。而国家对农村地区的控制是通过农村组织对村落政治、经济、文化等方面的管理来实现的，在不同的历史时期，农村组织类型及其管理手段都以不同的形式表现出来。在封建社会，村落组织主要表现为宗族组织，管理的手段主要是以收宗睦族的凝聚人心手段和表现为自治性质的宗族管理规章制度，即所谓的族规。

2. 进一步促进了耕读文化的繁荣。随着宗族理事会等机构建立和完善，氏族子弟的读书，也纳入宗族管理范围，教育救济制度的建立，使许多读不起书的孩子得到救济，纷纷进入到由宗族创办的私立学校学习，从而进一步促进了耕读文化的发展。

3. 耕读文化在区域内的进一步传播。宗族与宗族之间，在区域内是一种生存竞争的地缘政治关系，因此，宗族之间相互攀比，努力提升实力，以期在区域内，具备更大的话语权和生存竞争能力。良好的耕读氛围，在宗族之间的交流中，得以在更宽阔的地理空间中传播，进一步促进区域耕读文化空间形态的形成和发展。

第二节 传统文化生存环境的变迁

一 一方水土养一方人

到新石器初期，北半球北纬 30 度线附近的四大流域孕育出四大农业文明区，相对应的，形成了四大文明古国。古埃及、古巴比伦、古印度三大古文明，都已烟消云散，唯有黄河、长江流域的中华文明，生生不息，至今屹立于世界东方（见图 1-1）。

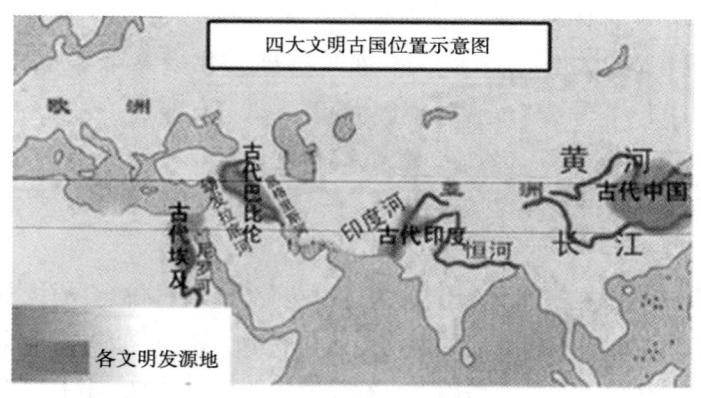

图 1-1 四大文明古国示意图（来自网络）

中华文明之所以能够延续 5000 年而不灭，与其相对封闭的地理空间环境有着密切的关系。中国东、南沿海，有浩瀚的海洋阻隔，西部有世界第一屋脊之称的喜马拉雅山脉阻断，东、西、南三个方向对外交通，都形成了天然屏障，难以逾越。唯有黄河以北，连接着宽阔的草原与沙漠，人稀地广，不适合农耕，是游牧民族栖息之地，农耕生活的汉民族时刻受到北方游牧民族的侵扰。因此，汉民族所选择的生活地理空间，实际上是处于一个相对封闭的地理空间环境之中。

这个空间虽然封闭，但黄河、长江两大流域，空间却足够大，且气候适宜，降雨丰沛，适合农耕。当祖先走出洞穴，开始走向平原地区的时候，采食、驯化长江、黄河两大流域冲积扇平原上丰富的草本植物，便成了主要的生活方式，于是孕育出黄河流域的粟米文明和长江流域的稻作文明两大农业文明生态圈。这两大农业文明生态圈几乎同时发育，而黄河中下游地区相对平坦和宜居的环境，成就了中国最早的国家文明形态——中原文明，并从此主导了中国农业文明的历史进程。封闭的自然空间环境，决定了生活在这方水土中的人，必须靠农耕才能长久生存。而金华，正是处于长江流域稻作文明的中心地。

定居是农业文明的基本生活方式，这与游牧文明、商业文明有根本的区别。人们聚族而居，围绕着某一片土地精耕细作，从而取得生活必需品——粮食，并在此繁衍生息。因此，土地是农耕生活方式的命根子，土地制度是历朝历代最基本的政治制度，农村成为国家的经济中心，城市作为政治控制中心，成为守护一方耕作空间的军事要塞，也成为农产品、农业生产工具等商品互通有无的交易中心。城市的市场作用，对于农业生产而言是辅助性质的，对于国家经济而言是补充性质的，绝不是主导性的。农为本，工商为末成为农业文明的基本要义。

农村也是农耕时代的文化中心。所有农业技术的发明和创造，都发端于农业生产第一线。承担起国民启蒙教学的基础教育设施主要分布在农村。以私塾、书院为代表的民间教学设施，支撑起国民教化的半壁江山，重耕重读，边耕边读，成为农村最靓丽的村落文化生态的基本底色。

农村也是国家的治理重心所在。在自然经济时代，绝大部分人口居住在农村，儒家文化的宗法体制，是专门为农耕生活方式而设计的社会管理制度。家庭是社会的基本单元，家庭稳则宗族稳，宗族稳则部落联盟稳，部落联盟稳则国家稳。因此，以血缘为纽带的宗法治理体系和宗法观念，使处于家庭中的每一个成员都明确自己所处的社会地位，并严格执行着自己应该遵循的道德操守。在一个家族中，长幼有序，尊卑有别，个体成员之间相互扶持，相濡以沫，在有限的生存空间内，日出而作，日落而息，过着简单而充实的生活，内心充满安详，没有太多的物质欲望，一派桃花源般的和谐景象。

这样的生活方式，持续了几千年，并逐渐将生活方式物化形成与其相对应的物质空间形态，从而营造出具有东方气息的独特的农村文化景观。

不同的区域，又分别孕育出不同风格的建筑风貌和文化习俗。但都有一个共同点，那就是这种景观是一种慢节奏的、柔和的、人与自然和谐相处的景观，是天、地、人融于一体的原生态景观，这种景观原始而稳定，直到工业文明生活方式的侵入，中国传统文化所面临的生存环境才发生了根本性变化，从而引发中国传统农耕文化逐渐式微。

二 鸦片战争，文化自信失落的开始

中国传统文化自信心的丧失，是从鸦片战争以后开始的。18世纪60年代，随着英国工业革命发生，资本主义生产完成了从工场手工业向机器大工业的过渡，资产阶级登上历史舞台。资本的逐利性，必然使资本跨出国门，寻求和占领更广阔的市场空间。这种空间的扩张和占领，是一个社会群落向另一个社会群落生存空间的扩张和入侵，在输入一种商品的同时，也伴随着思想意识、政治治理、生活习俗等全方位的文化入侵，因而，从某种意义上说，资本的扩张是近现代主导世界历史进程的最主要因素。

英国对中国的资本输出是从鸦片走私开始的。起初输入中国的工业产品羊毛、尼龙等，并未受到中国老百姓的欢迎，农业文明的生活方式对工业文明具有天然的排外性。因此，英国开始对中国偷偷地走私鸦片，采用了卑劣的侵略手段。鸦片，不但败坏社会风气，同时摧残人们的身心健康，消磨人们的意志，吸食鸦片，逐渐使汉民族失去战斗力。当清政府意识到问题的严重性时，发起激烈的抗争。林则徐在广州焚烧鸦片，对鸦片走私进行严厉打击，极大地压制了英国毒品入侵的嚣张气焰。

1840年，英国出动军队，对华发动鸦片战争。战争以中国失败并赔款割地而告终，清政府被迫与英国签订了第一个丧权辱国的不平等条约——《南京条约》。鸦片战争，是中国几千年农耕文明和工业文明之间的第一次军事对抗。在同类物种的竞争中，冷兵器毫无悬念地败给了热兵器，清政府第一次败给了他们认为的蛮夷民族，使中华民族文化自信心遭受严重打击。1856年英国又挑起第二次鸦片战争，同时，北方的沙俄，西方的法国、美国等国也开始侵犯中国。一时间，农耕文化在全球范围内在同类竞争中的弱势显露无遗，中国农业文化生态圈在敌人的坚船利炮轰炸下，被撕得粉碎，中国沦为半殖民地半封建国家。中国统治阶级自古以来对周边"蛮夷"国家形成的巨大的心理优势受到了严重的打击，认为中国正面临"数千年未有之变局"，并将失败的原因归结为"技不如人"，从而开始积极寻找救国之策。

19 世纪 60—90 年代，晚清洋务派开始了一场引进西方军事装备、机器生产和科学技术以挽救清朝统治的自救运动，史称"洋务运动"。洋务运动主要指导思想就是"中学为体，西学为用"。在这八个字中，虽然主流精英阶层，还保留着对本土文明的自信，但从根本上动摇了对几千年来一脉传承的农耕文化的自信心，同时开始吸收西方文化，以改良中国传统文化在"体用"上的不足。郑观应在《盛世危言》一书中，把中国的学问定为"道本"，把欧洲的学问定为"器末"，认为中国长久以来迷失了"道"，此时应该引进欧洲的"器"，使"本末"得以融合，从而回归孔孟之道。这是洋务运动者想用中国文化来抵制西方文化的入侵，同时也是第一次积极寻求与西方文化的融合和改良。

洋务运动引进了西方先进的科学技术，使中国出现了第一批近代企业，在客观上为中国民族资本主义的产生和发展起到了促进作用，被称为中国工业文明之开端。中国近代矿业、电报业、邮政、铁路等行业相继出现，轻工业也在洋务运动期间得到大力发展。1880 年，左宗棠创办兰州织呢局，成为中国近代纺织工业的鼻祖。中国近代纺织业、自来水厂、发电厂、机器缫丝、轧花、造纸、印刷、制药、玻璃制造等，都在 19 世纪七八十年代开始建立起来。在洋务运动的推动下，中国的民用工业得到了迅速发展，奠定了中国近代工业的基础。中国真正意义上的城市化，从此发端。

在城市形态上，《南京条约》被迫开放口岸；《虎门条约》被迫同意开放"外国人居留地"，在中国的土地上出现"租界"；《马关条约》外国人可以在中国设工厂；西方建筑文化、商品、资本、宗教以合法的理由堂而皇之地登录中国大陆，在中国传统建筑文化生态圈中植入了西方文化，城市形态出现了西洋化的雏形。

洋务运动是一场由封建大地主统治阶级领导的失败的自救运动。美国汉学家芮玛丽这样评价这一阶段的"自强"运动："不但一个王朝，而且一个文明看来已经崩溃了，但由于 19 世纪 60 年代的一些杰出人物的非凡努力，它们终于死里求生，再延续了六十年。"① 由此可见，一种新的文明形态——工业化生活方式，当其侵入另一个文化肌体的时候，有如植入了一个"病毒"，文化有机体对新的文化缺乏免疫力，其所带来的伤害，不单单是阵痛式的，且给文化主体带来的影响是长期存在的，新的文化形态不断侵占传统文化空间，并对传统文化空间所秉持的文化主体，带来深远的自信心的打击。

洋务运动，并未能拯救中国，虽然购买了大量军舰装备了北洋海师、南洋水师、福建水师，但外强中干，在日本帝国主义的侵略下，继续遭遇失败，北洋水师全军覆没。中国清朝政府迫于日本军国主义的军事压力，于1895年4月17日签订了《马关条约》。"洋务运动中一贯显现的儒教文化毫不动摇的信心，体现出诞生古典文明的中国社会所具备的对异域文化的姿态。甲午战争后'日本模式'被肆意放大的这一事实，体现出两次鸦片战争都未曾动摇的'中华'信心，经过这场战争的失败终于发生了变化。"② 甲午战争的失败，彻底打消了帝国主义列强对中国的戒心，在中国境内，竞相划分势力范围，中国陷入被瓜分的危机。

严峻的现实，使年轻的知识分子开始摸索改革之路。留学回国的严复翻译了《天演论》，使人认识到中国将面临"亡国灭种"的危机；康有为的《新学伪经考》，则将眼光投向了中国最根本的传统文化——孔子的本来教义，希望回归到"太古时代的理想社会"，从而引发"戊戌变法"，希望推动从上而下的变革，全面学习日本的明治维新运动，实现救国的理想，但最终以还是以失败告终。

三 新文化运动，传统文化命运的转折点

洋务运动、戊戌变法、辛亥革命的失败，使国人保留的"中学为体"的一点自尊心，进一步遭到打击。许多青年转而从文化根源上寻找原因，将中国一败再败的原因归结为"文化的全面落后"，包括腐败的政治制

---

① ［美］芮玛丽：《同治中兴——中国保守主义的最后抵抗（1862—1874）》，中国社会科学出版社2002年版。

② ［日］菊池秀明：《末代王朝与近代中国》，马晓娟译，广西师范大学出版社2014年版，第85页。

度，以及为维护封建统治的儒教文化思想、封建等级制度，有甚者认为是"表达的语言文字"体系等，希望打破封建主义的束缚，力争在中国实现名副其实的资产阶级民主共和国。

新文化运动是陈独秀、李大钊、鲁迅、胡适、蔡元培、钱玄同等一些受过西方教育（当时称为新式教育）的人发起的一次"反传统、反孔教、反文言"的思想文化革新、文学革命运动。1915年，陈独秀在其主编的《新青年》（原名《青年杂志》）刊载文章，提倡民主与科学。陈独秀呼吁和传统思想特别是儒教诀别，严厉批评"儒教才是支撑中国两千年专制政治的精神支柱"。这次运动沉重打击了统治中国2000多年的传统礼教，启发了人们的民主觉悟，推动了现代科学在中国的发展，为马克思主义在中国的传播和五四爱国运动的爆发奠定了思想基础。

新文化运动是对洋务运动、戊戌变法、辛亥革命等列次救亡运动和方法的否定，并把救亡运动失败的原因归结为中国落后的文化，归根结底，是对中国延续几千年农耕生活方式的否定。认为，西方的工商业文明和民主政治制度，才是中国的未来。因此，对根植于农耕文明生活方式的传统文化，采取"一刀切"的办法，并期望通过新式教育，全面学习西方文化。之后历史的车轮，基本延续了新文化运动所设计的轨道运行。

新文化运动思潮给城市带来的直接影响就是拆城墙。在新文化运动思潮影响下，这些城墙被认为是封建社会的余孽和堡垒，全国上下开展轰轰烈烈的拆城墙运动。1912年拆除了上海城墙，1913年拆除了杭州城墙，1917年拆除了广州城墙。1926年10月，北伐军攻下武昌城，惨烈的战斗，让武昌城墙千疮百孔。亲睹攻城艰难的郭沫若，提出拆除武昌城垣这一"封建堡垒"的议案，立马获得很多人的支持，到年底前，城墙城门荡然无存。新中国成立后，郭沫若又提出了一个新建议，拆除北京城墙。著名建筑学家梁思成和其学生罗哲文、留英建筑专家陈占祥提出了"梁陈方案"。该方案建议，在北京城西再建一座新城，而长安街就像是一根扁担，挑起北京新旧二城，新城是现代中国的政治心脏，旧城则是古代中国的城市博物馆。但是，梁思成提出的保留北京城墙的方案没有获得支持，北京城也开始了轰轰烈烈的拆墙行动。从1952开始，北京外城城墙被陆续拆除，几年内，北京外城的墙被全部拆除，内城的墙被拆了一半，留下一半。

在救亡运动和新民主主义革命运动过程中，封建专制制度被打碎的同时，一切传统文化的物质载体，也一概被人们所厌恶、所抛弃。老舍在《文博士》长篇小说这样描写一个留学回到北京的留学生："每次经过南门或者西门，看见那明清时期修建的城楼，他会感到恶心，好像吃饭时吃到了苍蝇。他觉得像这样的老古董摆在大街上实在是影响市容，应该粉刷一新才对，不过最好还是拆掉，建成又宽又平的大马路，好让汽车通行。"① 而这样的观点获得了文化界和媒体圈的赞扬和支持，反倒是呼吁保留城墙和牌坊的老派士绅一度被媒体斥责，说他们是阻碍社会进步的老顽固。城墙作为旧体制的政治控制工具，本身并无任何生命，也不会说话，是劳动人民的一个时代的物质创造和文化载体，当其被视作落后的传统文化的代表和符号时，它的命运可想而知，由此联想到，在中国改革开放过程中，古城区、古村落的命运，也如同这些城墙一样，一段一段被拆得支离破碎，乃至全然抛弃。

但几千年的文明、文化，不是一朝一夕能够摧毁的，在西方文化不断东进过程中，中国传统文化不断受到打击，传统道德价值观念逐渐丢弃，以至于近百年来，在丢弃中国传统文化的同时，却未能形成自己的核心价值观。正如新文化运动的旗手陈独秀，在新文化运动过程中认识到，"新文化运动虽然严厉批评了儒教等中国传统文化，但苦于无力创造取代他的新的价值观，从而，对马克思主义寄予了期望"②。因而，新文化运动，一方面在批判、丢弃传统文化的同时，又在积极寻找新的文化形态，而一种新的文化价值观念，不可能在短期内获得国人的普遍认同，因此，这种矛盾的心态和"与传统文化决裂"的极端的行为，使国人的文化信仰陷入迷茫。中国现代的工业化、城市化就是在这样的大背景中开始的。

第三节　改革开放后中国城市化历程

城市化是指随着一个国家或地区社会生产力的发展、科学技术的进步以及产业结构的调整，其社会由以农业为主的传统乡村型社会向以工业（第二产业）和服务业（第三产业）等非农业为主的现代城市型社会逐渐

---

① 老舍：《文博士》，天津人民出版社2019年版。
② [日]菊池秀明：《末代王朝与近代中国》，马晓娟译，广西师范大学出版社2014年版，第209页。

转变的历史过程。一般认为，包含三层含义：一是农业人口转化为非农业人口；二是农业地域转化为非农业地域；三是城市化生活方式向农村地区扩散的过程。因此，城市化，表现为城市地区的城市化和农村地区城市化两种现象。改革开放后，这两种城市化现象，深刻地改变着中国城乡生活和景观。

改革开放推动了城市化进程。在改革开放以前，政府主导下的计划经济是中国城市化的主要动力。城乡之间形成相互隔离和相互封闭的"二元社会"，使城市化对非农劳动力的吸纳能力很低，大量农民被捆绑在农村的一亩三分田地之上。政府对城市和市民实行"统包"，而对农村和农民则实行"统制"制度，造成的城乡之间的巨大差异，构成了城乡之间的壁垒，阻止了农村人口向城市的自由流动。改革开放释放出巨大的政策红利，快速推动了中国工业化进程。中国用短短的40年时间，便走完了西方国家历时200多年的工业化路程，工业化速度之快和强度之高，前所未有，从而带动城市化的快速发展。这40年，是农耕文明与工商文明历史大碰撞的时期，最终以农耕文化的全面退缩和西方文化的全面侵入和取代，为这一历史时期写下备注。

一 以农村经济体制改革为动力的城市化阶段（1978—1992）

这个阶段城市地区的城市化主要表现为人口的城市化和中小城镇的崛起。

（一）知青的返城与大学生进城，是改革开放初期城市化的主要特征

1978年冬在云南的知识青年以请愿和罢工的形式来将他们的要求表达出来，1980年10月1日，中央决定过去下乡的知识青年可以回故乡城市，此后的几年中，大约有2000万上山下乡的知识青年和下放干部陆续返城并就业。1977年9月，中国教育部在北京召开全国高等学校招生工作会议，决定恢复已经停止了10年的全国高等院校招生考试，1977年冬和1978年夏的中国，迎来了世界历史上规模最大的考试，报考总人数达到1160万人。恢复高考后的二十多年里，中国有1000多万名普通高校的本专科毕业生和近60万名研究生陆续走上工作岗位。高考的全面恢复和

迅速发展也使得一批农村学生进入城市。

(二) 农民进城做生意，促进城市第三产业发展

"包产到户"，解放了捆绑在农村土地上的多余劳动力，城乡集市贸易重新开放和发展，使得大量农民进入城市和小城镇，从事商贸服务业的工作，出现大量城镇暂住人口。1981年，多部委联合转发《关于解决发展城镇集体经济和个体经济所需场地问题的通知》，通知明确提出："商业繁华区域的临街住户、公房，房管部门要协助调换住房，改做营业铺面"，城市开展"破墙开洞"，许多城市的商业街、商业城，就是在此时开始初现雏形，如义乌小商品城。1979—1989 年，我国第三产业比重从 21.63%提高到 32.06%，而同期第二产业占比则从 47.1%下降为 42.83%。集体和民营成为商业发展的主体，到 1989 年底，社会商业人员中，全民所有制占 29.5%，集体所有制占 33.9%，个体占 36.45%[1]。

(三) 沿海地区成为改革开放前沿阵地

1979—1980 年设立四个经济特区，1984 年又开放 14 个沿海港口城市，开放主要局限在沿海部分城市，并未在所有城市全面展开，沿海地区成为改革开放后城市化首先获得发展地区，并带动周边小城镇发展，也成为城市群、城市带首先生发区域。

(四) 发展中小城镇、控制大城市规模，成为国策

1978 年 3 月，国务院召开了第三次城市工作会议，制定了《关于加强城市建设工作的意见》。《意见》提出了控制大城市规模、发展中小城镇的城市工作基本思路。中小城市得到扶持，加上农村改革的推进，"撤乡设镇""整县设市"，中小城镇城市化成为这一时期城市化的靓丽景观。

(五) 乡镇企业发展也促进了小城镇的城市化发展

农村剩余劳动力增多以及农民和基层政府对乡村土地非农利用有很大自主权等因素的综合推动下，乡镇企业异军突起，乡村工业化快速发展，支撑了改革开放初期小城镇的发展。

这种由基层社区筹集乡、镇、村等集体和个体的资金，发展地方小型

---

[1] 马建堂、吕秀丽：《中国经济的市场化进程》，《经济研究》1994 年第 7 期。

工业，推动乡村地区非农化和城市化的机制可以称作"自下而上型城市化"。"乡村工业化""离土不离乡""农村城市化"成为改革开放初期城市化发展的主要特征。其后随着城市改革的深化，人口从乡村进入城市，从中西部流向东部的跨区域流动开始出现，逐步开启了中国快速城市化发展的大幕。这个阶段，就人口来看，城市化率由1978年的17.92%提高到1984年的23.01%，年均提高0.85个百分点。

二 土地出让模式推动下快速城市化进程（1992—2011）

20世纪80年代初期，随着我国经济建设的发展，乡镇企业利用土地成本和资源优势，形成粗放式的发展局面。乡镇企业土地资源的低成本，也使得更多的集体、私人资本在农村地区获得发展机会，而同时期的城市，仍然处于以国营企业为主的计划经济时代，乡镇企业，正是在这样的时间空间和政策空档中，迅速取得发展。乡镇企业建设占用土地的规模迅速扩大，人多地少的矛盾日益突出。城乡非农业建设乱占滥用土地以及土地浪费等问题已相当严重，耕地锐减。同时，造成了农村地区严重的环境污染问题。因此，乡镇企业的发展，也招致"肥了地方，损了国家"的非议。

1987年，中国历史上第一部《土地管理法》出台，明确提出"土地使用权可以有偿转让"。《土地管理法》的出台，既是为了保护有限的耕地资源，同时也是为了提高土地利用效率，杜绝乡镇企业粗放式的散乱的土地利用方式，同时，为推动城市改革提供重要法律基础。随后在城市全面推出的工业用地、住宅、商业等用地使用权的有偿出让，直接推动了工业园区和房地产产业的开发热潮，城市建设获得大量土地出让金，城市道路、各项配套工程建设同步跟进，城市化进入到快速、粗放的扩张型阶段。乡镇企业推动的农村城镇化逐渐被工业园区推动城市化所代替。城、乡之间资源配置，从此分野。

（一）乡镇企业逐渐萎缩，城市工业园区逐渐兴起

1991年邓小平"南方谈话"以后，中国工业化发展速度加快，与此同时中央也加大了对农村耕地的保护力度，土地非农利用的审批权上收，乡村工业化基础被动摇，乡村工业化道路逐步让位于园区工业化，城市的

各类开发区成为工业发展的载体。[①] 乡村工业化是利用集体土地发展起来的,土地成本低廉,而开发区模式首先需要将土地从农民手中征过来,这使土地成本快速上升。相比农民和乡村,城市政府调动资源的能力更强,更关键的是城市经济效率更高,分散化的乡镇企业开始进城。为了保障工业发展,各级政府提供了廉价而充足的供地,《中国国土资源年鉴》数据显示,工矿用地供应规模一般在住宅用地的1.5—2倍,第二产业用地供应充足,加快了第二产业发展步伐,这一时期第二产业保持了相对较高的占比,2006年第二产业占比上升到47.6%,已接近历史最高水平,比1990年提高了6.6个百分点。与分散的乡村工业化不同,园区主要在城市和城市的周边,园区建设成为土地城市化的重要内容。

(二)住房制度改革,房地产成为产业支柱,加速城市化进程

住房制度改革其核心内容是由原来的行政手段、福利性质、实物分配制度,转变为按劳分配为主的货币分配制度。职工根据自己的经济承受能力,通过向市场购买或租赁住房解决住房问题,满足住房需求。住房制度改革大致经历了三个阶段:1978—1988年的探索试阶;1988—1998年在全国逐步推开和深化阶段;1998年至今实行的住房分配货币化,建立住房保障制度阶段。城市住房的商品化,使大量在农村中首先富裕起来的农民进城买房。买房的主要动因是城乡教育资源的不平衡,造成农民子弟上升通道进一步狭窄化,因此,让孩子在城市接受教育,希望孩子不输在起跑线上,成为农民进城的主要因素。同时,城市政府过度依赖房地产经济,在推高房价的同时,不断推高土地出让价格,从而获得高额的土地出让回报。在房地产经济得到发展的同时,产业资本逐渐逃离,从而使产业资本空心化,严重影响制造业发展和城市的就业新增岗位发展。

(三)城市人口的扩张支撑着城市空间扩张

城市化的快速发展为城市带来了人口,支撑着城市空间扩张。城市人口增加的重要动力是农业转移人口,农村劳动力从"乡乡流动"向"乡城流动"转变。根据农业普查的相关数据,1996年我国跨省流动农民工

---

① 刘守英:《土地制度变革与经济结构转型——对中国40年发展经验的一个经济解释》,《中国土地科学》2018第1期。

为 2330.9 万，2000 年第五次全国人口普查数据显示，我国流动人口规模达 5734 万人，此后流动人口规模逐年增大。大城市成为吸纳外来人口的主体。外来人口倾向于流入人口规模较大的城市。"五普"到"六普"期间，城市外来人口总量从 5734 万人增长到 1.1 亿人。从外来人口的流向来看，接近 80% 的人口流向了人口规模超过 100 万的城市，第六次全国人口普查时接近四分之一的外来人口是流向 1000 万人以上的超大城市，500 万—1000 万人的特大城市吸纳的外来人口比重也超过了 20%，特大城市和超大城市合计吸纳了接近一半的外来人口。以上规律说明，外来人口向大城市和特大城市，甚至超大城市地区聚集是主要趋势。

（四）土地融资成为支撑城市建设资金的重要来源

鉴于土地的良好资产属性，各城市相继建立"城投公司""交投公司"等政府直接融资平台，利用土地融资成为各地支撑城市建设资金的重要来源。2008 年 84 个重点城市的土地抵押贷款总额为 1.8 万亿元，到 2012 年已经扩大到 5.9 万亿元。城投债发行规模从 1202 亿元扩大到 1.29 万亿元，是 2008 年的十多倍，土地融资成为政府城市建设的主要资金来源。

在这一时期，中国经历了最快速、最大规模的城市化历程，从 1996 年到 2012 年，中国城市化率从 30.48% 提高到 52.57%，平均每年提高 1.38 个百分点，经过快速城市化，我国正在从乡土中国向城市中国迈进，城市化发展滞后现象得到初步缓解，但是城乡差距在扩大，区域间城市化水平和城市间人口吸纳能力的分化现象逐步显现。土地城市化模式的形成既推动了城市的快速发展，带来了城市化发展资金的多元化，但在唯 GDP 增长的政绩观下，不论大小城市都在追求不切实际的"做大"规模、片面追求空间规模扩张的发展模式，由此也带来了一些不必要的公共资源浪费和债务风险。

三　质量提升与速度并重阶段（2012 年至今）

（一）新型城镇化的提出

2012 年中央经济工作会议提出"积极稳妥推进城镇化，着力提高城镇化质量"的策略。新型城镇化新在从人的城镇化角度出发进行相关政策设计，明确了城镇化是以人为核心的城镇化，改变城镇化进程中见物不见人的问题，要求把农业转移人口市民化作为重要任务抓实抓好。

（二）人口城镇化政策的演变

2013年中央城镇化工作会议首次召开，会议明确提出"要以人为本，推进以人为核心的城镇化，提高城镇人口素质和居民生活质量，把促进有能力在城镇稳定就业和生活的常住人口有序实现市民化作为首要任务"。[①]

（三）建设人文、绿色、低碳、智慧等新型城市

顺应现代城市发展新理念新趋势，转变城市粗放建设的问题。《国家新型城镇化规划（2014—2020年）》中明确提出绿色城市、低碳城市、智慧城市、人文城市等新型城市的概念。新型城市的提出是提升城市发展质量的重要手段，人文城市的建设使城市能够延续历史文脉，城市不再是建筑的集合，而是历史文化的载体。通过绿色城市建设，贯彻"尊重自然、顺其自然、保护自然"的绿色生态文明思想，把绿水青山保留给城市居民，尊重自然原貌，降低城市发展对环境的影响，让城市与自然和谐共处。

（四）依托区域协调发展，提升城市化发展质量

中共十八大以后，宏观政策的制定更加注重城市化与区域协调发展的结合，中央一系列区域战略的提出，都与提升城市发展质量密切相关。比如，京津冀协同发展战略的提出就是以有序疏解北京非首都功能、解决北京"大城市病"为基本出发点，把北京作为京津冀区域的龙头，带动相对欠发达的河北省发展，打破"一亩三分地"的传统思维定式，强调互补和协作，实现区域的协同发展。

第四节 改革开放以来样本地区城市化概况

金华市位于浙江省中部，地处金衢盆地东段，地势南北高、中部低，中间有东阳江、武义江穿流而过，形成冲积扇平原。"三面环山夹一川，盆地错落涵三江"是金华市地貌的基本特征。金华市气候属亚热带季风气候，四季分明，雨量充沛，水含丰富，年平均气温17.5℃，年均降水量1512.9毫米，年日照2050.5小时，无霜期250天左右，气候垂直差异

---

① 新华社：《2013年中央城镇化工作会议公报》，2014年1月24日。

明显，四季分明，雨量充沛，水含丰富，适宜农耕。虽然人多地少，有七山一水两分田之称，人均耕地 0.045 公顷，但相比浙西南地区八山一水一分田而言，已属于相对开阔地区，耕地相对丰富，因此，自古以来，金衢盆地有浙江省第二大粮仓之称。

金华市下辖婺城区、金东区两个市辖区，兰溪市、义乌市、东阳市、永康市四个县级市以及武义县、浦江县、磐安县三个县，总面积 10942 平方公里，是国家级历史文化名城，中国十佳宜居城市之一。

金华市本级范围，人口密集，村落星罗棋布，鸡犬相闻。金东区行政区面积 661 平方公里，下辖 12 个乡镇，第七次人口普查人口 50.7 万，有 510 个行政村；婺城区行政区面积 1388 平方公里，下辖 9 个街道、9 个镇、9 个乡，第七次人口普查人口 95.7 万，有 77 个居委会，639 个行政村。扣除金华建城区 30 平方公里，金东区平均每个村落村域面积 1.23 平方公里。婺城区，扣除金华建成区 70 平方公里，平均每个村落村域面积 2.06 平方公里，其中未考虑南部山区约 800 平方公里范围内村落分布相对稀少因素。可见金华市本级范围内，村落密集，据初步估算，村庄与村庄之间平均间距大约在 1 公里左右。这便是农耕文明在金华市本级范围内物化的空间形态。每一个村落，都是某一族人安身立命的空间，按照当前城市化率 68.2% 计算，两区依然有 46 万农民居住在农村，平均每个村庄有 410 人。在城市化未发生之前，可以想象，有更多人口居住在这 1 个平方公里范围内，人地矛盾极其突出。这些村落，在城市化进程中，都深刻地发生着变化。

一　金华市城市化历程

自从唐开元年间州治迁至今址延续至清朝，金华古城范围大致局限于义乌江以西，金华江以北，新华街以西，人民路以南不足 4 平方公里范围。受抗日战争影响，拆毁城墙，市民外迁避难，到 1949 年金华城区面积仅为 2.57 平方公里，其中建成区面积仅留 1.86 平方公里。[①]

改革开放前，曾做过两次城市总体规划。1955 年，上海同济大学建筑系城市建设与经营专业师生 15 人，来金华实习，编制城市总体规划，规划期限 20 年（1955—1975），规划期末人口为 5 万人，城市建设用地规

---

① 金华市城市总体规划。https://www.wenku365.com/p-2193136.html。

模为 6.5 平方公里左右，城市主要向西发展。此时金华城市主要局限于东南侧的义乌江和西北侧的浙赣铁路所框定的空间范围之内，西侧跨越铁路，形成了以铁路运输带动城市发展的功能区，包括各类物资仓库和堆场、铁路职工的生活区——铁路新村等。而这一时期搬迁到金华的省属、国家级科研单位，包括浙江师范大学、工业部 269 地质大队、水电十二局等，则以飞地形式，安置在金华的北侧、西侧郊区。

1958 年，因"大跃进"需要，编制金兰汤（金华、兰溪、汤溪）地区共产主义示范区规划，由东北工学院、浙江省工业设计院先后赴金帮助编制城市总体规划。由金华县基本建设委员会编写规划设计说明书，规划期限 8 年，规划总人口 10 万，用地规模 9.23 平方公里。[①]

本次规划实际上是一个区域协调发展的规划，是金华历史上首个区域发展规划，从三个县市共同发展的角度，提出了产业布局。其规划成果是，形成了跨越金华江发展的城市西侧大黄山工业区，将化工厂等具有污染性质的工业，设置于金华江下游、金华下风向地区，具有一定的科学性和合理性。1958 年的"大跃进"，造就了金华城市跨江发展格局，在金华西南城郊开辟出第一个工业区——大黄山工业区。

在之后的 20 年时间内，受计划经济影响，金华城市空间格局基本未曾发生大的改变，到改革开放前，城市建成区依然主要局限于江北约 10 平方公里范围。图 1-2 为 1984 年金华城市卫星影像图。

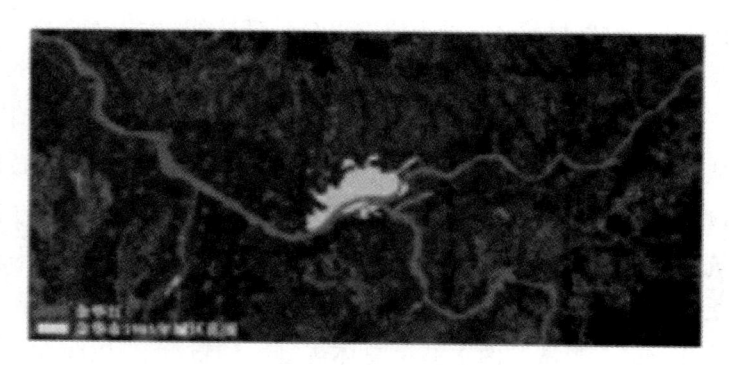

图 1-2　1984 年金华城市卫星影像图

---

① 金华市城市化进程分析。https://www.taodocs.com/p-49954273.html。

改革开放后,金华市的城市化进程大致分为三个阶段:城市化初步发展阶段(1978—1992);中心城区向南扩展阶段(1992—2000);城市向东、西两翼扩张阶段(2001年至今)。与之对应的是三次城市总体规划调整:1981—1986年期间编制的城市总体规划、1994—1995年期间编制的城市总体规划、2001—2002年期间编制的城市总体规划。

(一) 城市化初步发展阶段(1978—1992)

改革开放后邓小平"南方谈话"之前的十几年时间里,金华城市化进程缓慢,正如中国其他地区一样,此时期金华外围的乡镇企业得到了迅速发展,而金华城市本身,正在孕育市场经济的种子。1981年,金华地区下辖金华县改为金华市,1985年,又进行撤地建市,原金华市分设婺城区、金华县。密集的行政区划调整,预示着城市改革开放的即将到来。

1. 马路市场的自发形成

这一时期最大的变化是金华"化纤布市场"的自发形成。改革开放后,随着农村土地承包制度的实施,农村开展了多种经营模式,大量农村闲余劳动力开始进城,从事商贸服务业。在城市郊区的公路上,出现了一支庞大的早出晚归到城市打工的自行车骑行队伍。农民收入的提高,生活的改善,首先对服饰提出了新的要求,正如西方工业革命也是从纺织业开始的。

服饰,是一个人外在形象的基本表现,自古以来便是身份的象征。人们对服饰的需求甚至超过饮食的需求。对服装等基本生活用品的需求,首先促进了纺织业和服饰市场的发展。有部分商人开始从广州等口岸,购买国外服装加工业的"洋垃圾"——零碎化纤布,到金华开展批发与零售活动,在亲戚朋友的帮带下,迅速形成了一支从事"零碎化纤布"批发与零售的商业大军,并在金华市五一路自发形成了马路市场。花花绿绿的化纤布,是夏天赶制衣裙的上好面料,经济实惠,质感良好,得到了城乡百姓的热烈欢迎和追捧。同时,绍兴等地也开始孕育纺织工业,国产面料同时也成为市场的主打产品之一。

为规范市场,市政府于1988年,将五一路马路市场搬迁至人民广场,但遗憾的是,在随后的过程中,未能将自发形成的马路市场培育成为类似义乌的专业市场。与此同时,义乌小商品市场也开始发育,并在义乌县委书记谢高华的大力支持下,不断扩张市场规模,使义乌市场规模做强做大，最终成为今天工贸一体的世界小商品之都。相比义乌领导，金华市领导守旧得多，不但不能适时引导商贸业的发展，反而使金华化纤布市场几易其址，在"规范市场"的治理中，越做越小，任其自生自灭，最终烟消云散。

2. 城市总体规划的调整

1981年11月，杭州大学地理系城市规划专业师生43人，应邀赴金华编制城市总体规划，金华由此开启了第三次城市总体规划调整。本次规划所确定的城市性质是：金华地区政治、经济、文化中心，以食品加工、纺织业为主的区域交通枢纽城市。城市规模：到2000年，规划人口18.8万人，建设用地17.43平方公里，人均建设用地指标90.3平方米/人。本次规划，首次确定了城市向南发展的策略，规划形成了江南、江北两大片的城市空间结构形态。1985年5月，金华市升为地级市，金华市政府重新认证城市总体规划，并报浙江省政府批准，成为金华市第一个比较完整的具有法律效力的城市总体规划。

3. 金华旧城改建与新区开发

在改革开放后至邓小平"南方谈话"前的十多年中，金华的城市建设少有建树，步子迈得不大。在这一时期，城市经济仍然处于计划经济模式下，城市建设缺乏资金，建设力度较小。老城区唯一的旧城改造是1公里左右的八一老街的拓宽改造。拓宽改造范围北至铁路线，南至通济桥。在新一轮总体规划的指导下，金华城市开始跨越金华江向南发展，并开发建设了金华第一个具有一定规模的居住区——南苑新区。南苑新区是政府主导的改善居民居住条件为目的的首个商品房开发试点建设项目，在金华市规划局下，成立新区开发管理处，统一协调开发建设和管理。江南出现了首条按规划实施的宽度40米的现代化道路——双溪西路。同一时期，金华中医院、金华宾馆、金华体育馆、金华建设学校等公建设施，相继沿双溪西路开工建设，成为金华城市建设的前沿阵地，并形成了跳出老城区发展的城市空间格局。

（二）中心城区快速向南扩张阶段（1992—2002）

1. 跨江发展与南北空间格局的形成

在邓小平"南方谈话"后，全国各地兴起了开发区建设高潮。金华于1992年6月成立金华经济技术发区管委会，苏孟乡、江南街道、秋滨街道、西关街道一乡三街道由婺城区划归金华经济技术开发区管理。1993年2月，经浙江省人民政府批准升格为省级经济技术开发区。2010年11月，经国务院批准升格为国家级经济技术开发区，并定名为金华经济技术开发区。

1993年，金华经济技术开发区管委会委托武汉城建学院编制金华开发区总体规划。金华经济技术开发区首轮规划规划范围：东北以武义江、金华江为界，南至老330国道，西至环城西路，规划总面积9.2平方公里。从此，金华经济技术开发区成为金华招商引资的热土，成为金华城市化快速发展的区域，并成为金华重要的经济增长极。

金华经济技术开发区的成立，正式开启了城市建设和招商引资的热潮。以八一南街往南延伸为标志的道路网建设，迅速使9.2平方公里范围的农田"生地"变为三通一平的"熟地"，以江滨小区和工商城地块的开发建设为标志，迅速吸引了全国各地客商的投资热潮。开发区范围内的红旗村（下辖高畈、汪家店、金钱寺、下官桥等自然村），何宅村、西关村、寺后王等行政村，首当其冲，成为开发建设的热土。1998年，金华市政府南迁，使开发区成为政治、经济中心，并带动了中小学校等市政府南迁诸多配套工程建设。

1998年，金华经济技术开发区跨越老330国道进一步往南延伸，在开发区管委会下成立金华市高新技术产业园区管理委员会，2001年升格为省级高新园区，园区总面积7.02平方公里。高新园区与金华经济技术开发区实行"两块牌子、一套班子"的运行机制。老330国道南迁至湖海塘一线，使金华城区迅速推进到南侧农村腹地。而婺城区政府，开发建设的主战场设于环城北路沿线，设立城北工业园区，从而使金华产业空间形成南北并立、共同发展的态势和格局。

在1992年开发区成立到2000年进一步行政区划调整之前，金华城市发展主要采用"依托老城、向南发展"紧密式发展模式，推进的手段主要采取国道外迁、城市主干道南北延伸、城区道路网改造等基础设施带动开发策略，城市形态呈现南北同时扩张格局（见图1-3）。

2. 城市向东、西扩张发展阶段

2000年12月31日，国务院下发《关于同意浙江省调整金华市部分行政区划的批复（国函［2000］138号）》文件，批准撤销金华县，设

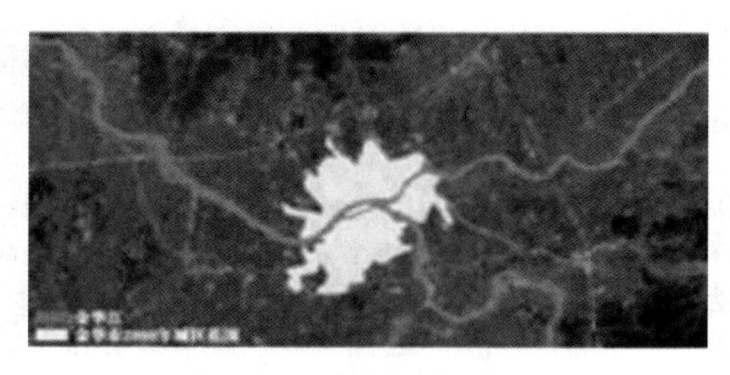

图 1-3　2000 年金华城市扩张形态

立金华市金东区。同时，重新划定金东区、婺城区的管辖范围，金东区辖区在东，婺城区辖区在西。两个区政府重新选址，分别在金华主城区东、西两侧建设新的行政中心，从而推动了金华城市向东、西两翼扩张发展的格局。

金东区区政府跳出义乌江、武义江阻隔，在义乌江以东建立行政中心，带动江东地区的快速发展，使中心城区向东扩展，从而使金华中心城区构建形成了江东、江南、江北三大组团"品"字形的空间发展格局。

婺城区政府跳出金华经济技术开发区规划范围，在城市二环线西侧建立行政中心，以飞地形式，规划新建婺城新区，进一步推动了主城区向西侧扩张。到 2005 年，金东新区、婺城新区，已初步形成一定的空间规模。在东西向主干道李渔路上，形成了"一街三府"的行政中心格局。西侧为婺城区政府，东侧为金东区政府，中间为金华市市政府。由此可见，在金华城市化过程中，行政中心的搬迁，对城市空间的扩张和空间结构形态调整，起到决定性的作用。

3. 一心两翼空间结构的形成（2003 年至今）

在千年之交，《浙江省城市发展纲要》明确了金华作为浙江省中西部中心城市地位，金华市人民政府于 2001 年委托浙江省规划设计研究院修编城市总体规划。城市发展方向确定为向南向北发展，并提出了"一中两翼两三角"的发展框架，在发展中心城区的同时，规划建设"金义新区"和"金西开发区"。

"金西开发区"地处金衢盆地腹部，西距金华市区 25 公里，2003 年 3 月 28 日成立开发区管委会，以古婺八县之一的汤溪镇为依托，托管汤溪、罗埠、洋埠三个镇，区域面积171平方公里，新区规划控制面积57.88平方公里，是金华"一中两翼两三角"城市格局的"西翼"，也是金华市本级主要工业基地。自此，金华西部平原地区的三大镇，进入到以汤溪镇为中心的快速城市化进程，有效带动了西南部山区农民下山脱贫。

"金义新区"距金华、义乌各20公里，与"金西开发区"同时期成立开发区管委会，以鞋塘、孝顺、傅村三镇为依托，规划构建形成连接金华与义乌两大经济增长极的桥梁，有效带动了金华东部地区城市化发展。

一心两翼，犹如鲲鹏展翅，以卫星城的发展模式，将城市化地区快速推进到金华主城区东西两侧，使原来属于城市郊区的地带，成为新的经济增长极。两翼极大分解了金华有限的财力和各种资源，提高了城市化成本，制约了中心城区能级的提升。在主城区尚缺乏足够活力的情况下，开发建设卫星城，显然是县域经济竞争模式的具体反映，区一级财政需要有自身的土地财政来源。这种模式也是中国城市化广泛采用的模式，也是粗放式城市化发展模式的真实案例。全面开花的城市化模式，必然以大量基础设施的投入为代价，不但在"生地"变"熟地"过程中，基础设施从零开始，投入巨大，在卫星城与主城区之间，也必然需要高等级的城市道路进行连接，加大了城市基础设施的投入，增加了产业发展成本，同时也增加了财政负担。凡基础设施、开发地块所到之处，对农村腹地文化生态都产生深刻的影响。

至此，金华城市空间发展格局已然形成，在之后的十多年中，基本围绕"一中两翼两三角"开发建设，农村地区生产力要素持续流向城市化的三个中心地。金华主城区，北向开发边界快速延伸至北山山脚，南侧发展边界距南山山脚仅3公里之遥，城市进一步向南、向北发展空间几到极限。西侧"金西开发区"因背离杭州、上海都市圈，招商相对困难，故发展相对较慢，导致汤溪中学等重要公共文化设施有搬迁至金华市区的动议，出现城市引力不足的迹象；金东新区因介于金华—义乌之间，成为金义都市区发展主轴线上的连接点，为区域协调、金华—义乌同城化发展提供发展空间。在金华—义乌之间，四条快速道路基础上，近期又开通了城市轻轨，进一步促进了金华—义乌同城化趋势。在近期的规划调整中，金东新区南侧规划新建机场、高铁站，金东新区将成为未来金义都市区交通枢纽，城市化动能不断加强，金东区农村地区将迎来新一轮城市化浪潮（见图1-4）。

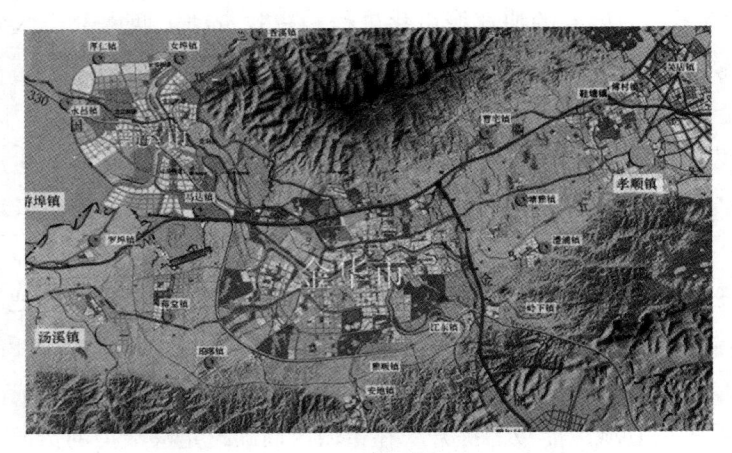

图1-4 金华"一心两翼两三角"空间格局

二 金华全市城市化总体特征

（一）金华全市户籍人口变迁

户籍人口是指公民依《中华人民共和国户口登记条例》已在其经常居住地的公安户籍管理机关登记了常住户口的人。这类人口不管其是否外出，也不管外出时间长短，只要在某地注册有常住户口，则为该地区的户籍人口。

1978年，金华全市总户数92.23户，户籍总人口377.95万人，每户平均4.1人；到2020年，总户数达到196.5户，户籍总人口493.9万人，每户平均2.5人。平均每年自然增长率1.39%，家庭核心化、小规模化。户籍人口的持续增加，说明该地的人口自然增长率保持正增长，也侧面说明该地区的人们的生育意愿、幸福感等。1978年总人口性别比为107（以女性为100），2020年总人口性别比为102（以女性为100），基本保持平衡。户籍人口变化见图1-5。

户籍人口城镇化率变化情况难以反映该地区的城市化真实情况，城市化人口增长，除了人口自然增长，还有机械增长，即人口从外地迁入，俗称流动人口，这部分人也在该地区常住，但流动人口户籍不在本地。因

(万人)

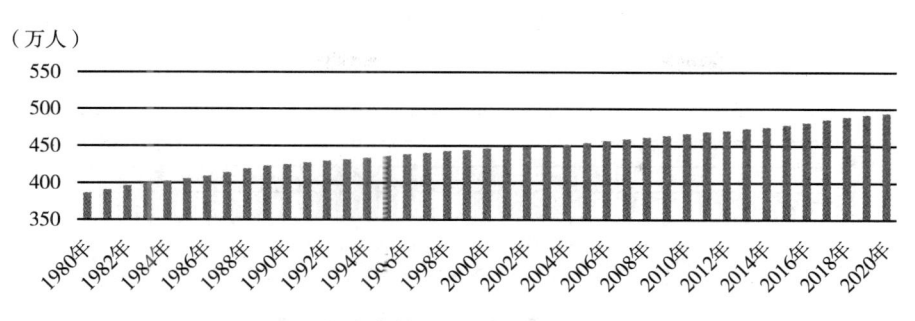

图 1-5　金华市户籍人口变化图（1980—2020）

此，户籍人口城镇化率，未包含流动人口变量。

1978年，金华全市乡村人口253.86万人，城镇人口24.09万人，93%的人，都在农村就业、生活；到2020年，乡村人口260.64万人，城镇人口233.26万人，户籍人口城镇化率从1978年的6.37%增加到2020年的47.23%；经过了40多年的城镇化发展，超过40%的农村人口，变为城镇人口。

在图1-6中，我们可以发现户籍人口城镇化率这条斜线，是一条折线。2014年城镇人口突然增加，户籍人口城镇化率由2014年的23.14%突然增加到2015年的44.11%，这是什么原因？原来这一年，金华市实行了"村改居"。

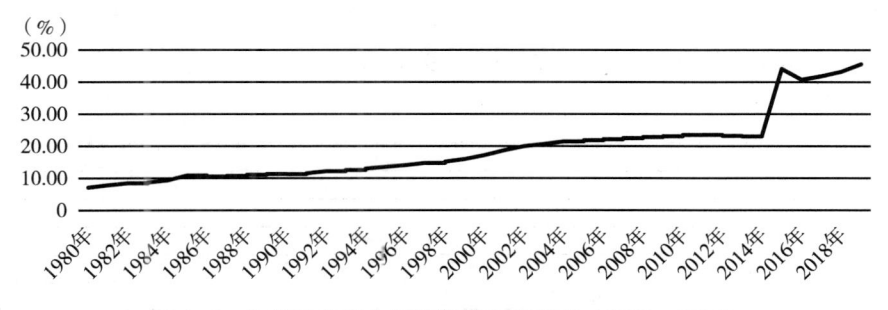

图 1-6　金华市户籍人口城镇化率变化图（1980—2020）

"村改居"就是农村户口改为居民户口，也就是所谓的"农转非"，村委会改为居委会或社区委员会。在城市化快速发展过程中，越来越多的农村变为城中村，这部分农民已经失地，他们的生活方式不再依托土地，而是依靠在城市中的商业活动谋得生存，因此，从生活方式分析，他们的身份已类同城市的一般居民。户籍人口城镇化率变化情况见图1-6。户籍

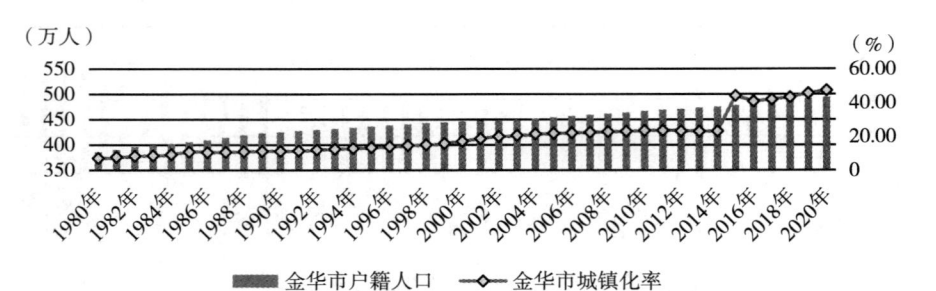

人口变化趋势与城镇化率比较情况见图1-7。

图1-7　金华市户籍人口与城镇化率比较图（1980—2020）

（二）金华全市常住人口变迁

常住人口指全年经常在家或在家居住6个月以上，也包括流动人口在所在的城市居住。因此，常住人口中，除了本地居民，还包括外来长期在该城市务工的人员。常住人口为国际上进行人口普查时常用的统计口径之一。中国第三次人口普查规定，常住人口不仅指常住在普查区内并登记了常住户口的人，而且还包括普查期间无户口或户口在外地而住本地1年以上的人，但不包括在本地登记为常住户口而离开本地1年以上的人。

金华全市常住人口由2006年的498.6万人增加到2020年的706.2万，净增加207.6万，平均每年增长率3.0%。2006年，金华进入快速城市化时期，各县市城市规模快速扩张，经济快速发展，人口大量流入，成为人口净流入地区，如图1-8、图1-9所示。

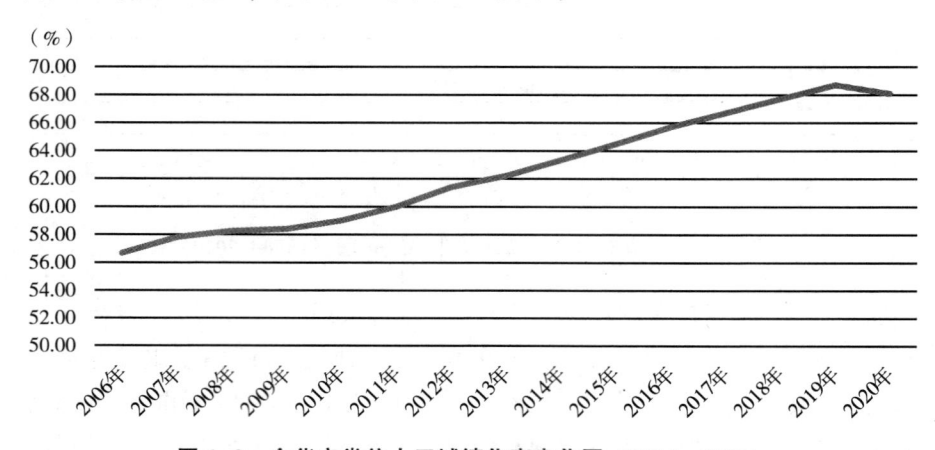

图1-8　金华市常住人口城镇化率变化图（2006—2020）

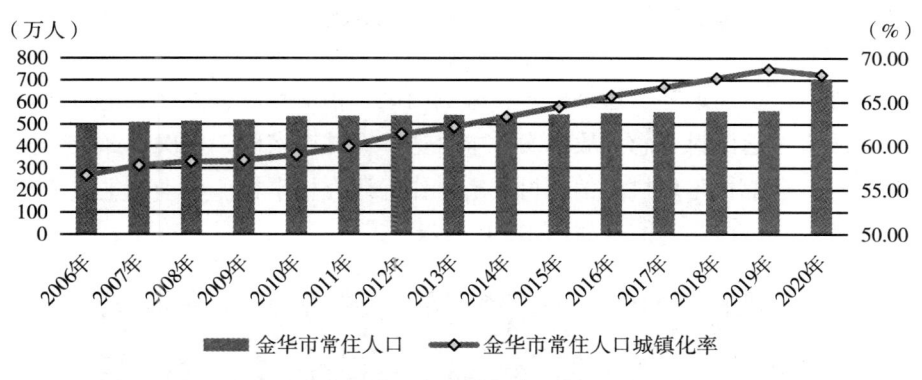

图 1-9　金华市常住人口与城镇化率比较图（2006—2020）

常住人口城镇化率由 2006 年的 56.68% 增加到 2020 年的 68.08%，这个数字要比户籍人口城镇化率高出近 21 个百分点（见图 1-8）。这 21% 的常住人口中，一部分是外地迁入的常住人口，如经商者、打工者等，另一部分便是本地常住城市的农民，他们已不再种田，已在城市中买了房、安了家，但户籍依然在农村。这一部分人到底有多少，很难统计，但从 21% 的数字，可以看出所占比例不在少数，因此，农村户籍人口的数字，并不代表这些人都在农村就业，这需要在样本村中，进一步调查村落户籍人口与村落常住人口的关系，以此判定农村人口流失的真实情况。

（三）市本级常住人口变迁

受资料限制，市本级仅有近 6 年的常住人口变迁情况。市本级 2014 年常住人口 109.98 万，城镇化率 69.65%；2020 年常住人口 146.6 万人，城镇化率 71.01%。城镇化率比全市高出 3 个百分点，可见，作为区域的政治中心、经济、文化中心地，城市化水平要比周边县市更高，对人才、资金更具有吸引力。

（四）金华市主城区城市空间演变

金华主城区改革开放 40 年来，城市呈集中式发展格局，城市经历了跨越江南、跨越江东的几个历史阶段，城市规模迅速扩张。城市建成区面积从 1985 年 10 平方公里发展到 2020 年的 140 平方公里，城市空间规模扩大了将近 14 倍，属于典型的增量发展模式，在二环线所包围的村庄，都转变为城中村；在城市北侧，城市已扩张到金华山脚，因此，已经不存在城市近郊、远郊村概念。北侧山区农村，因纳入金华山风景区管理，山区乡村获得比南部山区村落更好的发展条件；城市东、南、西三测，二环线以外，尚存在近郊、远郊概念，南侧山区、幅员深广，尚存大量山区农村，故有偏远山村概念。故本次样本村选择在城市南侧，依次选择近郊村雅叶村，远郊村蒋里村，偏远村郑宅村作为研究样本村。金华市主城区改革开放以来城市空间演变如图 1-10 所示。

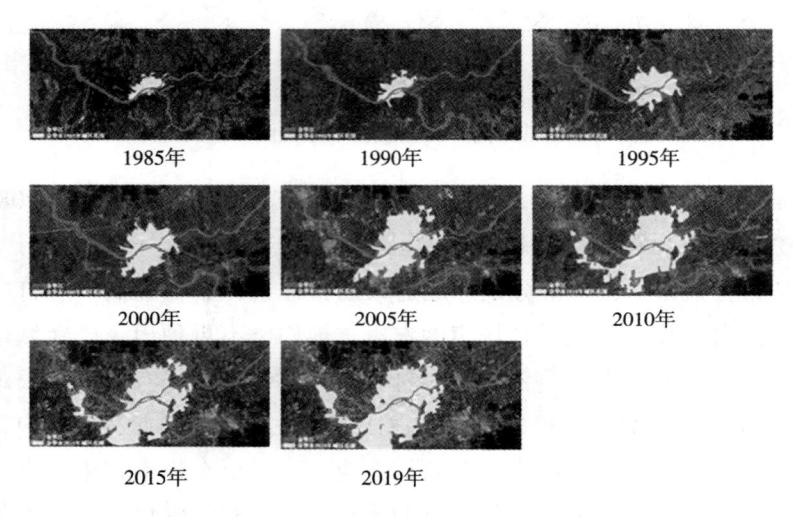

图 1-10　金华市主城区改革开放以来城市空间演变

第二章 村落传统文化要素构成及其与地理空间的对应关系

在当今新农村建设和村落的有机更新过程中,无论是村民、设计者还是管理者,对村落传统文化的保护,都缺乏敬畏之心,因为他们不知道村落文化生态中到底有哪些传统文化要素,也不知道传统文化要素的地理空间分布规律。正可谓无知者无畏,由此导致传统文化要素在新农村建设过程中遭到系统性破坏。以往的学者多从生态的系统构成、传统文化保护意义及机制、保护方法、传统文化的当代应用等角度开展研究,基本停留在局部文化研究层面,很少深入研究文化生态系统内具体有什么样的文化要素及其地理空间分布规律。斯图尔德于 1955 年,发表了《文化变迁的理论》(*Theory of Culture Change*)一书,正式提出了"文化生态学"概念。他认为文化生态学的主要研究任务是:"在文化界定的范围内,通过实证分析,找出文化核心,文化核心不是指某个或某几个文化特征,而是一群特征,是特征集合。"[①] 斯图尔德提示人们,要研究村落"特征集合"必须在村落"文化界定范围内"开展研究。因此,深入研究村落文化"特征集合"具体包含哪些文化要素,构建传统文化要素与地理空间一一对应关系,找出文化要素的地理空间分布规律,对于当代管理者有效管控村落的建设和有机更新,具有重大的现实意义。

第一节 村落的概念

村落(聚落),为众多居住房屋构成的集合或人口集中居住的区域。

---

① [美] 朱利安·斯图尔德:《文化变迁的理论》,台湾远流出版事业股份有限公司 1989 年版,序言。

这里指的是村落的建成区。村落，除了居住空间之外，还包括村民赖以生存的耕作空间和山林水系等生态空间，三者共同构成村落的文化生态圈，也称为"村域"。

古时村落又称为"邑"。邑（yì），由甲骨文演变而来，从口（wéi）从人。甲骨文字形，上为口，表疆域，下为跪着的人形，表人口。合起来表城邑。① "邑"是汉字的一个部首，变体为右耳旁。从"邑"的字多和地名、邦郡有关。城市、都城，旧指县，古代诸侯分给大夫的封地。《说文解字》云："凡邑之属皆从邑。"奴隶主居大邑，农户居小邑。邑有十室之邑、千室之邑种种。

从《说文解字》中可以理解，村落有两大要素，首先是一个地理空间。没有地理空间，就不可能有人的生存空间，也就谈不上可以形成村落；第二，必须有一群人的生活活动。仅有地理空间，没有人的生活活动，也成不了村落。因此，村落，是"人"与"地理空间"相结合的有机体，是人与自然相互依存的一个生态圈，是人与自然相互依存的社会形态。人们在自然空间环境中，通过劳动，改变自然空间形态和结构，获取生活资料，约定行为准则，在此繁衍生息，世代绵延。因而，本质上，村落是某一群人在某一地理空间中采用特定的生活方式的物化空间形态。

人与人之间，以血缘的自然纽带联系着人与人之间的情感，以血亲关系规定着长幼有序的宗法秩序，这是动物界天然的社会地位关系，包含着亲情远近、关系疏密以及社会责任，因而，这种规则自然而然地被社会成员所接受。并以此为行为准则，划定各阶层关系之间的空间归属和利益分配，从而形成以血缘为纽带的宗法血缘分封制度。

宗法血缘分封制度，一直是秦朝之前国家治理的基本政治制度，虽然到秦朝开始，国家治理开始实行郡县制，"国"与"家"的治理制度开始分野，但在农村地区，一直沿用"宗法血缘分封制度"。该制度起源于原始社会的父系家长制，按血缘关系，划分房派结构、分配政治权利、维护政治关系。同时按照血缘尊卑划分村落耕植空间的经营权及建筑宅基地使

---

① 丁再献、丁蕾：《东夷文化与山东·骨刻文释读》，中国文史出版社2012年版，十九章第二节。

用权，另外按房派大小划分村落治理空间范围。因此，村落宗法血缘分封制度，决定着村落空间的结构。

这些空间经营权、使用权、管理权的划分，不仅仅体现在居住空间，还包含外围的耕植区和生态区。居住空间只是解决了血缘的疏密、亲密关系，除了居住空间，必然需要划分谋求生活资料的生产空间的权利和归属问题，就像动物有领地概念一样，人更具有领地的概念。因此，需要了解村落社会所占领的地理空间的结构，从而寻找文化要素与地理空间之间的关系。

第二节 村域的地理空间构成

《尔雅·释地》记载："邑外为之郊，郊外为之牧，牧外为之野，野外为之林。"[①] 文献对"郊"的解释有两层意思，一是距离城邑一定范围内的土地称为"郊"。如《说文》中解释："距国百里为郊"。周时距离国都五十里的地方叫近郊，百里的地方叫远郊。第二层意思是，可耕作区域谓之"郊"。《文选·司马相如 上林赋》载："地可垦辟，悉为农郊，以赡萌。"对于小邑即村落来说，"郊"，可理解为村落周边的耕植区，即现在所谓的基本农田区；"牧"，象形：表示手拿棍棒牧牛（羊），本义：放牧牲畜——《说文》，由此可以理解，"牧"为耕植区外的放牧区，即与基本农田相连接的难以耕作的低丘缓坡区域；"野"，牧外野兽出没区域，也可为邑提供能源的区域，即砍柴区域；"林"，为邑最外围的生态背景区，人迹罕至，森林深密。

由此可见，村落的地理空间构成可以分为三个区域：建成区、耕植区、生态背景区。建成区即村落建筑所覆盖的区域，又叫生活区；耕植区是农业生产所覆盖的区域，可细分为可灌溉的基本农田区域和难以灌溉的旱地区域，又叫生产区；生态背景区是村域内受人工干扰较少，基本保持原生态的区域，可分为近山和远山区，又叫生态区。如图2-1所示。

由此可见，村域的地理空间构成分为三部分，村落的建成区、耕植区和生态区。居民的生产、生活活动都在这三个空间中进行，构成一个村落

---

① 顾实：《汉书艺文志讲疏》，商务印书馆2021年版。

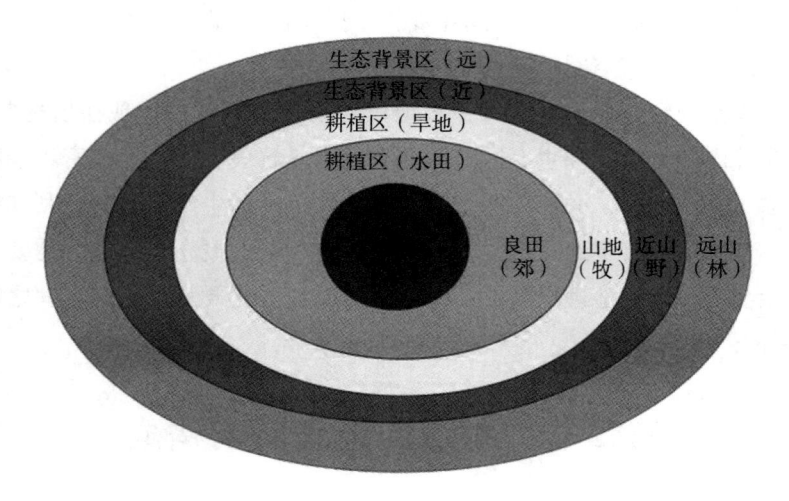

图 2-1　村落的地理空间构成（作者自画）

完整的文化生态圈，村落的所有文化要素，都包含其中，并与某一个地理空间位置存在一一对应关系。

有学者认为，国土空间规划中所称的"三生空间"即"生态、生产、生活"空间，来描述某一区域的国土空间的构成，并不严密，笔者也比较赞同这个观点。"生态空间、生产空间、生活空间本应是贯通在所有以上三种类别的环境中的，即使就纯粹的人类的生产生活而言，在城镇这类人工空间环境中也仍然有生态空间，也同样有生态功能的空间存在。"[①] 因此，主张用"自然空间（环境）""人工空间（环境）""人工自然混合空间（环境）"来描述某一区域的地理空间构成。他认为"自然环境"是指非人力营造、未经人类大规模改造和不受人力持续扰动的空间环境，以及仍然保持着基本自然生境属性的地区（相当于上述的生态空间概念），这些自然环境所具有的人文意义，全都是由人类赋予其意义的，但并未以改变性状为前提；而"人工环境"指的是完全由人力营造形成的空间环境，这种人工环境是由人类对自然环境进行改造后形成的，其中有些还保持着自然的性征，如山、河、湖、树林等，但通常也已经在某些方面经过人力的干预或处于人类的不断扰动之中（相当于上述的生活空间概念），人工环境的人文性是以改变自然形状、根据人类的意

---

① 孙施文：《国土空间规划的知识基础及其结构》，《城市规划学刊》2020 年第 6 期。

愿及文化意义创设出新的、非自然化的性状而形成的;所谓"'人工自然混合环境',是指经过人工改造形成、但其使用方式或其运行过程仍然依赖于自然特性的或者说以自然生长为主要特征的(相当于生产空间概念),广大的农业生产地区显然具有这样的特点,这些空间都是经过人力开垦改变了自然特征的,但其生产的方式仍然需要按照自然的节律、依赖于自然的生长力量来获得收成,当然人类的扰动和干预是不间断的,因此这种人工与自然的交互作用是这类地区的最显著特征,其环境的人文性也是由这种交互作用所形成的性状所表达的,无论是稻田、青纱帐还是花海。"[1]

由此可见,从使用角度来划分,更容易理解空间的地理构成。人类的空间使用行为包括了保护、开发、利用、修复、治理等主要类型,因此按照"使用功能"来划分某一区域的"功能区",则是村域地理空间构成的首要因素。不同功能区因人类使用需要,形成什么样的"空间环境",则是二级使用的结果。一级使用与二级使用对空间性状的规定,类比于城市规划中"总体规划"与"详细规划"的区别。因此,将村域地理空间构成分为"建成区、耕植区、生态区"三大类。

一 建成区的地理空间构成

建成区是指在村域范围内,因生活需要逐渐建设起来的被建筑物占领的用地空间,其范围一般是指建成区外轮廓线所包括的区域。建成区的地理空间构成又包括建筑空间、交通空间、生态空间三大要素。这三个要素,在不同的地形地貌、历史条件与文化背景下,形成不同的村落空间结构形态。

(一) 建筑空间

建筑空间,是每一户人家住宅基底或院落围墙所占有的空间集合。我们把每一户人家住宅基底或院落围墙所占有的空间定义为村落有机体的"细胞",则每个"细胞"所占据空间的大小、形态各有不同,"细胞"与"细胞"之间的具体结构形式,构成了村落有机体具体的建筑空间形态。关于村落有机体,除了居住建筑之外,还有政治、经济、教育、文化、医疗、体育、宗教等公共文化设施建筑空间及电力、电讯、给排水等

---

[1] 孙施文:《国土空间规划的知识基础及其结构》,《城市规划学刊》2020年第6期。

市政基础设施建筑空间,我们将这些公共设施建筑空间称之为调节村落社会有机体的"器官"。关于村落有机体"细胞""器官"等概念及村落有机体的内在生长规律,将在下一章重点阐述。在此,仅按照《村庄建设用地地分类》标准,将建筑性质与土地使用性质相对应,以搞清村落建成区地理空间构成。根据《村庄建设用地地分类》标准,村落中各类建筑可分为住宅建筑、公共建筑、生产性建筑、市政基础设施建筑四种建筑类型。

(二) 道路、广场空间

道路空间是连接各建筑空间的交通纽带。按照《村庄规划标准》,道路可分为主干道、次干道、支路和宅前路。各级道路如同树枝一样,形成村落的交通空间,连接着各个院落和建筑;从使用功能分类,道路分为车行道和人行道。车行道满足机动车交通需求,人行道满足行人交通需求,同时还包括静态交通空间,即停车场。

广场空间是因生产、生活需要,在建成区内独立开辟的空旷空间。各个广场,既有一定的生产功能,也有防灾疏散功能,同时也是人们从事文体活动、进行相互交流的公共空间。因此,广场空间从使用功能分类可分为生活性广场、生产性广场等。

(三) 生态、绿地空间

生态、绿地空间是指在建成区范围内自然保留的或人工开发的用于休憩、生产、生活的水域空间或绿地空间。生态、绿地空间由绿地系统和水域系统构成。绿地与水系,相互融合,共同构成生态、绿地空间。绿地系统又可分为公共绿地、道路绿地和庭院绿地,前两者是开敞空间,后者是半私密空间。

水系,包括流经建成区的溪流、沟渠和水塘。

溪流,是某一较大河流的上游分支,其所流经的区域,构成若干个村落的生活圈。自古以来,村落选址,溪流是村落选址重要考察因素之一,在风水学中,称为"察水",是看风水重要的一环。溪流需环抱有情,水流平缓,最好从村落背后流入,由村落前面流出,在溪流与村落之间,有较开阔的耕作空间,从而保障有足够的环境容量,来养活一定的人口。溪流也是农业灌溉的首要条件,自上游到下游,为使不同的高差农田得到灌溉,会在溪流中分段建筑堰坝,从而将水流引入农田;溪流同时也是重要的农产品加工动力，在溪畔安装水车，构筑碾米房，利用水流带动水车，进行碾米、榨油等生产活动；溪流，同时也是重要的交通要道，足够宽阔或足够深的溪流，常借小舟与外界实现通航，也常借水流，将上游山区的木头、竹排，顺流放下，运送到沿溪各村。这是一条农耕的生命线，也是物质运输的交通线，还是人们生活、生产的休闲线。人们在生产生活中，与溪流生命相依，朝夕相伴。

沟渠，是人工的产物。一般从溪流上游地区开始引流，进入村落，千折百绕，流经各家门前，为人们的日常生产、生活提供便捷的水源。进入农田区，则负责农田灌溉。

水塘，是村落中连接水渠、为防止干旱而储存的水源。水塘一般选择在村落低洼处，同时具有汇集雨水、调剂洪水的功能。每一口水塘，都构成村落中一个生动的生活圈。人们在水塘边砌筑埠头，女人们在埠头上浣洗衣服，孩儿在水塘中戏水游泳，岸边种植垂柳，水中开满荷花，鸭儿成群、鱼儿潜底，塘边古建筑高高的马头墙，倒映在水中，构成了村落中最具生活气息、最富有诗意的生活空间。水塘，还被赋予了"砚池"的意象，有的村落有意将水塘构筑成"新月"形态，将村落周边尖尖的山峰理解成"文笔"，山峰倒影在池塘，便构成了"笔入砚池"的景象，是文昌的象征。如宏村宗祠前面的月亮形池塘，便被赋予了"砚池"的意象。池塘与各级宗祠之间也具有内在的文化联系。宗祠是供奉祖先灵魂的空间，祠堂只供奉男性牌位，女性一般不入祠堂，因而，就属"阳"。而一般祠堂前面都会有一口池塘，除了防火功能之外，这口池塘被认为是"母体"的象征，属"阴"，只有"阴阳"结合，村落才能子嗣绵延不绝，因此，这一口池塘的名称，也通常带有一个"姆"字。如金华琐园村宗祠前面的池塘，便称为"姆奶塘"。池塘边，往往是一个村的公共饮用水源。村民一般会在池塘边挖一口井，因为池塘往往是一个村落地形最为低洼之处，因而也是地下水汇集之所，池塘之水又能保证井水永不枯竭。因此，"井台"，又赋予了人们思乡意象。李白有一首诗："床前明月光，疑是地上霜，举头望明月，低头思故乡。"这里的"床"并非人们睡觉的"床"，而是指"井床"，许多人都把他理解错了，包括许多语文教师。人类天然就亲水，人体的大部分质量就是水，人们一刻也离不开水，不吃饭可以活半个月，但不喝水只能活一周就是这个道理。因此，村落中水体空间的营造，赋予了村民许多的期望，记录着世世代代先人生活的足迹，是具有丰富传统文化的历史空间。

二 耕植区的地理空间构成

耕植区是一个人工改造的地理空间。人们利用工具，根据农作物生长对地形地貌的需求，通过构筑田埂、驳坎、沟渠，场地平整，实现对自然地形地貌的改造，从而将自然地形改造成适合灌溉，适合耕作和农作物生长需求的良田。

自从人们筛选、驯化、种植粮食植物开始，便有了对自然地形的改造。江南稻作文明发源地区，最早的自然地形改造考古证据来自良渚古城。大约距今5200年到4300年之间，在杭州余杭地区，开始改造水系，构筑水渠、田埂，大面积围田，并形成了纵横有序的"井"字形农田格局，有理由相信，在良渚文明时期，便有了"井田制"的雏形，并在商、周时期达到完善的土地管理制度，如图2-2所示。

图 2-2 良渚"井"字形的农田格局（图片来自网络）

良渚文明是人类进入农业文明以后，因人口的扩张，人们从小河流上游地区向太湖、钱塘江下游沼泽地区开拓生存空间所形成的具有国家形态的文明。沼泽地区首先通过开挖沟渠，将水引出垦荒区，再构筑田埂，将沼泽地围垦成一块块方正的"井"字形的适合水稻种植的农田。这与古埃及尼罗河流域下游地区围垦造田，有异曲同工之妙。这是在平原沼泽地区进行自然地形改造的典型案例。

开筑沟渠，围垦井田，有一定的规矩。古时以300步为一里，方里而井，井九百亩，一井九田。田与田之间开筑"遂"，"遂"是最小的沟渠，遂上之路为"径"；九田为井，一井的面积是方一"里"，里与里之间开筑"沟"，"沟"之上道路为"畛"；一百井是方十里，叫一"成"，可容纳九百个劳动力；成与成之间开筑"洫"，"洫"上之路为"途"；一万井是方百里，叫一"同"，可容纳九万个劳动力，同与同之间开筑"浍"，"浍"之上道路为"道"。各种渠道的大小、深浅和道路的宽窄，都有一定的规格。如此，形成了耕植区由沟渠、道路分割所形成的大地景观。

居住在丘陵地带及山地的村落，由于平地少，不得不向山丘要耕地。人们顺着地形等高线，通过构筑驳坎、石坎，将山丘改造成梯田。从而形成自然弯曲、层层铺叠的大地景观。

耕植区主要功能是满足粮食生产的需求。从农作物生产功能分类可分为耕地空间、道路交通空间、水利灌溉空间。耕地是主粮和经济作物的生产空间，道路和灌溉空间，是辅助性生产空间。耕植区这三个功能区的空间结构形态，取决于某一个历史时期的土地管理制度、地形地貌、耕作方式。

（一）土地管理制度

基本农田区是完全人工化改造的空间。地理空间构成要素是农田、水利灌溉设施和道路。

土地管理制度决定着农田、水利、道路之间的结构关系。商周时期的"井田制"是土地制度决定空间结构的典型案例。《孟子·滕文公上》载："方里而井，井九百亩。其中为公田，八家皆私百亩，同养公田。公事毕，然后敢治私事。"井田制是把耕地划分为多块一定面积的方田，周围有经界，中间有水沟，阡陌纵横，像一个井字。一人耕种大约100亩（约合今70公亩）。100亩为一个方块，称为"一田"。甲骨文中的"田"字也是由此而来。方整，是该土地制度下耕植区空间结构的基本特征。沟渠跟着阡陌走，这是理想化、垅田制的农田景观，是夏、商、周"三代"

理想社会的写照，如图 2-3 所示。

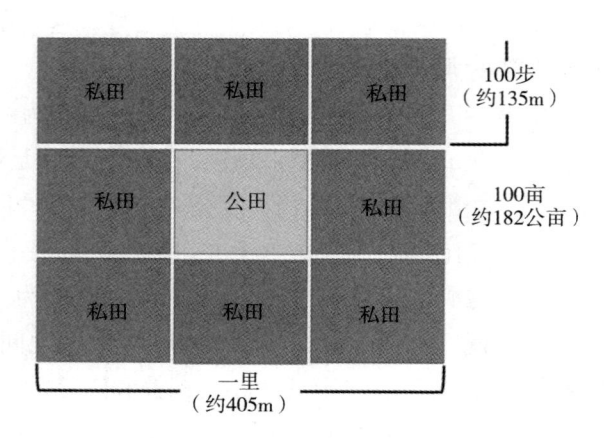

```
           ┌─────┬─────┬─────┐  ┐
           │ 私田 │ 私田 │ 私田 │  │ 100步
           │     │     │     │  │（约135m）
           ├─────┼─────┼─────┤  ┘
           │ 私田 │ 公田 │ 私田 │    100亩
           │     │     │     │   （约182公亩）
           ├─────┼─────┼─────┤
           │ 私田 │ 私田 │ 私田 │
           │     │     │     │
           └─────┴─────┴─────┘
           └──────一里──────┘
              （约405m）
```

图 2-3　井田制（来自网络）

新中国成立后，中国农村实行了土地所有制改造，由私人所有改为集体所有。并进行大规模水利设施建设和园田化改造，呈现出"大块"田地为特征的大地景观；1978 年实行土地承包责任制之后，将土地按照"户"为单位，包干分割给农户，对大块的土地通过田埂分割，耕植区的土地出现了"碎片化"，因此，耕植区的大地景观，往往是某一种土地所有制的产物，田埂不仅仅只是满足交通的需求，更是"地籍"的分界线。

（二）地形地貌

地形地貌，决定着土地能否为农业所用。在农耕社会，人多地少的矛盾，使人们将可利用的坡地、山地，均改造为耕地，形成了灵活自然的农田景观。平原地区，以"田"字的方块形态以及便于田亩面积计算为原则，只要地形地貌允许，多会成为以土地计量单位为基本单元的方形的耕地，如"亩""石""斗"等单位，沿山脚、溪边多会形成不规则地块。丘陵地区，将缓坡地带开垦为耕地，并以等高线为依据，构筑形成了一定高差的梯田景观。山区村落，更是将高山缓坡一面构筑成梯田，以解决人地矛盾。梯田层层叠叠，云雾缭绕，金黄的稻穗、绿色的青山、泥巴构筑的农舍，构建形成桃花源式的田园风光，成为历史悠久的稻作文明的象征，如图 2-4 所示。

图 2-4　梯田（来自网络）

（三）耕作方式

从原始的"耒耕耨铫"到"铁器的使用和牛耕的推广"，从"农业机械的运用"到"现代农业科技技术"的应用，中国农业大致经历了四个历史阶段。为适应不同的耕作方式，其农田的划分和改造方式也不一样。"耒耕"是最原始的农耕方式，生产效率低下，必须多人合作，因此，只能选择最优良的农田实施大块耕作；牛犁、畜力和铁器的使用，大大提高了生产效率，同时，灵活的耕作，可适应不同形状、不同大小的农田，因此，开辟出许多不规则的"田角地头"，丰富了大地景观；"机械化"耕作模式，又要求农田进行"园田化"的改造，地块越大，越适合机械化作业；"现代农业技术"运用，产生了以"大棚"为代表的现代农业设施景观。

三　生态区的地理空间构成

（一）生态区的空间构成

村落生态区属于坡度较大、土质较差、灌溉不便的难以耕作的丘陵地带或野兽出没、森林覆盖的山林区域。在此范围内，自然生长的山林果木、飞禽走兽，为人类的生活提供了另类生活要素。其中林木为人类提供生活必需的能源——柴火，植物的多样性和动物的多样性，又为人类提供了多种营养和生活蛋白，野生动植物生长、生活空间，是农耕时期人们不可或缺的生存空间之一。生态空间包括近山区和远山区，由生态空间、道路空间、水系空间构成。

近山区山体空间古时作为柴火燃料供应区，带有部分果林、竹木等经济作物；远山为较少受到人工干预的自然生态区。丘陵、山区村落的生态区与平原地区村落的生态区有着结构上的区别，丘陵、山区村落多为外延式生态区，平原地区，则多为内涵式生态区。

（二）内涵式与外延式生态空间

生态空间相对于居住空间及生产空间而言，可分为内涵式和外延式两种形式。内涵式多在平原地区，村落与村落交界也属于农田，因而，该村落生态空间包含在居住空间及生产空间之内，表现为点状的水塘、线性的河流及其周边绿地，点状的山包、丛林等生态空间形态。点状的生态空间表现出孤岛效应，线状的生态空间表现出开放、流动效应，如图 2-5 所示。

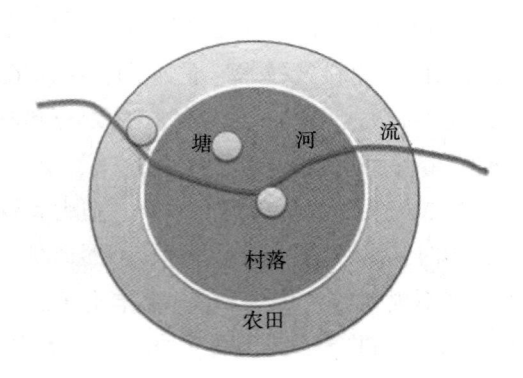

图 2-5 村落内涵式生态结构

外延式指的是村域范围内，生态空间处于最外围，并与其他村落生态空间相连接。外延式多处于丘陵及山区的村落，中国江南地区的村落，多体现为外延式生态空间结构，生态空间多以山、水等形式呈现。村域空间内，外延式生态空间同时包含内涵式生态空间，但内涵式生态空间，不具备外延式生态空间形态，如图 2-6 所示。

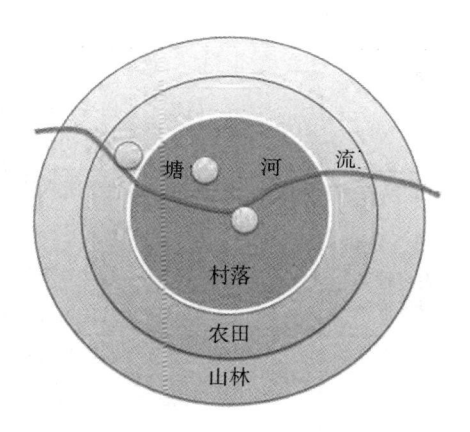

第二章　村落传统文化要素构成及其与地理空间的对应关系　　51

图 2-6　村落外延式生态结构

四　空间的隔离与连续

村域行政界线本质上是对空间占有的界定。空间占有具有排他性，一旦有别的社会群落或成员进入，都会引起警觉。因此，村域行政界线具有了社会隔离功能。村界在界定了自然空间范围同时，也界定了人的行为规范，界定了村落法理有效性范围。同时，该界线会映射到心理空间，从而产生空间归属感。

村域空间，并非一个封闭的空间，而是一个对外开放的空间。因此，村落与外界之间进行着能量、信息的交换，通过不断的能量与信息的交换，村落才能保证"熵减"功能，从而实现自组织的动态平衡。而村落对外的能量、信息交流，是通过道路、水系、基础设施廊道等空间实现的。这些空间，不但贯穿并串联着建成区、耕植区、生态区三大空间，同时联系着村域以外的空间，负责系统内外的量能、信息、生产力要素等交换。所谓"条条道路通罗马"，说的就是内外空间的连续性。

五　村落地理空间构成

按照自然资源部《国土空间调查、规划、用途管制用地用海分类指南（试行）》规范，将农村三生空间用地分类、编号进行对标，明确各类用地及编号。构建形成村落地理空间格局。村落地理空间构成见表2-1。

表 2-1　　　　　　　　　　　村落地理空间构成

大类	中类	小类	代码	小小类	内容
建成区	建筑空间	住宅空间	0703	居住	住宅建筑空间及附属用房
				庭院	围墙内除建筑之外的院落空间
		生产（工业）	1001	生产	生产建筑空间
				庭院	院落内除生产用房之外的院落空间
		农村社区服务设施	0704	建筑	农村各类公共建筑
				庭院	庭院内除公共建筑之外的院落空间
		基础设施	1301	设施建筑	各类基础设施建筑
				庭院	庭院内除设施建筑之外的院落空间
	道路	乡村道路	0601		村内的各级道路，包括主干道、次干道、宅前路
		广场	1403		村内的生产、生活广场空间或停车场
	生态空间	坑塘水面	1704		村内的坑塘
		沟渠	1705		流过村内的沟渠
		公园绿地	1401		村内的公园绿地
		防护绿地	1402		村内的防护绿地
耕植区	耕地	水田	0101		最优质的基本农田
		水浇地	0102		可利用灌溉设施灌溉的耕地
		旱地	0103		无法人工灌溉的耕地
	园地	果园	0201		种植各种果树的园地
		茶园	0202		种植茶树的园地
		橡胶园	0203		种植橡胶树的园地
		其他园地	0204		种植其他果蔬、经济林的园地
	农业设施	乡村道路	0601		在村域内外，为村民生产、生活提供交通的通道
		种植设施	0602		通过农业设施种植农产品的用地
	水域	河流水面	1701		流经村域的河流
		坑塘水面	1704		在村域范围内独立的水面
		沟渠	1705		流经村域内细小水流

续表

大类	中类	小类	代码	小小类	内容
生态区	林地	乔木林地	0301		乔木覆盖的区域
		竹林地	0302		种植竹子的区域
		灌木林地	0303		灌木覆盖的区域
		其他林地	0304		其他杂树覆盖的区域
	草地	天然牧草地	0401		牧场或杂草覆盖的区域
		人工牧草地	0402		人工种植的草地或牧场
		其他草地	0403		原生态的杂草地
	湿地	森林沼泽	0501		森林覆盖的湿地
		灌丛沼泽	0502		灌木覆盖的湿地
		沼泽草地	0503		杂草覆盖的沼泽
		其他沼泽地	0504		其他类型沼泽地
	水域	湖泊水面	1702		天然形成的大型水面
		水库水面	1703		人工形成的大型水面
	道路	乡村道路	0601		在生态空间，沟通村域内外交通的通道

第三节　村落不同空间的文化要素构成

空间，因为有了人的活动，才赋予了文化内涵。某一群落，依托于某一地理空间，从事着生产、生活活动，在此休养生息，繁衍子孙，世世代代的生活，都将物化形成各式物质文化形态，并遗留在村落的生活、生产、生态空间之中，这些物化的文化形态，以各种文化要素表现出来。

英国的"人类学之父"泰勒（1832—1917）在《原始文化》一书中，把文化定义为"是一个复杂的总体，包括知识、信仰、道德、法律、风俗以及人类在社会里所获得的一切能力与习惯"[①]。它包括物质文化、制度文化、精神文化三个子系统。泰勒还认为："文化实际上存在于不同发

---

① ［英］爱德华·泰勒：《原始文化》，连树声译，上海文艺出版社1992年版，第6页。

展阶段的人群中。"无论是物质文化、制度文化、精神文化，归根结底，都是人的思维和行为的结果，而人的这些活动，都与"某一空间"一一对应，或在这一空间留下活动的痕迹，或留下文字，或产生情感的反应，所有这些文化要素，都构成了这一空间的文化内涵。

一 文化系统的构成与形成机制

任何文化要素的形成，必须具备两个基本条件：人与地理空间。人，不依托地理空间资源，无法生存；地理空间，没有人的参与和活动，也就失去其文化的意义。当某一人群选择了某一个地理空间后，便根据该空间所提供的自然环境资源和条件，开始寻求适应该地理空间环境的生活方式，所谓"一方水土养一方人"，说的就是这个道理，不同的地理空间环境，产生不同的生活方式，从而产生不同的区域文化。

（一）物质世界触发人的意识行为

辩证唯物主义认为物质是不依赖于人的意识、并能为人的意识所反映的客观实在。无论是自然界的存在与发展，还是人类社会的存在和发展，它们都不依赖于人的意识。这种不依赖于人的意识的客观实在性就是物质性。整个世界是不依赖于人的意识而客观存在的物质世界，世界的本原是物质，物质对意识具有决定作用。物质决定意识，意识是对物质的反映，意识不是自生的和先验的，认识世界的形式是主观的，认识世界的内容是客观的。

地理空间环境是不依赖于人的意识的客观存在。当人们选择某一个地理空间环境作为其生存空间，便触发了人的大脑开始思考如何利用和改造自然，从而谋求生存。因此，地理空间环境，构成了"区域文化"的基地，是区域文化的载体。

西方哲学素有理论思维与实践思维两大传统。在古希腊时期，理论思维以数学、物理学等自然科学为基础，面向外部自然世界，揭示外部自然存在及其规律，其哲学的对象及其范畴都是用以说明外部世界以及人是如何认识外部世界的。这种理论思维经过德谟克利特改造，形成了具有科学主义特征的理性主义哲学传统；实践思维以人的伦理道德规范、政治生活等人文科学的发展为基础，面向人的生活世界，揭示人的生命存在极其自由本性。这种哲学所研究的不是自然世界与人的思维关系问题，而是人的生活世界与人的思维关系问题。①

实践主义哲学认为，人不是被规定的，而是在自我创造中生存。由此，哲学本体论就从科学的羁绊中摆脱出来，走向了人文科学，从而形成了由科学主义向人文主义的重大转变。

实践主义哲学从改造"实践"的概念入手，建立起新的形上原则。认为"实践"是人的生活，亦是人的自由。伽达默尔在《科学时代的理性》中阐发了这一思想："构成实践的，不是行为模式，而是最广泛意义上的生活。"人的本质存在于超越自然的创造活动中。维科把这种超越自然的创造活动称之为"制造"。所谓"制造"，就是人的文化创造。②

（二）人的"制造"活动物化为物质文化形态

人的文化创造具有多种形式，如居住建筑空间、粮食作物生产、涉及生活生产所需的各种工具、宗教、神话、艺术、科学、哲学、语言、制度等。各种制造活动，都以某一种物质为改造对象，最终形成一定的物质形态。宗教、神话、艺术等，虽然涉及精神层面，但需要神庙、神像、书画等物质形态成为精神文化的载体。各种语言、制度文化等，也需要纸张、书籍等进行记录，传播，因此，各种人类"制造"活动，都将物化为某一种物化形态，表现为物质文化内涵。

《易经》曰："道以成器，而器以载道。"《易传·系辞上传》有："形而上者谓之道，形而下者谓之器。""器物"不仅以形态、语言的形式体现古人对形式美的认识，更通过有形之"器"，传达无形之"道"。从而突破了"器物"的普遍的物质意义。

中国古代"以玉比德"就是一个最典型的例子。玉有九德，君子以"九德"作为终身的行为标准。不同等级、身份的人所执玉器也不一样。不同的造型表达了人们对宇宙、自然不同的理解。"以玉作六器，以礼天地四方：以苍璧礼天，以黄琮礼地，以青圭礼东方，以赤璋礼南方，以白琥礼西方，以玄璜礼北方。"《考工记》说："轸之方也，以象地也，盖之圆也，以象天也。"老子曰："人法地，地法天，天法道，道法自然。"人们在"制器尚象"的过程中，法地、法天、法道，最终法自然，从而使

---

① 何萍：《马克思主义哲学与文化哲学》，武汉大学出版社2002年版，第6—26页。
② 何萍：《马克思主义哲学与文化哲学》，武汉大学出版社2002年版，第6—26页。

每一个器物，承载着人类对自然规律的理解，并形成一个统一的审美标准和规范。

村落中各种物质和非物质文化皆为"器"的具体表现形式，在满足人们物质、精神需求的同时，还承载着"化成天下"的使命。通过"器"所承载的"道"，来教化万民，开发民智。"器以载道"是中国传统造物的意境，讲究通过形态语言，传达出一定的趣味和意境，从而表达出"自然—人—器"三者之间的哲学关系。具体而言，其于人与自然，则是天人合一；其于人与人，则是社会的和谐有序；其于人与器，则是心与器、文与质、形与神、材与艺、用与美的统一。在中国传统村落的营造中，无不体现出"器以载道"的哲学思想，从而形成"寓教于器"的村落空间形态和景观，营造出天人合一的人居环境。

（三）意识内容与层次对应着人的需求内容和层次

人的需求是意识反映的体现和结果，人的需求决定着人的行为。弗洛伊德的冰山理论与马斯洛的需求理论之间存在着明显的对应关系。低层次的需求对应着表层意识，高层次的需求，对应着深层次的意识，如图2-7所示。

弗洛伊德冰山理论：意识内容与层次　　马斯洛需求理论：需求内容与层次

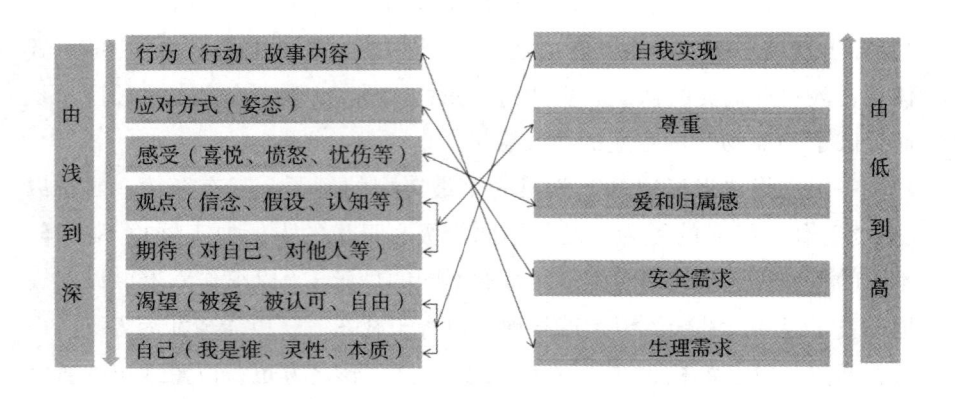

图 2-7　弗洛伊德意识层次与马斯洛需求层次关系

在一个全新的地理空间环境，人的需求是从最基本的生理需求开始的。首先是吃得饱、穿得暖，不至于被冻死、饿死，因此，简单的需求，都会由基本的表层意识所表现出来，并付之于明显的行为模式。狩猎、筑巢、农耕等，是表层意识最基本的行为反映。进而有安全意识，产生安全需求，面对野兽、敌人的攻击，采取一定的"应对方式"：围筑栅栏、建造城隍等。当人的精神开始放松下来，各种情感分别会表现出来，开始感受自己的感受。有了爱和归属感的追求；继而有发表自己观点的欲望，期待自己的观点获得认可，人格获得尊重，因此产生尊重的需求；当自我最深处的意识被触及，人便有了"实现自我价值"的最高追求。这便是意识与需求关系的基本逻辑，而在不同阶段，分别会产生不同的"精神文化内涵"，当个体的意识成为共同的意识，这个意识，便成为大家共同遵守的行为规则，意识便上升为一种"制度"，成为大家共同遵守的行为规范。

（四）制度文化

制度泛指以规则或运作模式，规范个体行动的一种社会结构。《易经》弟文+卦——节卦曰："天地节，而四时成。节以制度，不伤财，不害民。"这里的节，指"时节"，是与农事相对应的时间节点。一年四季，到了某个时间节点，必须从事某种劳动，如"春耕"，错过了时间节点，则颗粒无收，人们则无法生存。因此，在某个时间节点上，需要考虑它的时效性，因此，"节"必须讲求"度"，到了一定的"度"又必须制约它，也就是制定出行为规范。"度"是"节"的量化标准，"制"是"节"的权威手段，无"制"则不能"节"，无"度"则"节"之亦不能信，"度"与"制"缺一不可，所以说"节以制度"。有"度"有"制"而"节"之，万物都遵循它们固有的规律运行，就能不伤财、不害民，对万物本身起到保护作用。

人把他的超自然的内在冲动和内在欲望变成现实的自我创造的活动时，会形成一定的物质创造方法，这是"意识"转化为"实践"的过程，实践所获得的方法，一开始是个体性的、个别发生的事情。但一种实践方法，被大多数人所采用，便成为一种集体意识。此时，单个意识转化为一种"制度"。

爱德华·泰勒认为，一个人的行为，不能成为文化，当个人行为成为大家共同所遵循的习惯和行为时，才成为文化。因此，政治制度是大多数人的行为公约。农业经济制度，是"天地节，而四时成"的制度；法律制度，是对人的行为约束最大的公约数；文化制度，指的是大多人久而久之形成的共同行为习惯。

人类创造物质文明的方法，在发明之初，并非制度，当这种方法被社会所共同采用或遵守，便成为制度。因此，制度是推动社会进步的最根本动力。制度一方面推动物质资料生产，以满足人类物质文化需求，另一方面，也会催生精神文化，比如宗教信仰、不同形式的文学产品等，以满足人类精神文化生活需求。制度是物质与精神之间的桥梁。

二 村落营造中的制度文化

《易经》曰："道以成器，而器以载道。"在"道以成器"的过程中，都存在着一种方法与规则。这种方法与规则有的是自上而下的，即由制定规则的人向民间推广，并逐渐成为一种共同的行为。有的是自下而上形成的。自下而上型规则，一般是按照某一种思想（道），在百姓生活中形成某一种"器"的制造方法，并逐渐在民间得到认可、传播，当这一种"成器"的方法为大多数人所认可、接受时，便成了规则和制度。如某一区域的住宅、生产工具、日常生活用品等的制造方法，同时也包括某些生活习俗。自下而上型制度与自上而下型制度，在历史的长河中不断交融，从而形成带有某一种"主体文化"特征的"器"的形态。

村落距庙堂虽远，但当村落脱离荒蛮状态，成为某一个政治集团的管辖范围之时，庙堂的制度便不断渗透进村民的生活中及各种"器"的制造过程及工艺中。与村落营造直接相关的制度文化大致有三：村落的空间选址及布局、住宅的营造、百工的生产及日常生活用品的制造。

（一）村落的选址及空间营造

1. 选址

负阴抱阳，是村落选址的基本思想。人们在选择某一居住空间时，要考虑的基本要素是：第一，必须有水源；第二，必须有足够的空间环境容量；第三，有足够的安全性。因此，在选址环节，人们逐渐总结出一套"风水学"或叫"堪舆学。"天津大学建筑系教授王其亨经多年研究后认为，堪舆学之内核实是中国古建筑理论之精华，是集地质学、生态学、景观学、建筑学、美学于一体的古建筑设计理论，强调大自然伟力直接影响着人们健康与后裔繁衍，使聚居于该地的人们光前裕后，获得世代平安。

负阴抱阳，背山面水，这是风水理论中宅、村、城镇基地选择的基本原则和基本格局。这里说的基本格局，即基址后面有主峰来龙山；左右有次峰或岗阜的左辅右弼，或称为青龙、白虎、大砂、小砂，山上要保持丰茂植被；前面要求有池塘或弯曲的水流；水的对面还有一个对景的案山；轴线方向最好是坐北朝南，但只要符合这套格局的其他方向也可以。基址正处于这个山水环抱的中央，地势平坦而且有一定的坡度。古人认为这样就是较为理想的风水宝地了。

2. 空间营造

人们在所选择的自然空间中谋得生存，需要改造两大空间：居住空间和生产空间。这两大空间改造都遵循"天人合一"的思想。

天人合一的思想是在生产生活中形成的。人在天地之间，人的生产、生活、情感等，都属于自然的一部分。农业生产，受"天时"的约束。宇宙运行，四时交替，季节更替，阴阳变化，有其自身规律，人不可逆天而为，不按照四时节气耕种，农业将颗粒无收；日常生活，也需顺应天时，昼行夜眠，饮食识五谷，穿衣知冷暖，村落、建筑须负阴抱阳，汲取能量，呼吸新鲜空气，出行须辩方位，不同时节形成不同的生活习俗，都是顺应天时、地利的结果；人的情感，因自然的馈赠，对自然间万物寄托了深厚的情感，在《诗经》三百首中，描写各种植物的诗达到160多首，人们感谢苍天、大地的馈赠，所以形成了土地神、谷神、雷神、风神、雨神等自然神的崇拜。因此，营造一个"天、地、人"三才和谐的居住空间和环境，是古时候人们的美好意愿，也是一种天然的规划意象。

这种和谐是天与人的和谐，所谓"天人合一"。"和"，本指唱歌的相互应和，后引申为和谐。"阴"与"阳"的相互应和，其结果就是"和谐"。《易经》曰："一阴一阳之谓道，继之者善也，成之者性也。"古人将世间万物都理解为阴阳交融、平衡的结果。周敦颐在《太极图说》中非常清晰地说出了宇宙运行的内在规律，他用"太极"来表达阴阳交合所形成的和谐状态。

其文曰:"无极而太极。太极动而生阳,动极而静,静而生阴,静极复动。一动一静,互为其根。分阴分阳,两仪立焉。阳变阴合,而生水火木金土。五气顺布,四时行焉。五行一阴阳也,阴阳一太极也,太极本无极也。五行之生也,各一其性。无极之真,二五之精,妙合而凝。乾道成男,坤道成女。二气交感,化生万物。万物生生而变化无穷焉。唯人也得其秀而最灵。形既生矣,神发知矣。五性感动而善恶分,万事出矣。圣人定之以中正仁义以主静,立人极焉。故圣人'与天地合其德,日月合其明,四时合其序,鬼神合其吉凶',君子修之吉,小人悖之凶。故曰:'立天之道,曰阴与阳。立地之道,曰柔与刚。立人之道,曰仁与义。'又曰:'原始反终,故知死生之说。'大哉易也,斯其至矣!"

《太极图说》融合了老子《道德经》中"道篇"与"德篇"的思想精髓,是儒道文化融合的象征,也成为北宋理学的开山鼻祖。

道家所指太极为"自然之和谐"。这个和谐更多从自然及空间的角度,阐述宇宙、自然、空间阴阳变化的规律。太极分阴阳,阴阳分四时,阴阳交合而生万物,自然中万物依五行相生相克运行,从而达到自然空间的和谐状态。这个和谐的自然空间,是自然各要素的和谐,包括山与水的和谐、风与雨的和谐,同时也是农业生产、作物生长之和谐,总体表现为人类生存所依托的生活空间的和谐。

儒家所指太极为"人与人关系的和谐",这个和谐更多从社会学角度。周敦颐所说"定中正,取仁义,与天地合其德,与日月合其明,与四时合其序,与鬼神合其吉凶",告诉人们应遵循的行为规则,使人与人之间的关系达到和谐的状态。

由此可见,周敦颐所描写的"太极图",实际上描述的是一个理想的、和谐的由"人"与"自然空间"相互组合而成的某一个社会环境,该社会环境大可以包括"国家",小可以指某一个"村落",再小者,可指某一个人的"居住"或"清修环境",是"村落有机体"的理想形态。

因此,用太极来进行村庄规划和村落空间营造,是古代村落规划的理念和常用手法。因为太极就象征着阴阳的和谐,就代表着"天地人"之间的"天人合一"。如浙江兰溪市诸葛八卦村,武义县俞源村,都是典型的以太极定阴阳的规划案例。

除了用"太极图"形象布局"天人合一"的居住空间之外，还经常用"七星图""八卦图""九宫图"等来谋求"阴阳"之和谐，以达到"中和"之境界。《中庸》说："致中和，天地位也，万物育也。"

3. 七星图

七星图是指北斗七星图。古代很重视北斗七星的作用。《史记·天官书》说："北斗七星，所谓'旋、玑、玉衡，以齐七政'。……斗为帝车，运于中央，临制四乡。分阴阳，建四时，均五行，移节度，定诸纪，皆系于斗。"北斗七星由"天枢、天璇、天玑、天权"四颗星连线形成"斗"，由"天权、玉衡、开阳、摇光"四颗星连线形成"斗柄"，沿"天璇、天枢"两颗星连线向外延长5倍距离处便是"北极星"，北极星永恒不动，"北斗七星"围绕北极星旋转，当斗柄指向东方，便为春天，指向南方，便为夏天，西方是秋天，北方是冬天。因而将"北斗七星"形象比喻为"帝车"，玉皇大帝乘坐着七星北斗这辆"帝车"一年四季巡视着人间，观察着人间的疾苦和冷暖。因此，"北斗七星"具有"分阴阳，建四时，均五行，移节度，定诸纪"的功能。人们按照"七星图"来布局村落的空间，自然是寄予了将村落营造为"天人合一"理想环境的美好愿望。

4. 八卦图

八卦图包括先天八卦和后天八卦。先天八卦相传由伏羲创造，后天八卦则由周文王创造。两者形体一样，但内涵及表达方式有所区别。

《易传·系辞下》曰："古者包牺氏之王天下也，仰则观象于天，俯则观法于地，观鸟兽之文与地之宜，近取诸身，远取诸物，于是始作八卦，以通神明之德，以类万物之情。"八卦最先由伏羲根据燧人氏造设的两幅星图历法《河图洛书》创设，地点在洪洞卦地村，因为此村四面环山，又有八个村庄分布于四周，而且均相隔八华里，形似卦底。伏羲以景画卦，故创八卦图。此图由周文王在伏羲所创八卦图的基础上演变而来。《太平御览》："伏羲坐于方坛之上，听八风之气，乃画八卦。"以"—"为阳，以"--"为阴，组成八卦：乾为天，坤为地，震为雷，巽为风，坎为水，艮为山、离为火，兑为泽，以类万物之情。八卦分据八方，中绘太极之图。

八卦的"卦"，是一个会意字，从圭从卜。圭，指土圭，开始以泥作成土柱测日影。卜，测度之意。立八圭测日影，即从四正四隅上将观测到的日影加以总结和记录，这就形成八卦的图像。

　　八卦的最基本的单位是爻，多是记述日影变化的专门符号。爻有阴、阳两类，阳爻表示阳光，阴爻表示月光。每卦又有三爻，代表天、地、人三才。三才的天部，包括整个天体运行和气象变化，这些星象之学，古称天文。地部指观测日影来计算年周期的方法，用地之理了解生长、收藏的全过程。人部指把天文、地理和人事结合，以便按照这些规律进行生产和生活。每卦的次序是自下而上的，最下一横叫初爻，中一横叫二爻，上一横叫三爻。

　　八卦代表八种基本物象：乾为天，坤为地，震为雷，巽为风，艮为山，兑为泽，坎为水，离为火，总称为经卦，由八个经卦中的两个为一组的排列组合，则构成六十四卦。

　　伏羲绘八卦图，目的是选择人们理想的居住之地，"仰则观象于天，俯则观法于地，……以通神明之德，以类万物之情"，从而营造形成"天地人"三才和谐相处的、阴阳平衡的理想居住环境。因此，中心用一个"太极图"来表达营造理想居住空间的"目标"。

　　《易经》和八卦在中国古代是社会各阶层广泛运用的一种文化思想理论体系，政治家、统治者、军事家用其运筹帷幄，治国安邦；民众百姓则将其作为养生、预测祸福、经商盈利的工具……《易经》和八卦实际运用上水平的高低，差异在于各人对《易经》和八卦含义理解之深浅。大凡精通《易经》和八卦者，当为贤哲、英雄人物，有通天彻地之能，诸葛亮就是其中的代表人物。诸葛亮就将八卦图运用于军事，创造出"八卦阵"。相传诸葛孔明御敌时以乱石堆成石阵，按遁甲分成休、生、伤、杜、景、死、惊、开八门，变化万端，可当十万精兵。因而，在村落规划中，因防御需要，也将"八卦阵"图式应用于村落道路、建筑的布局。

　　5. 九宫图

　　井田制由"井"字的划分，形成了"九宫"图像格局，这一基本的农田管理制度，成为中国传统文化的渊薮。九宫格，一款数字游戏，起源于河图洛书，河图与洛书是中国古代流传下来的两幅神秘图案，历来被认为是河洛文化的滥觞，中华文明的源头，被誉为"宇宙魔方"。相传，上古伏羲氏时，洛阳东北孟津县境内的黄河中浮出龙马，背负"河图"，献给伏羲。伏羲依此而演成八卦，后为《周易》来源。又相传，大禹时，洛阳西洛宁县洛河中浮出神龟，背驮"洛书"，献给大禹。大禹依此治水成功，遂划天下为九州。又依此定九章大法，治理社会，流传下来收入《尚书》中，名《洪范》。《易·系辞上》说："河出图，洛出书，圣人则之"，就是指这两件事。河图上，排列成数阵的黑点和白点，蕴藏着无穷的奥秘；洛书上的图案正好对应着从1到9九个数字，并且无论是纵向、横向、斜向、三条线上的三个数字其和皆等于15，当时人们并不知道，这就是现代数学中的三阶幻方，他们把这个神秘的数字排列称为九宫图，如图2-8所示。

4	9	2
3	5	7
8	1	6

图 2-8　九宫图

　　九宫图在地上用于土地管理，形成"井田制"，同时也将九宫图用于天文观察。为了农耕，需要"观天象、定四时、制历法"。古代天文学家，将天宫以"井"字划分为"乾宫、坎宫、艮宫、震宫、中宫、巽宫、离宫、坤宫、兑宫"，在晚上观察七曜与星宿的关系，以确定方位和季节。因而，九宫图也就有了"星宿"的意象。

　　九宫，又与"四面八方"联系在一起，以正中的方位为中宫，对应四正四隅八宫方向。"东南西北"四个基本方位，谓之四正；"东南、西南、西北、东北"四个"半角"方位，谓之"四隅"，与"四正"共同形成"八方"的概念。伏羲就是按照"八方"衍生出"八卦"的；同时，从"东南西北中"五个方位，衍生出"5"的哲学思想。以五种物质"金木水火土"代表五种基本的自然属性和现象，称为"五行"，衍生出相生相克的"五行"哲学思想。五音、五味、五色等等，都是由"井田制"这一基本的"井"字格局衍生而来。

而九宫格中间一个"5"代表"中宫"，指"帝王居住之所"，因而有"九五"之尊。"九五"之所，与八卦、太极等思想一脉相承，都是指"天人合一"的理想居住之所。

（二）建筑营造制度——"营造法式"

《营造法式》是宋代李诫创作的建筑学著作，是李诫在两浙工匠喻皓《木经》的基础上编成的。是北宋官方颁布的一部建筑设计、施工的规范书。

全书共计 36 卷分为 5 个部分：释名、诸作制度、功限、料例和图样，前面还有"看样"和目录各 1 卷。看样主要是说明各种以前的固定数据和做法规定及做法来由，如屋顶曲线的做法。诸作，包括石作、大木作、小木作、竹作、泥作、瓦作、彩画作等。凡是古建筑涉及的工艺，都有具体的制度规定。

营造法式以"材"作为建筑度量衡的标准。"材"在高度上分 15 "分"，而 10 "分"规定为材的厚度。斗栱的两层栱之间的高度定为 6 "分"，也称为"栔"，大木做的一切构件均以"材""栔""分"来确定。这是模数制在我国建筑业最早的运用，并且作为一种法规被确定在《营造法式》这部巨著中。到清雍正十二年（1734）年，这种模数制被清工部颁布的《清工部工程做法则例》的"斗口制"代替。梁思成有《营造法式注释》，是对营造法式的详细解读。

《营造法式》是李诫以两浙地区的《木经》来编撰的，可见浙江农村的木作，是中国木作的鼻祖，而南宋以来，浙江更是成为行政中心地，八婺地区又因"北山四先生"而成为儒学文化的高地，而木作自古是师徒相传，可见，八婺地区的古建筑，都是严格按照《营造法式》来制作的，虽然宋朝古建筑遗留极少，但明、清古建筑有大量遗存。因此，八婺地区古建筑，是中国古代民间建筑营造文化的典型传承地，传统建筑中留存的文化要素，具有中国民间传统建筑文化的代表性。

（三）百工营造制度——"考工记"

《考工记》出于《周礼》，是中国春秋战国时期记述官营手工业各工种规范和制造工艺的文献。《考工记》是中国所见年代最早关于手工业技术的文献,该书在中国科技史、工艺美术史和文化史上都占有重要地位。在当时世界上也是独一无二的。全书共7100余字,记述了木工、金工、皮革、染色、刮磨、陶瓷等六大类30个工种的内容,反映出当时中国所达到的科技及工艺水平。此外《考工记》还有数学、地理学、力学、声学、建筑学等多方面的知识和经验总结。

《考工记》中涉及的手工艺主要包括木工、金工、皮革工、染色工、玉工、陶工等6大类,除了"木工"由宋朝的《营造法式》传承和发扬光大,其余工种,可以说几千年来,一脉相承。《考工记》所记述的手工业,分工细密,攻木之工有七种,攻金之工有六种,攻皮之工有五种,设色之工有五种,刮摩之工(玉石之工)有五种,抟埴之工(陶工)有二种。分工细密,人尽其能,则有助于工匠技艺专精。它对"工"的见解非常卓越。它说:"知者创物,巧者述之,守之,世谓之工"。

《考工记》中所涉及的工种,都是农耕文明中所涉及的农业生产、生活的方方面面,任何一种手工艺流传至今,便是一种非物质文化遗产,典型遗存有中国的陶瓷,至今仍然应用面相当广泛,因为人们生活中所应用的碗、碟、茶杯等,几千年来几乎未曾变化,而这些工具一日三餐,天天不曾离手。刀具、农具等,也得以很好地传承;玉器也得以较好传承;而皮革、纺织、染色等工艺,则被工业化以来新的工艺所取代。

因此,今天在传统建筑中所留存的生产生活用品,除了现代工业品之外,都有中国传统工艺的遗痕,都可以纳入中国物质传统文化内涵。而其中,也都可以细分为"物质文化""制度文化"和"精神文化"三大基本类型。

三 村落建成区文化要素构成

村落建成区是村落文化要素最集中的区域,人们一半以上的时间,都在该空间度过。人与建筑空间之间构建起休戚相关的生命关系。人作为建筑空间的细胞核,携带着该细胞的文化基因,文化基因决定着建筑细胞的大小、形式、质量、细部表现形态等。

所谓细胞核的文化基因，是指人的思想观念、生活方式、生活情趣、个人爱好等精神文化内涵。同一时代不同的人，将表现出不同的个性；不同时代，不同的生活方式，也会营造出不同时代特征的建筑细胞形态。而其最基本的道德伦理观念，则具有基因的稳定性。因此，建筑文化具有时代性、传承性、个体性等特征。

（一）建筑空间分级和文化要素构成

1. 居住建筑

居住建筑分为院落空间和住宅空间。院落空间又分内庭院和外庭院，外庭院又分前院、后院和侧院。建筑按照承载文化要素的载体分为：墙体、屋架、室内空间、交通空间、屋面和地面。墙体，再分为墙体、门、窗三要素；屋架，分为柱子和梁枋，凡是附着在柱子上的一切构建，如牛腿、雀替、斗拱等文化要素，都统计在柱子上；室内空间分为一楼空间、二楼空间和楼板；交通空间分为楼梯和连廊，此处连廊不包含庭院中的连廊；屋面分为瓦面、屋脊、檩条三大要素；地面，仅包括地面材质和工艺。

内庭院，分为连廊（辅房）和庭院（天井）两部分。连廊（辅房），参考建筑的结构，包含屋面、屋架、墙体、房间、地面等；庭院（天井），指挑檐以外的空间。在地面表现为檐廊外边线（维护建筑室内地面而砌筑的青石板边线）以外的空间。

外庭院，指庭院围墙与建筑主体之间的空间。包括院墙、前院、侧院和后院三大空间。院墙由墙体和院门组成。庭院由地面和庭院中构筑物组成，详见表 2-2。

表 2-2　　传统居住建筑文化承载空间分级及文化要素构成和分类

文化要素承载空间分级				文化要素构成及分类		
一级	二级	三级	四级	物质类（W）	制度类（Z）	精神类（J）
住宅	墙体	墙体	材质	指构筑墙体的材料，包括青砖、三合土、泥质、木质等	墙体作法	墙体形态寓意或作用
			饰面	指保护墙体的粉刷层，包括石灰、水泥、面砖、石材等	工艺	色彩寓意

续表

文化要素承载空间分级				文化要素构成及分类		
一级	二级	三级	四级	物质类（W）	制度类（Z）	精神类（J）
住宅	墙体	门	照壁	大门前面用于遮挡煞气入侵的墙体构筑物，泥墙、砖墙、石墙照壁	式样、雕刻工艺（石雕、砖雕）	风水寓意、文字、雕刻寓意
			门面	木门、铁皮封面、门钉、门环	防盗、作法	文字
			门槛	木门坎、石门坎	尺度	寓意
			门柱	石门柱、砖门柱	雕刻	图案、文字
			门楼、门头	用以装饰大门的附属构筑物，以彰显门第高低。青砖、石头、陶瓷门楼等；门头是门楼的简约化，位于大门上方，有遮挡雨水功能。	式样、雕刻	图案、文字、雕刻寓意
		窗	窗框	木窗框	形态	寓意
			窗棂	木窗棂	式样、雕刻	图案、文字、雕刻寓意
			窗眉	砖式窗眉	式样	
	屋架	柱子	柱础	石柱础、木柱础	式样、雕刻	图案、文字、故事
			柱身	石柱、木柱	柱式	文字（楹联）
			柱头	垂花柱头	式样、雕刻	图案、寓意
			牛腿	石质牛腿、木质牛腿	工艺、雕刻	图案、寓意
			雀替	石质雀替、木质雀替	工艺	图案、寓意
			斗拱	木斗拱	形制	
		梁枋	梁	石梁、木梁	形制、雕刻	图案、寓意
			枋	石枋、木枋	形制、雕刻	图案、寓意
			栱	木栱、石栱	形制、雕刻	图案、寓意
	室内空间	一楼室内空间	形制		布局形制、间架结构	规制、寓意
			隔断	木质、砖质、竹编	形制、工艺	图案、故事、寓意
			正堂	家具、摆设	布局、家具作法	字画、宗教信仰、习俗
			房间	家具、摆设	家具作法	字画、习俗
			辅房	灶台、炊具、厕具、农具	作法	习俗、文字
		二楼室内空间	形制		布局形制	寓意
			隔断	木质、竹编	形制、工艺	图案、故事、寓意
			正堂	家具、摆设	布局	字画、宗教信仰、习俗
			房间	家具、摆设	家具作法	字画、习俗、寓意
			辅房	谷仓	作法	文字
		楼板	楼板	木楼板	作法	燕巢
			檩条	木檩条	作法、木雕	图案、故事、寓意

续表

文化要素承载空间分级				文化要素构成及分类		
一级	二级	三级	四级	物质类（W）	制度类（Z）	精神类（J）
住宅	交通空间	楼梯	梯身	木梯	作法	
			护栏	木护栏	形制	
		一楼连廊	地面	三合土、青砖、泥土	工艺	图案
			天花板	卷棚、藻井	形制、雕刻	图案、故事、寓意
		二楼连廊（跑马廊）	出挑	木质	形制、雕刻	图案、故事、寓意
			栏板	木栏杆	形制、雕刻	图案、故事、寓意
	屋面	瓦面	屋面	小青瓦	清式做法、宋式作法	
			檐口	瓦当	作法	图案、文字
		屋脊	正脊	小青瓦、砖块	作法	寓意
			饰兽	鸱鱼、兽等	形制	寓意
		檩条	檩条	木檩条	形制、雕刻	图案、故事、寓意
			覆棚	木板覆棚、青砖覆棚	作法	
	地面	室内	材质	三合土、青砖、泥土	工艺	图案
内庭院	辅房	参照"住宅"				
	连廊	屋面	屋脊	材质	作法	
			屋面	小青瓦、瓦当	形制（卷棚、硬山等）	
		柱子	柱础	石头柱础、木质柱础	形式、工艺	雕刻图案
			柱子	木柱、石柱	形制	文字（楹联等）
			柱头	垂花柱等	式样	图案、寓意
			牛腿	石质、木质牛腿	木雕工艺	人物故事
			雀替	石质、木质雀替	木雕工艺	故事
			护栏	美人靠等	形制	寓意
		梁枋	梁	石梁、木梁	形制、工艺	故事
			枋	石枋、木枋	形制、工艺	故事
		地面	材质	青砖、三合土、石材	工艺	图案
	庭院或天井	地面	材质	青石板、石子	工艺	图案
			下水	排水沟、排水口、排水走向	形制	寓意
		地上	附属物	水缸、花架、水井		作用、寓意

续表

文化要素承载空间分级				文化要素构成及分类		
一级	二级	三级	四级	物质类（W）	制度类（Z）	精神类（J）
外庭院	院墙	院门	照壁	泥墙、砖墙、青砖照壁	式样	文字、故事
			门面	木门、铁皮封面、门钉、门环	防盗、作法	对联
			门槛	木门坎、石门坎	尺度	寓意
			门柱	石门柱、砖门柱	雕刻	图案、文字
			门头	青砖门头	式样	图案、文字
		墙体	材质	石块、青砖、三合土、泥墙、鹅卵石	作法	寓意
	前院	地面	材质	青石板、三合土、石子	作法	图案、寓意
		地上	附属物	井、古树名木、拼图		寓意
	侧院	地面	材质	青石板、三合土、石子	作法	图案、寓意
		地上	附属物	井、古树名木、拼图		寓意
	后院	地面	材质	青石板、三合土、石子	作法	图案、寓意
		地上	附属物	井、古树名木、拼图、花架		寓意

由表2-2可知，文化要素承载空间分级，可理解为一棵"文化树"，在"住宅"的总树干下，分住宅、内庭院、外庭院三大一级"主干"，"主干"下，又生出二级"支干"，二级"支干"下、又衍生三级"支条"，三级"支条"下，承载着物质、制度、精神三类文化要素，就像一片片树叶，黏附在"枝条"之上。由此，可以详细调查每一幢传统建筑的文化要素，以三级空间"枝条"作为文化要素的定位点，确定其平面坐标（X，Y），枝条上所有的文化要素分类统计，累计其文化要素的数量，从而确定其文化高度。并将在后面文章中，研究如何确定住宅空间的"文化高度（Z）"。

2. 公共建筑

公共建筑，主要包括宗祠、寺庙等礼仪性建筑。与居住建筑不同，礼仪建筑一般是单层，并无二楼居住空间。其建筑空间分级及文化要素，更多地体现在室内空间具有更多的文化内涵。宗祠主要体现祭祀文化内涵；寺庙、道观，则主要体现佛道文化内涵。这些文化具有一个共同特征，即塑像崇拜。建筑中摆设的祖先画像、牌位、塑像等成为祖先崇拜对象；寺庙道观中的各色佛像和神灵塑像，成为传统村落中人们精神寄托的对象，是寻求心灵安慰的空间载体。在调查此类公共建筑文化要素时，可利用表2-2中的"住宅"部分，在"室内空间"一栏中，增设相应的宗祠、佛道文化要素，并根据具体情况作出调整。

3. 建筑小品

小品建筑包括"亭、台、楼、阁、轩、榭、廊、舫"等。"亭"者，停也，人所停集也。"亭"是园林中重要的景点建筑，多建于路旁或水旁，供行人休息、乘凉或观景用；"台"者，观四方而高者。高而平的建筑叫台，一般筑成方形。台是最古老的园林建筑形式之一，台上可以有建筑，也可以没有建筑。规模较大、较高者便叫坛，如"天坛"；"楼，重屋也。"《说文》中，楼的解释为："重屋曰楼"。在园林中一般用作卧室、书房或用来观赏风景。有些楼因为足够高，也常常成为园中的一景，如"岳阳楼"等；"阁"与楼似乎总是连着出现。阁与楼近似，体量较小巧，可以看作架空小楼层。其特点是通常四周设隔扇或栏杆回廊，供远眺、游憩、藏书和供佛之用，如"滕王阁"；"轩"，有窗的长廊或小屋。轩的古意为有窗的长廊或小屋，多为高而敞的建筑，但体量不大。轩的形式类型也较多，形状各异，如同宽的廊，是一种点缀性的建筑。造园者在布局时要考虑到何处设轩，它既非主体，但又要有一定的视觉感染力，可以看作是"引景"之物；"榭"，建在高土台或水面（或临水）上的建筑。水边建筑，人们在此倚栏赏景。榭不但多设于水边，而且多设于水之南岸，视线向北而观景。建筑在南，水面在北，所见之景是向阳的，若反之，则水面反射阳光，很刺眼，而且对面之景是背阳的，也不好看；"廊"，屋檐下的过道或独立的有顶的过道。廊是连接两个建筑物之间的通道。上有顶棚，以柱支撑，用以遮阳、挡雨，也便于人们游走过程中观赏景物；"舫"，不系舟。舫是仿照船的造型，在园林的水面上建造起来的一种船型建筑物。似船而不能划动，故而称之为"不系舟"。舫大多三面临水，一面与陆地相连。小品类建筑可参考表2-2的内庭院中的"连廊"构建文化要素分类，若四周有墙体，则增加墙体一项内容。

4. 生产建筑与基础设施建筑

村落建成区，除居住建筑、公共建筑、小品建筑之外，主要是生产建筑和基础设施建筑。传统村落中,生产建筑主要包含农产品的深加工用房,如榨油厂、糖厂、年糕厂、碾米厂等。碾米厂、榨油厂等,都已经被现代粮食加工企业所淘汰,年糕厂、糖厂等传统习俗相关的厂房,目前还在某些村落保留。厂房多为五六十年代所建,是农村最初工业化的产物。其特征是用木桁架,构筑起单层、大跨度的生产空间。厂房立面风貌较为简单,门窗等体现大尺度的采光要求。其文化要素主要体现在木桁架的工艺和食品加工工艺、加工工具的特殊制作工艺,最具代表性的是榨油机、制糖的灶台组合,年糕厂的舂米机等。这些,都成为传统村落非物质文化遗产。

基础设施,主要包括配电房、公厕、水塔等。随着自来水管的建设,其中水塔已成为村落中的历史景观。其余种文化要素相对简单。

(二) 道路空间

道路空间包含道路和广场两大空间,这两大空也蕴含传统文化要素,如道路的铺设方式,铺设的材质,在道路上设立的"石敢当"及小型土地庙,古树名木等,有的古树中空,并存在一个祭祀"树娘"的简易祭祀场所。见表2-3。

表2-3　　　　　　　　道路空间及文化要素构成和分类

文化要素承载空间	文化要素分类		
	物质类	制度类	精神类
道路	青石板、石子路	房派界限	归属感
	古树		神灵崇拜
广场	古树、雕像		神灵崇拜

(三) 生态空间

村落内包含水系及绿地等生态空间,村落内的河流、水塘、沟渠,包含诸多文化要素。这些文化要素,与人们的生活、生产息息相关,绿地中也包含名人塑像、碑刻等文化要素,是人们用以构建和表达情感的空间。因此,在建成区内,作为一个独立空间,进行文化要素统计。

表 2-4　　　　　　村落内生态空间分级及文化要素构成和分类

文化要素承载空间		文化要素分类		
		物质类	制度类	精神类
水系	溪流	古桥、古渡码头、古树、驳岸、埠头、堰坝、廊桥	建筑工艺	生活习俗
	沟渠	古桥、驳坎、古树	建筑工艺	生活习俗
	水塘	埠头、驳坎、古树	建筑工艺	生活习俗
绿地	村内绿地	雕塑、古树、休闲设施	工艺艺术	生活习俗

四　生产空间的文化要素构成

生产空间是指村落建成区之外、生态空间之内的村民从事农业生产的空间。在这个空间，既有居住空间中生活内涵的对外延伸，也有辅助农业生产的各种人工设施，最主要的是农业生产空间。

表 2-5　　　　　　生产空间分级及文化要素构成和分类

生产空间文化要素承载空间		文化要素分类		
		物质类	制度类	精神类
耕地	水田	农田形态、沟洫、传统动植物、传统耕作方式、农具	土地制度、工艺	耕读文化、习俗
	旱地	农田形态、沟洫、传统动植物、传统耕作方式、农具	土地制度、工艺	耕读文化、习俗
园地	果园	水果品种	农艺	文化活动、故事
	茶园	茶叶品种	农艺	文化活动、故事
	其他园地	蔬菜、瓜果	农艺	文化活动、故事
水系	河流	古桥、堰坝、古树、码头、水口设施	工艺	习俗、故事、风水
	沟渠	古堤坝、桥梁、埠头	工艺、雕刻	故事、文字
生产辅助空间	农业设施	水碓	工艺	习俗
	道路	凉亭、古树	工艺	习俗

五　生态空间的文化要素构成

生态空间是生产空间以外的山林、川泽，受人类扰动较少而保持原生态景观的区域。山川水泽，在中国的祭祀文化中占有重要地位。根据

《周礼》记载，祭祀的对象有天神、地祇和人鬼。《周礼》一书通例，祭祀天神曰祀，祭祀地祇曰祭，祭祀人鬼曰享。

地祇有社稷、五祀、五岳、山林、川泽和四方百物之神，因此，村落周边的"山林、川泽和四方百物"，都作为神祇看待。祭祀地祇，一者保护村落平安吉祥，二者为求五谷丰登，再者感谢村落为人类提供生存的空间和各种物质资料。因此，村落周边的生态空间，也就融入了村落的人文内涵。

村落周边的生态空间，人迹罕至，植被茂密，景色秀丽。四季变换的树叶色彩，成为村落远观的一道秀美景色；山峰错落，经常被寄以奇妙的意象。如独立的尖峰，犹如一支巨笔，被称为"文笔峰"；又如连续起伏的三个山峰，犹如笔架，被称作"笔架山"。这一些山峰都被村落空间的营造所借用，以寄托村落多出人才的美好的愿望。

村落周边的山川水泽，又构成了村落重要的风水文化内涵。有的山峰具有奇特造型，如狮子、如大象，则被认为是守护村落的神兽。村落北侧连绵而来的山峰，被认为是"龙脉"，由祖峰、少祖峰、主山等构成；东侧山脉，则被认为是"青龙"；西侧山脉则被认为是"白虎"；村落南侧的山脉，则认为是"案山"。因此，村落周围的这些自然山脉，都被赋予了特定的文化内涵。

在此空间，也会留下人类的文化活动痕迹。有的岩石上，还会留下前人的摩崖石刻等文化活动遗迹。同时，在上水口和下水口处，也会建造一些庙宇、古塔等建筑物，以弥补风水不足。周边山林景观，同时也构成村落"八景"文化的主要内容，成为一个村落的主要景观节点，并对景点题诗作赋。同时在村落周边，也是该村落先民的安息之地，包含古墓葬等文化遗址。

表 2-6　　　　　　生态空间分级及文化要素构成和分类

生态空间 文化要素 承载空间		文化要素分类		
		物质类	制度类	精神类
山林	山峰	矿产、祖峰、少祖峰、主峰、文笔峰、笔架山、青龙、白虎、案山	风水文化、八景诗	意象、诗歌
	树林	古树名木		
	竹林	竹木、竹笋	生产加工工艺	
	灌木	珍稀植物、动物		

续表

生态空间文化要素承载空间	文化要素分类		
	物质类	制度类	精神类
草地	草的品种 动植物		故事
湿地	动植物 动植物		故事
水域	溪流 上水口、下水口构筑物、堰坝	景点	意象、诗歌
	水库 大坝、鱼类	用水制度	故事
道路、人工活动痕迹	道路 凉亭、古桥、墓葬、摩崖石刻	建造工艺、石刻	习俗、文字

第三章 村落有机体生长的内在逻辑

第一节 城市、社区、村落

村落、社区、城市,是三个不同大小空间的居住单元,就其空间演化过程而言,经历了从无到有、从小到大的演替过程。城市由一个小村落演化而来,社区是组成城市机体的组织。

一 村落空间是由无到有的过程

村落空间的生长,是一个从无到有的生长过程。老子在其《道德经》第十一章中说:"三十辐共一毂,当其无,有车之用。埏埴以为器,当其无,有器之用。凿户牖以为室,当其无,有室之用。故有之以为利,无之以为用。"意思是说:"三十根辐条汇集到一根毂的孔洞当中,有了车毂中空的地方,才有车的作用。揉和陶土做成器皿,有了器具中空的地方,才有器皿的作用。开凿门窗建造房屋,有了门窗四壁内的空虚部分,才有房屋的作用。所以,'有'给人便利,'无'发挥了它的作用。"[1] 老子认为,世间万物均为"有"与"无"之统一,"有""无"相生,"无"为基础。天下万物生于"有","有"生于"无"。

此处的"无",就建筑来说,是空间的实际存在。而由"无"所生的"有",则是该建筑在时间和空间的赋值,因此,建筑就具备了空间的历史性和地理性,同时该空间承载了活生生的人的生活,空间也就有了社会性。而空间能满足人的各种生活需求的性状,便是该空间的"功能",即老子所说的"无之以为用"。

---

[1] 开泰:《道德经解读本》,中华书局2010年版。

村落空间生长，有一个从小到大的过程，有的村落，将发育形成为一个城市。正如深圳发端于一个小渔村，城市都由军事要塞或村落演变而来。随着商品和异质人口的集聚，居民点规模不断扩大，逐渐演变为具有军事防御和商品交换两大基本功能的城市，因此，本质上城市是由村落逐渐生长和发育的社会有机体。当然，不是每个村落都有机会生长成为一个城市，要使村落生长为城市，必须具备天时地利的条件，同时需要外界能量的不断输入才能使小村落演变成大城市，绝大部分村落，终将在有限的地域空间范围内，长期为维持有机体的生存而不懈努力。

二 村落、社区、城市是不同级别的有机体

有机体是具有生命的个体的统称，包括植物和动物，例如最低等、最原始的单细胞生物，最高等、最复杂的人类。有机体由一个个独立的细胞构成，结构上，由细胞—组织—器官—有机体个体一级一级组成。[①] 不同角度，不同的学者有不同的定义。如社会学家认为"行政主体"是一个"有机体"；经济学家认为"经营者市场"是一个"有机体"；物理学家将大多数自然生成的"材料"称为"有机体"；苏格兰生物学家格迪斯则认为"城市"是"生命有机体"；马克思则认为"社会"是一个"有机体"等。

（一）城市是一个活的有机体

苏格兰生物学家格迪斯在1915年出版的著作《进化中的城市》中认为："城市是一个活的有机体。"格迪斯在他的书中写道："伦敦这条'章鱼'（octopus），或者叫'水螅'（polypus），是一个巨大的不规则的增长物——或许最像一个巨型的珊瑚礁的伸展。……最容易让人联想到铁路，他是朝夕涌动的动脉，蔓延的电报线，是神经线。开展伦敦的历史调查——就像胚胎学——对庞大的整体的调查，是非常有趣的，甚至是有必要的。"[②] 很显然，格迪斯是把城市当作一个生命有机体来考察的，它有血有肉，不断进化发展，如何让生命体保持健康，如何组织有机体的结

[①] 王元秀：《普通生物学》（第二版），化学工业出版社2016年版。

[②] ［英］帕特里克·格迪斯：《进化中的城市——城市规划与城市研究导论》，李浩等译，中国建筑工业出版社2017年版。

构,并满足未来发展需求,是其关注的重点。城市规划学家和社会学家不仅把城市作为一个有机体,也将城市中的"社区"作为一个有机体进行考察。

(二) 社区是城市的组织,相对独立的有机体

"社区"一词源于拉丁语,德国社会学家滕尼斯(F. Toennies)首次将其用于社会学研究,表示一种由具有共同价值观念的同质人口所组成的关系密切、守望相助、存在一种富有人情味的社会关系的社会团体。[①] 美国社会学家希勒瑞(George A. Hilery)在评估社区定义时,发现有 94 种不同定义。但多数同意社区互动、地域和共同的约束成为社区的基本要素。[②] 19 世纪末,美国在英国田园城市理论的影响下进行了建设城郊花园居住区的尝试,他们认识到,不仅要设计好住宅与住宅群,还必须创造更适合于人们生活的社区(Community)。20 世纪 20 年代,在纽约举行了关于社区问题的讨论。1923 年成立了美国地区协会,对美国当时的社区的实际情况进行调查,提出了美国的城市规划理论。[③] 20 世纪 30 年代,以费孝通为首的一些燕京大学学生首次将 Community 一词翻译为中文的"社区",中文"社区"的概念由此而始。随后芒福德的"地区城市"理论、佩里的"邻里单位"理论、斯泰恩的"人车分流"理论、屈普的"划区"理论等,都对城市社区的营建进行了理论探索,成为后来新城建设及居住区设计的理论基础。从建筑学和规划学角度,可以把社区的定义归纳为"一定规模的人口遵从社会法律规范、通过设计组织方式定居所形成的日常生活意义上心理归属的范围。"[④] 20 世纪 50 年代,希腊学者道萨迪斯(C. A. Doxiadis)在他的《人类聚居学》中,把城市规划的社区概念和社会学的社区概念统一起来研究,把社区分为六级。第一级社区(包括邻里),第二级社区,第三级社区(次社区或准社区),第四级社区(规划上称之为社区),第五级社区(城市),第六级社区(都市),[⑤] 见

[①] 吴良镛:《吴良镛城市研究论文集》,中国建筑工业出版社 1996 年版。
[②] 杨贵庆:《未来十年上海大都市的住房问题和社区规划》,《城市规划汇刊》2000 年第 4 期。
[③] 沈玉麟:《外国城市建设史》,中国建筑工业出版社 2011 年版。
[④] 余谋昌:《生态哲学》,陕西人民教育出版社 2000 年版。
[⑤] [德] 汉斯·萨克塞:《生态哲学》,文韬、佩云译,东方出版社 1991 年版。

图 3-1。

道萨迪斯对未来城市的设想是：人类城市将非常大，包含单元和网络两个部分。单元是古希腊时期城市的尺寸，每个单元不超过 5000 居民，不长于 2000×2000 码（约 1830 米），在平均 10 分钟的步行距离以内；城市以单元为基本单位，通过交通系统和通信系统联系各个单元，形成巨大的有机体。[①]

由此可见，道萨迪斯也认为未来城市是一个"有机体"，他所设想的 10 分钟步行距离"单元"与我国 15 分钟、10 分钟、5 分钟的生活单元不谋而合，或者说，道萨迪斯理论，就是今天城市居住区规划理论的基础。城市巨大的有机体是由不同层次的"社区"有机体构建而成。而作为城市中的村落——城中村，作为一个独立的社区，对于社区是一个独立的有机体则更具有说服力。

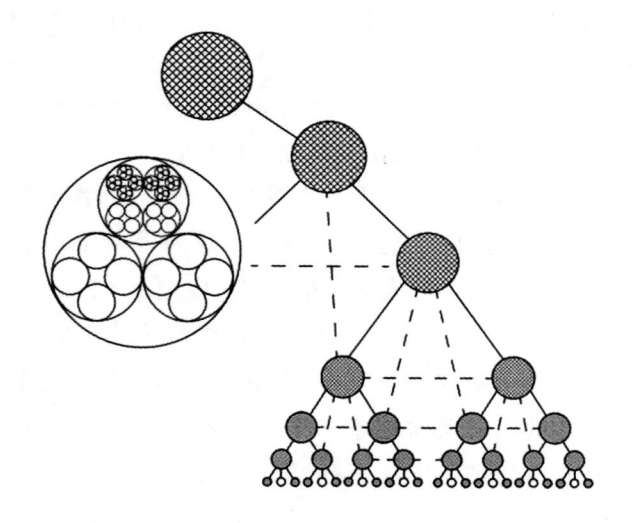

图 3-1 道萨迪斯聚居的等级层次关系图

第六级社区

第五级社区
超级市场

第四级社区
区段、中学、宗教建筑、商业中心

第三级社区
区段、小学、游戏场所、商店

第二级社区
大型邻里、绿地、街角小店

第一级社区
邻里、交往场所、住宅—居民

（三）村落也是一个鲜活的有机体

村落作为独立社区，显然也是一个鲜活的生命有机体。因此，考察村落有机体生长的规律和内在的逻辑，暂且撇开村落成长为城市的特殊性，仅以具有独立行政区域的行政村作为考察对象。

---

① 韩升升：《道萨迪亚斯的人类聚居学分析》，《科技致富向导》2011 年第 23 期。

"户"是村落生命有机体的基本单位,是构成村落有机体的"细胞";"人"是居住在"细胞"空间中的细胞核,细胞核携带着遗传基因,在"人"的自我生产过程中,不断促使细胞分裂、繁殖,从而导致具有血缘纽带关系的机体组织的发育和生长,最终形成村落有机体;个体细胞的生长包括分裂、繁殖、死亡、再生、重组、侵入等多种生命形式;结构上,村落有机体同样遵循细胞—组织—器官—有机体的生命结构。在机体组织的生长和发育过程中,细胞功能开始分化,某些细胞(空间)发育成为村落有机体的"器官",以整体大于个体的方式增加有机体生存能力的原则,接替或整合个体细胞中的某项管理功能,从而实现群体细胞的控制,达到群体细胞协作的一致性。

三 马克思的社会有机体理论

(一)马克思的社会有机体理论

马克思指出,社会是一个有机体。所谓社会有机体是指:"囊括全部社会生活及其关系的总体性范畴,指人类社会以生产方式为基础,各种社会关系同时存在而又相互依存构成的整体。包括经济关系、政治关系、思想关系、血缘关系、伦理关系。"[1] 马克思深刻揭示了社会的本质,揭示了社会五大关系是有机体生命运行的内在动力。进而指出:"社会有机体形成于人的实践和交往活动中;社会有机体是一种具有自我意识的有机体;社会有机体的再生产和更新的内在机制是物质生产、精神生产和人自身生产的统一。"[2] 笔者认为,物质生产、精神生产的动力机制来源于"人"的自身生产。

按照马克思社会有机体理论,社会有机体包含"经济、政治、思想、血缘、伦理"五种关系,相对应的,笔者认为,村落有机体具有"经济、政治、思想、血缘、伦理"五大器官,他们分别以"经济中心、行政中心、教化中心、宗祠、礼乐中心"形式表现出来;五大器官之间暗合中国传统哲学中"金、木、水、火、土"五行相生相克的关系,并以"五行理论"解读了各大器官之间的相互作用关系,从而,解读了村落生命

---

[1] 何萍:《马克思主义哲学与文化哲学》(第一版),武汉大学出版社 2002 年版。
[2] 何萍:《马克思主义哲学与文化哲学》(第一版),武汉大学出版社 2002 年版。

有机体生长的内在逻辑。

(二) 新马克思主义的理论——列斐伏尔的"空间生产"理论

列斐伏尔（Henri Lefebvre）在其《空间的生产》一书中说："当自然空间被人工围合，便赋予了这个空间的社会属性，它便有了空间的物质性、社会性和精神性，便赋予了空间的文化内涵。"空间的生产，取决于"空间生产者的生产方式和生产关系。""空间生产是资本、权利、利益等经济政治要素和力量对空间的重新塑造。"[1]

新马克思主义空间理论的开创者列斐伏尔，始终坚持以辨证与发展的眼光看待我们所处的世界以及城市空间中发生的问题。他反对把空间简单地看作是"静止的作为容器的东西"，他认为，城市空间不是简单的关于房屋、街道、景观等地物描述的清单，而是一切社会要素交织、冲突与矛盾的场所，并进一步解释道："（社会）空间与自然场所的鲜明差异表现在它们并不是简单的并置：它们更可能是互相介入、互相结合、互相叠加——有时甚至互相抵触与冲撞。"[2] 总之，空间并不单纯是物质的空间，由于有人的介入而显示出一定的社会性，由此列斐伏尔提出"空间三元论"，把空间分为物质的、精神的、社会的空间的统一，物质空间即我们所说的自然空间，精神空间指的是通过想象创造的意识空间，社会空间即物质空间在社会实践过程中的产物，[3] 正是在这样的空间语境下列斐伏尔展开了关于"空间生产"的论述。

在《资本论》的开头，马克思就揭示了资本主义社会财富的表现形式为商品的集聚，"因此，我们的研究就从商品开始"。列斐伏尔指出"空间的生产可以与任何商品的生产相比"。城市化进程中，城市空间已经不再简单地作为生产空间内部物质的场所，同时也再生产其生产关系，也再生产其空间本身，呼吁对空间关注的焦点要从"空间中的生产"转向"空间的生产"，资本已经不满足通过压缩时间实现资本积累，更是通过城市空间生产不断建立新的城市格局获取利益。空间异化成商品，资本

---

[1] 郭文：《"空间的生产"内涵、逻辑体系及对中国新型城镇化实践的思考》，《经济地理》2014年第6期。

[2] Henri Lefebvre. The production of space [M]. Translated by D Nicholson Smith. Oxford: Blackwell (Original work published1974), 1991.

[3] 曹宇：《列斐伏尔空间生产理论研究》，黑龙江大学，硕士学位论文，2018年。

主义空间生产更注重空间的交换价值而非使用价值,[①] 空间商品如交通、建筑等基础设施的建设在城市集聚,生产力要素与空间的融合以形成空间生产力,空间在生产过程中不断塑造着人与人的社会关系,在资本主义社会即形成资本关系。值得注意的是,列斐伏尔在强调空间物质性的同时也强调空间的社会属性,空间被异化为商品后,相比旧的资本家与工人的生产关系即资本家对工人阶级的剥削被工资所掩盖后,空间生产的剥削再次被空间所掩盖,而且通过提升城市建设等措施把这一实质"藏"得更深。

根据空间范围上的划分,列斐伏尔把空间生产分为三个层次:城市空间生产、区域空间生产、全球空间生产。其中,城市是空间生产的主要场所,城市的本质即空间生产力,资本在循环积累的过程已经不满足于压缩时间而更是通过占据空间来完成,城市不断地变换着形态与规模以适应资本增值的需求,如城市区域的划分、建筑高度的不断增加。而区域空间生产、全球空间生产则是资本不断开拓自身空间范围,突破地理限制的结果。

村落有机体的生长,在其空间生长的过程中,是资本的力量,决定着空间增长的方向、新增空间的大小、形态等,因而人的需求转化为行为时,并通过资本将需求转化为生产资料,再通过生产,形成新的建筑空间形态,从而决定着村落空间的生长和村落形态的演变。

第二节 村落有机体生长的内在规律

一 细胞的概念

人类社会进入对偶制的婚姻制度以后,对于村落有机体来说,"户"是村落社会、经济、文化活动的最基本单元。从空间生长的角度,我们将"户"所占领的空间——住宅院落空间,称之为村落有机体的"细胞"(以下简称细胞)。而居住在这个空间中的"人"是细胞核,如图 3-2

[①] 刘继华、段斯铁萌:《新马克思主义空间理论对我国大城市空间治理的启示》,《城市问题》2019 年第 2 期。

所示。

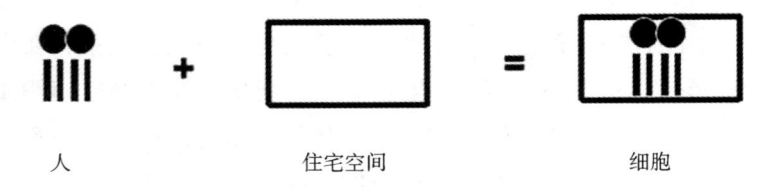

人　　　　　　　　住宅空间　　　　　　　细胞

图 3-2　细胞结构示意图

细胞核携带着文化基因，保持着维持生命状态的方法，这些方法就是细胞的重要功能，并占据一定的空间。随着细胞的分裂，细胞开始分化，有的细胞发育形成为功能器官，从而控制着细胞群体的共同行为。我们将村落中各种控制着细胞群体共同行为的公共空间称之为村落有机体的"器官"（以下简称器官），如此，细胞—组织—器官—村落，由低级向高级生长发育，形成村落生命有机体。

村落有机体细胞分裂、发育、生长，有其自身的演化规律，在不同阶段，表现出不同的形式。

二　细胞的生命演化

任何一个村落有机体，都是由始迁祖所创建的第一个细胞开始发育而逐渐形成的。在这个过程中，村落有机体经历了细胞的分裂与繁殖、某些细胞的死亡与再生、细胞的重组、组织的发育、器官的形成等生命过程；某些村落，会经历异质细胞的入侵，继而异质细胞发育形成自己的组织和功能器官，从而形成多姓氏的村落空间。因此，我们考察村落有机体生长，应着眼于"细胞"的生命演化规律。

（一）细胞的分裂

细胞核（人）携带着文化基因，不断从事着人的自身生产，他控制着细胞的分裂等生长过程。当一对夫妻完成人的生产，便进入"漫长"的养育之路，继而进入到子女的婚嫁、新家庭的组建阶段。当新人开始独立生活，核心家庭便开始"分家"，母体细胞开始分裂，从母体细胞中独立出以"户"为单位的新的细胞空间。

中国从秦朝开始，分家就成为社会管理的主要内容。在商鞅变法中，其中一条重要内容，就是户籍制度改革。商鞅强制推行一夫一妻小家庭政策，禁止父子及成年兄弟同居一室，强迫任何男子，一旦成年，必须分家。其目的有二：提高劳动积极性，提高政府税收。这种户籍管理，影响了此后中国 2000 多年历史直至今天。

母体细胞分裂，有两种形式：一是空间分隔型。新细胞从母体细胞中划分出一个独立生活的空间，这种情况往往出现在经济条件比较差的家庭中；二是空间繁殖型。即母体细胞繁衍出一个独立于母体细胞空间之外的建筑空间。繁殖型也可称之为资本占用型。因为没有一定的资本，无法完成新建筑空间的建造，无法完成对一个新空间的占领。如此儿孙代代相继，村落有机体不断发育、生长，如图 3-3。

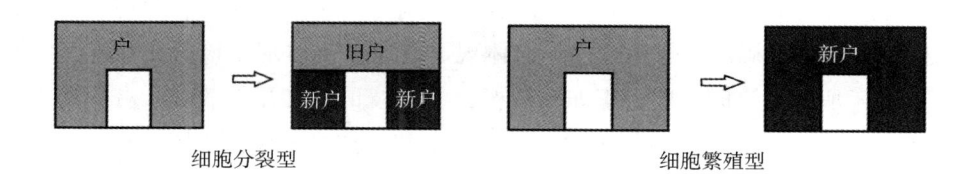

细胞分裂型　　　　　　　　　细胞繁殖型

图 3-3　细胞分裂示意图

细胞的分裂，同时伴随着社会关系的空间隔离。在空间分隔带，往往形成新的社会矛盾，并成为家庭的地缘政治边界。上述第一种细胞分裂形式，使细胞的社会属性，进一步碎片化；第二种形式，使社会属性往更开阔的自然空间延伸、生长。

细胞分裂，最主要体现为财产的分割，包括不动产和其他家产。因此，空间的权属，体现为"纵向的传递和横向的分割"。即在父子之间，体现为纵向传递，而在兄弟之间，则体现为横向的分割。纵向的传递，承载着"孝"的义务关系；横向的分割，体现为"悌"的约定成俗。无论纵向和横向的分割，均受制于中国传统的伦理道德约束。超越传统伦理道德和核心价值观的空间分割，将产生不稳定的空间，即所谓有矛盾纠纷的空间，是社会矛盾的主要源发地。

（二）组织的形成——树状结构的血缘组团

细胞的分裂过程，构成了具有血缘纽带关系的建筑空间组合。血缘传承关系在宗谱中用谱系图表示。谱系图记录着由始祖而下的血缘传递过程，构成了以血缘为纽带的家庭树状结构。同时，谱系图不但记录着血缘的传递关系，也记录着建筑空间的生长过程。

古语有云："二十弱冠，三十而立，四十不惑，五十而知天命，六十花甲，七十古来稀，八十耄耋。"① 男子冠礼，女子笄礼，本意是为了禁止与未成年的异性通婚。加冠礼后，往往进入婚嫁的时间节点，而男婚，即意味着新家庭的诞生，细胞也孕育着一次新的裂变。因此，建筑空间每一次裂变，时间大致相隔约20年。

同时，村落细胞的生长，也存在着一个相对明确的方向性。在古代建筑平面形制中，方向代表着尊卑和社会秩序：北尊南卑、东尊西卑。因此，不同房派，在家庭的裂变和血脉延续过程中，细胞生长空间的位置和方向，取决于该房派在初始阶段的方位定位。房派中"大房、二房、三房"这样的称谓有尊卑之别，但方位不够清晰；"东房、西房、北房、正房"，则具有明确的方位概念，不但体现了尊卑，也体现了该房派相对于"祖屋"所处的空间方向。正如一棵树，某一枝干，其开支散叶，有明确的生长空间。从而，村落有机体形成了以血缘为纽带的房派组团结构。

（三）细胞死亡

村落有机体，细胞有生长，必然有死亡。《宅经》云："人因宅而立，宅因人得存，人宅相扶，感通天地，故不可独信命也。"② 当房屋主人绝户或迁居，房屋无人居住，年久失修，房屋必然败落，直至细胞倒塌死亡。可见，细胞的生死，决定于细胞核（人）的生存状态，当细胞核死亡或发布迁移指令时，细胞就面临生死存亡。

在中国人的眼里，住宅与人是相依为命存在的一个整体，住宅也是有生命的，因此，在营造住宅时，使用"木头"作为主要的建筑材料，在"人"与"木"之间，构建起特殊的文化情感。一者，树木的生长与血缘的发脉过程，有着共同的结构体系，因此，将"人"的培养比喻成"木"的培养，所谓"十年树木，百年树人"。同时，树木生长于土，回归于土，人也是"土生土长，"最终死了也是落地为安，这生命的轮回，使建筑本身也成为"人"的生命的化身。从细胞结构分析，人是细胞核，建筑则是细胞壁，这两者是不可分割的一个整体。因此，建筑细胞是具有生命的，他与人同呼吸、共命运。

---

① （西汉）戴圣：《礼记》，胡平生、张萌译注，中华书局2017年版。
② 巨中天：《宅经——居家风水一本通》，武汉出版社2011年版。

（四）细胞再生

细胞处于无核状态，即无人居住，处于空心状态，必将面临死亡威胁，或已经处于半死亡状态。因此，若能重新修整，重新有人迁入居住，则细胞可实现再生。因此，要解决空心村问题，关键在于如何让建筑空间重新适合现代人的生活方式，使现代人能够回到旧空间去生活。现代人抛弃传统建筑，是抛弃传统建筑的"室内环境"，而不是"空间"本身。任何室内建筑空间，就其性质来说，都是由建筑材料围合而成的"六合"空间，是人们修身养性的生活空间，因此，空间性质并无差别，差别只在于室内装修环境。因此，利用现代建筑装设材料、家居设施，是完全可以将任何空间打造成适合现代人生活的居住空间。当今在传统村落中，利用传统建筑打造民宿、酒店，就是典型案例。

细胞再生的另外一种模式是，在死亡的细胞空间位置，重新建造房子，旧细胞的死亡为新细胞的生长腾出空间。这一种模式，大多存在于现代村落改造之中。村民为了建造新住宅，采取"拆旧宅盖新宅"的方式，来赢得建筑许可，这种模式，实际上实行的是原有细胞"被死亡"的模式，也就是说细胞形态遭到"主人"——细胞核的嫌弃和抛弃。因此，这主要还在于人的思想观念。当一个人"子嫌母丑"的时候，已基本失去了对传统文化的自信心，在其心中，必然存在着另一个心仪的文化形态，这种新旧文化更替，并不是旧文化自然延续的结果，而是另一种文化"入侵"的结果。

因此，代表"新文化"的细胞形态，必然与传统建筑形态格格不入，因为这两种文化之间，不存在传承关系。传统建筑代表农耕文明，新建筑代表商业文明，在几千年的中国历史中，"农为本，工商为末"的思想根深蒂固。农与工商之间是一种"对立"的价值观念，因此说，东西方文明之间，很难融合，这是两种价值观的冲突。

（五）细胞的重组

细胞重组，一般出现在第一种细胞分裂的形式中。当母体细胞中细胞核（父辈）的死亡，其细胞空间，将面临再一次分割，母体细胞再度分割后，合并到由母体细胞衍生的子细胞空间中，这就是细胞的重组，如图3-4所示。

细胞重组，是一种"产权"的重组和让渡。在细胞重组过程中，往

```
┌─────────────┐       ┌─────────────┐       ┌──────┬──────┐
│      户     │  ⇒    │    旧户     │   ⇒   │ 新户 │ 新户 │
│    ┌──┐     │       │  ┌──┬──┐    │       │ 重组后│重组后│
│    │  │     │       │新户│新户│   │       │      │      │
└─────────────┘       └─────────────┘       └──────┴──────┘
      细胞裂变                              细胞重组
```

图 3-4 细胞的分裂、细胞的重组

往伴随着家庭矛盾纠纷和冲突，有的为此反目成仇。这在历史、现实中，例子比比皆是。

假若父辈具有巨额资产，原有细胞空间硕大，则在重组过程中容易引起纠纷，因此，为避免重组过程中的纠纷，上辈往往在离世前立下遗嘱，并成为财产继承、细胞空间重组的法律依据；若父辈穷困，则在重组中，也缺乏后辈争夺的对象，空间重组也将相对顺利，家庭政治地缘边界重新划定，也将比较顺利。

（六）异质细胞入侵

所谓异质细胞入侵，是指在一个单姓氏血缘村落中，出现了异姓入侵，并成功繁衍了自己的后代，拥有自己的居住空间。从此，异姓寄生在村落有机体中开始细胞分裂、繁衍，并逐渐形成自己的房派组织，单姓氏的有机体逐渐演变成了多姓氏的有机体。有机体异质组织的大小，取决于异姓的生殖繁衍能力。

排挤异族细胞的入侵，一直是宗族社会管理中的大事，这事关血缘的纯正和香火的延续，同时，也关系到祖宗所创基业能否世代传承。因此，古代对妇德，提出了极高的要求。除了防备男盗女娼之外，还提倡守寡妇女的贞洁。一旦触犯淫乱现象，对男女双方都将作出极为严厉的处罚。

当然一种情况是例外的，即"入赘"。入赘婚姻即指男女结婚后，男到女家成亲落户的情形，这种婚姻多是女家无兄无弟，为了传宗接代招女婿上门。男到女家成亲落户要随女家的姓氏，被称为"倒插门"。但也有较开明的宗族，不要求入赘男子改姓，如此，则意味着异质细胞的入侵。许多入赘的家庭，偏偏出现极强的繁衍能力，有甚者，经过几代人的繁衍，反而在村落中取得强势地位，更有甚者，或许完全取代原来的姓氏。如永嘉县蓬溪村，原为李氏居住村落，李氏曾经繁盛一时，南宋时期还出过状元，后谢氏入赘蓬溪村，购得状元李时靖祖居，从此李氏逐渐衰弱，谢氏逐渐发脉，最后，李氏居然全部被谢氏取代。后又有周氏迁入，最后形成以谢氏为主的多姓氏房派空间结构。

三 器官的发育与生长

随着细胞的分裂，众多细胞共同结合成一个更高层级的生命个体，以整体大于个体的方式增加生存能力。同时，细胞功能开始分化，一部分形成有机体的组织，另一部分发育形成有机体的各种功能器官，从而协调、控制群体细胞，达到群体细胞合作的一致性。

协调个体行为一致性，是村落有机体生存能力的基本保障。随着村落人口不断增加，人与人之间爆发矛盾冲突的概率增加。有学者计算得知，当村落人口20人时，两两之间发生冲突的组合是190次；当人口增加到2000人时，两两冲突组合暴增到199万次之多。人口增加100倍，而矛盾冲突的概率增加了10000倍。因此，调节村落社会个体之间矛盾的各种功能器官随之产生。[①]

个体之间的矛盾关系主要体现在五个方面，即马克思所说的"经济、政治、思想、血缘、伦理"五种关系。因此我们认为，村落有机体具有经济、政治、思想、血缘、伦理五大调节村落社会矛盾、维持村落有机体健康发展的功能器官。

（一）血缘器官——宗祠的生长

血缘器官是保持村落有机体生命年轻态、调节村落社会中人与人之间关系的功能器官，其最大的功能是延续香火，其次是"睦族"，在血缘村落中，以宗祠的形式表现出来。《礼记·祭统》说："凡治人之道，莫急于礼；礼有五经，莫急于祭。"可见，通过祭祀，来明确血缘长幼关系，明确个体在血缘社会中的定位，从而达到睦族的目的，维持和谐的社会结构。

宗祠是从细胞空间的"厅堂"演化而来的。村落发祥之初，协调家

[①] 王东岳：《物演通论》，中信出版社2015年版。

庭关系的祭祀功能在厅堂，随着房派的发育，最早的细胞——"祖屋"逐渐失去居住功能，演变成同族人丧葬和祭祀的礼仪空间，由此，"祖屋"升格为"香火堂"，并继续发育、升格为"支祠"，最后升格为"宗祠"。

宗祠具有阶级性和历史性。孔子曰："庶人无庙，四时祭于寝。"普通老百姓家，在明朝之前是不能建立自己的宗祠的，只能在自家的厅堂中祭祀。公元1536年，明代嘉靖皇帝颁布"联宗立庙"的诏令，民间宗祠终于获得了合法的地位。从此，宗祠与家谱一起成为家族最重要的象征。

因此，宗祠是从每一个建筑细胞的"厅堂"发育而来的。随着村落有机体的发展，逐渐形成祖屋、香火堂、支祠、分祠、总祠各个等级的宗祠，如图3-5。

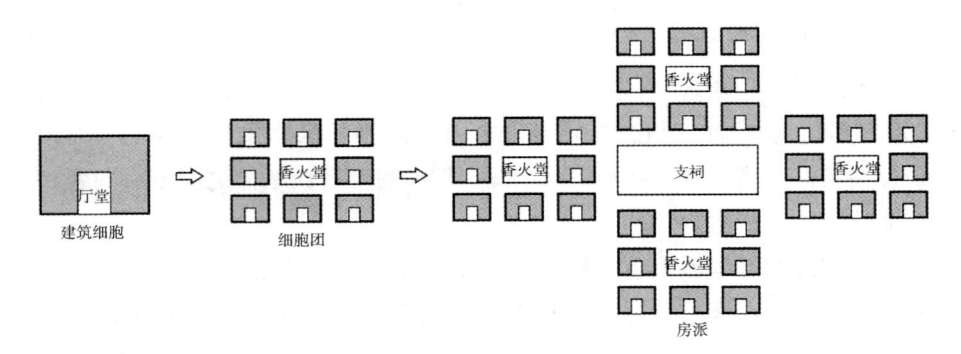

图 3-5　宗祠生长示意图

祠堂，是宗族组织的神圣场所，是一个家族的象征。每个聚族而居的家族都有一个至几个宗祠，真正做到了"族必有祠"。祠堂又是祭祀祖先、议处宗族大事的场所。明代祠堂大致分为皇帝的太庙、品官家庙和庶民祠堂三种。关于品官家庙的规制，朝廷有明确的规定："品官家庙为三进，第一进三间，第二进五间，第三进三间，外加大门一座。"[1] 关于庶民祠堂的规制则简陋得多："祠堂三间，外为中门。中门外为两阶，皆三级。东曰阼阶，西曰西阶。阶下随地广狭，以屋覆之，令可容家众叙立。又为遗书、衣物、祭器库及神厨于其东，缭以周垣，别为外门，常加扃

---

[1]　孔凡青：《朱熹〈家礼〉制度伦理研究》，人民出版社2019年版。

闭。"这是法定的规制，但是庶民之家的祠堂建筑，往往突破朝廷的规制。

祠堂中最重要的建筑是设有祖宗神主牌位的正厅。正厅中始祖的神主居中，其他祖先神主依左昭右穆的顺序两边排列。所谓昭穆，即始祖之后第一代为昭，排在左边；第二代为穆，排在右边。以后的第三、五、七以至下推任何奇数代都为昭，依次排列于始祖神主之左；第四、六、八以至于任何偶数代都为穆，依次排列于神主之右。一般从家族现在的最长辈算起，正龛上只设始迁祖和考祖、曾祖、高祖四世的神主，超过四世的则将神主迁到配龛上去。始祖的神主百世不迁，其他神主五世则迁。

宗祠是香火延续的象征。宗祠的存在，就是告诉子子孙孙不要断了香火。因此，要从事对祖先的祭祀活动。从生命的延续角度理解，宗祠起到了一个警示作用。在男权社会，生育男孩，代表了香火的延续，而女儿终究是"嫁出去的女儿泼出去的水"，最终都是别人家的人，因此，重男轻女，成为宗祠这一器官的"异形文化"，从而造成妇女地位与男子地位的不平等，甚至有的地方只将女人当作一种生育工具。重男轻女严重的区域，男女比例极度不均衡，有的县市，男女比例甚至达到了 300∶100 的畸形状态，从而又造成许多男人娶不到老婆，光棍多了，又衍生出人口贩卖的罪恶行径。

宗祠另一个功能是"睦族"。宗祠的存在就在于告诉大家都是兄弟姐妹，都是同根同脉，因此，大家应该相亲相爱、相互帮助，不要同室操戈。这样，村落社会就和谐了，矛盾就少了。因此，村落的宗族管理，一切围绕着"和谐"两个字展开。

除了上述两个作用之外，宗祠还是实施家法的场所，起到政治控制的作用，同时还有伦理教化的功能，规定人的行为规范。这两大功能，又使宗祠具有"政治器官""伦理器官"的作用。

血缘器官除宗祠之外，谱牒是血缘器官另一个重要形式与功能。宗法式家族是一种血缘组织，内部的血缘关系必须十分清楚，这种组织才能够维持和发展。即使他们的家族分裂成许多新家族，各家族之间的血缘关系也必须十分清楚。当文字产生以后，人们就用文字把这种血缘关系记录下来，这就是谱牒。

谱牒是有文字以来，始终伴随着家族组织的一种文献，是家族组织的构成条件之一。谱牒在历史上曾经兴旺过一阵子，后来随着宗法式家族制度的瓦解而消亡了。东汉末年到魏晋之际（公元 200—300 年）世家大族式家族制度形成后，谱牒又再次盛行起来，不过从内容到形式都与西周春秋时的谱牒不同了。谱牒是适应世家大族式家族和门阀士族制度的需要而兴起的，在唐末五代，随着世家大族式家族组织的瓦解，谱牒彻底衰绝了，专门研究谱牒的谱学也消失了，这从另一个侧面反映出世家大族式家族组织已经彻底瓦解。

宋明时期，家谱是维系家族血缘关系的主要纽带。每个聚族而居的封建家族组织，必有一部以至数部家谱。家谱又有宗谱、族谱、家乘等不同的名称。人口众多的大家族的家谱，同他们的祠堂一样，还分为通谱、支谱、总族谱、分族谱、大同宗谱、小宗谱，等等。宋以后，随着近代封建家族制度的形成，修家谱的风气十分盛行。到了明清两代，在农村中，可以说既没有无谱之族，也没有无谱之人。

"谱牒之设，尊尊亲亲之道存焉。推其本之所自出，所以尊尊也；别其枝之所由分，所以亲亲也。"① 尊其祖宗，亲其枝叶，谱牒之设，其根本目的还是维护儒家的伦理之道。

家谱基本内容由以下几个部分组成。一是全族的世系和血缘关系图表，这是家谱的主要内容，一般占 90% 以上的篇幅。世系图表中详细记载着全族男子的名讳、字号、生卒年月、葬地、配偶姓氏及生卒年月等，以及生几子几女、子何名、女适何地何姓等，"至于讳某宇，娶某氏，生几子，葬某处，寿若干，咸备载于后，庶几可示后昆。"② 二是全文刊载本族有史以来制订的各种家法族规、家训家范、祖宗训诫子孙的言论等。三是祠堂、祖茔、族产公田的坐落方位、形胜地图，以及义田记、墓志铭、买地契，等等。四是家族的历史。每个家族的家谱，都必有一篇叫作"宗族源流"或"族姓渊源"的小序冠于谱首，叙述本族姓氏的由来，始祖的渊源，迁徙的经过，兴盛的始末，祖宗的事迹等等。

（二）政治器官——行政中心的生长

政治器官，是指在被人民、文化、语言、地理区别出来的领土空间

---

① 《官田村宗谱序言》，2014 年。

② 宋濂：《符氏世谱记》。

中，控制、治理该社会的功能器官。其表现形式是行使控制权力的组织机构及其象征控制权力的建筑空间形态。

在一定空间的社会群落中，生存竞争主要表现为生殖资源和生存资源的竞争。除了群落内部的竞争，还面临着群落之间的竞争。随着农耕技术的发展、人口的暴增、私有制的产生，人际关系、资源关系逐步紧张，使社会群落中竞争日趋激烈、恶化，因此，逐渐形成一种依靠"暴力"形式来谋求个体之间获得相对和谐的协调机制，这就是政治控制。

政治控制首先存在于家庭之中。恩格斯指出："家庭一词（familia），是罗马人发明的，用以表示一种新的社会机制，这种机体的首长，以罗马的父权支配着妻子、子女和一定数量的奴隶，并且对他们握有生杀之权。"[①] 在中国，把对家庭的控制称为家长制。

家长制是指作为家长的长者掌握家庭（族）的经济大权，在家庭（族）中，居支配地位，其他成员都要服从。家长制源于家庭、家族、宗族、氏族等血缘群体和亲缘群体。在母权制和父权制的家庭中，家庭的主要权力集中于家长一人手中，权力不划分，其他成员均须服从家长一人。在家庭中奉行非正式控制原则，无正式规章，靠习惯、习俗等来维持管理与控制。

家长制管理的特征首先表现在权力高度集中。在家长制管理下，组织权力不进行划分，组织中的重大决策和大部分问题的裁决权，都集中于最高领导者手中，整个组织的活动完全由最高领导者的个人意志支配。它的典型表现形式是个人独裁制。其次是组织管理的随意性。由于权力集中于个人，因此，组织管理主要依靠最高领导者个人直觉、经验和个性，没有一定的程序和规则，办事无章可循、无法可依。再次是任人唯亲。家长制管理以血缘关系为基础，管理人员由家长、家庭和家族的主要成员组成。在家长制管理下的社会组织中，选择管理人员，以具有人身依附性的初级社会关系为标准，视与最高领导者的私人关系和感情亲疏而定。最后是终身制。由于初级社会关系具有不可置换性，因而在家长制管理体制下，最高领导者一般实行终身制，体制本身缺乏正常的更换领导者的机制。

但家长制的优点同样不容忽略，比如分工清楚，责任明确，任人唯

---

① 《马克思恩格斯文集》（第四卷），人民出版社 2009 年版，第 69 页。

才，能够提高工作效率，保障组织活动开展等。同时，"家长制"更多体现为一种温情的、以德治家的层级控制形式，强调长辈对晚辈的关爱。

随着家庭细胞的分裂，血缘村落政治控制形成了层级关系，类似于古埃及的金字塔形：最底层是族子族孙，以上是家长、房组长、房族长、族长。这是一种纵向的控制系统，和血缘的传承关系同向。政治器官的物化形态是家庭的"厅堂"和村落的各级"祠堂"，如图3-6。

新中国成立初期到改革开放前这段时间，村落组织主要表现为人民公社、大队、小队三级组织，管理手段主要是政社合一，集体所有，高度集权；改革开放以后，村落组织主要表现为村民委员会和村民小组，原来的公社、大队、小队改为镇、村、小组，管理手段主要是村民自治。这一历史时期，村落政治中心从宗祠中脱离出来，形成了村委、小组、家庭三级控制中心，如图3-7。物化空间形态上表现为村办公楼、村民小组办公用房和厅堂。

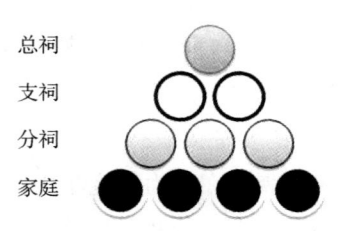

图 3-6 宗族自治控制结构

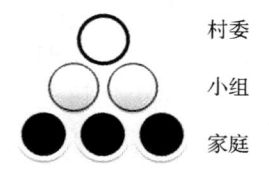

图 3-7 村民自治控制结构

（三）经济器官——生产中心的生长

经济器官是对有机体生产、使用、处理、分配一切物资这一整体动态过程的总体协调，是有机体经济行为中各种生产力要素的集合，是与生活空间并存的能量生产、存储、交换、分配的功能空间。

农户，是农村社会的经济细胞，是以家庭成员为劳动力完全或主要从事农业生产活动的经济组织。① 在自然经济条件下，其生产行为主要发生在两个区域：一是在细胞空间内部，即院落空间中的前院、仓库、附房等；另一个在耕植空间。两个生产空间一内一外，共同构建形成农户农业生产的经济器官。细胞内部负责劳动力再生产、选种、劳动工具的加工、农作物收割后的晾晒、归仓、对物资的使用、处理、分配等经济过程；耕地负责农作物的种植、管理、收割等劳动生产过程。因此，农户经济的生产空间，包含"内外"的两重性，形成哑铃式结构的经济器官，如图3-8所示。内外两个空间是相辅相成的作用关系，哑铃的任何一端失去其作用，则农业生产器官将功能衰竭。如耕地抛荒，生产器官将失去作用；又如，细胞中细胞核（人）老弱化，也会导致生产器官功能衰竭。

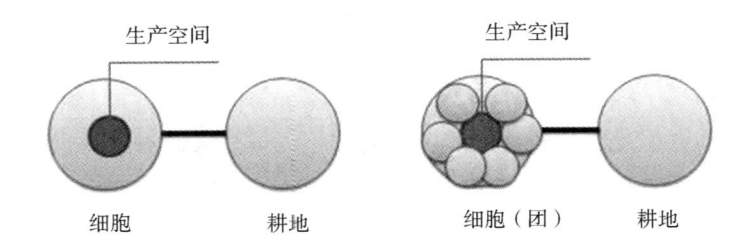

图 3-8 农户（生产队）哑铃式经济器官结构图

经济器官随着"细胞的组合形式"而发生改变。单细胞型的叫个体经济；两个组合在一起称为合伙经济；成群合伙又称为集体经济。其中最典型的两种形态就是"个体经济"模式和"集体经济"模式。"个体经济"模式，意味着细胞个体具有独立自主生产能力，产力要素呈现碎片化的分布；集体经济模式，则是将个体要素通过一定的机制整合在一起，形成一个具有一定规模的经济体，从而更具有区域经济的竞争力。因此，在当今农村经济日渐衰败现状下，应该对"经济器官"的形式、功能作出正确评估，以便提出乡村振兴的良方。

新中国成立初期到改革开放前这段时间，土地等生产资料收归集体所

---

① 李小建等：《农户地理论》，科学出版社2009年版，第2页。

有，村落经济组织形式主要表现为大队、小队集体经济。耕植区，农田以队为单位集中连片；居住区，细胞以生产队为单位，组成细胞团。在细胞团内，形成集中的粮食后期加工、存储、物资分配的公共空间，从而表现出紧密型的"生产组团空间结构"①，如图3-9所示。这种生产器官因强调"政治"的干扰而限制了生产力要素的合理流动，缺乏活力，限制了生产力的发展，人民生活水平长期得不到改善，引发了农村土地承包制度的改革。

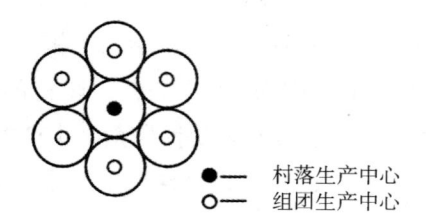

图 3-9 紧密型生产组团空间结构图

（四）思想器官——教化中心生长

思想器官，是人们脱离蒙昧，接受教化，提高人们对客观世界和社会的认知，从而提高人们生存竞争力的教育设施。其空间形态表现为各级教化中心。

人类都是早产儿，出生时的脑容量不到成年脑容量的30%，因此，从出生的那一刻开始，便开始接受父母语言的启蒙教育，以便使孩子掌握与大人、与环境之间交换信息的工具，随着大脑的发育，将孩子逐步引向未知的世界。②《大学》开篇即言："大学之道，在明明德，在亲民，在止于至善。……欲正其心者，先诚其意；欲诚其意者，先致其知。"③ 可见，"致知"乃一个人的首要任务。

个人接受教育，有三个阶段和三种模式。三个阶段分别为启蒙阶段、学龄阶段、就业阶段；对应的三种模式为家庭蒙学、学校教学、自学模

---

① 陈志文、李惠娟、孙杰：《蓬溪村古村落社会经济变迁研究》，中国社科出版社2010年版，第42页。
② 王东岳：《物演通论》，中信出版社2015年版。
③ 王国轩译注：《大学·中庸》，中华书局2016年版。

式。因此，在住宅建筑细胞中，教化空间有多个：一个是厅堂，一个是书房，有条件者设私塾。厅堂，接受父母伦理教学，是言传身教之场所；书房是自学之场所，是"修身"之重要空间；私塾，则是入学后接受教师教育的空间。

如图 3-10，是永嘉蓬溪村近云山舍教学空间分布图，门房的左侧是谢家的私塾。《谢公文波碑记》中记载："公乐育英才，解囊资学，设塾延师，山坳农家，书声盈户，泽振溪山。"①

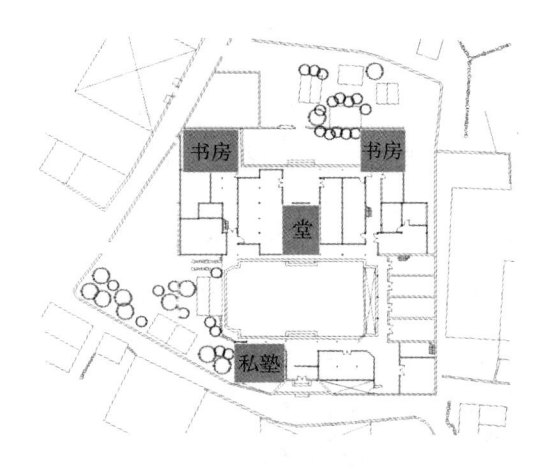

图 3-10　某古建筑教化空间分布图

村落中的书院，是在私塾基础上生长出来的，属于"党有庠"范畴。一群乡党共同筹资，筹办的公共教学设施。现如今的幼儿园、小学、中学，则是现代教学体制下农村的教化设施。但居住建筑细胞中，厅堂、书房的教化功能依然存在，个人自学、家庭教学、学校教学，形成了多层级的教化空间。

（五）伦理器官——礼、乐中心生长

伦理器官，用文化宣传和娱乐形式来统一思想，从而形成的一套协调人与人之间关系的礼乐制度。

在封建社会，伦理在孔子看来就是处理好"君君、臣臣、父父、子

---

① 陈志文、李惠娟、孙杰：《蓬溪村古村落社会经济变迁研究》，中国社科出版社 2010 年版，第 42 页。

子"的等级秩序关系。礼乐制度分"礼"和"乐"两个部分。"礼"的部分主要对人的身份进行分等定级并制定行为规范,最终形成礼制;"乐"是寓教于乐的教化方式,体现为不同等级的音乐、舞蹈等娱乐形式。《礼记·乐记》说:"凡音者,生于人心者也;乐者,通伦理者也。"[①] 礼乐制度的实施促进了宫廷音乐的发展,也促进了民间音乐、艺术的发展,从而形成了具有中国特色的娱乐教化体系。

村落的"礼乐"器官,表现为各种文化娱乐空间。包括戏院、茶馆、文化礼堂、文化长廊、舞蹈广场、各种民俗文化活动空间等,同时,也包括公园绿地中的各种文化活动空间和设施。

娱乐功能空间,也是从住宅建筑细胞中演化出来的。住宅院落的"前院""后院"包括"侧院",是村民的娱乐空间。随着村落组织的发展,逐渐形成组团、村落的礼乐空间。

综上所述,调节村落社会的五大功能器官,都是从细胞空间中演化而来的,并形成了"细胞、组团、村落"三级功能器官,如图3-11所示。

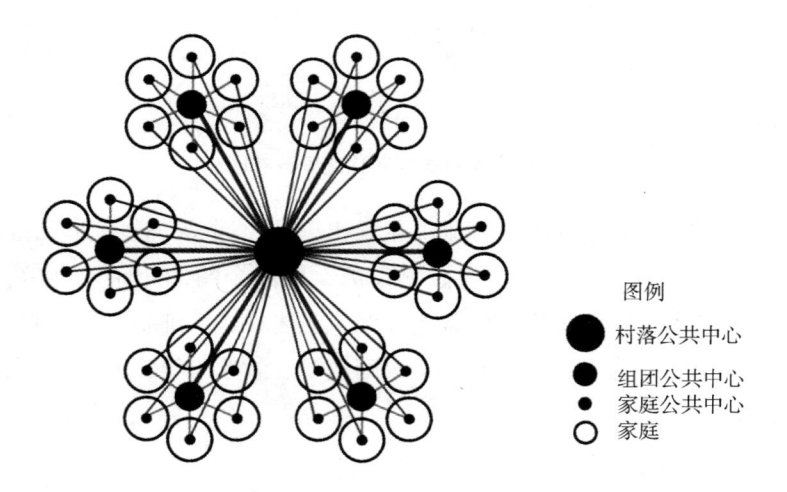

图 3-11 村落有机体器官与细胞的结构模型(作者自画)

四 器官的生命逻辑

马克思主义认为,矛盾存在于一切事物中,存在于一切事物发展过程

---

① 孙广仁:《中医基础理论》,中国中医药出版社2017年版,第53页。

的始终。矛盾双方又对立又统一，推动了事物的变化和发展。① 中国的道家认为，阴阳，代表一切事物的最基本对立关系。它是自然界的客观规律，是万物运动变化的本源，是人类认识事物的基本法则；道家同时认为，宇宙万物可划分为五种性质的事物，即分成木、火、土、金、水五大类，并叫它们为"五行"。五行之间存在相生相克的对立统一关系。

阴阳五行哲学思想，广泛运用于中国传统的中医学、占卜、风水、历法、社会学等领域。中医学月五行来描述人体五大器官的功能和关系。五大器官对应五行关系是：心为火，肝为木，脾为土，肺为金，肾为水。五脏之间的相生关系是：肝生心就是木生火，如肝藏血以济心；心生脾就是火生土，如心之阳气可以问脾；脾生肺就是土生金，如脾运化水谷之精气可以益肺；肺生肾就是金生水，如肺气清肃则津气下行以资肾；肾生肝就是水生木，如肾藏精以滋养肝的阴血，等等。②

因此，不妨用中国传统的"阴阳五行"理论来解读村落有机体中五大器官之间的矛盾关系，从而揭示村落有机体内在的生命逻辑。正如纪晓岚在《四库全书总目提要》中所说："易道广大，无所不包，皆可引以为说。"③

（一）村落器官的属忾

1. 血缘器官（宗祠），在五行中的属性为"木"。古语说："山管人丁水管财。"山上树木葱茏，则象征村落人丁兴旺；人丁兴旺，则子嗣绵延不绝。古语又云："十年树木，百年树人。"也是将"木"与"人"联系在一起。某一氏族，代代相继，其血缘传承关系也呈现出树状结构，从根部逐渐向上开枝散叶。因此，血缘器官，属性为"木"。其空间表现形态为各级宗祠。

2. 思想器官（教化中心），在五行中的属性为"火"，人体器官中与"心"相对应。以色列历史学家尤瓦尔·赫拉利认为："人类文明的思维调动，是从物质革命开端的。"④ 人类自从学会了用火，开始学会吃熟食，扩大食物链，直接促进了大脑的发育和智力水平的提高。在西方的传说中，普罗米修斯为人类盗天火，使人类成为万物之灵；而在古老的中国，

---

① 张雷声：《马克思主义基本原理概论》（第二版），中国人民大学出版社2018年版。
② 孙广仁：《中医基础理论》，中国中医药出版社2017年版，第53页。
③ （清）纪昀等：《四库全书》，线装书局2007年版。
④ [以色列] 尤瓦尔·赫拉利：《人类简史》，中信出版社2017年版。

燧人氏钻木取火使人类摆脱了茹毛饮血的历史，从而开创了华夏文明。火是人类文明的起源，是世界文明的基石。火，也是点亮人心、脱离蒙昧的灯塔，因此，思想器官（教化中心），其功能在于"启心智"，在于"格物致知"。因此，思想器官属性为"火"。其空间表现形态表现为书房、私塾、书院、学校等教育设施。

3. 行政器官（行政中心），在五行中的属性为"土"。土代表疆域，是一个村落的控制范围，是一族人安身立命的空间。而代表一族人拥有这个疆域并在此范围内行使各种权利的机构是村落的"行政中心"。在社会科学和人文地理范畴，国家是指被人民、文化、语言、地理区别出来的领土；是被政治自治权区别出来的一块领地。而行政中心，是这一领地权属的代表。因此，行政器官属性为"土"，其空间表现形态为村民小组的办公楼和村的行政中心。

4. 经济器官（生产中心），在五行中属性为"金"。经济是对物资的管理，是对人们生产、使用、处理、分配一切物资这一整体动态现象的总称。经济器官调节着经济细胞生产方式和生存结构，是生产力和生产关系的总和。货币作为一种等价物，可以衡量任何一种生产方式生产效益和劳动产品的价值，因此，经济器官调节功能就可以由货币来实现。而金子自古就是一种货币，因此，经济器官属性为"金"。其空间表现形态为厂房、仓库、晒谷场、农田等生产功能空间。

5. 伦理器官（礼乐中心），在五行中的属性为"水"。上善若水。善，表现为各种礼仪、行为规范，是对一个人德行的要求。而要达到良好德行的教化目的，必须"寓教于乐"，是把宣传和思想教育的内容渗透到娱乐活动之中，如通过看电影电视、讲故事、学唱歌曲、欣赏音乐、戏曲、美术作品等娱乐活动，开展宣传和思想教育活动，使人心柔弱如水，充满善念。其空间表现形态为宗祠、戏台、画廊、文化礼堂、民俗活动空间、园林绿地等各种文化、休闲设施。

表3-1　村落有机体五大类功能器官名称、分级及"五行"属性

器官类型、级别＼器官名称	五行属性	具体类型	村落级	组团级	细胞级（家庭）
血缘器官	木	宗祠	总祠	分祠	堂

第三章 村落有机体生长的内在逻辑　　99

续表

器官类型、级别 器官名称	五行属性	具体类型	村落级	组团级	细胞级（家庭）
思想器官	火	教化中心	小学（书院）、庙宇	幼儿园（私塾）	书房
政治器官	土	行政中心	村行政中心	队行政中心	厅堂
经济器官	金	经济中心	村生产空间	队生产空间	家庭生产空间
伦理器官	水	礼乐中心	村文化中心	队文化中心	家庭文化中心

村落五大类功能器官相生相克关系，如图3-12。

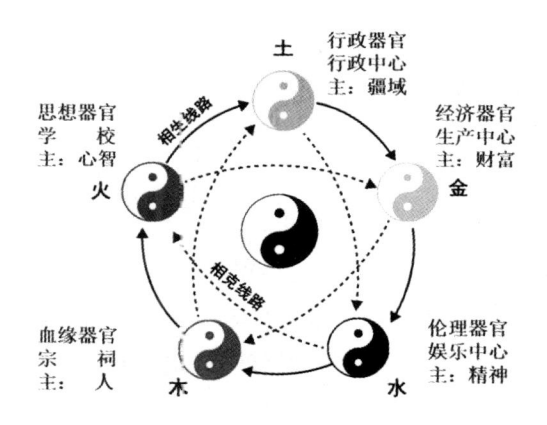

图3-12　村落五大器官相生相克关系图（作者自画）

（二）村落器官的相生关系

1. 木生火。木为血缘器官，火为思想器官。宗祠是一个家族子嗣绵延的象征。自从人类进入农业文明以后，人类所有的生存资料必须靠人类开发智力自行制备，因此，人类文明一开始的原始文化诉求中必须有一项启蒙调动人类的智慧的诉求。因此，脱离蒙昧，接受教化，是一个人的首要任务，也是一个家族的首要任务。因此，"木"生"火"，也就顺理成章了。

2. 火生土。火为思想器官，土为政治器官。一族人，心智的开窍，文化水平的提升，自然提高了村落的社会竞争能力，同时也可以培养出更具竞争力的领导阶层。政治治理水平的高低，村落领头羊的能力高低，很大程度上决定着村落全体村民的命运。因此，通过兴学堂、办教育，在提高村民整体素质的同时，培养出一个高效、能干的管理团队，从而获得区域范围内更大的资源竞争能力和话语权，巩固和扩展族人的生存空间。同时，更有利于制定适合本村落发展的社会、经济、文化政策。因此，"火"生"土"，在此也就顺理成章了。

3. 土生金。土为政治器官，金为经济器官。国强方能民富，同理，村强方能民富。村落行政机构能力强弱，管理的效能和质量，往往能够决定村落经济发展的快慢。好的领头羊往往能带领羊群找到最肥美的草地。在村落经济发展中，领头羊则能因地制宜，利用社会各种关系、各种资源，开拓产业发展路径，并带领族人共同致富。这在中国历史上，这样的例子数不胜数。因此，"土"生"金"，在此也就顺理成章了。

4. 金生水。金为经济器官，水为礼乐器官。《管子·牧民》曰："仓廪实而知礼节，衣食足而知荣辱，礼生于有而废于无。"意思是百姓的粮仓充足，丰衣足食，才能顾及礼仪，重视荣誉和耻辱。按照马斯洛需求理论，当人们满足基本的温饱、安全需求后，就会有精神生活的需求。而要满足人民的精神文化需求，则需要建设完善的文化设施，需要强大的经济作为支撑。文化礼堂、戏院、戏台建造需要资金，文艺演出、邀请戏班子来唱大戏需要资金，各类园林、亭台楼阁建设同样需要资金。因此，只有强大的财力作为支撑，才能使一个村落建设完善的娱乐文化系统，才能满足人民不断增长的精神文化需求。如此，"金"生"水"，也就顺理成章了。

5. 水生木。水为礼乐器官，木为血缘器官。当村落礼兴乐鸣，说明人们丰衣足食，知礼守法，社会和谐，充满幸福感，精神愉悦放松。从生理学角度，愉悦的心情，直接提高了人们的性生活兴趣；生活无压力，提高了人们生殖意愿，从而进一步促进人口的繁殖。"水"生"木"，也就顺理成章了。

（三）村落器官的相克关系

1. 水克火。水为礼乐器官，火为教化器官。当人们过度沉溺于各种娱乐，则会疏于学习。当人的德行丧失，或精神萎靡，则必然厌学；一个村落大多不学无术，心智不正或不求上进，心火黯淡或心火入魔，则会严重阻碍教学事业的发展。故水克火。由此要求，娱乐不但要适度，还要求健康的娱乐方式。

2. 木克土。木为人，土为疆域，为行政中心。若在村域一定自然空间范围内，其环境容量是有限的，当人口不断发展，则必然会对生存空间、自然资源产生激烈的争夺，对行政中心调和各房派矛盾，是一大挑战，最终或导致村域分裂，或某一房派外迁，行政中心拆分出另一个行政新中心；若人口稀少，村落自然缺乏竞争力，导致村落行政效能低下。故木克土。因此，在一定区域范围内，人口与环境容量要匹配。

3. 火克金。火为教化，金为经济。兴办教学，都是烧钱的事情，需要大量资金给予支持。另一方面，人越聪明，谋求财富的手段越高明。当一定时期内，财富不变情况下，则财富会往智慧的一方集聚。世界上，犹太人就是典型一例。在一个村落中，同样存在着财富不断向精英阶层集聚的现象，形成大地主等社会阶层。因此，对于一定的财富而言，心智便是划分财富的刀。同时，小聪明，时刻计划着如何谋求更多的财富，从而会谋得不义之财。故火克金。因此要求，心术要正，同时要有道德伦理教育，要求仁爱之心，方能财富分配相对均衡，才能使社会和谐。

4. 土克水。土为行政中心，水为礼乐。作为行政中心，时刻控制着一个村落的人们的行为规范，以防止过度娱乐，防止各种腐蚀心智的娱乐方式，比如，禁止赌博、嫖娼、邪教等对村民精神的侵蚀。故土克水。

5. 金克木。金为经济，木为人丁。俗话说："发财不发丁。"所有生物，有一组基因，生物学家叫"节俭基因"，这组基因在吃饱饭状态下将剩余的能量存储起来，因此，在贫困状态下，人们反而具有强大的生殖机能。当人拥有巨大财富，在可以每天都吃饱饭的状态下，肥胖病、富贵病、糖尿病等一系列毛病产生。二型糖尿病的那组基因，其实就是当年的那组节俭基因。据科学家研究，中国近40年男子精子量下降了30%，西方国家比例更高。由此，发财不发丁，是有其科学依据的。故金克木。

综上所述，村落是一个生命有机体。"户"是村落生命有机体的基本单位，即细胞。在村落发育过程中，有机体经历了细胞的分裂、组织的构建、器官的发育、有机体的形成等生命过程；村落有机体结构上，同样遵循细胞—组织—器官—村落有机体的生命结构。

居住在细胞空间中的"人"，是细胞核，携带着文化基因，具有遗传的全能性。"人"的自我生产，控制着细胞的分裂、生长、重组、死亡、再生全过程，揭示了村落组织、有机体的生长和演变的生命逻辑。

村落有机体在发育过程中,一部分细胞形成有机体的组织,另一部分发育形成有机体的各种功能器官,从而控制群体细胞,达到合作的一致性。根据马克思社会有机体理论,村落社会包含血缘、思想、政治、经济、伦理五大关系;与之相对应的,本文认为村落便具有宗祠、教化、行政、经济、礼乐五大功能器官。

五大器官之间暗合中国传统哲学中"金、木、水、火、土"五行相生相克的关系。村落有机体的发展,不决定于某一个器官的作用,而是各大器官之间相互作用的结果。因此,只有这五大功能共同健康发展,才能使村落生命体处于和谐状态,五大功能缺一不可。其相生相克的矛盾关系,推动了村落生命有机体生长和发展。

第四章 村落传统文化生态沙漠化形成机制

　　一定历史时期的文化生态是该历史时期人们的生活方式选择的结果。"人创造文化生态又生活在其中，文化生态是人类生存的家园。然而今天这个家园似乎在解构，或者说人类都在'搬家'，但又不知道搬到何处。文化生态的生存—转换与转换—生存规律，是文化生态的运行之道。文化生态的发展遵循稳态延伸—文化制衡—关系耦合—本土发展的途径"[1]。在城市化快速发展的今天，村民正努力摆脱传统的农耕生活方式，融入城市化的生活方式之中，从思维方式到行为方式，都表现出一种"转换"的姿态，从而引发村落传统文化生态沙漠化趋势。这种转换的动力，源头来自人们的思维深处，黄正泉说："思想文化是文化生态之根。"新的思维方式和思想观念，引发"思想器官"思维方式的转型，从而引发村落有机体其他"器官"的变化。五大器官一环扣一环，相生相克，其相互作用过程便是村落文化生态运行之道。五大器官共同作用的结果是村民逐渐走出中国延续几千年的农耕生活方式的"稳态"，进入到一种新文化生态的"动态"时期，暂且把这种新的"动态"叫"城乡融合"。这是一个旧去新来、逐渐磨合的过程。在此过程中，旧有的文化形态逐渐消失，新的文化形态逐渐产生，传统文化生态中某些基因将以顽强的生命力"稳态"延伸，并与新的文化形态形成相互"制衡"，在不断磨合中，逐渐"耦合"，从而到达新的文化生态平衡。因此，考察这一过程，需从村落有机体内部"五大器官"的相互作用机制开始。

---

[1] 黄正泉：《文化生态学》，中国社会科学出版社2015年版，第439—441页。

第一节　有机体理论视角下村落文化生态沙漠化形成机制

一个村落有机体从发育到成熟，一般要经过几百年时间。从地理空间的改造完成到习俗的形成，村落文化生态步入一个相对稳定时期。习俗是维持某种生活方式的内生力，是保持文化生态稳态、完整和缓慢进化的黏合剂。而习俗又是思想和观念的产物，因此，归根结底，要使文化生态发展方向发生根本扭转，其根本动力，来自人们的思维深处。

对思维方式的现代研究，在哲学史上是通过哲学的两次大分化实现的。第一次是自然科学与哲学的分化，发生在文艺复兴时期；第二次大分化是科学认识论与哲学认识论的分化，开始于19世纪与20世纪之交。文艺复兴时期，近代自然科学的兴起与发展，促成了第一次哲学大分化，使自然科学与哲学划定了各自研究对象和研究范围；19世纪与20世纪之交的自然科学与社会科学蓬勃发展，促使开始运用自然科学的方法研究思维方式，使认识论沿着实证的方向发展，或者用文化——历史方法考察思维方式，解决人的认识的创造性问题。从而使认识论从理性哲学向人文哲学发展。[1]

要认识村落文化生态沙漠化形成机制，不但要从文化—历史的视角，还要从马克思的社会有机体理论理论和村落有机体理论视角来深入考察，从而找出引发文化生态变迁的真正内生动力。

马克思主义认为："社会有机体是囊括全部社会生活及其关系的总体性范畴，是指人类社会是以生产方式为基础的，各种社会关系同时存在而又相互依存所构成的整体。包括经济关系、政治关系、思想关系、血缘关系、伦理关系五种关系，社会有机体形成于人的实践和交往活动中。"[2] "社会有机体是一种具有自我意识的有机体，社会有机体的再生产和更新的内在机制是物质生产、精神生产和人自身生产的统一。"[3]

村落有机体理论认为："村落社会有机体是否能够健康运转是由'经

---

[1] 何萍：《文化哲学：认识与评价》，武汉大学出版社2010年版。
[2] 张雷声：《马克思主义基本原理概论》（第二版），中国人民大学出版社2018年版。
[3] 何萍：《马克思主义哲学与文化哲学》，武汉大学出版社2002年版，第6—26页。

济、政治、思想、血缘、伦理'五大功能器官主导的,每一个器官,都具有一个相对独立的协调系统和工作机制,一旦某一个器官功能缺失或发生病变,则会引发其他器官的病变,从而导致村落有机体机能的衰变和死亡。"[1]

由此,本节从文化哲学视角,首先考察国人思维方式在历史中的变迁,进而从思想器官入手,考察思想器官变革引发的社会有机体其他四大器官变革的内在秩序与规律。再而考察各器官新旧功能更替所引发的文化变迁现象,解读各器官功能的健康程度,从而找到引起村落传统文化生态沙漠化内生机制。

一 "思想器官"是文明转轨的"生命按钮"

村落有机体存在着"经济、政治、思想、血缘、伦理"五大功能器官,五大器官之间暗合中国传统哲学中"金、木、水、火、土"五行相生相克的逻辑关系。

思想器官,是人们脱离蒙昧、接受教化,提高人们对客观世界和社会的认知,从而提高人们生存竞争力的教育设施。其空间形态表现为各级教化中心。五大器官相生相克关系详见第三章第二节。

在中国长达几千年的封建社会中,五大器官在儒家文化体系中,各自扮演着重要的角色,可以说,在西方工业革命的浪潮没有冲击中国国门之前,农耕文明的生活方式从未发生改变过,五大器官的结构相对稳定,其相生相克的运行轨迹,一直在稳定的轨道中运行,从未发生"转轨"。这其中,"思想器官"的稳定,起到至关重要的作用。人们在儒家文化的思想框架下思维方式可谓代代相承,每个人的行为都受到儒家伦理道德思想和宗法秩序的约束。因此,"思想器官"可以说是农耕文明是否转轨的"生命按钮"。

二 "思想器官"的作用机制

《大戴礼记·保傅第四十八》曰:"帝入东学,上亲而贵仁,则亲疏

---

[1] 陈志文、胡希军、叶向阳、吁剑楠:《中国传统村落有机体内在生长逻辑研究》,《经济地理》2020年第11期。

有序而恩相及矣；帝入南学，上齿而贵信，则长幼有差而民不诬矣；帝入西学，上贤而贵德，则圣智在位而功不遗矣；帝入北学，上贵而尊爵，则贵贱有等而下不逾矣；帝入太学，承师问道，退习而考于太傅，太傅罚其不则而匡其不及，则德智长而治道得矣。此五学者既成于上，则百姓黎民化辑于下矣。"①

末句通常表达为"教行于上，化成于下"，"教化"一词也由此而来。"天命之谓性，率性之谓道，修道之谓教。"②《中庸》开宗明义就说明了"性、道、教"三者关系，"修道之谓教"是对"上层建筑"而言的行为规范，故贾谊说"教行于上"。"化"则是对下层万民而言的一个概念。"化"字始见于商代甲骨文。古字形由一个头朝上的人和一个头朝下的人组成，本义是变化。由本义引申为通过教育使风俗、人心发生变化，即教化。又引申指风俗、风化，也指自然界从无到有、创造化育世间万物，即造化。③

可见，要"化成天下"，首先需要传道之人"修道"，"得道"后，方可行教。然后按照"道义"，借助教育设施，开展"化育"万民的行为过程。正如《诗·周南·关雎序》所言："政以体化、教以效化、民以风化。"

教化，关键是教什么。教的内容，决定着"化"的承受者的思维方式。不同的地理空间、不同的文明区域，不同的历史时期，教化的内容都有不同的内涵。因此，教化中心是思想内容和思维方式的物质空间载体，在不同历史时期，同一个空间中从事着不同思想内容和思维方式的教化。思想器官物质空间是表象，教化的内容和思维方式——即知识，是"思想器官"的核心。

"思想器官"一直以来，都以老师带徒弟的古老方式传递着思想、知识，当教化行为发生时，彼时的空间，便有了"思想器官"的功能。孔子曰："三人行则必有吾师"，可见教化可以存在于人类生活的任何空间。从这个意义上说，某一个思想所物化形成的空间景观，都具有教化功能。因此，在一定的历史时期、一定的空间范围内，人们的思想、行为也必将

---

① 黄怀信译注：《大戴礼记译注》，上海古籍出版社2019年版。
② 陈晓芬、徐儒宗译注：《论语·大学·中庸》，中华书局2015年版。
③ （汉）许慎：《说文解字》，秦淑华校注，中华书局2020年版。

受制于周围的空间景观,并在此空间景观中,形成一定的思维模式。

西方哲学自从"理论思维"转向"实践思维"后,哲学研究开始把目光聚焦到人的生活世界与人的思维关系问题。实践主义哲学认为,人不是被规定的,而是在自我创造中生存。由此,哲学本体论就从科学的羁绊中摆脱出来,走向了人文科学,从而形成了由科学主义向人文主义的重大转变。

人文主义的代表性人物维科指出:"这个民族世界确实是由人类创造出来的,所以它的面貌必然要在人类心智本身的种种变化中找出。"他又指出:"人的心灵的不确定性是人心的根本特性。人只有把他的超自然的内在冲动和内在欲望变成现实的自我创造的活动时,才能成为真正意义上的人。"①

人的生存的欲望和冲动,是与生俱来的。但在不同的地理空间环境中,其欲望会有不同的内涵和方式,即在不同的地理空间环境,生存的欲望和冲动,由最适合人们的生活方式来满足它,这种寻求"最适合人的生活方式"的冲动转化为人的思维方式,从而又转化为自我创造的活动和行为。因此,不同的地理空间,也就有不同的文明形态,自然也就有了不同的教化内涵。

(一) 农耕生活方式下的文明形态

人类面对不同的自然环境和资源禀赋,会选择不同的社会生活方式来满足人的生存和发展的需求,不同的生活方式则会有不同的思维方式,因而,思想器官将表现为不同的文明形态。

纵观世界,有三种最基本的生活方式:农耕生活、游牧生活、商品贸易。农耕生活,是一种定居的生活方式;游牧生活,是一种游走的生活方式;商品贸易,则是通过不同地理空间的商品交易,来换取生活必需品和实现财富增值的生活方式。虽然商品贸易者有固定的定居点,但其贸易过程,则体现为游走式的生活方式。不同的生活方式,人们的思想观念和行为方式也不同,从而形成不同的文明形态。这种思想方式除了在自然界如何获得生活资料之外,还包括在社会群体中如何处理人与人之间的关系。所谓"物理"和"情理"是也。

---

① 何萍:《马克思主义哲学与文化哲学》,武汉大学出版社2002年版,第6—26页。

中国独特的地理空间和环境，使我们的祖先选择了农耕生活方式。农耕生活方式是一种定居的生活方式，人们选择某一个地理空间定居下来以后，以"家"为中心，围绕着某一块土地精耕细作，日出而作、日落而息，不断繁衍生息。

在自给自足的农耕生活方式下，人们的需求简单朴素，有一个家，有一块地，四季风调雨顺，家庭人与人之间和睦相处。在自然经济条件下，农业生产水平不在人力，而在天时，所谓靠天吃饭。一定的土地上，在没有自然灾害的条件下，经济收入每年基本相当，因此，人们关心的不在于如何提高农业生产技术，而在于生活资料的分配方式。一家一族，分配制度的均衡性决定着社会人与人的和谐程度，古语有云："吃食不匀，抵过杀人。"如何处理好人与人之间的关系，成为社会治理的头等大事。"一家"和谐则"一族"和谐，"一族"和谐则"一国"和谐，"家"的治理，成为"国"的治理基础。因此，农耕文化背景下，统治阶级为维护社会的稳定，首先关注到"情理"的研究，而忽视了"物理"的研究。

中国农耕文明，到周朝时期，农牧业得到了极大的发展，《诗经》中"千耦其耘"的诗句，反映了西周时期农业生产的盛况。作为土地管理制度的"井田制"，已发展成熟。因土地划分为许多方块，且形似"井"字形，故曰"井田制"。《孟子·滕文公上》载："方里而井，井九百亩。其中为公田，八家皆私百亩，同养公田。公事毕，然后敢治私事。"一井之田由八户人家耕种，井田中间一格的100亩，其中80亩为公田，其余20亩，作为八户人家的居住生活用地，筑"庐"其中，共饮一井，形成了以"井"为中心的居住单元。可见，在西周时期已形成以"家"为单位的定居生活方式，这是农耕文明的根本特征。见图4-1。

农耕生活方式必然形成"家""族""家族联盟""国家"的社会结构形态，因此，对家庭成员如何实行有效教化，使其各得其所、关系和谐，成为统治阶级需要思考的头等大事。周公制礼，并对万民实施"礼教"，就是在这样的社会背景下进行的最具有创造性的顶层设计。

周公制礼，一是为了证明周王朝的合法性，提出"以德配天"说，《左传·僖公五年》："皇天无亲，惟德是辅。"意思是说，天命是变化的，有德就会得到天命，失德就会失去天命，从而论证了西周王权的合法性；

图 4-1　井田制

二是为了维护良好的社会秩序，以实现长治久安。

　　殷商时期的"礼"只是宗教祭祀典礼上的仪式，不具备约束人们日常行为的作用。周礼是调整政治、经济、军事、法律、家庭、道德等方面的行为规则的总和，是家国一体的典章制度，具有法律的强制约束力。从这个角度来看，周礼是国家根本大法，是日常生活中"定亲疏，决嫌疑，别同异，明是非"① 的依据；在国家层面则起着"经国家，定社稷，序民人，利后嗣"的重大作用。

　　周公制礼，为教化万民提供了具体教化的内涵，百姓在接受教化后，则规范了其行为的准则，并形成基于礼制的思维方式和行为方式，由此实现对社会的治理。及至春秋战国，礼崩乐坏，斯文扫地，天下大乱，群雄争霸，社会处于极度的动荡之中。在礼崩乐坏的大环境中，孔子率先举起了恢复礼乐制度的大旗，"郁郁乎文哉，吾从周"。孔子认为，天下虽乱，但斯文未丧，对恢复礼制充满信心。

　　《论语·子罕》："子畏于匡，曰：'文王既没，文不在兹乎！'天之将丧斯文也，后死者不得与于斯文也；天之未丧斯文也，匡人其如予何？"② 孔子认为，"斯文"并没有随文王的去世而断绝，而是得到了

---

① 胡平生、张萌译注：《礼记》，中华书局 2017 年版。
② 杨伯峻译注：《论语译注》，中华书局 2017 年版。

"天"的承认。"与于斯文"更是意指要继承周朝开国之君的遗志，顺应"天"的意愿。于是孔子提倡克己复礼，并生发为以"仁义"为核心的自成一派的学术思想。"克己复礼为仁，一日克己复礼，天下归仁焉！为仁由己，而由人乎哉？"[①] 从这句话中，可见孔子与周公的学术思想的传承关系。孔子倡导血亲人伦、现世事功、修身存养、道德理性，其中心思想是恕、忠、孝、悌、勇、仁、义、礼、智、信。修《诗》《书》，定《礼》《乐》，序《周易》，作《春秋》，一生致力于教育，有学生三千、贤人七十二。其学术思想经弟子弘扬、后学完善，从而建立起完整的儒家学术思想体系。儒家经典主要有儒学十三经。儒家本有六经，《诗经》《尚书》《仪礼》《乐经》《周易》《春秋》。秦始皇"焚书坑儒"，经秦火一炬，《乐经》从此失传；东汉在此基础上加上《论语》《孝经》，共七经；唐时加上《周礼》《礼记》《春秋公羊传》《春秋谷梁传》《尔雅》，共十二经；宋时加《孟子》，后有宋刻《十三经注疏》传世。

儒家文化的出发点便是"人伦"。儒家观察到了农耕定居生活方式的本质，认为要让社会稳定和谐，首先要使最小的社会"细胞"家庭中人与人之间的和谐，而要使"家庭"中人与人的和谐，则必须明确一个人在家庭、社会中的地位，并按照其不同社会地位，规定人的行为准则。从而将动物天然的血亲关系，引入到社会管理，建立起以血缘为纽带的长幼有序、尊卑有别的宗法秩序关系。自西汉董仲舒提出"罢黜百家，独尊儒术"以后，儒家学术思想，成为自西汉以后中国历朝历代国家、社会管理的主要意识形态。儒家思想的出发点和归宿点都是为了保持家庭和社会的和谐与稳定，这种基于血亲关系的最具有人性的、温暖的社会管理制度，是基于农耕生活方式最接地气的社会管理模式，为中国几千年文明的延续和社会的发展，作出了重要贡献，孔子因此也被尊为"文圣"。

（二）儒家文化的传承及其稳态发展

思想器官的稳态发展，首先表现在生活方式的稳态，其次是教化内容的稳态，第三是教化机构的稳态。

1. 农耕生活方式的稳态

自古以来，历代皇朝都实行"重农抑商"的政策，农业一直是立国

---

① 钱穆：《论语新解》，九州出版社 2011 年版。

之本，农民是最主要的职业。直到改革开放前夕，中国大部分人，仍然从事农业生产。新中国成立以来，中国农村人口占比见图4-2。① 由此可见，即便到2010年之前，中国大部分人都生活在农村，城镇人口大于农村人口，只是2010年以后的事情。

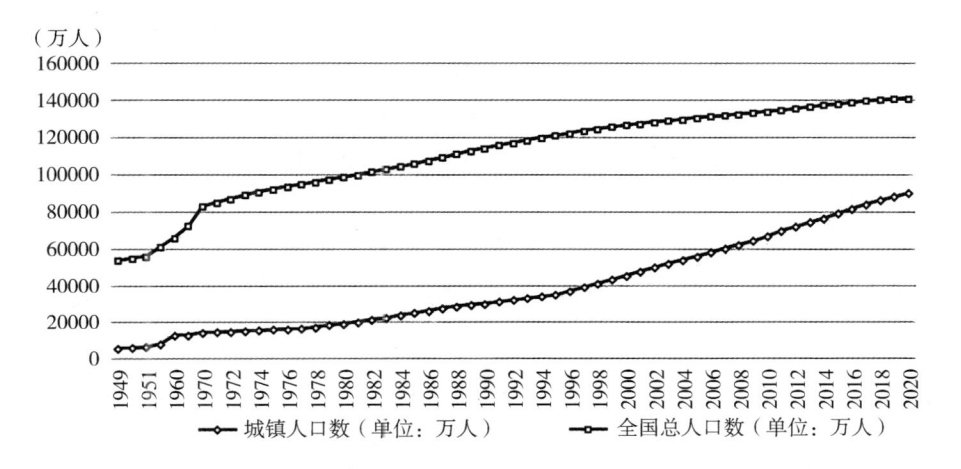

图 4-2 新中国成立以来中国城镇人口占比

2. 儒家文化文脉传承清晰可考

自周公制礼以来，孔子承之；孔子之后，曾参承之，曾参有《大学》传世；曾参之后，孔伋承之，孔伋（前483至前402），字子思，孔子嫡孙，其主要观点："天命之谓性，率性之谓道；中和之道，至诚之道，合内外之道。"② 他上承孔子中庸之学，下开孟子心性之论，并由此对宋代理学产生了重要而积极的影响；孔伋之后，孟子承之，"仁政"是孟子的主要核心思想，提出了"民为贵，社稷次之，君为轻"的主张，提出"性善论"；孟子之后，荀子承之，荀子认为天就是客观存在的自然界，"天行有常，不为尧存，不为桀亡"，提出"性恶论。"

到西汉，董仲舒提出"罢黜百家，独尊儒术。"提出"天人感应"和"大一统"学说，并进一步提出"三纲五常"，认为"大一统"是宇宙间最一般的法则，只有实现"大一统"，国家的法律和制度才能显示出地

---

① 中国统计年鉴官网：http：//www.stats.gov.cn/tjsj/ndsj/.
② 陈晓芬、徐儒宗译注：《论语·大学·中庸》，中华书局2015年版。

位，老百姓也才知道用什么样的方式去教育子孙后代。只有思想统一，才能有统一的法度，百姓才有行为的准则。这样，才能维护与巩固政治的统一，只有政治统一才能长治久安。

到魏晋南北朝，佛教的传入和道教的传播，儒学曾一度出现了危机。到宋明时期，儒学又得到了弘扬和发展。北宋时期，儒学的代表人物为程颢、程颐，二程将"义理"之学推上高峰。

二程认为，物理、伦理都是天理的具体体现，因而将忠君、孝父的纲常观念提到普遍原理的高度，使之永恒化、绝对化，真正奠立了理学"道德形而上学"的根基。

二程从理本体论出发看待人性，认为人性包含着两个方面：一是"天命之谓性"，一是"生之谓性"。"天命之谓性"是至善的，"生之谓性"可善可恶，据此，他们又提出了天理与人欲两相对立的论断。他们主张"去人欲，明天理"。《遗书》卷二十四："人心，私欲，故危殆；道心，天理，故精微，灭私欲，则天理明矣。"从这种观点出发，二程甚至提出"饿死事小，失节事大"的口号，使理学变成一种严酷的道德说教。

由二程明确提出的"存理灭欲"说后来成为理学家们的共同信条。到南宋时期，理学发展到鼎盛阶段，出现了理学集大成者朱熹。朱熹（1130—1200）字元晦，号晦庵，别号考亭、紫阳，徽州婺源（今属江西）人。他的主要思想承接二程，后人将闽学与洛学合称程朱理学。程朱理学是宋明理学的主干，在封建社会后期思想界占据统治地位长达数百年之久。

二程之后，南宋分三家：朱熹（闽学）、吕祖谦（婺学）、陆九渊（心学），而朱熹可谓二程学术的嫡传，从学缘关系分析，朱熹之后，黄榦嫡承。黄榦（1152—1221），字直卿，号勉斋。淳熙三年（1176）春，黄榦拜朱熹为师，淳熙九年（1182）朱熹以仲女嫁黄榦，成为朱熹的乘龙快婿及学术思想的传承人。

黄榦之后，程朱理学分江西一派和浙江一派，黄榦传给何基，何基传给王柏，王柏传给金履祥，金履祥传给许谦。《宋元学案》称"北山四先生"。"北山"，指浙江金华城北的"金华山"，俗称"北山"。到此，浙江金华成为儒学的中心地。

"北山四先生"均为婺州人士。何基（1188—1268），字子恭，号北山，南宋婺州金华人，居金华山下，世称北山先生；王柏（1197—1274），字会之，婺州金华人，师从何基；金履祥（1232—1303），字吉父，号次农，自号桐阳叔子，兰溪（今金华兰溪市桐山后金村）人，居仁山下，世称仁山先生；许谦（1270—1337），字益之，号白云山人，金华人，世称白云先生，隐居东阳八华山。

北山四先生之后，婺学兴盛，至元代，婺学由吴莱、柳贯承之。吴莱（1297—1340），浦阳（今金华浦江）人，柳贯（1270—1342），婺州浦江（今浙江省兰溪）人；到明朝，宋濂承之。宋濂（1310—1381），初名寿，字景濂，号潜溪，浙江金华人，朱元璋称其为"开国文臣之首"。到清朝，婺学开始式微。由此可见，宋、元、明时期，金华成为程朱理学传承的文化高地，金华由此而被称为"小邹鲁"。

3. 儒家教育体系和教育机构相对稳定

教育体制及机构，是思想器官的外在表现形态。封建社会教育机构主要分两类，一类是官方所办的学校，另一类是私人所办的学校。在隋朝科举制度没有诞生之前，"学在官府"是主流的教化形态。

中国最早的官方教育机构是"校"，产生于夏代，殷商时期称"庠"，周代为"序。"西周是奴隶社会鼎盛时期，学校组织比较完善。当时分为国学与乡学两种。国学专为贵族子弟而设，按学生入学年龄与教育程度分为大学、小学两级。乡学主要按照当时地方行政区域而定。因地方区域大小不同，亦有塾、庠、序、校之别。一般情况下，塾中优秀者，可升入乡学而学于庠、序、校。庠、序、校中的优秀者或升入国学而学于大学。国学为中央直属学校，乡学是地方学校。

先秦时期，学校分为国学和地方学校，国学为天子或诸侯所设，包括太学和小学两种，教学内容为"六艺"（礼、乐、射、御、书、数）。虽有西周"学在官府"之说，但由朝廷设立中央官学正式创始于汉朝。魏晋南北朝时期政局纷乱，官学时兴时废。及至唐朝，中央官学繁盛制度完备，发展到顶峰。南宋以后官学逐渐走下坡路。封建社会后期，中央官学逐渐衰败，实际上成了科举制的附庸，名存实亡。清末，中国古代官学完全被西方的学堂和学校教育所取代。

在古代中国社会中，私学是与官学相对而存在的，并在中国教育史上占有重要的地位。中国古代私学教育产生于春秋时期，孔子的"有教无类"，私学开始兴起，影响最深远。春秋战国时期，由"学在官府"变为"学在四夷"。私学就是在这种历史条件下应运而生的。秦朝颁"禁私学令"，汉武帝罢黜百家、独尊儒术，以今文经学为官学，但是并不禁止私学。到东汉末年，私学已取得了压倒官学的地位。魏晋南北朝时期，官学衰颓，私学却呈现繁荣局面，名儒聚徒讲学仍占重要地位，学生人数上百人或计千人屡见不鲜。唐代私学遍布城乡，制度不一，程度悬殊，既有名士大儒所办私学，也有村野启蒙识字的私立小学。唐代以后，宋元明清私学教育，一方面是书院制度的产生和发展，形成私学的重要形式；另一方面蒙学教育主要是私人设立的学塾、村学和蒙学，启蒙教材宋代有《百家姓》《三字经》，以及以后编的《千家诗》《杂字》等。到明清，学塾有坐馆（或教馆）、家塾（或私塾）义学（或义塾）三种形式。①

　　书院，是唐代以后兴起的另一种教育形态。最早出现在唐玄宗时期东都洛阳的丽正书院。宋代书院的兴起始于范仲淹执掌南都府学，特别是庆历新政之后，在北宋盛极一时。南宋时随理学的发展，书院逐渐成为学派活动的场所。宋代最著名的有四大书院：河南商丘的应天府书院、湖南长沙的岳麓书院、江西庐山的白鹿洞书院、河南登封的嵩阳书院。元朝书院更为兴盛，专讲程朱之学，并供祀两宋理学家。明朝初年书院转衰，直到王阳明出，书院再度兴盛。随后书院因批评时政，遭当道之忌，尤其是东林书院事件，使书院遭受打击。明朝曾先后四次毁禁书院，然而书院有着顽强的生命力，多次毁而不绝，在严酷的政治压迫下，书院师生宁死不屈。东林书院的对联写道："风声雨声读书声，声声入耳；家事国事天下事，事事关心。"清代书院达2000余所，但官学化也达到了极点，大部分书院与官学无异，到了光绪二十七年（1901）诏令各省的书院改为大学堂，各府、厅、直隶州的书院改为中学堂，各州县的书院改为小学堂。至此，书院退出了历史舞台。②

　　私塾，是开设于家庭、宗族或乡村内部的民间教学机构，是私学的重要组成部分。私塾产生于春秋时期，在漫长的封建社会，延绵不衰，作为人才培养的摇篮，与官学相辅相成，是地方推行教化的重要场所，为儒家

---

① 高时良：《中国古代教育史纲》，人民教育出版社2003年版。
② 王炳照：《中国古代书院》，商务印书馆1998年版。

文化传承做出了重要贡献，直至新中国成立前夕，成为思想器官的重要形态和有机组成内容。

官方主办的教学机构与私人主办的地方教学机构，两条线路并驾齐驱，成为"思想器官"的两种主要形态，共同维系着教化的功能。

4. 儒家学术思想一脉相承

儒家文化，"教"生发于"人伦"，"化"也归结为"人伦"。因此，"伦理"也就成为儒家文化的代名词。"伦"者，人伦也，即人与人之间的关系。"理"者，秩序也。故"伦理"，就是人与人之间应该遵循的秩序。人与人之间的血缘关系，是一种天然的宗法等级关系，因此，儒家认为，这是一种"天理"。《二程遗书》卷五："父子君臣，天下之定理，无所逃于天地之间。"

除了规定人与人之间的关系外，还规定了每个人的行为规范——"义理"。"义"是中国古代一种含义极广的道德范畴，指的是公正合宜的道理或行动。《礼记·中庸》："义者，宜也。"刘熙《释名》："义者，宜也，制裁事物使合宜也。"孟子对"义"作了进一步阐释，他认为"信"和"果"都必须以"义"。孟子曰："大人者，言不必信，行不必果，惟义所在。"又："君子喻于义，小人喻于利。"[1] 由此，自孔孟之后又有了"义理"之学。宋明理学，则将"义理之学"推向高峰。

程朱理学核心思想是"存理灭欲"。这里的"欲"，即人欲，是人的需求。每个人都有七情六欲，因此，在中国传统文化框架内，"欲望"是被束缚的，被限制的，因此，生活方式和文化生态保持着稳定状态，几千年不变。

"伦理"这种天然关系始于家庭的血缘关系，即家庭"细胞"中的细胞核——人与人之间的关系，由此长幼有序，尊卑有别。在"存天理灭人欲"的思想指导下，其行为单纯而规范，家庭关系明晰而稳定，以至一族、一国，人与人之间，建立起稳定的伦理道德关系。因此，家庭观念，在中国人心目中占据首要的地位。这就是中国农耕生活方式在人们思想中最重要的体现。

由此，"人伦"关系衍生为村落的宗族血缘关系，衍生出宗族血缘政

---

[1] 李小龙译：《孟子》，中华书局2007年版。

治结构。而这种政治结构，又最有效地协调着农耕经济的有效运行，实现良好的伦理教化。稳定的思想和程式化的行为模式，使村落有机体得以稳定和健康发展。因而，中国农耕生活方式及村落文化生态得以延续几千年而保持相对稳定的形态。

（三）思想变革总是在外力作用下开始的

传统伦理文化中，重情理轻物理，存天理灭人欲，人的需求被压抑，人们的创造性也严重受到压制。自古以来，儒家轻视创造发明，认为发明创造不利于百姓平常生活，不实用，也不利于人们之间的和谐关系，更会引发人们的"贪欲"。《墨子·鲁问》有载：公输子削竹木以为鹊，成而飞之，三日不下。公输子自以为至巧。墨子谓公输子曰："子之为鹊也，不如匠之为车辖，须臾刘三寸之木，而任五十石之重。故所为功，利于人谓之巧，不利于人谓之拙。"墨子对公输子所说的意思就是：你做的鹊，还不如匠人所作的车子上的销子，一会削成一块三寸木头，可以承载五十石，所以，平常所作的事，利于人，可称为精巧，不利于人，则称为拙劣了。墨子显然对公输子发明的飞行器不屑一顾，所以中国农耕文化，是一种"守拙"的文化，而不是一种"进取"的文化，只要日子还过得去，就不会出去创业。

农为本，工商为末，重农抑商一直是封建社会历朝历代统治者的基本国策。在中国相对封闭的地理空间环境中，粮食一旦歉收，无法从国外取得调剂。因此，粮食的生产完全处于自给自足的状态，粮食生产的安全关系到国家的存亡。濮阳人吕不韦贾于邯郸，见秦质子异人，归而谓父曰："耕田之利几倍？"曰："十倍。""珠玉之赢几倍？"曰："百倍。""立国家之主赢几倍？"曰："无数。"曰："今力田疾作，不得暖衣余食；今建国立君，泽可以遗世。愿往事之。"[①] 这是吕不韦见过秦国质子异人后同其父亲的一段对话，我们可以看出当时的商人的盈利能力：耕种田地，能够获利十倍；买卖珠宝，能够获利百倍；拥立君主，则获利不可估量。如果允许人们进行职业自由选择，那么大多数人会选择"珠玉之赢"而放弃"耕田之利"，这样就会威胁到一个国家的粮食安全。

中国几千年的农耕生活方式及相对封闭的地理空间环境，人们习惯于

---

① 缪文远、罗永莲、缪伟译注：《战国策》，中华书局 2006 年版。

惯性的思维，在传统的思想轨道中心安理得。当国门被另一种文明形态打开并在文明的对抗中不断遭受失败时，文化的自信心自然遭受打击，一种"学习"新文明的心理需求自然产生。这种在外力作用下迫使思维方式的转轨，是适应新环境谋求生存的需求。

人的思想，以思维方式体现出来。所谓思维方式就是最一般的思维形式。思维方式首先与主体相互联系。人按照自己的存在方式创作出思维方式，以思维方式表现自己的存在，表达自己的需求和愿望，实现人对外部世界的主动性。当人的存在方式发生变化时，人也积极地创造思维方式，改变人与外部世界的联系方式，形成人的主体性。[①]

西方文艺复兴促进了自然科学和社会科学的发展，改变了人类认识自然运动的新的图景，拓展了世界新的思维空间，从而使世界进入近代机械力学的思维框架，引发西方的工业革命。工业革命的思维方式极大地促进了人们改造世界和征服世界的能力，极大地丰富了人类劳动创造成果，从而使西方世界步入了"工业产品"的时代，并形成了对"农业产品"世界在生存方式上的"优势"，确立了西方国家在地缘政治竞争中的优势。

中国对"科学"的需求，引发了对传统伦理文化的批判，从而引发新的思想变革。这种对"科学"的新的需求，是在地缘政治和经济竞争中产生的，是在东西方文明的碰撞中产生的。

最具有标志性的事件是光绪二十七年（1901），清廷宣布"变法"，即清末新政，其中对教育影响深远的有三条：废科举、设学校、派留学生。

光绪二十七年（1901）9月4日，清政府命令各省城书院改成大学堂，各府及直隶州改设中学堂，各县改设小学堂，并多设蒙养学堂。光绪三十年（1904）1月13日又颁布《重订学堂章程》，详细规定了各级学堂章程及管理体制，以法令形式要求在全国推行。与普通学堂并行的还有专业教育，包括师范学堂及各类实业学堂，在学制上自成系统，一套完整的学校制度随之建立。光绪三十一年（1905）9月2日，光绪皇帝诏准袁世凯、张之洞奏请停止科举，下令"立停科举以广学校"，使

---

① 何萍：《文化哲学：认识与评价》，武汉大学出版社2010年版。

在中国历史上延续了1300多年的科举制度被最终废除,科举取士与学校教育实现了彻底的脱钩;光绪二十九年(1903)10月,清政府颁布《奖励游学毕业生章程》,鼓励出国留学,至1907年,留日学生总数达15000人。①

以上三条举措,使中国延续几千年的教学体制、教学内容发生了深刻的变革。从传统"守旧"的思维模式转入"维新"的思维模式。以更开阔的视野看世界,并开始学习西方先进的科学文化知识。

虽然在救亡运动过程中,存在截然相反的两条路:中学为体论和去传统化论,但"去传统化"论占据上风。由此,中国传统文化在人们的思想领域,逐渐失去生存的土壤,传统伦理道德价值观念,逐渐在人们心目中失去地位,并逐渐抛弃。这是中国传统文化首次在思想上被抛弃,而思想上的抛弃,则是最根本的文化沙漠化的动因。当人的自卑感归结为落后的传统文化的时候,一切西方的东西,看起来都是那么美好,一切带"洋"字的商品,都深受人们欢迎,一切西方理论都被奉为圭臬。

(四)文化思想的新旧更替,是传统文化生态解构的内在动力

任何一次思想革命,不让民众参与,就不可能彻底改变底层百姓的行为模式,就不可能改变社会结构,从而建立起新的政治结构。

新民主主义革命以马克思主义思想为指导,以马克思主义基本原理代替了传统的儒家文化;以新的教材系统替代了传统的四书五经;以国家承办的大学、中专、高中、初中、小学、幼儿园的教学体系替代了以"国学与私学"相结合的传统的教学机构。思想器官从物质空间的外在形态与思想内涵,都发生根本性的变革。传统文化思想被解构,社会主义新思想器官得以建立。

当群体意识发生根本性改变的时候,群体的行为才有可能达成新的统一。并在此群众基础上,构建形成新的社会秩序和结构。

社会主义政权在基层村落建立以后,代表封建社会、建立在宗法秩序基础上的血缘政治结构被瓦解,因而维系血缘宗法秩序的儒家文化思想和空间物质文化形态,也成为落后、愚昧的象征,在后续的"破四旧"及

---

① 吕思勉:《中国通史》,光明日报出版社2015年版。

"文化大革命"过程中,"旧思想、旧文化、旧风俗、旧习惯"逐渐被破除,代表"四旧"的物质空间和物质载体逐渐被代表"新思想、新文化、新风俗、新习惯"的思想方式、行为方式、物质空间所取代。

三 政治器官的作用机制

(一) 不同历史时期的政治器官形态

政治器官的结构形态称为政体。政体是拥有国家主权的统治阶级实现其意志的宏观架构,政权组织形式则是这一宏观权力架构的具体化形式之一。政体一般分为三类:封建制、半封建制(君主立宪制)、共和制。不同政体,都具有三方面的基本要素:其一政治架构。即在统治阶级中,构建形成一定的权力架构的政权组织形式;其二思想控制系统。即在思想领域形成一套完整的理论体系和理论宣传系统;其三安全控制系统。即在物质空间领域,形成具有象征控制意义的物质形态和空间体系。汉代荀悦《申鉴·政体》:"承天惟允,正身惟常,任贤惟固,恤民惟勤,明制惟典,立业惟敦,是谓政体也。"[1] 荀悦所言,也基本涵盖了这三个基本要素。任贤,是政治组织架构的机制;正身,是思想理论体系;恤民、明制、立业,是安全管理体系。

在中国几千年的历史长河中,两千多年都处于封建社会,农村社会实行宗族自治的政治形态,血缘村落政治控制形成了层级关系,类似于古埃及的金字塔形:最底层是族子族孙,以上是家长、房组长、房族长、族长。这是一种纵向的控制系统,和血缘的传承关系同向。政治器官的物化形态是家庭的"厅堂"和村落的各级"祠堂"。新中国成立后,中国实行了共和制,人民当家作主。新中国成立初期到改革开放前这段时间,村落组织主要表现为人民公社、大队、小队三级组织,管理手段主要是政社合一,集体所有,高度集权;改革开放以后,村落组织主要表现为村民委员会和村民小组,原来的公社、大队、小队改为镇、村、小组,管理手段主要是村民自治。这一历史时期,村落政治中心从宗祠中脱离出来,形成了村委、小组、家庭三级控制中心,物化空间形态上表现为村办公楼、村民小组办公用房和家庭的厅堂。

---

[1] (汉)荀悦:《申鉴中论》,唐宇辰、徐湘林译,中华书局2020年版。

（二）政治器官的革命性变革以消灭阶级对立为条件

在中国封建社会历代王朝的更替中，虽然表现为统治阶层的更替，但其核心的统治思想一直延续儒家文化思想，因而，其政治组织架构、执政控制手段基本没有本质区别。在梁漱溟看来，主要是因为中国乃职业分立的社会，非阶级对立的社会。他认为，中国几千年的封建社会与西洋的社会有着本质区别："在西洋社会中，中世纪时是农奴与贵族两阶级对立。到了近代，农奴因着工商业兴起都市发达而解放；但又转入资本家与劳工两阶级对立。所以西洋始终是阶级对立的社会。然中国社会于此前后二者，一无所似。何谓阶级？俗常说到阶级不过是地位高下、贫富不等之意；那其实不算什么阶级。此处所称阶级乃特有所指，不同俗解。在一社会中，其生产工具与生产工作有分属于两部分人的形势——部分人据有生产工具，而生产工作乃委于另一部分人任之；此即所谓阶级对立的社会。"

进而又解释中国社会则没有构成这两面。其所以没构成两面，即在其生产工具没有被一部分人所垄断的形势。他认为："一、土地自由买卖人人得而有之；二、遗产均分，而非长子继承之制；三、蒸汽机、电机未发明，乃至较大机械亦无之。"

进而又论述道："由于前两点，让中国社会不得有土地垄断，如封建社会者然。本来，从第一点土地自由买卖，与封建社会已经不同，土地已难垄断。再加以遗产均分之第二点，更使土地分散而不能集中。河北省有句谚语：'一地千年百易主，十年高下一般同。'此可见土地时有转移，贫富随有升沉，垄断甚难也。由于后两点，让中国社会不得有资本垄断，如近代资本社会者然。有人说：封建制度之核心，即长子继承制。西洋为什么能由封建制度过渡到资本主义制度呢？即是因为长子继承制之故——因为长子继承制，所以在封建制度中已为他造成一个集中的力量，容易扩大再生产。考之英国社会转变，可资佐证。那末，中国之所以始终不能成功工业社会，未始不是由于遗产均分的缘故。再加没有发动机的发明，小规模生产颇有他的方便，大规模生产无甚必要，资本垄断之势更造不成。无垄断即无阶级。生产工作者（农民、工人）恒自有其生产工具，可以自行其生产。各人作各人的工，各人吃各人的饭，只有一行一行不同的职业，而没有两面对立的阶级。所以中国社会可称为一种职业分立的社会。

在此社会中，非无贫富、贵贱之差，但升沉不定，流转相通，对立之势不成，斯不谓之阶级社会耳。"① 因此，在封建社会中，农村以血缘为纽带的宗族自治政治结构保持稳定的状态，几千年不变。

进入近代，地主阶级对土地的圈并，尤其是近代以机器化生产为标志的民族资产阶级的兴起，生产工具被少数人占有，造成剥削与被剥削的对立的两个阶级，革命的性质发生根本性变革，革命以消灭剥削为最终的目的。

以中国共产党为代表的新政体，自成立那一天开始，就把消灭剥削、消灭阶级，实现共产主义社会作为自己奋斗目标。因此，新中国成立后，实行人民民主专政，在广大农村地区通过打土豪分田地，瓦解了由地主阶层把控的宗族自治政治结构，建立起农会组织，并通过社会主义改造，建立起社会主义农村新的政权结构。

消灭剥削阶级，农民当家做主，意味着农村政体的阶层发生了根本性改变。地主阶级被打倒，贫下中农掌握了农村政权，地主阶级的资产被没收，其对村落传统文化生态产生的直接影响有如下几个方面：其一，地主家庭的房产被没收，分配给无房、少房户，致使村落中的深宅大院空间分割碎片化，原来一个户主变成多个户主，户主多了，房屋破漏也就各扫门前雪，一旦某一户空置无人居住，破漏就会祸及邻居，继而造成整幢建筑结构遭受破坏。改革开放后，拆旧房建新房，更是传统建筑遭受毁灭性破坏，整幢古建筑其中有一户要拆迁改造，直接对原有建筑空间造成破坏，这是政治器官结构变革对传统建筑带来的直接影响。其二，原来由地主阶层设立的为地主阶层培养孩子的教学系统随之衰竭，如私塾、书院等。地主被剥夺资产，这些教育机构随之失去经济来源，私塾、书院停办，这些教学设施，便充当一般的居住建筑使用。其三，政治治理阶层文化程度急剧下跌。一个血缘村落，少则几百年，多则上千年。村落中的富户、望族，一般有着深厚的根基，接受良好教育，读书风气世代相传，即便没有在科举道路上取得功名，也在文化程度上具有较深厚的功底，对世事的认识具有更开阔的眼界，在村落治理上，会更重视文化建设。相反，贫下中农阶层，读书机会少，文化程度不高，相对而言，村落治理经验相对不

---

① 梁漱溟：《乡村建设理论》，上海人民出版社2011年版，第28—32页。

足。从需求理论出发，社会底层对物质的需求更胜于对文化精神的需求，对解决温饱的迫切程度胜于对教育的投入。

（三）政治器官的革命性变革以破除旧思想为手段

一个政治体系下，必然有一套指导人们行动指南的思想理论体系。在封建社会，儒家道德伦理规范指导人的行为方式，中国共产党以马克思、列宁主义、毛泽东思想作为行动指南。

在一定的思想理论体系指导下，人们形成了相对固定的行为模式和规范，由此形成的社会秩序，构建形成相对稳定的政治结构体系。

思维方式的改变有三种模式：第一种叫"一成不变。"其思维逻辑，在一个闭合圈运转，突破不了被传统思想固定的框框。见图4-3。

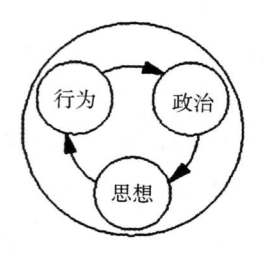

图 4-3 封闭的文化体系

第二种叫"螺旋式"改进思维模式。这种模式，在思维方式上不断探寻创新、改革思想，从而在原有文化体系内，带动行为模式、政治治理方式的改革，从而推动社会发展，如图4-4所示。如封建时期的各种变法运动，螺旋式改进思维模式，往往因为改革的失败而前功尽弃，回归原点。

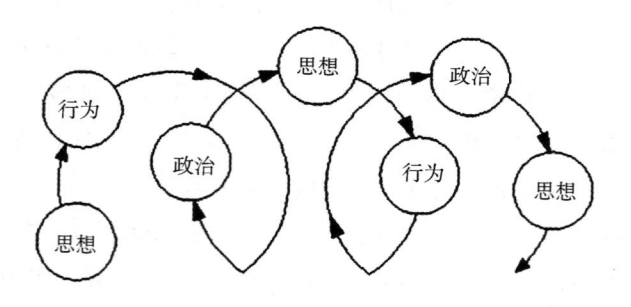

图 4-4 螺旋式改进的文化体系

第三种模式是"突变式"的思维模式。这种模式是"新思维"对"旧思维"的否定。"旧思维"主导下的生活方式,受到外来文化的冲击,使人们对原有文化失去自信心,从而决定用一种"新的文化"代替"旧的文化"。如1915年9月开始的"新文化运动"。虽然"新文化运动"口号是对旧文化的全盘否定,但实际上,优秀的传统文化还是被部分保留下来,这就是思维的惯性。表现为图4-5的模式(图中交叉部分为继续传承的优秀传统文化)。

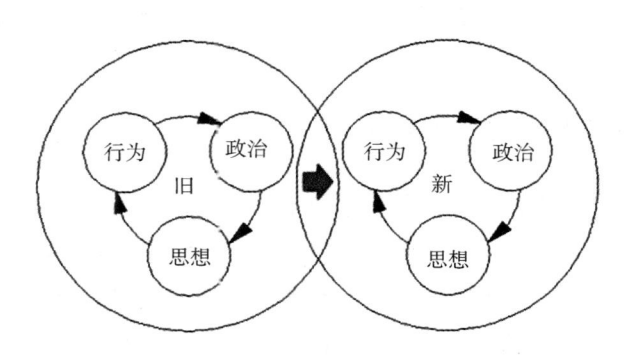

图4-5 突变式的文化体系

由此可见,政治器官的结构性变革以破除旧思想为手段。

(四)政治器官的革命性变革以构建新的政治空间为标志

传统文化都具有物质、空间载体。思想意识形态以竹简、图画、艺术品、书籍、电子硬盘等物质为载体,政治组织、宗族、宗教、军队、公检法系统等以办公场所等政府机关、祠堂、庙宇、教堂、军营、法院等建筑空间为外在表现形态。

村落政治器官革命性变革,在思想领域表现为对物质载体的销毁和破坏。在破"四旧"时期,许多古玩字画被销毁,古建筑中凡涉及人物的雕刻,悉数铲除;代表宗族势力的祠堂大多被拆毁,保留下来的也被改造为住宅或学校、仓库等,宗教机构被取缔,庙宇大多被拆毁,许多名人古墓也难逃厄运。与此同时,则建立起新的思想物质载体,各公建设施则以新的建筑形态出现。在农村地区,除了古民居建筑,其他传统公共建筑均遭到不同程度的破坏。

政治器官的变革，在村落社会经济发展中起到决定性的作用。政治的触角，在村域范围内，建筑空间的形态之中的每一个细节，都体现出某一种政治体制和政治器官作用的痕迹。在农田空间分割及组织形态上，体现出某一种政治体制和经济体制。包产到户，体现为农田的碎片化，集体化合作经营，体现农田的园田化、机械化等特色；村落道路、基础设施的水平，体现着一个村落领导班子的能力和水平；农户建筑杂乱无章，违章遍地，说明村落治理的缺失；传统文化生态的沙漠化，也必然意味着村两委对待历史文化的态度，对传统建筑的重视程度等。从村落景观的每一个细节，既可以观察到两委的学识、修养，也可以了解到其文化价值观念、文化自信程度等。

四 经济器官的作用机制

（一）有机体经济运行内在逻辑

马克思认为："社会有机体的再生产和更新的内在机制是物质生产、精神生产和人自身生产的统一。"[①] 物质资料生产方式是生产力和生产关系的矛盾统一体。人们在为生存所进行的生产活动中，必然要发生两种关系，一是人同自然的关系，即社会生产力；二是人与人的关系，即社会生产关系。生产力与生产关系的有机统一，构成生产方式。

1. 物质生产中的经济运行逻辑

当村落有机体发育之初，便具备了最原始的血缘器官和政治器官功能。血缘器官延续着人口繁衍，政治器官控制了一方领土，人们开始劳动，"人"与"地"的结合，衍生出了生产劳动产品的"经济器官"。三大器官相互作用，共同构建形成一定历史条件下的"生产方式"。"生产方式"具有稳定的三角形结构关系，"人"与"地"是物质生产基础，构成底边线，顶点是"产品"。如图4-6所示，箭头表示量能流动方向。

图4-6中血缘器官与经济器官交集的区域①，表示村落人口中的劳动力数量和质量，决定着有机体生产能力的大小；政治器官与经济器官交

---

① 何萍：《马克思主义哲学与文化哲学》（第一版），武汉大学出版社2002年版，第6—26页。

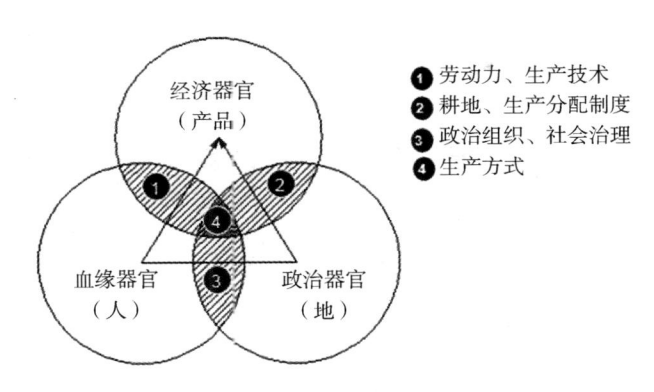

图 4-6　物质生产中的经济运行逻辑

集区域②，表示由政治器官控制的村域内可耕种的耕地的数量及土地使用制度和产品分配方式；血缘器官与政器官治交集区域③，表示政治组织和社会治理的法律法规等。村落中少部分精英人物，进入政治器官，按一定的等级关系，构建形成村落改治组织，他们制定者村落社会的游戏规则。④表示由①、②、③不同生产力要素共同构建形成的村落有机体的生产方式。

2. 精神生产中的经济运行逻辑

马克思说："物质生活的生产方式制约着整个社会生产、政治生活和精神生活的过程。不是人们的意识决定人们的存在，相反，是人们的社会存在决定人们的意识。"[1] 当劳动产品形成以后，就进入分配环节，劳动产品在私人部门与公共部门之间进行分配，私人利益保证了个体的生存和生活条件的改善，公共利益则保证了精神生产的物质需求。因此，为维护村落有机体精神生活的需求，维持思想器官和礼乐器官的正常运转，必须保证劳动产品在私人利益与公共利益之间的合理分配，从而保证精神生产能正常进行，如图4-7所示。

不同的经济体制不但造就不同的生产器官形态，相对应地存在着不同的分配机制。私人所有制，生产器官以单细胞形式存在，产品分配中，很少顾及公共利益，这也是当今土地承包责任制情况下，村落文化设施全面衰弱，仅凭政府输血勉强维持运转主要原因；集体所有制则以群体细胞共

---

[1] 张雷声：《马克思主义基本原理概论》（第二版），中国人民大学出版社2018年版。

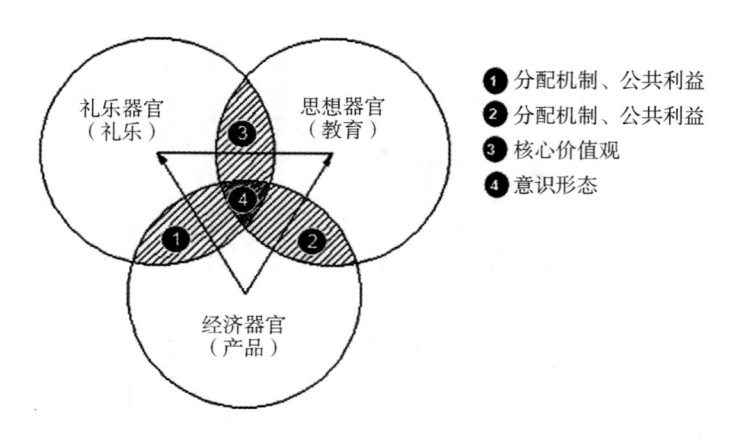

```
    礼乐器官          思想器官         ❶ 分配机制、公共利益
    （礼乐）   ❸     （教育）         ❷ 分配机制、公共利益
                  ❹                  ❸ 核心价值观
              ❶        ❷              ❹ 意识形态
                 经济器官
                 （产品）
```

图 4-7　精神生产中的经济运行逻辑

同劳动协作形式存在，分配中，照顾到了"国家、集体、个人"三者不同的利益诉求，公共利益能够得以保证，从而保证村落有机体精神生产的健康运行。

3. 精神产品的能动性

"物质决定意识，意识反作用于物质，这是辩证唯物主义关于物质和意识的基本观点。"① 因此，思想器官和礼乐器官的精神产品，对政治器官和血缘器官具有能动作用。首先，表现为教育可以提高人的交流和思维技能，使人们成为更优秀的劳动者，并带动其他劳动者提高生产效率，最终获得一部分教育的外部性收益。其次，伦理道德规范了人的行为，使人们更具素养，同时，娱乐设施使人们精神愉悦，更利于子嗣的繁衍。如此，从物质到精神，从精神再到物质，形成一个量能流动的闭合环，这就是村落有机体经济运行的内在逻辑，如图4-8所示。

（二）传统经济器官的构成

"经济器官"是对有机体生产、使用、处理、分配一切物资这一整体动态过程的总体协调。"经济器官"的生产空间，包含"内外"的两重性，形成哑铃式的结构形态，如图4-9所示。内外两个空间是相辅相成的作用关系，哑铃的任何一端失去其作用，则"经济器官"将功能衰竭。

---

① 曲玉波、朱成全主编：《马克思主义哲学》，东北财经大学出版社 2002 年版，第 54、55 页。

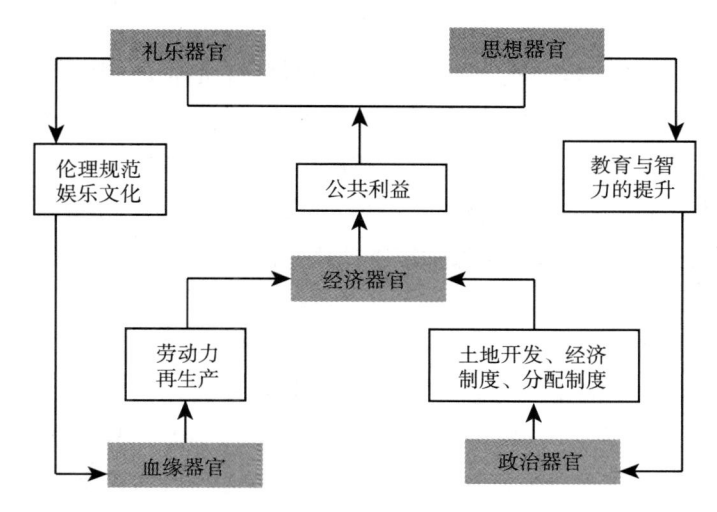

图 4-8 村落有机体经济运行内在逻辑

如耕地抛荒、细胞中细胞核（人）的老弱化或空心化，都会导致"经济器官"功能衰竭。

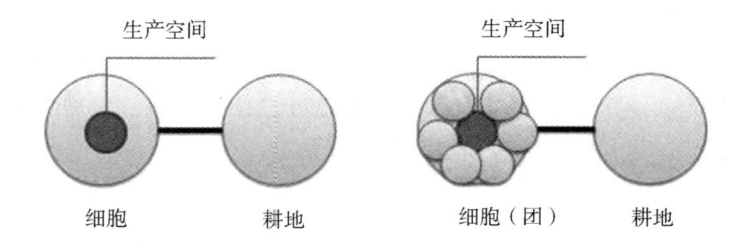

图 4-9 农户（生产队）哑铃式经济器官结构图

（三）单细胞经济器官的作用机制

单细胞经济器官指的是单个农户家庭的经济器官。但细胞内空间经济活力主要体现在劳动力的数量和素质。劳动力数量越多、素质越高，则经济活力越强。劳动力数量少、且老弱病残化，则经济器官功能将逐渐衰竭；外空间主要指生产空间，但细胞经济器官外空间数量越大、质量越好，则经济器官活力越强；反之越弱。当外空间农田抛荒，则经济器官也面临衰竭；当外空间农田被征用，则经济器官将发生变异。

(四) 多细胞经济器官的作用机制

农业合作化,是在外力的推动下,对村落有机体单细胞"经济器官"的空间重组,由单细胞形态的"经济器官"组合成多细胞形态的组团式"经济器官",构建形成集体经济模式的组团型生产空间形态。因此,合作化,对于细胞外在的建筑形态而言,并没有出现太大的变化,但细胞与细胞之间的内在经济关系却发生根本变化,由此带来的邻里关系也发生深刻变化。

合作化时期多细胞经济器官是对单细胞经济器官的捆绑,因此,在经济器官内空间中,劳动力以"生产队"模式出现,集体出工,集体劳动,干多干少一个样,容易出现磨洋工、出工不出力的消极现象,极大地浪费劳动力资源。虽然耕作空间得到极大的利用,但经济收益并不理想,在合作化、公社化、大队、小队集体经济模式下,人们的生活水平一直处于温饱状态。当出现"大跃进"这种集体冒进主义出现时,更容易造成生产器官的功能紊乱,并由此造成经济功能衰竭。

合作化另一种模式,是股份合作模式。合作者之间通过一种契约关系,明确责任权利和义务,如此,通过有机的组合,可以极大地改善多细胞经济器官的经济效率。可见,劳动力之间的经济关系,劳动组织模式,在一定程度上决定着经济器官的活力和经济效率。

(五) 经济器官的变异

当经济器官的耕作空间被征用时,经济器官由"哑铃式"演变成"单极式",耕地空间丢失,经济器官功能集中于细胞体空间之中。此时,经济器官的内空间由"居住功能"演变成"生产功能",户主将房屋原有的居住空间通过出租的形式,换取房租,以谋取生活资料。因此,细胞空间中原有的居住空间因租客需要,逐渐变成"生产空间"。为追求更多的房租,扩建房子成为唯一的手段,如图 4-10 所示。城中村高密度、高容积率的建筑空间形态,就是这么形成的。这种现象,我们称之为经济器官的变异。

经济器官的变异另一种表现形式就是,在居住空间基础上,部分演变为"工商空间",从而使单纯的以农耕功能演变为农、工、商兼备的经济器官,如图 4-11 所示。

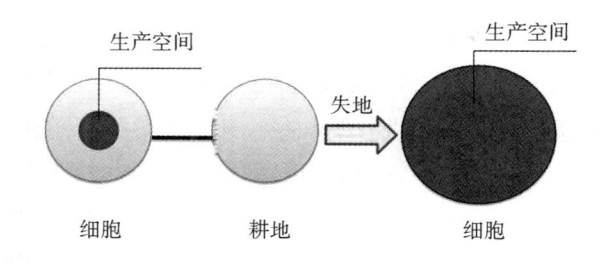

图 4-10　单细胞经济器官变异之一

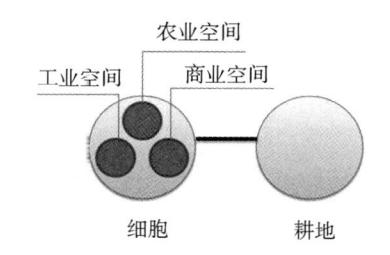

图 4-11　单细胞经济器官变异之二

经济器官空间形态，在村落经济发展过程中，随着经济体制的变化而变化，家庭的劳动力、生产空间、生产方式，决定着家庭经济器官的结构形态和健康度。因此，通过对经济器官的形态分析和健康度分析，将得到村落经济发展的历史演化趋势。在村落文化生态沙漠化形成过程中，表现出经济器官的残缺、异化、衰变等多种趋势和现象。

五　伦理器官的作用机制

人类对世界的感知，是由"眼、耳、鼻、舌、身"通过"色、声、香、味、触"来感知世界的，不同的人，对同一事物有不同的感知，因而，会形成不同的意识，形成不同的思想，得到不同的精神感受。不同的思想将产生不同的行为，当思想统一，才会产生统一的行动，从而使社会和谐。不同的感受会影响一个人的心情，只有精神愉悦，才能与人保持良好的社会关系，否则，容易爆发矛盾冲突。为此，古人将"乐"作为治理社会的有效工具，此处的"乐"，既包括"音乐"，也泛指一个人心情的"愉悦"。孟子曰："乐则生矣，生则恶可已也，恶可已，则不知足之蹈之手之舞之。"① 因此，古人作"乐"，建立音乐、舞蹈等一整套娱乐形式，旨在使人的五官感知系统得到良好的感觉，从而使人具有充足的精神食粮，在人们满足精神文化生活需求同时，实现教化之目的。

娱乐须有"度"。"眼、耳、鼻、舌、身"之感受，不可过度，过度适得其反，因此，对"眼、耳、鼻、舌、身"的行为必须作出规范，在行为规范内称之为"礼"。在儒家道德体系中，对"眼、耳、鼻、舌、身"的行为规范，即构成伦理道德系统。"德"在金文中写作"悳"，是"德"的异体字，作为正直、坦率、诚实、自然之"悳"。②《说文解字》："悳，外得于人，内得于己也。从直从心。"③ "德"要求一个人"舍欲"，就是克制"眼、耳、鼻、舌、身"的欲望，使其在符合"德"的框架内。"伦理器官"规范着人的行为，调节着感官系统的感知，从而使社会群体和谐相处。

伦理器官是一个多功能的复合体，从不同的感觉角度，对人行使教化功能，如图4-12所示。

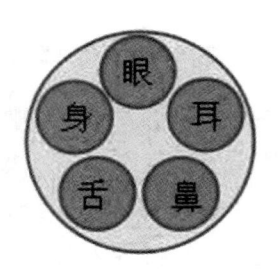

图 4-12 伦理器官的结构

（一）听觉系统的教化

相传伏羲制琴，在选择材料上，亦是大有讲究。在与句芒的对话中，伏羲道："我听说凤凰能通天祉、应地灵、律五音、览九德。它非竹不食，非醴泉不饮，非梧桐不栖。而今，不仅五星之精下降，而且云托凤凰来朝，此树必是桐林中的神品，堪为雅乐。"④ 可见，伏羲选择梧桐树制

---

① 王文锦：《礼记译解》，中华书局2016年版。
② 李学勤：《字源》，天津古籍出版社2012年版，第136页。
③ （东汉）许慎：《说文解字》（卷十），吉林美术出版社2015年版。
④ 百度百科：《伏羲伐桐创瑶琴》，https://baike.baidu.com/item/

琴，也是因梧桐栖息着承载九德的凤凰，"为乐"的目的便是通过"雅乐"来传播九德。

《礼记·乐记》曰："凡音者，生于人心者也；乐者，通于伦理者也。是故知声而不知音者，禽兽是也。知音而不知乐者，众庶是也。唯君子为能知乐。是故审声以知音，审音以知乐，审乐以知政，而治道备以。是故不知声者，不可与言音。不知音者，不可与言乐。知乐，则几于礼矣。礼乐皆得，谓之有德。是故乐之隆，非极音也。食飨之礼，非致味也。是故先王之制礼乐也，非以极口腹耳目之欲也，将以教民知好恶，而返人道之正也。"[1]

这段话中，说明了如何通过一个人的"耳朵"来实现教化的目的。声音是动物间相互传达信息的工具，但是只知道辨别声的高低，而不知道声音中所传达的信息、情感，那与动物无异；只知道声音中所承载的信息、情感，不知道声音的"乐理"，则只能是普通的百姓，不明事理；知道了"乐理"中所代表的轻重缓急及其所代表的含义，则使人明白了一个人应该采取的行为规矩，由此，可以实现教化的目的，实现社会治理的目的。"知乐近于知礼。"可见，知音是建立礼乐系统的第一环节。因此，建立起一整套具有教化意义的"音乐"系统，包括各种乐器、乐曲等，通过听觉来实现对人的教化。

听觉系统的作用，关键在于让人们听什么内容。所传播的声音内容，将影响一个人的思想观念，影响一个人的情感世界。幼儿需要听到父母的关爱，少年需要听到琅琅的书声，中年需要听到温情鼓励，老年需要听到暖意的关怀。因此，当村落中人与人之间相互传递的声音，缺乏温情、安慰、鼓励，则村落便失去温情。当村落传统文化内容说得少了，西方的意识形态内容传播多了，人们的思想意识和行为方式自然西化；当鸡鸣犬吠声音少了，嘈杂的车水马龙声音多了，人们的心情自然将烦躁不安，使人心浮气躁，行为举止失衡。若一个村落失去了书声，失去了父母、长辈的唠叨声，怕是该村落已经空心化、老龄化，已逐渐失去生机。这便是"听觉系统"在村落传统文化生态沙漠化过程中的作用机制。

(二) 视觉系统的教化

眼睛，是观察世界的器官。是大部分动物接收光线并在大脑形成影像

---

[1] 姜楚娟、焦璨：《〈礼记·乐记〉的音乐心理学意蕴》，《中国社会科学报》2022年2月17日。

的器官。对于人类来说，它是感觉器官中最重要的器官之一，在听觉、视觉、味觉、嗅觉四种感觉中，其接收的信息约占 80%。所谓眼观六路耳听八方，就是要通过眼睛明辨来自各个方向的信息。"六路"，是中国人对宇宙的理解，六路又叫"六合"，东、南、西、北、上、下，是一个空间的围合。小到一间房屋，大到宇宙世界，只有明辨了眼睛所观察到的信息，才能形成具体行为的决策。

要使一个人的行为符合道德规范，必须建立起具有教化意义的物象系统，通过视觉来实现对人的教化。而这一系列起到道德教化的物象系统，就构成了传统文化的物质空间形态。如果传统物象系统遭到破坏，则视觉的教化功能便会受到新的物象系统左右。

村落的德行教化系统，在视觉范围内给人们看什么内容，营建一个什么样的景观系统，是关系到村落传统文化生态系统最核心的问题。传统建筑的消亡，意味着通过传统建筑所承载的道德教化信息的消失；代表西方工业文明的建筑景观系统的建立，意味着西方文化的入侵和替代。同时，从富人的衣着、穿戴、生活用品等，都给人传递社会发展的潮流；书本的内容、传单的口号等文字内容，都引领者人们的思想意识形态。因此，一个村落中，传统文化内容的景观及符号的消失，意味着人们在思想意识深处的传统思想观念和行为方式都将逐渐消失，这便是视觉系统在村落传统文化生态沙漠化过程中的作用机制。

(三) 味觉系统的教化

味觉，泛指通过舌头带给人的刺激所产生的思想反映。因此，味觉所感受到的味道以及饮食的行为规范，都在味觉系统的教化范围。

《礼记》中关于进食有专门的规定："凡进食之礼，左殽右胾，食居人之左，羹居人之右。脍炙处外，醯酱处内，葱渫处末，酒浆处右。以脯脩置者，左朐右末。客若降等执食兴辞，主人兴辞于客，然后客坐。主人延客祭：祭食，祭所先进。殽之序，遍祭之。三饭，主人延客食胾，然后辩殽。主人未辩，客不虚口。侍食于长者，主人亲馈，则拜而食；主人不亲馈，则不拜而食。共食不饱，共饭不泽手。毋抟饭，毋放饭，毋流歠，毋咤食，毋啮骨，毋反鱼肉，毋投与狗骨。毋固获，毋扬饭。饭黍毋以箸。毋嚃羹，毋絮羹，毋刺齿，毋歠醢。客絮羹，主人辞不能亨。客歠醢，主人辞以窭。濡肉齿决，干肉不齿决。毋嘬炙。卒食，客自前跪，彻饭齐以授相者，主人兴辞于客，然后客坐。侍饮于长者，酒进则起，拜受于尊所。长者辞，少者反席而饮。长者举未釂，少者不敢饮。长者赐，少者、贱者不敢辞。赐果于君前，其有核者怀其核。御食于君，君赐余，器之溉者不写，其余皆写。"① 如此，围绕着进食、饮酒等，建立起一整套不同等级的"礼器和工具"，这一系列的"礼器和工具"，便是构成味觉系统的教化物化形态，再利用这一系列的物化形态，且饮食行为符合以上这一系列规定的饮食行为，便符合"礼制"，否则，便是不符合规范。

现代科学证明，人共有五种味觉，即酸、甜、苦、咸和辛。中国传统文化强调五味要调和，如此，才能调制出最美味的味道，所以，中国的美食，是一种哲学思想，是强调"和而不同"的哲学观念，这也是味觉的行为规范。

村落的德行教化系统，在味觉范围，关键在于人们喜欢吃什么。当人们普遍丢弃饮食文化中的礼仪规范，也就丢弃了人与人之间的礼节；当西方的饮品、饮食习惯替代传统饮品，也对中国传统的健康文化失去了信任；当不再强调"五味调和"，只对重口味感兴趣，则"和谐"也淡出视野，行为必将激进；当一个生活水平不断提升的村落，对饮食必然比较讲究，讲究绿色健康、讲究饮食礼仪，注重节日生活。若一个人吃饭随随便便，说明其生活状况肯定一般般，村落社会经济发展水平也不可能很高，从饮食的细节，可以看出村落文化生态的历史走向。

（四）嗅觉系统的教化

在人类的童年，人类与其他动物一样，有着发达的嗅觉来感知食物和敌人。随着不断进化，人类的嗅觉逐渐降低，但嗅觉对大脑特定部位仍然有特殊作用。大脑内部有一个叫"杏仁核"的部位，如图4-13，是"五官"信息收集中心，是恐惧、愤怒、憎恨等情绪产生之所在。它直接与嗅觉连接，因此，所有动物能在远处嗅到危险。而芳香作为花之气，带给"杏仁核"及大脑一种安全感，化解掉了内心的恐惧和愤怒。从而使人们情绪良好，实现人类社群的和谐。

嗅觉传统文化主要体现在中国古代的"香"文化。香文化发源于春秋战国时期，是中华民族在长期的历史进程中，围绕各种香品的制作、炮

---

① 王文锦：《礼记译解》，中华书局2016年版。

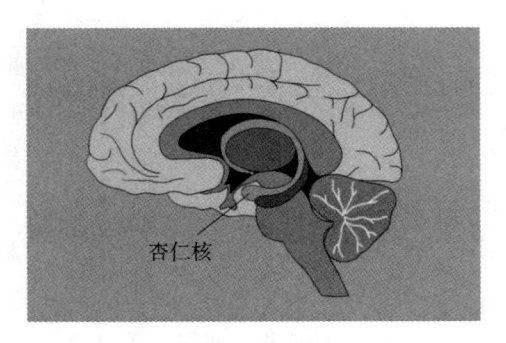

图 4-13　大脑结构示意图（来自网络）

制、配伍与使用而逐步形成的能够体现出中华的精神气质、民族传统、美学观念、价值观念、思维模式与世界观之独特性的一系列物品、技术、方法、习惯、制度与观念。

香味，有天然香草和人工合成的香料。"香"与"臭"相对立，由此，这两种嗅觉，也就自然与人的社会地位高低、品德高低等联系在一起。屈原《离骚》中写尽天下香草美人，用各种香草来描写自己高尚的品格。如："扈江离与辟芷兮，纫秋兰以为佩"，"朝饮木兰之坠露兮，夕餐秋菊之落英"，"户服艾以盈要兮，谓幽兰其不可佩"，"何昔日之芳草兮，今直为此萧艾也"，"椒专佞以慢慆兮，樧又欲充夫佩帏"。到现在，各种天然草木，都与人的品格联系在一起，如"梅兰菊竹"四君子等。

除了天然的香草，自然有了人工的香料。形成了一系列制作工艺和技术，同时，也形成了与各种礼制等级相配套的香炉、香囊等物质、空间载体。香，同时也成为敬献先祖、菩萨、仙道的基本用品。到唐朝，会客用的香、卧室用的香、修炼用的香等等各不相同；佛家有佛家的香，道家有道家的香，不同的修炼法门又有不同的香……可以说已是专香专用了。

香料同时也发展到饮食和医药，李时珍的《本草纲目》也有很多关于薰香与香料的内容，例如：香附子，"煎汤浴风疹，可治风寒风湿"，"乳香、安息香、樟木并烧烟薰之，可治卒厥"，"沉香、蜜香、檀香、降真香、苏合香、安息香、樟脑、皂荚等并烧之可辟瘟疫"[①]。《本草纲目》还记载了制作线香的技术（挤压成条）：用白芷、甘松、独活、丁香、藿

---

① 李时珍：《本草纲目》，上海科学技术出版社 1993 年版。

香、角茴香、大黄、黄芩、柏木等为香末，加入榆皮面作糊和剂，可以做香"成条如线"。香不仅渗入了文人的生活，而且已有相当高的品位。即使在日常生活中，香也不单单是芳香之物，而已成为怡情的、审美的，启迪性灵。可见，嗅觉的礼仪规范，其内涵也是广大无边。

嗅觉，在道德伦理体系建设中，不可或缺。当今，西方的工业化妆品、香水占据着市民的日常生活，成为香料市场的主流。中国传统的线香、香囊等，淡出视野，只是在少数文人墨客生活中还保留着些许香味。村落中，梅兰菊竹，只有在少数古建筑的木雕中、墙绘中尚能找到她的影子。这些古人用以表达个人情感的香草，渐渐被人遗忘。这些细微的差别，在村落的文化品格塑造中，相差何其之远。

（五）触觉系统的教化

触觉，是人类的第五感官，也是最复杂的感官。触觉，是感受世界和传递信息的重要手段，因此，在人的行为规范中，对触觉也有严格的规定。

如男女授受不亲。意思是男女之间不能直接接触、言谈或授受物件，古代规定男女之间不能直接接触、言谈或授受物件，限制男女交往。《孟子·离娄上》："男女授受不亲，礼也。"

《礼记·曲礼》："男女不杂坐，不同椸枷，不同巾栉，不亲授。嫂叔不通问，……外言不入于梱，内言不出于梱。女子许嫁，缨，非有大故，不入其门。姑、姊、妹、女子子，已嫁而反（返），兄弟弗与同席而坐，弗与同器而食。"这些规定，都是为了避免"触觉"引发的不正常的行为。

由此，对触觉的规定，已延伸到对建筑空间的规定，产生了建筑空间的营造规范，如"大门不出二门不迈"等，形成了男女行为之间的空间隔离。

触觉，则体现了一个人的行为举止的规范性，有品德之人，其行为举止谨小慎微，从步行、举止、动作，都能反映出一个人的修养。若举止随便，不该触碰的乱碰，则民风鄙俗；不该拿的乱拿，则盗贼、贪腐盛行。触觉，看得出一个人的礼义廉耻，看得出中国传统文化修养和内涵的高低。这便是伦理器官在村落文化生态中的作用，对各个感官的判别，需要深入调查，细微观察，方能得到真实的村民道德修养状况。

六 血缘器官的作用机制

血缘器官在村落有机体兴衰的过程中，起到至关重要的作用。其作用的主要表现形式在于子嗣能否延续、家族能否和睦、子孙能否遵循家训。

（一）宗族血脉的延续

血脉的延续，意味着子孙代有传人，人丁兴旺，香火不断，村落有机体保持生命的年轻态和健康态，这样，才能不断培育劳动力，从而使家族世世代代生存下去。因此，《礼记》中说："不孝有三，无后为大。"意思就是要求每个家庭，能够生出男丁。生出男丁，不仅仅是为了延续香火，更重要的是为家庭培养劳动力，从而能满足农耕的高强度劳动需求。

一旦村落有机体劳动力大量流失，血缘器官便逐渐失去了再造劳动力的功能。老的血脉逐渐枯萎、死亡，新的血脉不再延续，村落新生人口将停止增长，村落年龄结构将逐渐老龄化，有机体必然趋向衰落。

（二）家族的和睦

所谓"家和万事兴"。宗族建立宗祠，祭祀祖先，其目的就是要让子子孙孙知道自己的出处，知道自己与家族中其他人的血缘亲疏关系，从而使大家亲如手足，和睦相处。人与人的和谐，无非是相互之间的认同，这种基于动物最原始的血缘关系及其长时间的共同生活体验，是亲情最基本的要求。因此，宗祠每年的祭祀及其宗谱的血缘图谱，便成为一个人最根本的归属感。由此相联系的人，皆为"族兄弟"，相互扶持，成为同族人的行为规则。

随着宗祠的治理功能退出历史舞台，在人们的心目中，"尊尊亲亲"的观念逐渐淡薄，取而代之的是建立在"利益基础上"个性化、自由化的人际关系。"个性化"强调以自我为中心，所有的行为准则都以是否有利于自我为准则，而不再以维护"尊尊亲亲"为行为准则，如此，兄弟姐妹之间可以为争夺家产反目，邻里之间可以为利益相互拆台，从而导致社会、经济过程中协作关系的减弱，社会矛盾增加，经济协作减弱，导致村落有机体健康度的退化和衰变。

（三）道德伦理教化

宗族在社会管理中的一个功能便是道德伦理教化。最基本的行为规范便是"族规"。族规许多条，涉及方方面面，但基于尊长的"孝"文化，肯定是基本要求。尊老，也是维系家族子嗣繁衍的重要举措。试想，不尊老，则无人为你养老，不但无人养老，还遭受下一辈的歧视，也就没有了生儿育女的基本动力。因此，"孝"文化，贯穿于"仁义礼智信"所有环节和过程。

《孝经》云："夫孝，德之本也。又，天之经也，民之行也。""孝"的上半部分是"老"字，下半部分是"子"字。总体来说就是一个老人把自己的拐杖扔了，而自己的孩子能马上跑过来扶住老人，这就是最基本的"孝"。

《孟子·滕文公上》曰，五伦："父子有亲，君臣有义，夫妇有别，长幼有序，朋友有信"。在这五伦中，孟子认为，父子、君臣两伦最重要的，"仁之实，事亲是也；父之实，从兄是也"，孝悌成了五伦的中心。所谓"人人亲其亲，长其长，而天下平"。《孟子·滕文公下》："入则孝出则悌，守先王之道"，都将孝悌作为德性的最高表现。因此，孟子所最为推崇的圣人是尧舜，"尧舜之道，孝悌而已矣"[1]。

曾子说："民之本教曰孝。夫仁者，仁此者也；义者，义此者也；忠者，忠此者也；信者，信此者也；礼者，礼此者也；行者，行此者也；强者，强此者也。"（《大戴礼记·曾子大孝》）

曾子还说："夫孝，置之而塞于天地，衡之而衡于四海。推而放诸东海而准，推而放诸西海而准，推而放诸南海而准，推而放诸北海而准。"[2]

在传统的儒家文化中，仁、义、忠、信、礼等都是十分重要的内容，而曾子将这些内容都和孝联系在一起，认为讲求仁爱的人，只有通过孝道才能体现仁爱；讲求仁义的人，只有通过孝道才能掌握适宜的程度；讲求忠的人，只有通过孝道才能真正合乎忠的要求；讲求信的人，只有通过孝道才能合乎真正的信实；讲求礼的人，只有通过孝道才能对礼有真正的体会；讲求强大的人，只有通过孝道才能真正表现出坚强。在这里，孝完全统摄了一切社会准则，是一切高尚品行的内在依据，是实现一切善行的力量源泉和根本。

---

[1] 方勇译：《孟子》（中华经典名著全本全注全译丛书），中华书局 2017 年版。
[2] 王永辉、高尚举辑校：《曾子辑校》，中华书局 2017 年版。

孝道是社会治理的重要手段，而宗祠则是维护宗法礼制的重要空间。随着血缘器官及其物质空间载体衰弱、消失，宗法中这些最基本的礼仪文化对人不再具有约束力，人们不再愿意承担家庭中的义务和责任，更不愿承担社会责任。由此引发村落社会中人与人之间的关系逐渐淡漠，社会道德水准也将降低。在当今社会中，一切向钱看，老人跌倒无人扶，老人无人养等林林总总乱象，都是血缘器官退化，优秀传统文化不断被抛弃所带来的恶果。

综上所述，村落有机体中，五大器官在村落兴衰过程中，各自发挥着特殊的作用，村落传统文化生态沙漠化形成的机制，正是这五大器官功能衰退的结果。

第二节　新马克思主义空间理论视角下村落文化生态沙漠化形成机制

一　新马克思主义空间相关理论

（一）列斐伏尔：空间的生产

新马克思主义空间理论的开创者列斐伏尔，始终坚持以辨证与发展的眼光看待我们所处的世界以及城市空间中发生的问题。他反对把空间简单地看作是"静止的作为容器的东西"。他认为，城市空间不是简单的关于房屋、街道、景观等地物描述的清单，而是一切社会要素交织、冲突与矛盾的场所，并进一步解释道："（社会）空间与自然场所的鲜明差异表现在它们并不是简单的并置：它们更可能是互相介入、互相结合、互相叠加——有时甚至互相抵触与冲撞。"[①] 总之，空间并不单纯是物质的空间，由于有人的介入而显示出一定的社会性，由此列斐伏尔提出"空间三元论"，把空间分为物质的、精神的、社会的空间的统一，物质空间即我们所说的自然空间，精神空间指的是通过想象创造的意识空间，社会空间即

---

① HENRI Lefebvre. The production of space [M]. Translated by D Nicholson Smith. Oxford: Blackwell (Original work published 1974), 1991.

物质空间在社会实践过程中的产物①。正是在这样的空间语境下，列斐伏尔展开了关于"空间生产"的论述。

在《资本论》的开头，马克思就揭示了资本主义社会财富的表现形式为商品的集聚，"因此，我们的研究就从商品开始"。列斐伏尔指出，"空间的生产可以与任何商品的生产相比"。城市化进程中，城市空间已经不再简单地作为生产空间为部物质的场所，同时也再生产其生产关系，也在生产其空间本身，呼吁对空间关注的焦点要从"空间中的生产"转向"空间的生产"，资本已经不满足通过压缩时间实现资本积累，更是通过城市空间生产不断建立新的城市格局获取利益。空间异化成商品，资本主义空间生产更注重空间的交换价值而非使用价值②，空间商品如交通、建筑等基础设施的建设的在城市集聚，生产力要素与空间的融合以形成空间生产力，空间在生产过程中不断塑造着人与人的社会关系，在资本主义社会即形成资本关系。值得注意的是，列斐伏尔在强调空间物质性的同时也强调空间的社会属性，空间被异化为商品后，相比旧的资本家与工人的生产关系即资本家对工人阶级的剥削被工资所掩盖后，空间生产的剥削再次被空间所掩盖，而且通过提升城市建设等措施把这一实质"藏"得更深。

根据空间范围上的划分，列斐伏尔把空间生产分为三个层次：城市空间生产、区域空间生产、全球空间生产。其中，城市是空间生产的主要场所，城市的本质即空间生产力，资本在循环积累的过程已经不满足于压缩时间，而更是通过占据空间来完成，城市不断地变换着形态与规模以适应资本增值的需求，如城市区域的划分、建筑高度的不断增加。而区域空间生产、全球空间生产则是资本不断开拓自身空间范围，突破地理限制的结果。

列斐伏尔的空间生产理论，主要讨论的是城市空间生产的过程及其资本在其中的作用规律。这个理论同样适用于村落空间的生产过程。村落中每一幢新建筑的空间生产，同样是资本作用的结果。从地基的购买到建筑空间的生产，都是资本为媒介，将人的需求空间化、具体化、形态化的过

---

① 曹宇：《列斐伏尔空间生产理论研究》，黑龙江大学，硕士学位论文，2018年。
② 刘继华、段斯铁萌：《新马克思主义空间理论对我国大城市空间治理的启示》，《城市问题》2019年第2期。

程。因此，村落空间生产，同样符合列斐伏尔提出的"空间三元论"，同样体现为空间物质的、精神的、社会的空间的统一。

传统建筑空间的消失，意味着传统物质的消失，传统精神的消失，传统社会所沉淀的生活方式的消失。因此，观察村落传统建筑空间生产的变迁过程及其形态的变迁过程，可以清晰地寻找到传统文化生态沙漠化的历程及其内在动力和机制。

(二) 卡斯特：集体消费与城市社会运动

曼纽尔·卡斯特 (Manuel Castells) 的空间理论思想建立在对结构主义与马克思主义的有机结合上，在他提出"集体消费"与"城市社会运动"理论之前有一个立足点是构建了"城市体系"这一概念，凭借城市体系可以把空间结构中所有社会关系含纳其中。[1] 卡斯特将城市体系从生产、消费、交换、符号、场域体系等一系列基本元素与次级结构体系构成，每个次级体系又由几个基本要素构成，如经济基础与上层建筑的体系就是由基本元素构成。在体系建构过程中又与空间紧密联系在一起，形成强烈的空间表达，这样处理后，抽象的基本元素就能与城市空间对应而具体化。卡斯特相较于传统马克思把生产作为关注的对象，另辟蹊径地从消费的视角审视资本主义生产关系，并从消费中区分出个体消费与集体消费。一般来说，个体消费是个人与市场的行为，而集体消费被视为公共化或社会化而受国家控制。尽管个人消费有一定程度的自由，但这个自由是基于集体消费自由构建的框架中的，如没有集体消费为基础建设的公路设施，个人消费购买私车的欲望就会下降，因此，个人消费被囊括在集体消费的话语体系中。再者，集体消费作为国家维护资产阶级利益与缓和社会矛盾的工具，不断对空间进行投入与重构。集体消费作为空间结构上的存在，并不会以自身发生行为，必须通过实践实现，这时候就要提到"城市社会运动"理论。在此基础上，卡斯特论述了城市规划与城市社会运动，城市规划是指劳动力再生产过程中对不同类型的社会形式进行政治干预。[2] 城市社会运动是建立在利益阶级与普通民众之间的社会矛盾，一般

---

[1] 任荣：《论曼纽尔·卡斯特的新马克思主义城市观》，上海师范大学，硕士学位论文，2011年。

[2] Manuel Castells, The Urban Question: A Marxist Approach, London, Edward Arnold Ltd., 1977, 263.

来说，集体消费的投入由于周期长、回报低，因此，与资本积累的逻辑相悖，而集体消费的投入单靠国家财政是难以实现的，当社会资本已经固化而拒绝变迁的时候，国家过度的政治化干预又会引起利益阶级不满，导致最终城市问题爆发，城市沦为不同阶级、不同利益群体相互攻击的场所，城市空间又在爆发的社会运动、抗议活动中发生变迁。

曼纽尔·卡斯特的《信息时代：经济、社会、文化》三部曲，即《网络的兴起》《认同的力量》《千年的终结》，构建起网络社会理论体系。主要观点为：（1）网络社会是一种新的社会形态，也是一种新的社会模式。卡斯塔认为，人类社会正经历着一场以信息处理和沟通技术为核心的革命。正如新能源之于工业革命，信息技术之于这场革命，它重构着社会的各个方面。它使资本主义社会再结构化，改变社会的经济、政治和文化形态。网络社会构成了新的社会形态和模式，这种模式有其特征，这就是经济行为的全球化、组织形式的网络化、工作方式的灵活化、职业结构的两极化。（2）网络社会将构建新的社会时空。卡斯塔认为，在网络社会中，网络能通过改变生活、时间和空间的物质基础，并环绕着流动空间和无时间之时间组织起来。网络的出现和彼此相连，信息在全球范围内流动而形成流动空间。传统意义上的地域丧失了意义，一切社会活动都可以在地理上获得延伸。（3）网络社会产生信息资本主义。所谓信息主义，就是指以崇尚信息技术对社会的经济、政治、文化及其各方面的功能和作用，把知识和信息视为社会经济、政治、文化及其其他各方面发展和变化的基础。（4）网络社会产生新的社会认同。《认同的力量》一书集中讨论了社会从瓦解到新生的分化与整合过程，指出进入信息时代，工业时代的社会机制和功能开始消逝，家长制和家长制家庭的危机也使传统文化的传承失去了有序性。同时他认为，网络化有助于减少人们对认同的抵制，有助于社会机制的重建。这是因为网络是一种偏离中心的组织和干预形式，具有新的社会运动的特征。是文化符号的真正创造者和传播者。各种社会意义通过多种形式的网络处理后，社会将形成新的社会认同。[①]

假若工业革命，打破了农村原有的宗族社会结构，那么信息革命，则

[①] [美] 曼纽尔·卡斯特：《信息时代三部曲：经济社会与文化》（全三卷），夏铸九译，社会科学文献出版社 2006 年版。

进一步打破了家长制和家长制所带来的家庭结构，使家庭成员逐渐游离于家庭细胞之外而参与到各自的社会虚拟网络之中。基于血缘关系的伦理道德文化也逐渐被新型的网络文化所取代，个人从网络中寻找虚拟的朋友圈，寻找虚拟的关注和关爱而置身于孤寂的自我封闭空间，家庭的核心化、细小化、单身化，使身处网络世界的个人逐渐远离血缘的亲情关爱，也就逐渐淡漠传统的孝悌责任，逐渐抵制传统的伦理道德约束，也就使传统文化生态失去了左右个人行为的调节能力，传统文化生态生命力逐渐降低，以致自然枯萎、衰败。

另外，村落集体经济丧失，致使村集体无力为村民提供集体消费所需的各类公共文化设施，从而进一步限制村民的个人消费行为，从而使个人需求淡漠化，失去了在农村创业的动力和欲望，如此恶性循环，使村落文化生态进一步衰败。

（三）哈维：资本积累与不平衡空间发展

如果说列斐伏尔将对资本主义世界的问题从时间拉到现实的空间，那么大卫·哈维（David Harvey）则是在列斐伏尔空间生产理论的基础上进一步深化，运用新马克思空间理论视角研究地理学相关问题，并认为，人文地理学研究应该摒弃地理学逻辑实证主义的方法论与"价值中立"的立场，把地理学研究与社会问题结合在一起。他把马克思主义的历史唯物主义进一步扩展成"历史地理唯物主义"，并用该理论展开对资本主义空间生产与资本主义城市批判。哈维将城市空间与资本双重逻辑化，即城市空间的资本化与资本的城市空间化。城市空间的资本化指城市空间因为资本的进入而形成异化，包括城市地理环境、社会结构与人的精神异化，而资本的城市空间化指资本在城市空间运行过程中不断占据城市空间，并在空间中运行资本逻辑。哈维的资本积累即资本循环论即建立在资本与城市空间的双重逻辑上，对马克思资本循环理论即货币资本、生产资本、商品资本进行一个深化，提出资本三循环理论。[①] 初级循环即直接工业资本生产，次级循环即在满足直接固定资本投资的剩余投入消费基金项目，三级循环即资本投入到科技开发、技术革新与社会支出。如同过度资本积累带

---

① 张继龙：《论大卫·哈维的城市空间思想及其现实意义》，《科学·经济·社会》2016 年第 3 期。

来的经济危机，从先前区域之间的转嫁危机变革成不同层次循环之间的资本循环危机转嫁，同样存在对应的三级：第一级危机、第二级危机、第三级危机，其中第一级危机指资本过度积累引起的商品过剩、资本过剩、劳动力过剩等，即直接工业资本生产过剩，那么剩余的资本就流入次级循环，逐步形成第二级危机，即哈维认为城市空间（第二自然）开始承载资本积累的使命。哈维指出，次级循环即在第二自然的建构中资本仍会存在饱和，造成固定资本或消费基金项目如住房等的贬值，那么资本开始流入三级循环中城市化的方方面面，开始进行科技开发与革新的投资。[1]

正是因为资本自在的运行逻辑，只要一个国家或地区仍以经济发展作为衡量社会进步的重要标准，资本逻辑支配下的社会发展总是周而复始地运行。哈维指出资本循环、周转、积累的逻辑导致城市空间的不平衡发展，同时由于这种不平衡在某种程度上又刺激了资本的进一步运行，这是资本的无限循环模式。同理，只要在资本主义生产方式的社会情态下，不平衡发展的资本主义诉求与资本主义均衡发展的社会矛盾将永远不可能得到解决。

资本自在运行的三级循环所带来的三级危机，都深刻地影响着农村经济发展，广阔的农村市场，是城市经济危机的减震器，在中国近现代所发生的几次经济危机中，都是依靠农村市场、农村资本消耗和化解。因此，在以城市为中心的资本市场运行过程中，以其巨大的经济体量，不断将农村生产力要素吸引到城市中来，从而导致农村经济的失血、衰败。

资本过度积累引起的商品过剩所引发的一级危机，往往通过向农村地区的倾销来化解；资本通过城市空间生产而形成的大量商品房过剩，同样需要吸收大量农村人口及农村资金城市化来化解；资本进入城市化的方方面面，城市规模的不断扩大，城市带、城市群的形成，都需要集聚大量的农村人口进城，来提升消费，满足资本对利润的不断追求。因此，城市化的过程，是资本在城市空间生产中形成的城市快速扩张的过程，是农村地区持续失血、农村生产力要素不断流失的过程，也是农村传统文化生态沙漠化的过程。

---

[1] David Harvey. The Limits to Capital, London. New York, Verso, 2006：191, 324, 424, 417.

二　文化空间化与空间文化化

如何将对农村文化生态问题的研究转化为对农村空间问题的研究，是构建农村文化生态理论的第一步，也是在研究中运用新马克思主义空间理论思想的基础，而这个任务是在马克思主义文化哲学语境中完成的。

马克思曾说："哲学家们只是用不同的方式解释世界，而问题在于改变世界。"[1] 这个问题的提出，始终贯穿着人类的发展史，并且在马克思之前，这个问题一直没有得到解决。"从前的一切唯物主义（包括费尔巴哈的唯物主义）的主要缺点是：对对象、现实、感性，只是从客体的或者直观的形式去理解，而不是把它们当作感性的人的活动，当作实践去理解，不是从主体方面去理解。"[2] 也就是说，过去人的活动被看作是机械的、物质的活动，而忽略了人的主体性，但是，"人不仅像在意识中所发生的那样在精神上把自己化分为二，而且通过活动，在实际上把自己化分为二，并且在他所创造的世界中直观自身"[3]。在改造客体的过程中，人将自身的意识通过物质性的活动（实践）叠加到客体（自然空间）上，实现了主体客体化的过程，即马克思所说的"把自己分为二"，而被改造的客体也因人的主观能动性被人所认识，即"在所创造的世界中直观自身"，以意识的形式实现客体主体化的过程。在这双向的过程中，被改造的客体便成为我们所说的"物质文化"，而由此形成的意识化认知便成为"精神文化"，这样，文化就在人类的实践过程中产生了。

人类在实践中改造自然空间（环境）产生了文化，空间便与文化产生了联系。在文化产生之初，人类对自然空间的影响极其有限，随之产生的精神文化也处于朦胧状态，但在人类社会的发展中，随着文化的不断复杂与深入，形成了所谓的"文化生态"即一定环境中文化之间及与环境的相互关系。当物质文化逐渐占据自然空间中的主导地位，并使自然空间演变为"社会空间"，而精神文化又因不断积累而在大脑中构建出"精神空间"，这样，文化生态就空间化了，即"文化空间化"，而原本的自然空间也因不断地被文化改造而文化化，即"空间文化化"。在这种双向的

---

[1]《马克思恩格斯选集》（第1卷），人民出版社1995年版，第54、57页。
[2]《马克思恩格斯选集》（第1卷），人民出版社1995年版，第54、57页。
[3] ［德］马克思：《1844年经济学哲学手稿》，人民出版社1979年版，第45、50、110页。

转化中，文化生态完成了向空间的转化，而空间也因为文化的入驻而文化化，因此，在这个逻辑中将文化生态问题转化为对空间问题的探讨，这样，新马克思主义空间理论才能用于解释农村文化生态变迁的问题。

三 农村文化生态理论的空间思想解读

基于新马克思主义空间理论，当前资本主义社会屡屡爆发的城市危机源于资本在空间中表现出的不可调和的矛盾，社会空间从属于资本的运行逻辑而异化为"商品"的空间生产过程。同理，资本对空间的作用同样存在于农村文化生态空间中，但资本在历史中也存在不同形态的发展，不同形态的资本在空间中的作用不同是引发农村文化生态变迁的动力。

（一）资本的不同形态发展

新马克思主义空间理论的直接来源是马克思主义资本理论，马克思认为，资本的存在形式经历了"自然形成的等级资本"和"现代资本"两个阶段。"自然形成的等级资本"是指"它是由住房、手工劳动工具和自然形成的世代相袭的主顾组成，并且由于交往不发达和流通不充分而没有实现的可能，只好父传子、子传孙，直接同占有者的特定劳动联系在一起"[①]。自然等级资本进化到"现代资本"需要两个条件：一是足够发达的商品生产和商品流通，使一部分人拥有货币并可用于雇佣一定数量的工人，从而通过剥削剩余价值实现资本的增值；二是劳动力的商品化可使劳动力得以在市场上流通，这时就需要可以出卖劳动的劳动者是"自由人"的存在形式，可以按照自身的意愿出卖自己的劳动。"只有当生产资料和生活资料的所有者在市场上找到出卖自己劳动力的自由工人的时候，资本才产生；而单是这一历史条件就包含着一部世界史。因为，资本一出现，就标志着社会生产过程的一个新时代"[②]。但此时的"资本"并不等同于"资本主义"，所谓的"资本主义"实际上是当资本成为人类社会占统治地位的生产方式时，"它就在更大程度上是这些人一定的活动方式，是他们表现自己生活的一定方式，他们的一定的生活方式"[③]。

[①]《马克思恩格斯文集》（第1卷），人民出版社2009年版，第588页。
[②][德]马克思：《资本论》（第1卷），人民出版社2004年版，第198、579—580页。
[③][德]马克思：《资本论》第3卷上册，人民出版社1975年版，第363页。

资本形成后，需要不断追逐剩余价值以维持资本的存在。一方面，资本竭力缩短劳动时间以榨取最大利益；另一方面，劳动时间又作为衡量财富的唯一尺度，那么劳动和资本之间就存在不可协调的矛盾，马克思称之为资本的内在否定性。由于资本内在否定性的存在，资本灭亡也是必然的，但这种"灭亡"绝不是任意的，而是依赖现实社会在资本作为生产力发展的动力下，形成的资本与劳动之间的矛盾再也不能通过转嫁和空间修复（如资本下乡、投资公共事业等）继续缓解时，才可以通过社会主义改造将资本摧毁，否则一切尝试都是唐·吉诃德的荒唐行为。在此基础上，笔者提出"反资本"的概念，代替资本在社会主义改造时期的存在形态，认为在资本还远未达到其死亡条件时，以"反资本"的面貌继续存在于农村文化生态中，因为资本在被自身消灭之前，不论在何种社会，始终是生产力发展的主要形式，"劳动生产力的任何提高——都是资本的生产力的提高，而且，从现在的观点看，这种提高只有表现为资本的生产力，才是劳动的生产力"[1]。因此笔者认为，资本在农村文化生态中的存在形式共经历了从"自然等级资本—反资本—资本"的发展过程。为避免混乱，以下若单用"资本"即为"现代资本"概念。

（二）不同形态资本的空间作用分析

基于上节对资本不同形态的划分，建构了"自然等级资本—反资本—资本"的资本形态变化体系，并进一步认为不同形态的资本在空间中表达的作用不同，从而引发农村文化生态变迁。

1. 自然等级资本空间运行逻辑

自然形成的等级资本的空间逻辑较为简单，其最大的特点在于"自然性"与"等级性"。"自然性"是指自然形成的，因古代社会群体间地缘上的隔阂导致"交往不发达和流通不充分"[2]，因而带有严格的地域性与封闭性。"等级性"则对应空间上的血缘宗法关系，由于社会空间内部的封闭性，唯一的社会关系只能是血缘关系并按照这种关系划分身份等级，而这种等级性也会对自然形成的封闭性起到一个巩固的作用，因为一旦与外界有了交往，社会关系就会复杂化，人与人之间的关系就不限于血

---

[1] 《马克思恩格斯全集》第46卷上册，人民出版社1979年版，第306、392—393页。
[2] 《马克思恩格斯文集》（第1卷），人民出版社2009年版，第588页。

缘，这种等级性就会被弱化。因此，自然等级资本仅存在于自然形成的与外界存在严格隔阂的血缘社会，否则这种等级社会就不能维持，而自然的地域封闭性也会在与外界交往中被人为化。

2. 资本空间运行逻辑

资本在形成后，便开始将原有空间改造成适合自身发展的资本空间，并在运行环境、运行目的与运行限度上设置了三个规定：

第一，自由平等的商品流通空间。资本循环是建立在等价交换的商品流通基础上，这就要求生产者在社会地位上是平等的，否则碍于政治身份地位会造成不平等交换甚至掠夺，并可以在地域空间自由流动，从而使人摆脱自然形成的空间等级束缚，更好地为资本增值提供方便。一般来说，这种空间上的平等是依托法制来实现的。

第二，资本的本质在于逐利。产生剩余价值并不是资本的目的，追逐剩余价值，以剥削的形式获得资本增值的部分才是资本的本质。

第三，资本追求历史与空间上的普遍性。"以资本为基础的生产，一方面创造出一个普遍的劳动体系即剩余劳动——另一方面也创造出一个普遍有用性的体系——以前的一切社会阶段都只表现出为人类地方性发展和对自然的崇拜，只有在资本主义制度下，自然界才不过是人的对象，不过是有用物"①，资本的限度在于将一切时间和空间都纳入自身增值的计划中。

在这三个规定下，营造"不平衡地理发展"成为资本空间增值的来源。哈维指出："资本主义空间经济的发展受困于相互对峙、相互矛盾的倾向。一方面，空间障碍和区域差异必须被打破。而为了达到这一目的所采取的手段要求生产出新的地理差异，从而形成了有待克服的新的空间障碍。资本主义的地理组织将价值形式的矛盾内化于自身之中。这就是资本主义不可避免的不平衡发展的含义。"② 不平衡地理发展的形成路径在于对同质空间的异质化过程，因为资本只能存在于空间差异中，就必须流向一个可以形成新的地理空间差异的方向以生成一个新的"不平衡地理发展"，而这种发展也必定会再度同质化，这就要求资本进一步形成一个异

---

① 《马克思恩格斯全集》第 46 卷上册，人民出版社 1979 年版，第 306、392—393 页。

② 冉璐：《解读新时代中国特色社会主义的主要矛盾——以大卫·哈维的不平衡地理发展理论为视角》，《南方论刊》2018 年第 2 期。

质化的空间过程。不平衡地理发展就是在这种同质化与异质化的循环中不断重塑的，如图4-14所示。

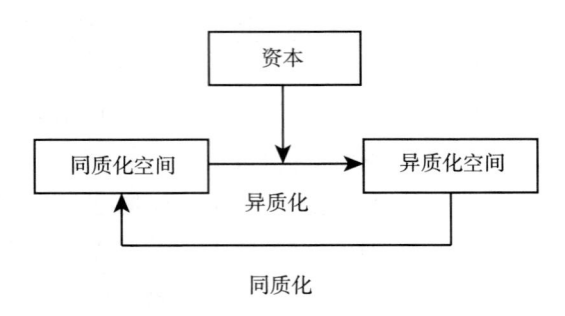

图4-14 资本介入后不平衡地理发展循环

3. 反资本空间运行逻辑

由于资本的内在否定性，资本在构建资本空间的同时，也在不断塑造使资本灭亡的"反资本空间"。"反资本空间"作为"资本空间"的空间镜像，其运行逻辑在空间中占据支配地位时，资本就以"反资本"的形式存在。当资本在将一切事物包括空间纳入自身增值体系的进程中，资本的增值变得愈发困难。相反，"反资本"却变得越发强大，待到反资本也将整个世界纳入其运行体系中时，资本和反资本就一同灭亡了。

根据资本和反资本的辩证关系，可反推"反资本空间"的空间逻辑：资本的本质在于逐利，不平衡地理发展是资本创造空间增值的来源，但增值并不是资本独有的属性，空间中的财富增值并没有善恶之分，资本的弊端在于其对增值部分的剥削，因此，反资本空间就应在空间上消除这种剥削性的资本积累。而这种剥削直接来源于资本（死劳动）对劳工劳动（活劳动）的剥削，当以作为价值尺度的劳动时间下降到几乎为零的时候，这种剥削就因无利可图而没有存在的意义了。因此，马克思曾预言，随着科技的无限进步，工人不再是生产过程的主要者，而只要站在生产过程旁边进行旁观，此时他的劳动就不会被剥削，与此同时，人就有更多的时间用于自身的全面发展，那时真正的"反资本空间"——共产主义才会到来。

四 不同时期资本对农村文化生态变迁的影响

资本在历史中形成"自然等级资本—资本—反资本"的发展路径，

并有着各自不同的空间逻辑运行。当一种资本形态转向另一种资本形态发展时，其社会空间的运行逻辑也会改变，由此引发了农村的文化生态变迁，下面就要讨论不同形态资本对当时农村文化生态变迁的空间作用。

（一）新中国成立前资本对农村文化生态的影响

新中国成立前，资本是如何作用于农村文化生态空间的，我们应该按照理论先对此时的资本形态进行划分。古代的中国农村，实行自给自足的自然经济，农民生产出的产品并不作为商品流通，大部分产品用于维系家庭生存，而增值出的产品则上交给地主阶级。这是一种原始剥削，因为这种剥削目的并不在于继续生产剩余价值而仅在于维持这种自然形成的封闭性统治，地主阶级也为了巩固这种统治，强制性地使用各种政治伦理力量维持这种空间模式的稳定性。此时的资本还处于"自然等级资本"形态。

到了近代，西方资本主义打开国门，此时的农村资本又处于何种发展形态。丁长清在其《试论中国近代农业中资本主义的发展水平》[①]一文中结合具体数据对中国近代农村资本发展水平进行定量分析，当时农业中带有资本主义色彩的农业经营有地主经济、富农经济、农垦公司经营三种形式，累计到抗战前，地主经济经营土地面积约占总耕地面积的5%，富农经营土地面积则占18%左右，农垦公司经营则仅占1%。直到新中国成立前夕，地主经营与农垦公司经营占地面积比例大致不变，而富农占地比例下降至12%左右，以上三种经营模式并不是完全意义上的资本主义，剔除非资本主义成分后，资本主义农业产值仅占当时农业总产值的8.5%。可见，中国近代农村资本有所发展，但发展速度非常缓慢，自然经济在农村中仍占支配地位。综上可知，新中国成立前（现代）资本对农村的介入并不大，自然等级资本在农村社会占据主导地位。

根据前述理论中关于自然等级资本在空间中的运行逻辑，我们可以很好地理解为何传统农村文化生态在空间中会形成这样的模式。村落发祥以

---

① 丁长清：《试论中国近代农业中资本主义的发展水平》，《南开学报》（哲学社会科学版）1984年第6期。

来，村落的先祖会在祖屋周边开垦耕地，形成"院落—耕地"的哑铃式经济空间结构，由于照料农作物的需要，人的活动半径被限制在一定范围内，这种地缘性的行为完全是自然形成的并且造成了不同社会群体在空间上的隔阂。地缘上的隔离使村落中的社会关系有且仅有血缘关系，因而只能按照血缘上的亲疏制定人与人之间的相处原则及行为规范，即道德伦理关系。处理、协调这些关系的功能空间在居住空间的厅堂，当祖先去世后祖屋厅堂的功能就依次演化为香火堂、宗祠。因此，自然等级资本在自然形成过程中所产生的空间封闭性与等级的规定，使得传统农村文化生态遵循空间所规定的原则，而为了继续巩固这种模式，国家统治者也会以各种政治与思想力量对村民实行教化，这就是传统农村文化生态维持两千多年的秘密。

（二）新中国成立后至改革开放前资本对农村文化生态的影响

新中国成立后，党中央对资本基本持否定态度。社会主义改造时期，资本在农村文化生态中是以"反资本"的面貌存在。根据前文中对"反资本空间逻辑"的定义，"反资本"源于资本内在的否定性，是对不平衡地理发展中空间增值剥削的否定，因此，"反资本"需要在空间中消除由于空间差异带来的资本剥削积累，而新中国成立以来的一系列政治运动所引发的农村文化生态空间变迁就是围绕"反资本"空间运作这条主线展开的。

党中央对马克思主义公有制理论的理解，在当时被认为只要将社会进行集体公有制改造就可以消除空间中的剥削，"反资本"的发生时间提前了，从而引发了土改—合作化—人民公社的社会主义改造运动。首先是土改，这个做法在当时有两个意义：第一是有助于稳固新政权确立初期的政治局面，第二是为公有制改革提供一定经济基础。其次是当土改产生一定影响后，进一步开展合作化与人民公社运动，实现从农民个体所有制向集体所有制的转变。"人民公社将是建成社会主义和逐步向共产主义过渡的最好的组织形式，它将发展成为未来共产主义的基层单位。"①

---

① 国家农委办公厅：《农业集体化重要文献汇编》（下），中共中央党校出版社1981年版，第72页。

人民公社的兴起，彻底打破传统家庭的哑铃式经济空间结构，原有的个体家庭生产空间公有化，在空间上形成组团式的公共经济生产空间。在村落公有化程度不断提高下，传统村落中的血缘关系不断弱化，农村的血缘文化生态空间从宗祠到家庭的层次结构退化至仅有家庭层次的厅堂空间；伦理空间从传统院落的娱乐空间中迁出；思想文化生态空间上则是在每个人民公社中建立起幼儿园至大学的现代化教育体系，从传统的私塾中解放出来，摆脱了传统的封建教化。从整体上看，都是由"私"到"公"的转变。综上所述，这一时期的一切运作都是"反资本"在空间中消除资本剥削空间做出的努力，包括经济、政治、伦理、血缘、思想在内的五大文化生态变迁都遵循"反资本"的空间逻辑。

（三）改革开放后资本对农村文化生态的影响

改革开放后，党中央逐渐认识到市场和资本对发展社会生产力的重要性，进行了一系列体制上的改革，人们对资本的认知也经历了一个从抵制批判—争论辨析—合理认识—逐步利用的过程[①]，实现了从"反资本"向（现代）资本的转化。资本的空间逻辑在于，首先要建立一个自由平等的商品交换与流通环境，而后资本的逐利性会塑造空间上的不平衡地理发展以获得资本增值的空间，这就意味着在空间中人与人的社会关系是平等的而不是按照血缘等级的，自由的流通交换则要求人在地域上是不受限的，可以自由在地域上流动，而资本的空间逐利则在于资本需要对同质化空间进行异质化改造，塑造空间差异使资本增值。改革开放后的一系列农村文化生态变动正是以这个逻辑出发的。

1. 资本在农村地区的集聚——乡镇企业的牵引

1978年，家庭联产承包责任制的实行，使传统家庭个体经济开始回归，农村经济空间也从组团式的公共经济空间恢复到哑铃式的经济空间结构，这是因为资本的逐利性在个体经济比公社时期的集体经济更能发挥生产力发展的作用。此时农民生产积极性高涨，五六十年代初生育高峰出生的孩子，到改革开放初期，已逐渐步入成年，家庭劳力成倍增加，劳动力的增加和劳动积极性的提升，为产业资本的空间资本化，创造了充足的劳动力资源条件。

---

① 顾习龙：《马克思资本理论与社会主义市场经济》，苏州大学，博士学位论文，2012年。

"乡镇企业"的发展，吸收了大量的农村多余劳动力。但此时"乡镇企业"作为一种最初的产业资本，其在"空间资本化"过程中，首先，继承了公社化时期的工业遗产，其性质仍为集体所有，其资本的增值部分，为集体所有，但在经济运行过程中，显然已经包含了"现代资本"的属性；其次，所吸纳的农村多余的劳动力具有"离土不离乡"的特点。这些吸纳到乡镇企业工作的工人，其实兼顾着家庭农田耕作的部分劳动。乡镇企业，极大地推动了农村经济的发展，农村经济空间由原来的哑铃型演变为"三角形"，如图4-15所示。

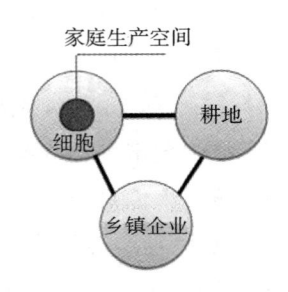

图4-15 离土不离乡的经济器官形态

乡镇企业时期，离土不离乡，是本质特征。此时的农民，在家庭、耕地、乡镇企业三个空间有规律流动，其生活由原来的两点一线变为三点一线，形成了三角形结构关系。因此，极大地提高了农民收入，使得农村城市化景观在部分乡镇企业发达地区率先出现。

这种三角形结构，农民的身份亦工亦农，生活成本很低，对农民来说极具吸引力。除了兼顾农田耕作之外，还有一份稳定的工资，双份收入使农民快速脱贫。因此，在农村地区生长出来的产业空间，从地理空间分析，是产业资本在广阔的农村地区集聚的结果，从而缩小了城乡差别，不但提高了农民收入，也极大地提高了农村集体经济的发展，从而推动村落有机体健康发展。唯一的缺陷是，落后的生产技术，给农村生态环境带来较大破坏。

2. 资本在东部沿海地区集聚——特区的牵引

特区的开放，使国际资本涌入内地，形成了沿海地区率先开放的格局。1979—1980年设立深圳、珠海、厦门、汕头4个经济特区；1984年又开放14个沿海港口城市，沿海地区成为改革开放后城市化首先获得发展地区，并带动周边小城镇发展，也成为城市群、城市带首先生发区域。

沿海地区的资本集聚，对内地劳动力形成了极大的牵引效力，中国中西部地区出现了大规模奔向沿海地区的民工潮。这实际上也是资本逻辑在空间中的机制引导——在地域流动中获得极大自由后流向资本最大获利的方向所形成的效应。

作为社会关系的资本实质上是一种强制性的客观力量，体现着其自身的逻辑，即支配社会资源流动，分配社会财富，组织社会的扩大再生产，使整个社会组织成为追求资本增值的机器。[1] 资本逻辑，必须通过支配和使用三种"自然力"才能在生产财富的同时实现资本价值增值：一是劳动力，即人类生命体的"自然力"；二是自然界的"自然力"，如水力、矿藏、土地肥力等自然资源；三是"社会劳动的自然力"，即人们的劳动关系中所蕴含的生产力，如协作与分工等。[2] 攫取自然力的动机，推动资本建立经济空间并进行扩张，在全球范围内建立经济关联，不断扩大新产品和销路的需要，驱使资产阶级奔走于全球各地。

中国改革开放，引进外资，使中国沿海地区首先参与到国际大分工，而中国的"分田到户"，正好为国际资本进入内地准备了充足的劳动力资源，中国劳动力和自然资源价格比较优势与市场潜力对外资形成巨大吸引力。同时，沿海地区良好的基础设施和投资环境，确保国际直接投资需要的物质流、能量流、劳动力流、信息流与价值流等实现顺利交换。也使沿海地区成为外来资本在中国国内拓展经济空间的桥头堡。

内地的劳动力和沿海的资本，形成了"核心与边缘"的空间结构关系。弗莱德曼的核心边缘理论是一种关于城市空间相互作用和扩散的理论，模型以核心和边缘作为基本的结构要素，核心区是社会地域组织的一个次系统，能产生和吸引大量的革新；边缘区是另一个次系统，与核心区相互依存，其发展方向主要取决于核心区。核心区与边缘区共同组成一个完整的空间系统。

该理论认为，工业化初期阶段，城市开始形成，工业产值在经济中的

---

[1] 鲁品越：《资本逻辑与当代现实——经济发展观的哲学沉思》，上海财经大学出版社2006年版，第13页。

[2] 鲁品越：《资本逻辑与当代中国社会结构趋向——从阶级阶层结构到和谐社会建构》，《哲学研究》2006年第12期。

比重在 10%—25% 之间，核心区域与边缘区域经济增长速度差异扩大。区域内外的资源要素是由经济梯度较低的边缘区流向梯度较高的核心区。核心区域经济实力增大，必然导致政治力量集中，使核心区域与边缘区域发展不平衡进一步扩大。

改革开放初期，外资主要流向沿海开放城市，沿海开放城市经济活力显著增强，就业机会增加，成为新的经济增长极。吸引了大量内地劳动力资源流向沿海地区，这是极化效应的最显著现象。

最早流出的劳动力是第一批具有冒险精神的年轻人。这部分年青人思想解放，具有一定文化程度，不安于现状，但对于一个村落来说，具有领头羊精神的年轻人终究属于少数，其外出创业的成功与否，直接影响着其他年轻人的思想和行为。因此，改革开放初期，部分年轻人的出走，还不至于使农村家庭细胞各功能器官衰竭。因此，改革开放之初，沿海开放城市资本作用于中西部地区农村家庭生产器官的作用机制，表现为"细胞核的缩小"，由此造成家庭经济器官生产功能降低，如图 4-16 所示。

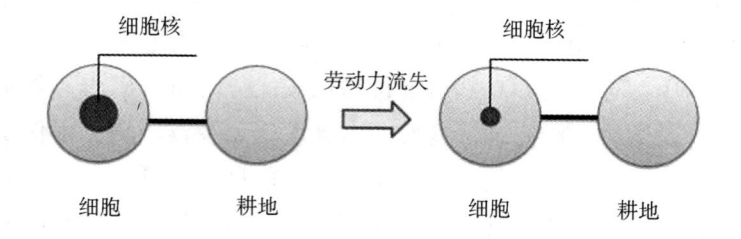

图 4-16 沿海开放初期，农村家庭细胞生产器官的作用机制

资本在寻求超额利润的竞争，在技术选择局限下，直接转向空间选择层面，资本与技术逻辑耦合作用推动生产活动的空间配置，宏观上表现为全球扩张，微观上表现为对特定地域的选择和改造。对嵌入地域空间"自然力"的控制和争夺，推动了地域生产价值关系的重组和经济空间体系的生成。① 中国东部地区，是这一时期的经济增长极，其对边缘地区生产力要素形成了强大的的吸引力。这种"东西部之间形成的生产力关系场"，具备了超强的磁力，其磁力线，横贯东西。

---

① 鲍伶俐：《资本逻辑、技术逻辑与经济空间生成机制——浦东层级经济空间体系生成案例》，《上海财经大学学报》2010 年第 3 期。

根据城市引力模型，城市对另一个居民点吸引力的大小，与人口、GDP 总量成正比，与距离成反比。见公式（1）。

$$T_i = P P_i / d_i^2 \tag{1}$$

式中，T_i 为城市对第 i 个乡镇的吸引力，P 为城市的人口，P_i 为第 i 个乡镇的人口，单位为"万人"，d_i 为城市到第 i 个乡镇的直线距离，单位为"千米"。

因此，沿海城市对内陆村落的吸引力，是随着距离逐渐递减的。当农村人口出行的成本大于其预期的收益，农村人口就不愿意到该城市，此时，两者之间的距离，就成为城市引力边际。

3. 资本在各城市的集聚——开发区的牵引

邓小平"南方谈话"后，全国掀起改革开放浪潮。中国工业化发展速度加快，与此同时，中央也加大了对农村耕地的保护力度，土地非农利用的审批权上收，乡村工业化基础被动摇，乡村工业化道路逐步让位于园区工业化，城市的各类开发区成为工业发展的载体[1]。中国开发区大致经历了四个阶段，第一阶段（1984—1988），国务院批准在沿海 12 个城市建立了 14 个国家级开发区；第二阶段（1992—1998），由特区、经济技术开发区、保税区、高新技术产业开发区、边境自由贸易区、沿江沿边开放地带、省会城市等构成的多层次、全方位开放格局基本形成；第三阶段（1999—2002），国家批准了中西部地区省会、首府城市设立国家级开发区；第四阶段（2003 年以后），中国经济社会发展进入了一个新阶段，迎来了重要发展机遇与挑战，国家级开发区也开始步入科学发展时期。截至 2015 年 9 月，全国共有国家级经济技术开发区 219 家，内地每个省区均有分布，其中江苏省最多，有 26 家，其次是浙江省 21 家，山东省 15 家。

1991 年 3 月，国务院批准第二批 26 个国家高新技术产业开发区。经济技术开发区已经扩散到中国内陆地区，1999—2002 年，国家批准了中西部地区省会、首府城市设立国家级开发区。从这个过程可以看出，改革开放由沿海逐渐向中西部拓展，经济增长极已由沿海逐渐发展到全国各

---

[1] 刘守英：《土地制度变革与经济结构转型——对中国 40 年发展经验的一个经济解释》，《中国土地科学》2018 年第 1 期。

省，经济核心区在全国形成较均衡布局。

这种东西部地区资本集聚空间的梯度、均衡化发展，不但给农村多余劳动力更多的选择机会，也进一步增加了年轻人走向城市的动力。同时，改变了农村多余劳动力的流动格局和流动方式。由最初的长距离、单向迁徙，改变为多维度、近距离就业为主。同时引力点的增加，则对农村生产力要素的吸引力进一步增强，农村家庭细胞生产器官生产功能进一步衰退，出现了耕地抛荒的现象，农村地区步入快速衰退时期。资本作用于农村家庭生产器官的作用机制，表现为"细胞核的进一步缩小，耕地的抛荒"，如图4-17所示。

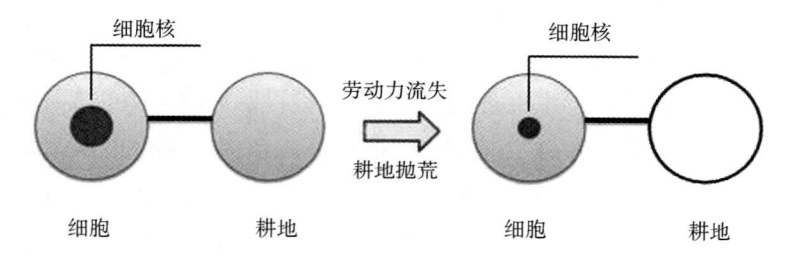

图4-17 全国开放格局对农村家庭细胞生产器官的作用机制

人是决定村落有机体健康度的决定性因素，当大量年轻劳动力都流向城市，首先影响到农业生产，耕地无人耕种，大面积耕地出现抛荒；村落中精英阶层流失，村落政治组织成员不在岗或老龄化，直接影响到村落治理，政治器官退化；留守儿童教育，也因此无法保证，农村小学的拆并，是村落教育器官进一步衰弱；集体经济衰退，使得娱乐文化等教育设施，根本无力实施。当其中一个器官发生病变时，其他器官会形成并发症，这便是农村文化生态沙漠化形成机制。

4. 资本下乡

伴随着资本下乡的热潮，资本在农村空间投资的各种形式，包括现代化农业、旅游业的民宿、餐饮、农事体验基地等，进一步扩展农村的经济空间，实际上是资本通过对同质化空间的异质化改造以形成资本增值的空间。比如在农村原有居住空间上改造民宿，即在传统同质化空间中形成异质化的民宿业，进一步形成不平衡地理发展，而异质化的民宿空间则成为资本增值的产物。

由此可见，资本是农村文化生态变迁的动力，不同形态资本在不同时期对农村文化生态空间作用各不相同。农村文化生态变迁源于不同形态资本在空间上的作用与空间表达，资本的流入、流出，决定着村落文化生态的健康度，同时也决定着村落文化生态的结构形态。

第五章　新中国成立以来农村建筑空间形态变迁

建筑空间是村落文化的物化形态，不同历史时期的生活方式，以不同的建筑空间形态表现出来。《易经》说："道以成器，而器以载道。"建筑作为人类创造的重要的"器物"，承载着"天人合一"之道。器物之美，集于器，和于物，融于心。器物之道既包含了使用目的，又承载了文化内涵，融合欲望，触动灵魂。"器以载道"是中国传统造物的意境，是器与道之间关系的集中体现，也是中国传统文化对造物境界的追求，即将思想和理念融入具体的器物之中，通过形态语言，传达出一定的趣味和境界，体现出一种审美情趣。

建筑物既包含使用目的，又承载了文化内涵，体现了一种人文精神。它呈现含蓄、内敛、和谐、雅致的美学特征，独具韵味。无心之美，时日动人，它是砖与木、天与人、心与物、形与神、用与美、材与艺的统一。

柳宗元曾说："美不自美，因人而彰"。器物形式一方面要具有美感，它呈现美好的事物是这个世界的根源，另外一方面也具有期待，期盼总有一天心中的那份美好会与我们相遇。

《宅经》云："人因宅而立，宅因人得存，人宅相扶，感通天地，故不可独信命也。"人与宅，生命休戚相关，建筑每一空间、结构、材料、构件、色彩等，无不表达着人们的思想和情感，在满足人们物质需求的同时，也满足人们的精神需求。

因此，研究村落建筑空间形态的变迁规律，可以找到村落文化变迁的规律。对于村落传统文化沙漠化这一特定的研究对象，我们可以通过考察新中国成立以来农村建筑空间形态变迁的过程，来探究村落文化生态变迁内在的驱动力。

建筑物作为人类有目的性的物质创造，其形态的生产就成为用材料、结构、色彩、轮廓、肌理等"形"的因素构造主题的情绪、意念、环境、时间等因素组成的"态"的表达。"形"的要素具有可变性、可组织性，是物质的、客观的；"态"的定义是来自人的需求和感受，是变化的参数，是主观的、心理的。①

人的行为决定于他的需求。人的需求又决定于政治、经济、文化等因素的综合影响。因此，不同的历史时期，人们的生理以及心理需求也不尽相同。马斯洛需求层次理论将人的需要划分为生理、安全、归属与爱、尊重需要、自我实现五个层次，人的需要是由低到高逐步追求和实现的②。新中国成立后，中国农村社会、经济、文化不断发展，人们生活水平不断提高，人们的心理需求也在不断发生变化，从而影响着各个时期的建筑表现形式。

人类行为学（praxeology）也是15世纪以来经济学的重要理论基础，由奥地利经济学派学者路德维希·冯·米塞斯首先提出。奥地利学派认为，只有在逻辑上出自人类行为原则的经济理论才是真实的。③ 奥地利学派包含大卫·休谟、亚当·斯密、大卫·李嘉图、弗雷德里克·巴斯夏等。长期以来，奥地利学派更提倡一种从人类行为学所衍生的解释方式。人类行为学成为经济学的重要基础的原因在于它是一建立了从人的行动出发的逻辑体系。由此可见，从需求出发，研究人的行为，建立起从需求到行为的逻辑体系，也可以成为建筑形态学的一条研究逻辑线路。

村落建筑空间及形态的变迁，除了"人的需求"这一建筑细胞内生的动力之外，还受到外部政策的人为干扰，如农村"人均建设用地面积"的限制，"一户一宅"政策的规定，"危房改造"政策的出台等，所有对农村住宅建筑的控制，名义上是出于对18亿亩基本农田的保护，实质上是农村建设用地指标的让渡。可见，在不同阶段满足人的需求过程中，其所受到的外界干扰的形式与力量有所不同，村落空间及建筑也表现出不同形态，因此，村落空间、建筑形态变迁，是人的内在需求与外在政策、力量共同作用的结果。

---

① 杨涛：《建筑形态演进的科技动因》，天津大学，硕士学位论文，2011年，第19—20页。
② 程菲：《基于马斯洛需要层次理论的旅游舒适度评价——以福建武夷山风景区为例》，福建师范大学，硕士学位论文，2017年，第10—11页。
③ [奥] 路德维希·冯·米塞斯：《人的行为》，上海社会科学院出版社2015年版。

本章以马斯诺需求理论为基础,以金华市金东区东京村为研究样本,以村落有机体建筑"细胞"形态为研究对象,以建筑"细胞"中"细胞"核——人的需求作为研究的出发点,梳理出如何从需求演化为人的经济行为,并通过"资本"对空间的占领,转化为满足人的需求的"物质"和"精神"的具体表现形态。从建筑形态的演变中,考察中国村落传统文化生态的历史走向。

第一节 村庄概况

东京村位于金华城以东约 15 公里,属金东区曹宅镇管辖,从城市圈层理论分层,属于城市远郊村。其传统文化生态变迁的规律,基本可代表这一圈层村落传统文化生态变迁的情况。

东京村地处半丘陵、半平原地区,其丘陵属于北山余脉,山头与农田高差一般在 20 米左右。村落东西有丘陵,南北为农田,有东、西两溪环村而过,西溪由北往南,东溪由东往西,在村西南方向约 500 米处汇合。两溪均发脉于北山,水质清澈,四季水流不断。西溪近村,东溪远村,东溪南岸,为东西走向的一垄小山脉,有大小 18 个山头,老人说,那是"十八把黄梁伞",是要出人才的象征。由此可见,祖先们为东京村选择了一块风水宝地。左青龙,右白虎,北山为玄武,东西两溪环抱有情,隔东溪,十八个小山头为案山,四兽齐备,形制完整。从村里往南看,开门见山,一垄山脉四季青葱欲滴,成为村落景观最主要组成部分。在村南、溪北将近 500 米距离的空间里,是东溪形成的冲积扇平原,平整肥沃,阡陌纵横,春天的青秋天的黄,交替装扮着这一畈田野,养育着寄居在这方水土之中的生民。

东京村,又称官田村,全村 786 人,310 户,以陈姓为主。宗谱记载,官田陈姓,为南朝陈霸先嫡系后裔,始祖千十五公"识阴阳,观风水,察其地两水弯曲东西盘绕于南,故卜筑其上,繁衍生息。千十五公生三子,曰万七,万八,万九,万七出继桥西金氏,万八、万九两公则为东西两陈之小宗也"[①]。因此,官田,实际上是东京、西京、桥西三个村的

[①] 《官田陈氏宗谱》,2014 年。

总称,"三方鼎峙,烟居稠密,户口繁盛,讵非得于山水灵秀之助者乎?"谱序中的这段话,既说明了选址的原因,也说清楚了官田三村之间的血缘关系,谱牒之妙,盖在此也。

陈氏宗祠设于东京村西侧边缘,大门西向。宗祠的选址、建造,可谓用心良苦。选址位于东京村,盖因始祖千十五公首先卜筑于此;而位置置于东京村西侧边缘,则考虑到了万七、万八两个房派所分析的方向正在东京村西侧,如此布局,则形成了三村围绕宗祠的形态;宗祠大门西向,则进一步表达了宗祠对西京、桥西两房子孙的关切,当宗祠大门开启之时,可相望于万七公一族之桥西,万八公一族之西京,既表达了祖先对所有子孙的关切,也暗示着三方子孙当不忘祖训,同心同德,携手共进之意。

宗祠中供奉着陈文帝、陈武帝画像,并保存着明代以来的一整套非物质文化遗产——銮驾,这是地方宗祠中非常少见的历史文化遗产,这一组銮驾,正是宗祠正堂所悬挂的牌匾——"龙章宠锡"的深刻诠释。这一组銮驾,初置明朝,几经兵火、劫难,在族人的共同努力下,于2000年重新恢复神床两张,锡制銮驾112件,每当大祭之日,几乎全村男丁全部出动,抬神床、迎銮驾,队伍浩浩荡荡,锣鼓鞭炮齐鸣,一者弘扬祖训,二者为三村百姓祈福,被誉为"浙中神灵为第一,江南圣地更无双"。

东京村村民民风朴实,邻里关系和谐,尚耕读,学风良好,人才辈出。自恢复高考以来,至2014年重修宗谱统计,全村已出大学生145人,远远多于周边村落,村民尚奕之风可见一斑。全村分为七个生产队,自分田到户后,村集体只保留两个水库及部分山林,集体经济萎缩,生产队、村集体经济名存实亡。全村集体经济年收入不足20万,仅能维持村两委一般行政的运行。村民大多以种养殖为生,人均耕地不足2亩,收入较低,大多靠出门打工补贴家用。自新农村建设开始,在政府的扶持下,村庄面貌已焕然一新,村两委积极争取项目,使村庄挤入金东区美丽乡村行列。新中国成立以来,村庄建筑空间形态的变迁,痕迹可循,不同的空间,分别记录着不同历史时期影响建筑空间形态变迁的动力,记录着不同历史时期人们心理需求。

第二节 建筑"细胞"形态形成的内在机制

村落是有机体,它由一个单"细胞"分裂发育而来。正如东京村由始祖千十五公(讳之盛),北宋年间,自浦阳观岩迁居官田,卜筑于曹宅东南,躬耕于环溪之上,娶妻生子,繁衍生息。这便是东京村最早的"单细胞"。随着三个儿子万七、万八、万九逐渐长大成人,分家独立,则由"单细胞"分裂为多个"细胞",并逐渐成为"细胞团",不断发展壮大,最终形成一个完整有机体。正如宋景定五年(1264年)宗谱谱序所言:"(自千十五公)不数传而子孙繁衍,或典掌儒学,或职任牧民,或纳粟应秩,或经握国赋,显扬之盛,班班可考,况自供奉公(千十五公之父)以迄于今,子姓之番约有千指……"[①] 意思是说,到公元1264年,官田村自始迁祖千十五公开始已传数代,"子姓之蕃约有千指",即官田村彼时人口已达千余人,已成望族!可见,村落有机体已经形成。同治十三年谱序又云:"再传而后丁曰益繁,族曰益盛,至国朝康熙庚辰遂合族捐资,创立祠宇,越十七年,因观岩祖派亲近难于统稽,因集之盛公以下而撰辑之,自成一家,乘此则官田之谱与观岩之谱所由分也。"[②] 由此可见,到清朝康熙年间,由村中29名贤达共同倡导,共同捐资创立第一个有机体器官——"宗祠"。这便是本书第二章所说的村落有机体生长理论典型案例。但有机体中不同时期的"细胞"所表现的建筑形态如何形成、如何变迁,在第二章并未谈及,有必要从理论层面深入分析。

一 马斯洛的需求理论

马斯洛认为,人的需求可分成生理需求(Physiological needs)、安全需求(Safety needs)、爱和归属感(Love and belonging)、尊重(Esteem)和自我实现(Self-actualization)五类,依次由较低层次到较高层次排列。

五种需要可以分为两级,其中生理需求、安全需求和感情需求都属于低一级的需要,这些需要通过外部条件就可以满足;而尊重需求和自我实

---

① 《官田宗谱谱序》卷之一,2013年,第29页。
② 《官田宗谱谱序》卷之一,2013年,第73页。

现需要是高级需求，它们是通过内部因素才能满足，而且一个人对尊重和自我实现的需求是无止境的。同一时期，一个人可能有几种需求，但每一时期总有一种需求占支配地位，对行为起决定作用。任何一种需求都不会因为更高层次需求的发展而消失。各层次的需求相互依赖和重叠，高层次的需求发展后，低层次的需求仍然存在，只是对行为影响的程度大大减小。①

正是人类的需求，生发了人的具体行为，推动了村落有机体的生长，也决定着村落空间形态的演变过程。

二 建筑"细胞"形态形成内在运行机制

从人的需求到建筑"细胞"形态形成，具有其内在的运行机制。人的需求分为物质需求和精神需求两大类，当人在潜意识中形成某种需求时，会将需求信号通过神经元纤维传递给大脑，并由大脑中枢作出判断，形成行动"指令"。在市场环境下，这种"指令"将转化为实现需求的具体经济行为，并通过中间载体——货币（资本），去兑换某种需求，无论是物质需求和精神需求，都需要一定的经济付出；当一个人（一家人）经济条件较差，他只能兑换基本的物质需求；当其经济条件已满足基本的温饱，就会用多余的钱财，用于满足精神需求。而资本满足人的物质和精神需求，是通过资本对空间的占领实现的。这就是人的需求与其所居住建筑空间形态之间存在的内在运行机制，也是人从需求出发到营造建筑的行为逻辑，也可以称之为建筑"细胞"生长的内在机制，如图5-1所示。

资本购买了宅基地，基本的建筑材料，聘请施工队伍，按照一定的设计方案，营建出建筑六维的建筑空间，无论是室内的建筑构件还是室外的建筑构件，都占据着一定的空间，这就是资本转化为建筑空间的"形"；而用资本购置满足人的精神需求的物质，如粉刷墙壁的色彩与涂料、木结构中的雕刻、室内的装饰品、辟邪的器物，等等，都构成了建筑物的"态"，这些表征"态"的物质，也同样占据着一定的空间，建筑就是由

---

① ［美］亚伯拉罕·马斯洛：《需要与成长：存在心理学探索》，张晓玲、刘勇军译，重庆出版社2018年版。

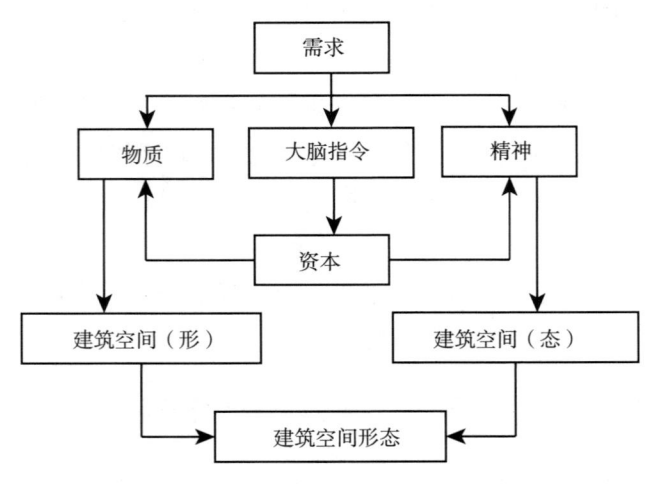

```
           ┌──────┐
           │ 需求 │
           └──┬───┘
      ┌───────┼───────┐
   ┌──▼─┐ ┌───▼────┐ ┌▼───┐
   │物质│ │大脑指令│ │精神│
   └─┬──┘ └───┬────┘ └─┬──┘
     │     ┌──▼─┐      │
     │     │资本│      │
     │     └─┬──┘      │
   ┌─▼────────────┐ ┌──▼───────────┐
   │建筑空间（形）│ │建筑空间（态）│
   └──────┬───────┘ └──────┬───────┘
          └───┬──────┬─────┘
              ▼      ▼
         ┌──────────────┐
         │ 建筑空间形态 │
         └──────────────┘
```

图 5-1　建筑"细胞"生长的内在机制

物质的"形"和精神的"态"构成完整的建筑形态。

建筑形态具有社会性，当代最著名的英国建筑师理查德·罗杰斯说过："建筑是最具社会性的艺术"。他被称为"高技派"的代表人物，他以"从表皮即可看出结构"的手法，把工业文明带来的科技进步，在建筑中表现得淋漓尽致。其大空间、钢结构、大玻璃体现的是外在的形，而在大跨度的桁架中、透明的玻璃中，则蕴含着社会活动的"透明"与"开放"，是资本主义自由市场价值观念的根本体现。

中国的建筑亦然，建筑的形态本身就是社会地位和身份的象征。公元前 199 年，汉高祖刘邦命丞相萧何营造未央宫，见未央宫宏伟壮丽，异常奢华，怒曰"天下匈匈苦战数岁，成败未可知，是何治宫室过度也？"萧何曰："天下方未定，故可因遂就宫室。且夫天子四海为家，非壮丽无以重威，且无令后世有以加也。"[①] 意思是说："正因为天下尚未十分安定，才可以乘机建造宫室。况且天子占有四海之地，不如此不足以体现天子的威严。建造得壮丽一些，可以叫后代永远无法超越它。"刘邦听后，转怒为喜。自此，"非壮丽无以重威"，几乎成了历朝历代帝王营造宫室的座右铭，凡官室、富家，皆以重金打造楼堂馆所及自己的住宅，普通老百姓不是不喜欢豪宅，而是受限于经济条件，无力打造而已。

---

① 班固：《汉书》，云南人民出版社 2011 年版。

三 新中国成立以来农村建筑空间形态变迁分期

中国传统村落有机体,在新中国成立以前便已形成了具有浓厚耕读文化内涵的建筑空间形态,在江南地区,尤以庭院深巷、白墙灰瓦为其典型的形态。千百年来,以其顽强的生命力,庇护着子民,在绿水青山中,浸润着一方烟雨。按照马斯洛需求理论,新中国成立以来农村建筑空间形态变迁大致可分为四期:为求温饱时期、为获尊重时期、文化迷失期、自我实现时期。

1. 为求温饱时期(1949—1978)。改革开放前的这30年,是中国政治、经济剧烈波动的30年,国家实行严格的计划经济管理模式,以农扶工,重点发展工业。农村经济虽有增长,但农民几乎没有多余的粮食,生活水平长期处于基本温饱状态;人口增长迅速,到1978年,全国总人口由1949年的5.4亿增加到9.6亿,人口几乎翻了一番;住房条件恶化,农村居民平均每人使用房屋面积,1978年为10.17平方米,比1957年少1.13平方米。为支持工业发展,农民把余粮都交给了国家,村民的思想和行为,严格受到村集体的控制,大部分居民生活在解放前遗留下来的村落空间中,新建筑稀缺,村落有机体几乎停滞生长。此为第一期。

2. 为获尊重时期(1979—1992)。农村土地实行承包责任制,把原先属于集体的土地承包到户,对于家庭而言,是一种巨大的获得感。从此,家庭"细胞"不但具有居住空间,还具有了独立的生产空间。这个独立的生产空间具有权属的边界性(虽然名义上还是属于集体所有),具有劳动成果的排他性,具有生产活动的社会隔离性,因此,在这个独立空间,他自己说了算,在承包田这个小空间中,他就是"地主"。因此,农村土地承包责任制,极大地提高了农户的生产积极性,人民的生活水平迅速提高,随着新中国成立以后生育的第一批孩子进入婚配年龄,改善居住条件,迎娶媳妇,成为获得乡里乡亲和亲朋好友羡慕和尊重的重要手段。人们迫切需要改变几个大男孩同居一室,与猪圈为邻的恶劣的居住条件,因而批建新房成为改革开放后农户的第一需求。改革开放后到邓小平"南方谈话"前,农村有计划地开展了新中国成立后第一批集中建房。此为第二期。

3. 文化迷失时期(1992—2012)。文化迷失时期,也可以称之为"村落文化生态去传统化时期",以现代建筑形态逐渐取代传统建筑形态表现出来,因此,从表面上看,村落传统文化生态沙漠化主要发生在这一历史时期。1991年邓小平"南方谈话"以后,中国的工作重心从农村转向城市,中国工业化发展速度加快,乡村工业化道路逐步让位于园区工业化,城市的各类开发区成为工业发展的载体。农村中多余劳动力迅速往城市集中。进城打工和做生意,成为农户摆脱贫困的主要途径。见识了城市高楼大厦和别墅洋房,体验了城市生活方式的年轻小伙子们,不再满足于过去的农村生活,不再满足于没有抽水马桶、没有淋浴设施的农村建筑,对于穷怕了的农民,在城市中赚到第一桶金后,回乡要做的第一件事就是"盖一幢更体面的大房子",以向人们宣示"我已经富起来了"的虚荣心,由此而引发在村落周围毁田建房,在村中心拆旧房盖新房行为,并形成了一种相互攀比的趋势。农村建筑以一种"工业化""城市化"形态出现,从平面结构到立面形态,都脱离了中国传统建筑的形制。在农村中心区出现空废化的同时,农村有机体在外围则进入了野蛮的生长时期。此为第三期。

4. 自我实现时期(2012年至今)。随着2012年党的十八大的召开,中国传统文化开始重新回归人们的视野。习近平主席在多个场合谈到中国传统文化,表达了自己对传统文化、传统思想价值体系的认同与尊崇。习近平主席在国内外不同场合的活动与讲话中,展现了中国政府与人民的精神志气,提振了中华民族的文化自信。传统文化的回归,引发了设计者、建设者对建筑形态中国化的思考,同时,农民在脱贫致富后,开始追求精神生活的追求,开始在建筑形态、庭院绿化及生活方式中,展现个人的修养,以实现人生的自我价值。此为第四期。

第三节 为求温饱时期(1949—1978)

新中国成立到改革开放前,大致分为三个历史阶段:土地改革、合作化、"文化大革命"。这一历史时期中,政治力量决定着农村经济发展模式,政治控制直接作用于村落的每个"细胞"、每一个人。消灭剥削,割资本主义尾巴,使人们不敢有逾越雷池半步的需求和经济行为。因此,推动建筑形态变迁的主导力量来自"外力",而不是人的需求的"内力"。

在强力的政治控制下,农村经济一直处于谋求温饱的低水平中徘徊,因此,"细胞"自然繁殖停滞。有机体生长乏力,村落长期保持着原有空间形态。即便有新的"细胞"诞生,受经济条件限制,仍然延续了传统的生长模式,建筑技术和方式沿用传统的土木结构,村落延续着完好的传统空间形态格局。但是,在某些"细胞"内部,却发生了重大空间重组,建筑"细胞"内人口的暴增,也孕育着"细胞"的加速分裂。

一 土改:房产权属变更与"细胞"空间的切割(1949—1952)

新中国成立初期,大部分耕地,还是掌握在地主、富农家庭,而占农户一半以上的贫、雇农,依然无地可耕,有的无房可住。1950年6月中央人民政府公布《中华人民共和国土地改革法》,第三次土地改革运动在全国农村展开。

土改的主要内容之一是没收地主的土地分给无地少地的农民,把封建剥削的土地所有制改变为农民所有的土地所有制。土地改革后,金华县共划出地主3115户,占全县土地总面积的3.81%;划出富农2334户,占全县土地总面积的5.12%;中农、贫农、雇农84276户,占全县土地总面积的86.2%[①]。耕植区土地权属空间结构发生了根本改变。

土改内容之二是没收地主的房屋分给无房、少房的农民。"农村中,住宅条件两极分化明显,地主与富农的住房条件属于上等,大院落、砖墙、瓦顶、木壁、柱梁粗大。但绝大多数中农、贫农、雇农的房子老旧破败、空间狭小,墙壁大多是泥墙或者竹墙。"[②] 地主、富农家庭的"细胞"肥壮、硕大,而贫下中农阶层的"细胞"细小、干瘪,有的雇农根本没有属于自己的居住空间,只能寄居在地主、富农家庭。因此,没收地主、富农住宅分给无房户,成为土改主要内容,由此形成了对村落有机体大型"细胞"空间的人为切割。这种切割不是村落有机体内生型"细胞"自然分裂,而是人为的空间切割的结果,因此,对"细胞"本身必然带来伤害,如图5-2所示。在某种程度上,这是中国传统村落古建筑空间碎片

[①] 王远:《从建国以来金华县农村经济的发展看农村土地的使用制度》,《当代中国史研究》1996年第4期。

[②] 曹锦清等:《当代浙北乡村的社会文化变迁》,上海远东出版社1995年版,第12页。

化、从而难以整体保护，并逐步走向破败、消亡的原因之一。

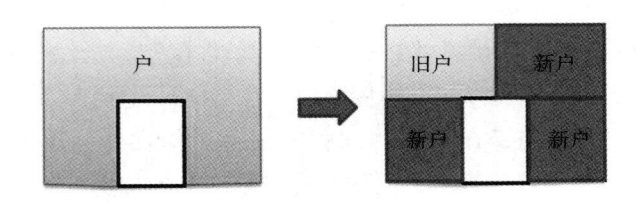

图 5-2　"细胞"空间切割示意图

新中国成立初期，村落空间结构的改变主要体现在原有建筑"细胞"的分隔，村落中未曾有新建筑增加，维持着新中国成立前村落空间的外在形态。因此，这一时期的传统文化沙漠化，以一种"内在的、隐性的"形式出现的，建筑内部空间的去传统化，从建筑外在形态中是看不出来的。内部空间的分隔、去礼制化，在人们的内心深处则产生了极大的影响，在内部空间去传统化的同时，人们的内心深处，不再受传统礼制的约束，从而形成"隐性的文化生态沙漠化趋势"。这一趋势自新中国成立初期一直延续到党的十八大的召开。

土改，也直接改变了村落原有的血缘组团空间结构。东京村陈姓分两房，村北为大房、村南为小房，形成以门口塘前中街为界的南北两大房派的居住空间结构。新中国成立前，陆陆续续有吴姓、张姓、项姓、孙姓、付姓、林姓等客姓寄居东京，寄居在村中的客姓多为无房户，以手艺人居多，土改时采取的政策是："只要愿意留下的，都可以分到房产和田地。"从此，寄居在村落中的客姓，正式成为村落的一个永久居民。客姓的定居、繁衍，不断打破原有陈氏的血缘结构空间，并根据繁衍能力，不断改变着村落血缘空间结构，村落血缘结构逐渐异质化。村落血缘结构的异质化，空间结构的分散化，使原来的血缘关系产生的空间上的"疏离"，空间上的"疏离"，使血亲交往机会减少，从而造成情感的疏远和淡漠。人本为动物，动物的情感建立在日常的面对面的交往和厮磨。一旦脱离交往和日夜相守，情感必然淡漠和疏远，这是人的动物性所决定的。因此，随着人情的淡漠，传统礼仪中的"忠孝节义"也必然渐渐淡出人们的生活观念，这就是"隐性的去传统化"。新中国成立初期村落空间形态，如图5-3所示。

图例
水系
新中国成立前村落建筑

图 5-3 东京村新中国成立初期村落空间形态

二 合作化：生产空间的重构和新型人际关系的形成（1953—1965）

农业生产合作化经历了互助组、初级社、高级社、人民公社三级所有队为基础几个历史阶段。农业合作化，是在广泛的政治思想宣传和工作基础上，统一民众的思想认识，然后在强力的政治推动下，首先对"细胞"的组织结构进行空间重构，即农户"生产器官"的空间重组——由单"细胞"的"生产器官"组合成"多细胞"的组团式"生产器官"，再逐步培育、完善各大器官的功能和空间形态，从而形成"组织化"的村落有机体结构。

1. 生产空间的重组

生产空间重组经历了互助组、初级社、高级社、人民公社、三级所有队为基础几个历史时期。不同历史时期，在政治上体现为治理结构的重新构建，社会上体现在人与人关系的重构，在经济上体现在生产要素重构和生产空间的重构。这一过程本质是通过生产器官的重构实现的——由单细胞的生产器官构建形成集体组团模式的居住和生产空间形态，如图 5-4 所示。

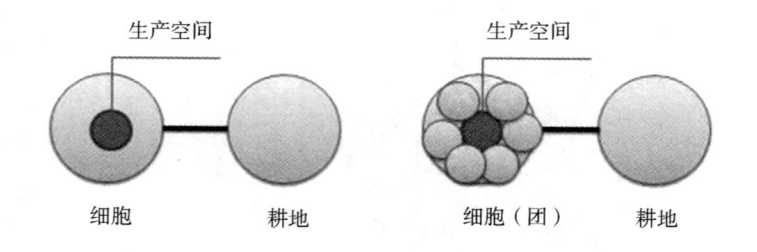

图 5-4　农户（生产队）哑铃式经济器官结构

（1）互助组

农业生产互助组，一般由几户或十几户组成，实行共同劳动、分散经营。是农民为了解决劳力、耕畜、农具缺乏的困难，按照自愿互利原则组织起来的劳动互助组织。土地、耕畜、农具等生产资料和收获的农产品，仍归各户所有，换工互助，在一定程度上提高了劳动生产率，产量一般高于个体农户。各户家庭"细胞"之间，是松散式结构，尚没有形成公共的生产空间，如图 5-5 所示。

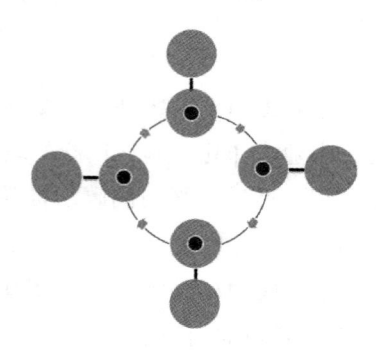

图 5-5　互助组家庭"细胞"生产器官自由组合模式

（2）初级社

农户按照自愿原则，以土地入股，农具作价，组建形成生产资料私有制基础上的合伙经营模式的集体经济组织。规模比互助组大。此时，入股的各家庭"细胞"之间的耦构，在生产功能上，已经形成紧密的集体组团结构模式：耕地合并，入股的家庭之间存在着血缘或相邻的空间关系。但在互助的各户建筑空间之间，尚未形成共同拥有的诸如晒谷场的公共生产空间，晒谷等后期农产品加工，尚需各自农户自行解决，各家庭"细胞"内部的生产空间尚未失去使用功能。但在居住空间上，"自愿组合"原则已体现出"亲帮亲、邻帮邻"的特征，更多地体现出"熟人"结构的关系，如图5-6所示。

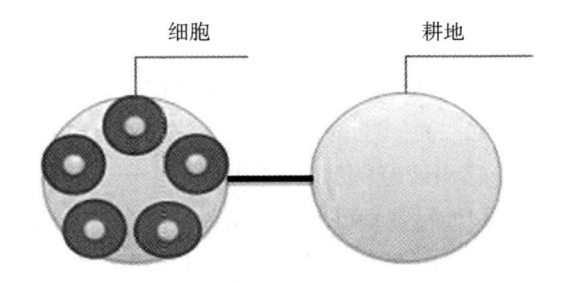

图 5-6 初级社生产器官结构

（3）高级社

实现了土地等主要生产资料的公有和社员个人消费的按需分配，是社会主义性质的合作经济组织。以一个村为单位，组建形成一个生产经营单位，土地划归集体所有，生产资料实现了社会主义改造。全村所有的家庭"细胞"抱作一团，外围生产空间划归集体所有，其生产器官，形成了简单粗暴的"巨型哑铃"结构。经济器官中出现了"公共食堂"这样的平均主义"分配空间"，如图5-7所示。

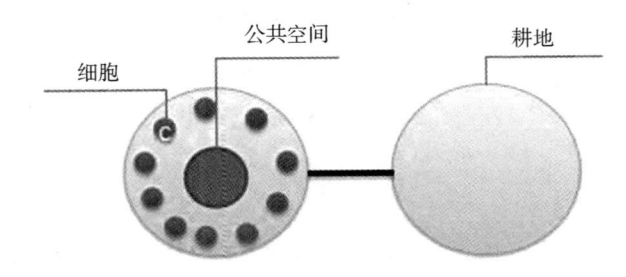

图 5-7 高级社生产器官结构

(4) 人民公社

人民公社则是在高级社基础上，进一步扩大经济合作范围，进一步做大"生产器官"的规模。人民公社的基本特点被概括为"一大二公"。所谓"大"，就是规模比农业生产合作社大，基本上是一乡一社，甚至数乡一社；所谓"公"，就是生产资料公有化程度高。在人民公社内部，从生产资料所有、分配制度、交换关系乃至社员的生活资料都强调一个"公"字。其结果不仅损害了群众的利益，挫伤了社员的积极性，而且使农村生产力受到破坏。

人民公社作为一个经济组织，之所以挫伤了社员的积极性，关键在于人与人之间的空间结构关系，远超出"可协作"的距离范围。在同一个村，低头不见抬头见，尚能建立近距离的协作机制，但村与村之间，不但超越了"血缘"情感沟通范围，更超出了"生产"的有效距离，一个村的村民，不可能到其他村落空间从事农业生产，因而也就失去了村与村之间的协作劳动的可能。因此，公社难以组织起社员之间的利益协调机制，也就形成了消极怠工、各说各话、各谋利益的混乱秩序，从而使生产力遭受破坏。

(5) 以队为基础的生产组团空间形成

1958年，农村推行人民公社化运动，但这一次变革，盲目扩大生产组织的规格和提高公有化的程度，冲垮原高级社建立的管理制度和分配制度，严重挫伤了农民生产积极性，造成农村经济滞缓发展。三年自然灾害，使农民生活一度陷入贫苦，城市乡村生产都遭受严重困难。1962年9月中央颁布了《农村人民公社工作条例（修正草案）》，集体土地所有权主体发生了变化，由原来的合作社集体所有转为实行三级所有，队为基础。即生产资料归社、大队、生产队三级所有，生产队为基本的核算单位。[1] 把过去打乱了的地界重新划定，平调的财务退赔，取消了食堂，在一定程度上克服了"左"的错误，对农业的恢复和发展起到了积极作用[2]。

---

[1] 万振凡、肖建文：《建国以来中国农村制度创新的路径研究》，《江西社会科学》2003年第9期。

[2] 王远：《从建国以来金华县农村经济的发展看农村土地的使用制度》，《当代中国史研究》1996年第4期。

生产队生产规模是按一定的劳动力数量划分的，而在农村居住空间上则以便于劳动协作为原则进行生产队的划分。因此在一个规模较大的农村居民点中，就成片区、组团状地划分出多个共同生产、生活的居住空间，表现出紧密式的生产组团结构模式。[①] 如图5-8所示。每个生产队在建队之初在自己居住空间与劳动生产空间之间建造晒谷场，在晒谷场边建造生产队的办公室和仓库，成为同一群人共同劳动、生活、交流、游乐的公共空间。

东京村分为7个小队，其中第1、2、7队，居住集中在村庄北部，因此，村庄北部的农田主要归第1、2、7生产队；第3、4、5、6队大部分农田在村庄南部。在南北分配基础上，又划出东西界限，西北侧归第1、7队耕种，东北侧归第2队耕种，东南侧归第3、4队耕种，西南侧归第5、6队耕种。这样的划片原则，也照顾到房派血缘结构关系，这与"互助组"的组建模式，有一定的相似性。

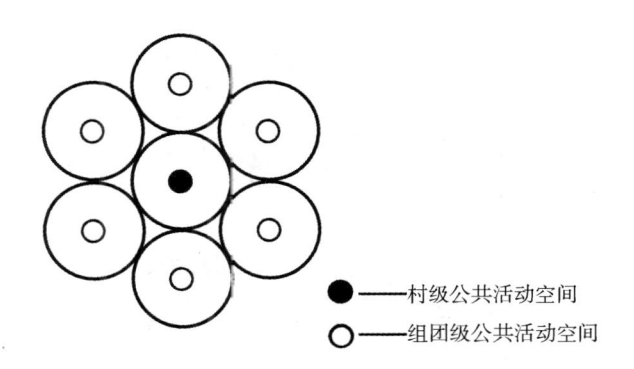

● ——村级公共活动空间
○ ——组团级公共活动空间

图 5-8 紧密式劳动生产组团结构

晒谷场，是生产队重要的生产、生活空间。晒谷场选址所遵循的原则是：第一，在村庄边缘；第二，以不占用良田为原则，选择村庄周边菜园、荒地；第三，靠近农田生产空间，尽量减少运输距离；第四，利于两队协作，劳动工具可互通有无，晒谷场劳作可相互照应。

第1、7队，选择村落西北角联建晒谷场，中间院墙分开；第2队规

---

① 陈志文、李惠娟：《中国江南农村居住空间结构模式分析》，《农业现代化研究》2007年第1期。

模最大，选择村落东北角，单独建设晒谷场；第3、4队在东南角联建晒谷场；第5、6队在西南角联建晒谷场。晒谷场两队联建，既可以相互照应，劳动工具互通有无，又可增进队与队之间交流，相互促进，更能满足村落大型文艺活动，如放电影、迎龙灯、做戏、婚丧喜事等，也能满足宗祠大型祠祭祀活动，如图5-9所示。这种结构模式在人民公社化初期形成，在人民公社化末期达到相当完善的程度，并对以后的农村空间结构产生深远影响。

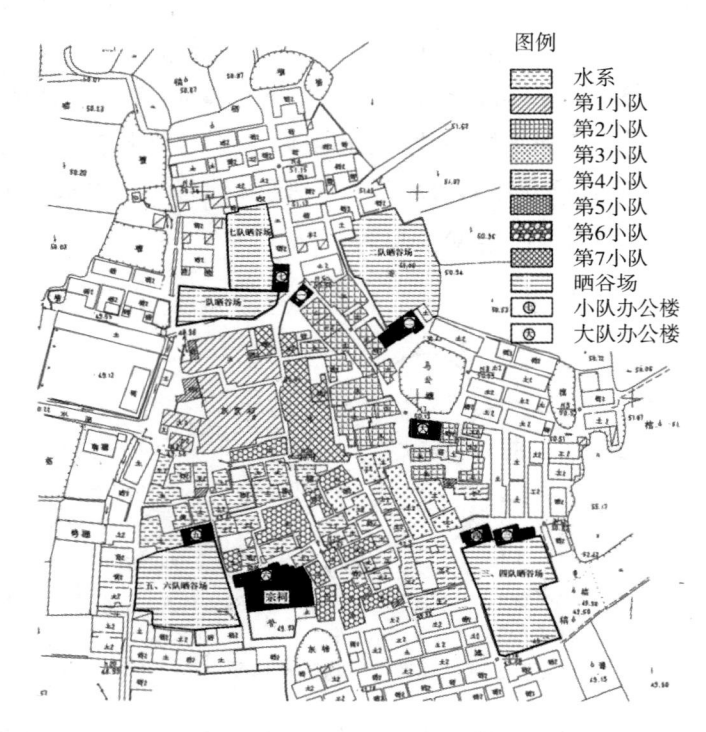

图5-9 生产队居住空间分布及与晒谷场的空间关系

2. 新型公共建筑空间的形成——村落各器官的逐步完善

新型公共空间，是指新中国成立后与政治、经济体制相对应的公共建筑空间，是村落有机体各"器官"的空间表现形态。1953年12月中共中央通过《关于发展农业生产合作社的决定》，要求全面推进农业生产合作、供销合作和信用合作工作。农业生产合作化经历了"互助组、初级社、高级社"三个阶段，到1958年，高级社又被人民公社所取代。"毛泽东对人民公社蓝图作如下规划："那时我国的乡村将有许多共产主义的公社，每个公社有自己的农业、工业，有大学、中学、小学，有医院，有科研机关，有商店和服务行业，有交通事业，有托儿所和公共食堂，有俱乐部，也有维持治安的民警，等等。若干公社围绕着城市，又成为更大的共产主义公社。前人的'乌托邦'想法，将被实现，并将超越。"[1]

在全面推进农业生产合作政策指引下，农村采取"民办公助"模式，建立了较为完整的公益事业和公共服务体系。如建立起农技站、水利站、畜牧兽医站、文化站、广播站、卫生站（所）等服务于农业农村的"七站八所"，在流通领域，建立起信用社、供销社、粮管站，分别负责农产品的统购统销，还建立起公社办公楼、小学、初中、至高中等公共建筑，形成了新型的体系相对完善的农村公共设施空间体系。[2] 这一时期的村落有机体，应该说各个功能器官都已齐备，是村落有机体最健康的历史时期之一。功能完善，在中国历史上前所未有。

（1）"政治器官"，形成了大队—小队—家庭三级治理模式

对于公社而言，"政治器官"体现为公社—大队—小队三级治理模式；对于某一个村落而言，"政治器官"则体现为大队—小队—家庭三级治理模式。在1962年《农村人民公社工作条例（修正草案）》实施以后，各村落划分生产队工作陆续完成，以各生产队"晒谷场"为中心的"紧密式劳动生产组团"重构完成，各生产队建立起自己的管理用房，村落三级治理机构建设完成，如图5-10所示。

图5-10中，还清晰地看出新、旧两个社会"政治器官"的演化过程。封建社会以家庭为基础、以宗祠核心，呈现出"血缘"为纽带的层级治理模式；公社化时期则体现为以"生产要素配置"为原则的层级治理模式。家长依然是村落社会治理的基础，但宗族及其所表现的治权物化形态——宗祠，退出了历史舞台。大队办公楼出现在村落中心，以其简约、朴素的建筑形态，替代了宗祠高高的马头墙形态，显得更加亲民，更融入百姓。生产队管理用房，以其主要满足生产功能的仓库形态，出现在村落周边，与开阔的晒谷场，共同寄托着同一群"生产队员"的美好生

---

[1] 罗平汉、卢毅、赵鹏：《中共党史重大争议问题研究》，人民出版社2019年版。
[2] 王景新：《中国共产党百年乡村建设的历史脉络和阶段特征》，《中国经济史研究》2021年第4期。

活希望。

生产队实行独立核算、自负盈亏。生产队的土地等生产资料，归生产队集体所有。生产队在国家计划指导下，有权根据本队的实际情况因地制宜地编制生产计划，制定增产措施，制定经营管理方法；有权分配自己的产品和现金；在完成向国家交售任务的条件下，有权按国家的政策规定，处理和出售多余的农副产品。

在生产队组织机构中，包括生产队长、副队长、会计、出纳、记工员，另外还有妇女队长。组织机构成员由队员民主选举产生。

报酬以"工分"形式体现，生产队根据当年社员所获工分多少进行分配。"工分"标准的制定各地大同小异，"工分"报酬为两种形式，即针对"普通农业劳动"的标准工作日报酬和针对农忙时节或特殊劳动项目的"定额报酬"。具体到每个劳动者（社员）的工分档次由生产队负责人会议核定，对负责人会议的核定出现异议则通过生产队组织的"社员大会"审定。

男性正劳力，底分10分；女性正劳力，底分6—7分；儿童2—3分。正常工作日按照底分计酬，农忙时节及特殊工种，增加一定的劳动强度系数。如此，每户人家便按照劳动力数量、出工数量，核算得一年总工分数。并按照生产队总工分数，核算出生产队每一工分年终可分配粮食数量及经济的报酬。

各生产队在兴建晒谷场的基础上，建立起生产队办公及仓库用房。形成了村落完整的公共建筑空间体系。东京村公共设施分布如图5-10所示。

生产队生产用房建在晒谷场一侧，其功能为队办公室，粮食、农机具存放仓库，牛栏等。生产用房为单层多开间"一字型"建筑，硬山顶，多为泥墙或三合土墙，少数砖墙，有序列的竖向的砖垛和门窗，成为立面主要特征。这种形态是集体所有制的体现，需要满足几十户人家共同享有的心理需求，是几十户人家生活的依靠和心灵的寄托。每到粮食归仓和分粮时期，全队老小，聚集在晒谷场和仓库周边一起劳动的景象，使劳动空间又变成了村民的文化生活空间，热热闹闹，虽然平淡，但每个人都开开心心，在建筑形态中留下一代人的历史记忆。

三级管理模式取代了传统的种族管理，层级明晰，干部廉洁，干部同

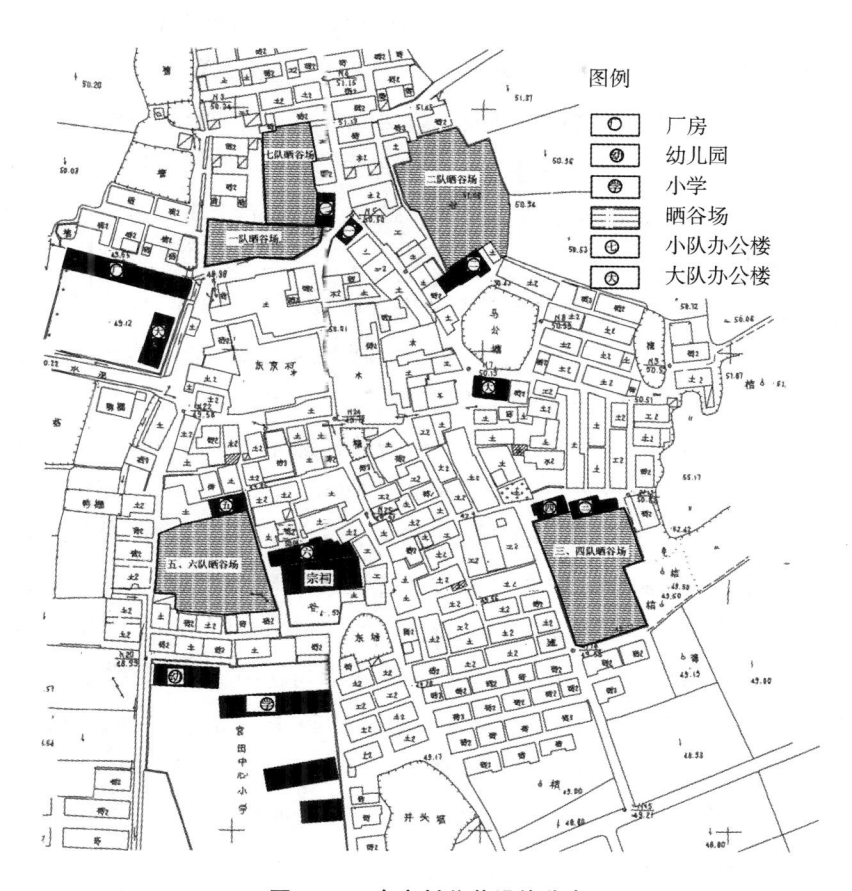

图例
- 厂房
- 幼儿园
- 小学
- 晒谷场
- 小队办公楼
- 大队办公楼

图 5-10 东京村公共设施分布

群众同甘共苦，一同劳动，具有极强的凝聚力和号召力。

（2）"经济器官"，体现为集体功能的扩展和家庭功能的萎缩

公社级"经济器官"除了具备以生产队为单位的农业生产功能外，还增加了生产资料供应和农产品销售打通整个农业生产链条的功能器官——"供销社"，同时，也增加了资本的融通功能器官——信用社，"生产器官"功能多元化；大队级"生产器官"，主要体现在村办企业及大队所有的山林、水面等生产空间。东京村在公社化时期，分别建立起糖厂、年糕厂、碾米厂、榨油厂等农产品加工厂，拓展了生产链条，初步形成一产向二产的延伸。村落中的水塘、村周边的水库及山林，均属大队所有。大队各工厂经营所得，主要维持村落治理、建设所需，水面所养的鱼儿、果园种的水果，除部分出售外，大部分平均分配给全村村民；生产队

"生产器官"主要负责粮食生产和油料经济作物的种植,确保国家粮食生产安全和村民粮食生产安全;农户"生产器官",在生产队时期,因粮食生产空间划归集体,经济功能萎缩,仅保留少部分自留地、菜园等个体生产空间,同时,在本来就狭窄的居住空间中,划出部分空间蓄养猪、牛、羊等家畜,鸡鸭则是散养,每到夏天,蚊子、苍蝇满天飞,足见当时恶劣的居住条件。

(3)"思想器官",建立起新型的教育体系

新中国成立后,以普及教育为目标的新型的教育体制和机构,取代了旧社会以"科举"为目标的教育体制。官田公社除了在中心村——官田村建立中心小学、初级中学外,在其他行政村都建立一所村小,孩儿就地入学,风声、雨声、读书声,声声入耳,充满活力。

官田小学最早成立于1914年。[①] 1949年6月,东京村重新设立小学,校舍设置于陈氏宗祠内。随着官田成为公社所在地,东京小学改为中心小学。1971年,在宗祠南侧建立小学新校舍,一层砖木结构。同年在小学新校舍南侧,围绕两颗大樟树建立初中,小学与初中一田之隔。初中部在1978—1979年期间,曾办过一届高中班。从新中国成立到改革开放前,中国农村教育设施得到了空前的发展。"1969年,在'把学校办在家门口'的号召影响下,全县大量增办村校,是年全县300所公办小学下放到生产大队办。各区儿童教学普及率最低达到70%以上。到1971年,金华县中学猛增到130所学校,(初中120所,高中10所)全县所有公社都办有初中。"[②] 几乎村村有学校。可惜,在21世纪,随着城市化进程的发展,农村教育设施不断拆并,至今,原官田公社只留下东京村的中心小学,其余各村的校舍,或已改作他用,或已倒塌荒芜。

(4)"血缘器官"依然保留宗祠模式

虽然在破"四旧""文化大革命"等抛弃传统历史文化冲击下,宗族的自治管理及权利,已经退出历史舞台,宗族活动也受到了很大限制,但宗族观念、宗祠在人们心目中的形象依然存在,其高高的马头墙、祠堂门前的抱鼓石等文化基因依然具有聚族之功能,祖先崇拜依然在人们的心目

---

① 金华县教育志编撰委员会:《金华县教育志》,浙江人民出版社1992年版,第69页。
② 金华县教育志编撰委员会:《金华县教育志》,浙江人民出版社1992年版,第168页。

中占据重要地位，老百姓延续香火意识依然浓厚，因此，生活虽然穷困，但人们都有较强的劳动力再生产意愿，村落有机体年轻态保持良好发展格局。

基于血缘关系的"尊尊亲亲"的意识，依然是人们行为的指导原则。在构建互助组、生产队等过程中，户与户之间的关系，明显带有"血缘"痕迹，村民在生活过程中亲帮亲、邻帮邻，始终成为生活的主题。

宗祠在新中国成立后，先后改建成为学校、食堂、粮食仓库等，但始终没有被拆毁。到 20 世纪末，在部分年轻人的倡议下，开始重新修缮宗祠，并复建 1966 年"文化大革命"期间被销毁的、代表"陈氏宗祠"社会地位的一套非物质文化遗产——銮驾。从此，宗祠改建为老年活动室和村文化礼堂，成为人们文化娱乐的中心。但其最主要的作用还是"聚人心、睦家族"，时刻提醒着人们的血亲关系。

（5）"礼乐器官"，增加了新的娱乐形式

除了传统的戏台、礼堂之外，还增加了晒谷场的露天电影场、广播站、宣传橱窗、墙画等礼乐教化设施，传统的礼堂、戏台成为社员大会等思政政治教育的场所，晒谷场上的露天影场成为孩童们嬉戏、捉迷藏、相互追逐、打斗最理想的空间，结合大人的生产劳动，构成了农村最具人情味和魅力的生活空间场景，给人们留下了一生难忘的儿时记忆。每逢过年过节及婚丧喜事，各种礼俗活动更是热闹非凡，每一个场景、活动细节、礼仪过程，都成了孩儿们活生生的伦理教化教材。这样的村落有机体教化出来的孩儿是勤劳的、善良的、知大体识大局的，这一时期出生的孩子，最终成为 21 世纪中国快速崛起、快速超越西方国家成为世界第二大经济体最核心的力量群体，也成为守护中国优秀传统文化"守道者"的坚强阵地。

在公社化期间，官田公社建立起较为完善的公共文化设施系统。公社政府大院在桥西，文化站、广播站、畜牧兽医站等建在政府大院中；在政府大院外围建立起合作社、供销社、信用社、卫生院等公共设施；中心小学则建在东京村，因此，从官田三个村的角度分析，公共设施基本建立在中心区，形成了"中心—组团"的空间结构模式。

这一时期有机体的各个器官的完善、各项公共设施的建设，"政治器官"起到了引领性和决定性的作用。"队为基础，三级所有"的管理模式，使中央的文件精神能够快速、顺畅传达到基层，并由生产队这一集体单位来贯彻落实；队为基础，三级所有，保证了集体经济的留成，使村落集体，有财力来进行"公办民助"的各项公共设施建设；虽然农业经济生产效率无法与当今的商品经济相比拟，但不可否认的是，这一时期是农村最具活力的历史时期之一。土（政治器官）生金（经济器官），金（经济器官）生水（礼乐器官），水（礼乐器官）生木（血缘器官），木（血缘器官）生火（思想器官），村落有机体五大器官五行相生关系，在这一历史时期得到了完美验证。

生产组团空间的形成，村落有机体细胞间结构及人与人的关系发生结构性变革，由以"生产队"为单元的经济关系或联盟取代了以"房派"为单元的血缘关系。血缘关系在村落治理、生产资料分配、情感关系、经济救助等环节，退居到经济关系之下。同一组人白天在一起劳动，共同体验劳作的艰辛，夜晚在一起记录工分，感受劳动的喜悦。无论寒暑，无论风雨，共同拼搏在同一片天空，同呼吸共命运，建立起原始氏族般的劳动关系，也就建立起共同的命运情感关系。每到粮食归仓，虽然有时会因所得多少发生争吵，但更多的是共享劳动成果的喜悦。这种关系，因各大器官的不断完善而更加紧密，并因此形成了"集体主义"新的价值观念，形成了国家、集体、个人之间的兼顾意识，并衍生出同组人相互救助的新的救助机制。这种救助机制，不但体现在对老弱病残的劳动量的分配，还体现在劳动成果的分配中。真正体现出"老有所终，壮有所用，幼有所长，鳏寡孤独废疾者，皆有所养"的大同社会关系。

三 "文化大革命"：传统文化的劫难和村落的初步外延（1966—1978）

"文化大革命"期间，对农村影响最深远的是两件事：一是知识青年插队，二是破"四旧"。在以队为基础上的生产模式，虽然保证了粮食生产，但农民依旧难以摆脱贫困，居住条件恶劣，一间房子人畜共住，并随着新中国成立后出生的孩子逐渐长大，虽然贫困，但建新房已成为此时的最大梦想，"细胞"孕育着分裂的巨大动能。

（一）知青用房建设

知青，是为解决城市就业问题，从20世纪50年代中期到"文化大革命"结束,组织将城市中的年轻人移居到农村,尤其是边远的农村地区建立农场,从事农业生产并接受劳动人民再教育的特殊群体。前期,主要以下放到边远农场为主要形式;1968年12月22日,《人民日报》发表了题为《我们也有两只手,不在城里吃闲饭》的文章,又引发了另一波知青下乡的高潮,知青以"插队"的形式下放到农村。由此大队为基础,集中建设知青临时住房。这类知青住房多以单层平房为主,单层单间,木檩条,行列式布置,居室前厅后室,泥墙(条件较好用砖墙)青瓦,生活简陋,如图 5-11 所示。

图 5-11 知青用房(来自网络)

自 1968 年起,下放到东京村的知青有 30 人左右,到改革开放前,知青才陆陆续续抽调回金华城里。在将近十年的知青生活中,已与农村、农民建立起深厚的感情,有的男知青娶了当地姑娘,有的女知青则嫁给了当地农民。知青给农村带来的不仅是知识,还有城市里的生活方式,对农民生活方式的影响,起到潜移默化的作用。而今,知青们对这一段下乡生活都留有深刻的记忆,对农村及村民,仍然怀抱着深厚的感情。如今,知青都已退休,知青们组建了东京村知青群,大家又感觉回到了过去,每年组织回乡寻访,每次寻访,都是满满的回忆。人生大抵如此,每走过的一段路,都是你一生中的美好回忆。

(二)破"四旧"

"文化大革命"开始后,从 1966 年开始了"破除几千年来一切剥削阶级所造成的毒害人民的旧思想、旧文化、旧风俗、旧习惯"的运动。

破"四旧",将旧文化的代表庙宇、宗祠、牌坊能拆的都拆了,不能拆除的古民居(因居住需要),将木雕中涉及的历史人物铲除面目,有的用石灰掩盖木雕主题中涉及的敏感文化内涵,面目全非。

东京村在"文化大革命"期间,销毁了自明朝保留下来的一整套文物——"銮驾",拆除祠堂内的戏台,拆除村落周边的武帝庙,宗祠内所有牌匾全部拆除,祖像烧毁,古建筑中的人物雕刻,均铲除其面部,墙上彩绘均用石灰粉刷,许多农户家的古董、字画,自行焚毁。宗谱,幸得保存。

对于古村落来说,虽然拆除的建筑、构筑物属于少数公共建筑,整体空间形态并未遭受大的破坏,但是,在人的心灵空间,原来构建起来的道德伦理架构已经被拆得七零八落,原来的文化自信逐步消失。这种文化活生生的阉割,是对人心灵空间的最大伤害。从此,新建筑中不再有木雕,不再讲究历史文化,单纯的只剩下一个"躯壳",不再有建筑灵魂。

(三) 农户新建住宅

以"队为基础"生产模式后,有劳动力、有手艺的家庭,生活条件首先得到改善。1950—1954年,为新中国成立后第一波婴儿出生潮,新中国成立头五年,共出生了8259万小孩。由于1949—1953年这一阶段,政府对生育及人口增长采取了放任自流的态度,并出台了限制避孕和妇女流产的政策,鼓励人们生育,因此,新中国成立后人们的生育意愿大大增强。到70年代初,新中国成立初期出生的孩子,逐渐长大成人,开始进入婚嫁年龄。而新中国成立初期结婚生子的居住空间,又是在上一辈分家基础上所得。

作为贫下中农的父辈们在新中国成立前所获得的居住空间十分有限,捉襟见肘,非常拥挤,根本无法满足子女另立门户的需求。建筑"细胞"的再分裂,必须满足人对空间的基本需求,包括吃、住等基本的生理空间需求。当这些基本生理需求在空间上得不到满足,建筑"细胞"必须寻求另一种分裂模式——"细胞"繁殖型,即在母体"细胞"空间之外繁衍出一个独立于母体"细胞"空间的建筑空间。

在集体经济模式下,家庭经济"细胞"几乎失去了其生产功能。一无独立的农田生产空间,二无向外拓展工商的机会,农户经济主要靠劳动力劳动,换取工分,参与集体分配。农户经济处于仅能维持温饱的状态,部分劳动力较多的农户,略有结余。农户居住条件恶化,村落空间增长缓慢。

东京村在70年代初到改革开放前，全村只批建了12户，其中主要为三类人员：村干部、手艺人家、多劳动力人家。村干部在集体分配中掌握劳动力资源分配的话语权，手艺人家通过输出服务，赚取比一般劳动力更高的报酬，多子人家，尤其是50年代初期出生的孩子，到70年代已成为年轻力壮的劳动力，孩子自食其力，显著改善了家庭生活条件，同时，也随着婚嫁年龄的临近，家庭"细胞"逐渐孕育着分裂的动能，各户建房情况见表5-1。

表 5-1　　　　　　　　　　各户建房情况

序号	间数	宅基地性质	家庭结构
户1	5	菜园	5子2女
户2	2	菜园	1子2女
户3	3	菜园	3子1女，木匠
户4	3	菜园	3子，小队长
户5	4	菜园	3子1女
户6	3	菜园	村委
户7	3	菜园	2子3女，小学教员
户8	4	菜园	3子2女，村干部
户9	4	菜园	5子，村干部
户10	3	菜园	3子，小队长
户11	3	菜园	4子
户12	4	菜园	3子，2女，村干部

房屋的主要结构形式是土木结构。置备木料，是建造新房的头等大事。在计划经济年代，一切物资，国家实行统购统销，不允许山民私自贩卖木材，不允许资本主义尾巴存在。因此，许多人家为置备木料，偷偷到山里买树木，俗称"背树"。"背树"须要有经验的壮汉带路，备好几天的干粮，带着手电，领着几个年轻力壮的后生，秘密向山里出发。金华郊区农村一般到南山深处，方能买到像样的木材，买好木材后，如何背出山，是一大难题。出山除了走小路、夜路，必须避开森林管理人员的盘查，若半道上遇到森工站的工作人员，非但没收木材，还要经济处罚、通报批评。运气好，到山里一趟，能储备几根柱料。

在这样的条件下，建筑用材可想而知。新建建筑，梁柱普遍细小，简易，勉强支撑起三间木屋架结构，墙体就地取材，多为泥墙或三合土，木门窗，小青瓦。在梁架上作桁条，钉上楼板，构筑起二楼简易居室空间，用可移动的木楼梯或竹楼梯，作为垂直交通工具。建筑延续中国传统风格，但室内建筑装饰——木雕，一概略去，建筑仅仅满足基本的生活需求。有条件较好者，构建形成泥质马头墙等，多为硬山顶简易屋面。这样的建筑，与新中国成立前的建筑空间并无二致。

70年代初的建房是新中国成立以来农村地区第一次以改善生产和生活为目的建房活动。建筑材料、建筑风格，基本延续新中国成立前土木结构形态；在外在装饰性方面，显得简陋许多，反映出改革开放前，社会主义建设的困难重重和人民生活的相对贫困；从建筑高度分析，基本与古建筑齐平或者略低，一者受木料的高度限制，同时亦彰显老百姓在古人面前的自信心的不足；从建筑单体分析，个人新建住宅限制在三开间之内，家庭结构开始核心化、小家庭化，建筑形态由新中国成立前的院落形态向独立的建筑单体形态转变。

第四节　为获尊重时期（1979—1991）

尊重，是处于尊重者与尊重对象双方（多方）间的关联状态，是人与人（及其他）相互关系中是否认可或被认可的重要衡量要素，对人的行为与态度起到引导作用。认可与被认可，在不同的文化背景下，具有不同的衡量尺度。

一　为获尊重的行为模式

为获尊重的行为模式有两种：一是追求精神层面的行为模式，二是追求物质层面的行为模式。这是因为人具有物质和精神两个方面的需求所决定的，人的需求首先是物质，其次才是精神。

在儒家传统文化中，"道德"高低无疑是能否获得他人尊重最重要的衡量标准。德行越高，越受人尊重，故讲究"修身"的重要性，修身的行为标准是儒家的道德规范。因此，在儒家传统文化背景下，为获得尊重而表现出的行为，一切以是否符合伦理道德为标准。这种行为反映在建筑形态上，则表现为："反映天人合一的规划思想、维护宗法秩序的平面布局、遵循以人为本的建筑尺度、弘扬伦理规范的建筑装饰"。讲究"道德"的修行，往往是获得"精神"层面的"尊重"行为。如孔子赞扬颜回："一箪食，一瓢饮，在陋巷，人不堪其忧，回也不改其乐。贤哉回也！"这种单纯追求精神层面生活的人，到底是少数，对于普通老百姓，首先还是要过好日子。

在现实生活中，更多地体现在"物质"层面的"尊重"，即因物质财富的富有而获得他人尊重，自古皆然。浙东文化，讲究"义利并举"。"义"泛指儒家的道德规范，"利"泛指物质财富。因此，在浙江"七山二水一分田"恶劣的生存环境下，"义利并举"，反对"空谈心性"，是有其现实意义的。然而，对于一般民众来说，"利"关乎生存，因此，物质财富的多少更能决定受尊重的程度。

欺贫爱富是社会的普遍现象。无论国与国之间、区域与区域之间、人与人之间，都客观地存在着这一现象，农村社会亦然。所谓"穷在闹市无人问，富在深山有远亲"，说的就是因贫富的差别而产生的巨大社会落差。"穷则思变"，说的则是穷人为提升自身的社会地位，为获得他人的尊重而不断努力奋斗的过程。

二 传统建筑形态的延续

延续传统文化的建筑形态，泛指农村在改革开放前后所建造的农房形态。这一时期，农村土地改革已经开始，但只处于"包产到户"阶段，土地尚未分配到农户。营建房屋的户主出生于 20 世纪三四十年代，接受的都是传统教育，历经苦难和沧桑。这一辈人，在他们的思想观念中，除了农耕生活，尚无其他谋求生存的出路，因此对土地抱有极大的敬畏之情。费孝通先生说过："中国社会是乡土性的。数千年来，无论朝代如何更迭、社会如何发展、文化如何变化，中国的乡村始终维系于传统的伦理秩序之上，也保持着经济与社会的相对稳定性。"[1] 他们爱面子，对获得尊重的欲望更加强烈，在穷困条件下，则是坚守道德底线，勤奋创业，重视子女教育，坚信耕读传家，努力通过自身的努力来获得他人的尊重。

---

[1] 费孝通：《乡土中国》，人民出版社 2005 年版。

(一) 农户"细胞"经济功能的恢复

中国对内改革是先从农村土地制度改革开始,首先从生产队经营模式入手,开始实行"包产到组、到户,联产计酬的"的农业生产责任制,起初,改革的试探性氛围比较严重,步子放得不大,从十一届三中全会到1983年9月,历时将近五年,才废除人民公社制度,从而结束了"三级所有、队为基础,集中劳动,统一分配"的管理体制,才真正分田单干,把多余劳动力从土地中解放出来。[①]

在公社化时期,不但大部分物质生产资料归集体所有,甚至劳动力本身也归集体所有。每一个"细胞",都是集体经济的有机组成部分,个体难以获得发展的机会,对于农户"细胞"来说,"经济器官"缺少了生产空间,因而是残缺的;分田到户,对于农户而言,获得了独立的生产空间,因而使农户细胞"经济器官"恢复了"哑铃式结构",从而恢复了"经济器官"生产功能,真正实现了农户"细胞"的复活,因而也就具备了改变家庭命运、提升社会地位的能力。

(二) 农户"细胞""生产器官"生产空间的扩展

在农村土地制度改革基础上,国家不断深化农村经济结构调整,相继出台了一系列政策。1983年,"中央一号文件"提出,"放活农村工商业"改革措施;1984年,"中央一号文件"提出,"疏通流通渠道以竞争促发展"的改革措施;1985年,"中央一号文件"进一步提出,"调整产业结构和取消统购统销"的改革措施。这一系列改革措施,使农村经济由单一的粮棉油向农林牧副渔和第二、第三产业全面兴起的格局发展,农村成为中国经济最有活力的地区。农户经济"细胞"的复活,一方面是因为农户获得农业生产空间自主权;另一方面则是具备了扩大生产空间的可能性,当完成了农田生产空间耕作的同时,多余的劳动力,则可以向手工业、商业领域拓展更广阔的生产空间。农民的生产积极性得到极大提高,爆发出脱贫致富的极大热情。

(三) 农户"细胞"的孕育与分裂

农户"细胞"的分裂,原动力来自"细胞"内人口的增加和生长。

[①] 王远:《从建国以来金华县农村经济的发展看农村土地的使用制度》,《当代中国史研究》1996年第4期。

在 1950—1970 年 20 年时间里，中国出生人口总数达到 44211 万人，新增人口几乎是新中国成立前人口的总和。1949—1955 年出现第一波婴儿潮；1955—1962 年三年自然灾害结束，是第二波婴儿潮；1962—1971 年开始实行计划生育期间，是中国最大的一波婴儿潮。[①] 如图 5-12 所示。每户人家普遍都生育了三个以上孩子。第一波婴儿潮到改革开放前，孩儿已经到了婚配年龄；第二波婴儿潮，到改革开放前，也已接近了婚配年龄，因此，农户"细胞"已孕育着分裂的欲望动能，如何改善居住条件，让儿子娶到媳妇，另立新家，传续香火，成为这一时期体现家庭实力、提升社会地位、获得他人尊重的最大需求。

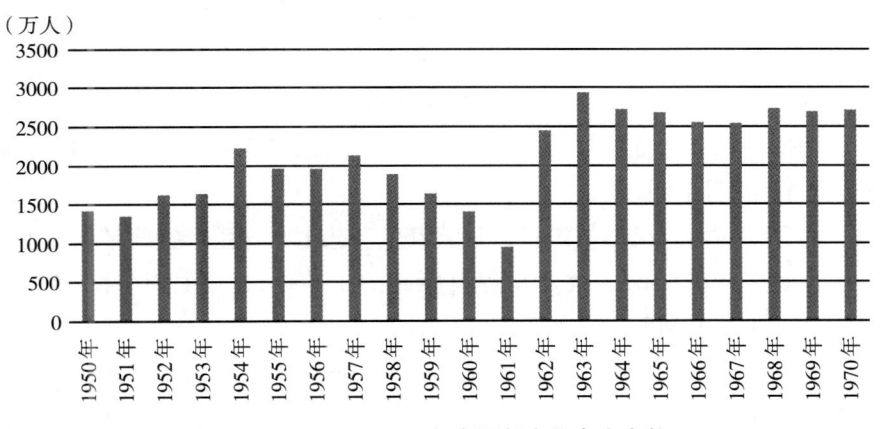

图 5-12　1950—1970 年中国新生儿出生人数

在农村，对于一家之主而言，儿子、房子，是人生的两件大事。生儿关系到延续香火，所谓"不孝有三，无后为大"。同时，建房，不仅仅是为解决居住问题，更是向人们昭示一家的经济实力，从而能娶得满意媳妇，可谓一个家庭中最大的"面子"工程。因此，在改革开放后，近一半左右人家，都提出了建房申请。

（四）新中国成立后农村有机体首次大规模扩张

农户"细胞"分裂分内涵式与外延式，内涵式，即在原有"细胞"空间中划分出新"细胞"的空间；外延式，即在经济条件允许的情况下，在村落空间外围新建住宅，从而构筑新的"细胞"空间。

---

① 中华人民共和国民政部官网，中国民政统计年鉴，http://www.mca.gov.cn/article/sj/

在母体"细胞"中人口众多且空间本就狭窄的情况下,再进一步细分空间,已满足不了基本的生活需求,因此,必须寻求外延式"细胞"分裂模式,从而导致村落有机体向外扩张。

从改革开放到90年代初这十年时间,是新中国成立以来农村建房最集中的时期,也是村落空间生长最快的时期。这期间,东京村先后批建了二批农房,第一批在70年代末到80年代初,第二批主要集中80年代中期到90年代初。这是农村人口爆炸式增长的结果,也是改革开放初期农户经济条件改善的结果。

80年代初农户审批建房,必须经过小队、大队两级审批。在正式分田到户前,各生产队都在村落边沿,划出了一定数量的农田作为建设用地,这是具有前瞻性的规划。一者,各家各户孩儿逐渐长大,都有急切的建房需求;二者,一旦把所有农田分到农户,则面临无地可以建房的局面,即便从农户家重新拿回土地,又面临着再次调整农户承包田的不利局面,工作容易陷入被动。

因此,村落有机体的扩张,延续着生产队生活、生产空间结构往外延伸,即各生产队的房子批建在各自所有的土地中,从而使"生产组团"结构进一步加强和明显,如图5-13所示。

生产队虽然名存实亡,没有什么集体资产,但至今仍然是最基本的核算单位,仍然保留着人与人之间的"集体"情节。在几次延续承包责任制的土地调整中,农户的土地调整,都是在原有的"生产队"划定的行政界线范围内调整的,各生产队之间土地界限明确,互不干涉,涉及村民选举、承包责任制土地调整等重大问题,生产队仍然起到最基本的基层组织作用,各队名义上仍然保留着生产队组织机构。

(五)传统建筑风格的延续

建筑风格的延续,泛指20世纪70年代末到80年代初批建的房子,也是改革开放后首批建设的房子。建筑风格是人的需求的外在表现。在希望获得尊重的需求下,其行为模式受道德价值观念和消费观念两个因素决定。道德价值观念与接受的教育程度和所处的历史环境相关,三四十年代出生的这批户主,在家庭中从小接受传统伦理道德教育,长大又接受社会主义公有制改造的思想教育,其道德价值观念是相对传统的,同时具有较高的集体主义精神和奉献精神,以维护良好的家风、好好做人、勤劳致富

图 5-13　改革开放后村落有机体的空间构成

这些朴素的思想观念和行为方式来获得他人的尊重；长期的贫困生活，使其对物质需求降低到最低程度，消费观念以节约为准则，因此，在建房中尽量降低造价，采用传统的建筑工艺和材料成为其必然的选择。

　　建筑平面延续传统的"以厅堂为中心的"伦理秩序布局。客厅俗称"中央间"，是一家之中对外的交流空间和礼仪空间，大门必须开设在这一间，并以此为中心，组织室内的交通流线。堂前摆设案几，案几前面摆设八仙桌，堂前墙壁上挂毛主席像；东西两头房间，一般一隔为二，作两个房间使用；厨房一般选择在方便出入的东西两侧，在山墙上开设小门口，灶台沿用传统的土灶，灶孔由过去的三孔减少到两孔，只保留烧饭、炒菜两口锅，煮猪食的大锅不再设置，新房建成后，老屋用作仓库及养猪、养牛的空间，厨房中，水缸、土灶、碗柜等，延续传统布局形式，占据较大空间,父母居室一般与厨房紧邻,二楼安排子女卧室。

建筑材料和建造工艺是传统建筑的延续。因经济条件限制,一切从简,除木材、瓦片、石灰等需要从市场选购外,其余建筑材料基本就地取材。

因此,此时期的农村建筑,依然是传统建筑的延续。所用建筑材料基本与古建筑相同,所采用的工艺也是传统的建筑工艺。与传统大宅院相比,新建筑简陋了许多,墙体用三合土替代了青砖,省去了门楼、窗眉、窗花、马头墙等外墙装饰;屋面硬山顶小青瓦,省去了屋脊线上的神兽等装饰;室内木结构木料细小,构筑简易,从柱础到梁、坊,基本省略了石雕、木雕等装饰,整体建筑因此显得简陋许多。在中国传统村落和传统建筑划分标准中,将80年代初的建筑划分为传统建筑,这基本基于建造工艺和风格是传统建筑的延续的考虑,如图5-14所示。

图 5-14 80 年代初农村建筑形态

（六）从传统向现代建筑形态的转变

建筑风格向现代建筑形态转变,是从 20 世纪 80 年中期到 90 年代初期第二批建的房子开始的。建筑风格从传统向现代建筑形态的转变是从"文化的认同"引发的。对建筑新材料、新工艺的认同和需求,意味着对传统材料、工艺的抛弃,这是从物质需求引发的文化认同转向;新物质、新材料、新工艺必然塑造形成新的建筑"形态",新的"形态"寄予了新的精神内涵,从而又引发精神层面的文化认同转向。而这一系列文化认同的转向，是由农村土地承包责任制和农村工业化引发的。

1. 土地承包责任制，直接打破了村落原来"队为基础"的经济结构，"农户"真正成为农村经济的基本经济单元。这种经济结构模式，提升了人的生产积极性，激活了"细胞"的生产活力，从而改变了农产品种植结构，扩大了经济作物的种植面积，拓展了"细胞"的生产经营空间。"细胞"中劳动力结构从单纯的农业生产变为部分从事工商业的复合结构，从原来单纯的农业生产空间向城镇工商业空间延伸，从而改变了"细胞"经济功能的结构形态。因此，农户"细胞"经济器官功能衍生出新的功能空间，结构形态发生变异，变成"农业加工商业"并存的复合型经济器官，增强了经济器官的生存能力，如图 5-15 所示。

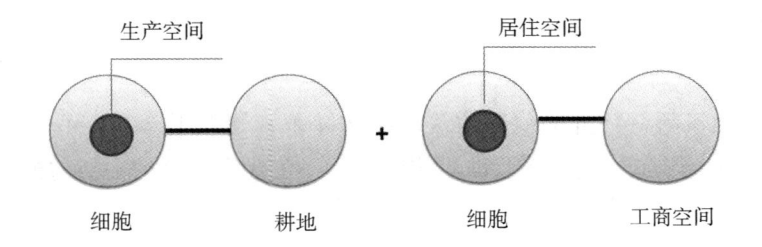

图 5-15　农户复合型经济器官结构

农户经济"细胞"活力的提升，改变了农户平均主义条件下贫穷落后的经济面貌，有活力的经济"细胞"体脱颖而出，首先成为致富的农户。农户经济的发展，不但对新住宅具有更强烈的需求，对建筑新材料、新工艺、新风格也具有了新的需求。

2. 农村工业化带动了乡镇企业大发展，从而引发了新建筑材料的革命和建筑新工艺的发展。改革开放后，农村地区正是抓住了城市还停留在计划经济时代的窗口期，集中劳动力优势、土地资源优势、筹集集体和个人的资金，开办企业，形成了"自下而上型城市化"[①]。1983 年邓小平到江苏考察，感慨道："农村改革中，我们完全没有料到的最大收获就是乡镇企业发展起来了，突然冒出搞多种行业，搞商品经济，搞各种小型企

---

① 周一星、曹广忠：《改革开放 20 年来的中国城市化进程》，《城市规划》1999 年第 12 期。

业，异军突起。这不是我们中央的功勋。"①

建筑新材料的推广使用，是乡镇企业发展的结果。乡镇企业中，包括水泥厂、水泥预制厂和砖瓦厂等建筑材料相关的企业。金华市最早的水泥厂是金华尖峰水泥厂，始建于1958年"大跃进"时期，是金华最著名的水泥品牌。金华北山是石灰岩富矿区，因此改革开放后，在北山脚下，金华、兰溪、浦江等县市境内，发展出多家水泥厂，使金华北山脚下，成为污染最严重的区域；水泥制品厂是水泥产业链的延伸，主要产品是多孔板、水泥桁条、水泥砖、水泥管道等。多孔板用于铺设楼面和屋面；水泥桁条主要替代木桁条，作为屋面现浇板的承重次梁；水泥砖，主要用于围墙的砌筑或非承重墙的隔墙使用；水泥管，则用于雨污水管道。建筑新材料是一种消费新时尚，代表着建筑发展趋势，因此，农民使用建筑新材料，是一种赶时髦的心态驱使，以此来获得别人的羡慕，从而获得他人尊重。

3. 建筑新材料直接改变建筑的结构体系和建筑形态。空心板、现浇板的使用，形成了以墙体承重的结构体系，替代了传统的木结构框架承重体系。

多孔板以两侧砖墙、三合土墙为承重墙，因此，房屋中原来承重的木梁柱框架结构由墙体取代，从而形成了以墙体为承重的结构体系。这种结构体系，使每一间房屋由承重墙隔开，原来通透的可自由分割的室内空间变为相对封闭的空间；提升了二楼的使用空间。多孔板的使用，使二楼空间成为居住的主要空间。二楼楼面在空心板上继续用水泥砂浆找平，有条件者，继续铺设地砖；楼梯设置于室外，用一跑直楼梯直上二楼，楼梯底下，设简易厕所；屋面因生产和防水需要，建设成平屋面，兼作晒谷场。在现浇屋面时，在两道承重墙之间先铺设水泥桁条，以此加密承重次梁，再制作模板，铺扎钢筋，最后用较高标号的混凝土现浇屋面，因此形成了二层平屋面的新建筑形态。平顶屋面，兼具晒谷场的功能，这也是土地承包责任制后特有的建筑形态，使建筑更具生产功能，如图5-16所示。该时期的屋面雨水还是自由滴水，因此，显得比较简陋。

---

① 高屹：《历史选择了邓小平》，武汉出版社2012年版。

图 5-16　工业化影响到农村后平屋顶建筑形态

这一形态，是放弃中国传统土木结构向西式建筑形态演变的开始，是城市建筑形态影响农村建筑形态的发端，也是"洋"文化在农村物化形态的发端。计划经济时期，商品短缺，各种物资凭票供应，各种工业品都带一个"洋"字，水泥也叫"洋灰"，对"洋"产品的需求成为改革开放后重要的需求转向和文化认同转向，农村对城市生活方式的羡慕和工业品的追求，是对西方工业文明的认同，认为工业文明比农耕文明强大、先进，因此，在选择一种新的文明形态的同时，必然是对旧文明形态的抛弃。这也是村落传统文化生态沙漠化的开始。

当一种文化认同成为共同的意识，这种趋势便不可逆转，新的文化形态就在这样的氛围中逐渐形成了，我们姑且把她称为"工业文明"。虽然"工业文明"是发端于英国工业革命的产物，近现代传入中国，但在农村地区，真正与中国传统的"农耕文明"的冲突，是实行土地承包责任制之后的事情。随着农村多余劳动力不断进入城市打工，城市中的建筑形态、生活方式通过打工族逐渐带入到农村地区，从而促进了农村地区城市化进程。

第五节　归属的迷茫和文化的迷失阶段
（1992—2003）

1992 年邓小平"南方谈话"，引发了各类开发区在全国各地全面开花,极大地推动了城市化与工业化进程,带来了大量的就业岗位,吸引了大量农村多余劳动力到城市打工和发展。许多面朝黄土背朝天的农民,首次见识到了城市花花绿绿的世界和生活,不但改变了这一辈农民的世界观,也改变了他们的生活方式。城市的建筑形态和生活方式由此也被带回到农村,从而进一步促进农村建筑形态的转变,潜移默化地改变着农村的文化生态,也直接引导着村落有机体的生命进程。

一 外廊式建筑代替了内廊式建筑

外廊式结构是仿照城市"筒子楼"的产物,以单位集中宿舍为典型。在农村中,兄弟姐妹之间,尚缺乏寻求独立生活空间的意识,因此,外廊式建筑,也可以成为农户的"集体宿舍",家庭观念尚比较强烈。

外廊式建筑,也是建筑材料和技术进步的产物。20世纪90年代中期,钢筋混凝土已普遍运用于城乡建筑,农村建筑的显著特点是出现了"外挑阳台",以作为二楼以上的交通空间,形成了外廊式建筑。建筑层数也由改革开放之初的二层变为三层。但这一时期的平面布局仍然强调平行布局的"开间",各间之间以走廊作为交通枢纽。厕所布置在走廊的两端。二楼以上的走廊,为防止雨水侵入,大多采用玻璃对阳台进行全封闭。在平面布局中,虽然保留着"中央间"的重要地位,但在里面风格上,已经看不出中国传统建筑的影子,全然已是工业化的产物。屋顶虽然采用坡屋顶,但纯粹是为了防止屋顶的雨水渗漏,且不设檐沟,多采用自由滴水的外挑屋面形式。建筑之间的间距,由原来的"八尺弄"扩大到两个"八尺弄",房屋日照、采光有所改善,如图5-17所示。

二 结构的户型化与社会的隔离化

户型概念,是西方商品房开发的产物,是为满足城市核心家庭的生活需求的独立生活空间。该空间需满足相对的独立性、私密性、舒适性的要求。随着城市化进程,户型结构也被引入到农村,并推动建筑独立化,这是农村生活方式城市化的产物,也是农村居民"家庭核心化"的结果。进一步推进村落有机体沿主要交通道路向外扩张。

户型引入农村,进一步促进城市生活方式向农村地区转移。城市生活方式除了空间的独立性、私密性、舒适性之外,很重要的一方面体现在西

图 5-17　20 世纪 90 年代中期建设的外廊式西式建筑形态

洋式的室内装饰和家具。室内装饰首先出现厨房和厕所，瓷砖是最早被引入农村的装饰材料之一。瓷砖最早出现在古埃及，多用于浴室，在我国多称为罗马瓷砖，是罗马盛世奢华生活的象征；抽水马桶最早由英国约翰·哈林顿的教士发明；淋浴房起源于欧洲，20 世纪 90 年代引入国内，现在已被人们广泛接受；舒软的沙发（Sofa，北美称作 Couch），源于西方国家，而后引进亚洲，成为西式装潢或摩登家居重要代表。这些舶来品，都让农村人大开眼界，兴奋不已。这种带卫生间和厨房的被称为"几室几厅"的户型结构，很快被引入到农村，从而进一步促进农村建筑形态的改变。

农民建房的行为是其内心需求的表现，是对农耕生活方式的抛弃和对工商生活方式的选择。农民在田地中一年的收入或许不及在城市打工一个月的收入，这么大的收入差距，进城打工，逃离农村，追求富裕的生活，是许多年轻人的第一选择。因此，选择代表工业文明的工业产品、生活方式，必然会在建房的行为中表现出来。

工业品是西方工业革命的产物，西方先进的科学技术处处压人一头，在向西方文明学习、追赶的过程中，人们的审美观，也从"天人合一"的传统审美观转向"战胜自然"的审美观转化，钢筋混凝土的强度、牢度远胜木材，玻璃的透明度远胜纸张，瓷砖的清洁度远胜陶土砖块和泥地，抽水马桶的卫生状况远比暴露在房间的尿桶干净，这一切由矿物资源打造的工业品，从任何一个角度，似乎都胜出纯天然的家具和建筑。生活中有能力消费工业品，都是"战胜自然"的强者，同时也是进一步推进工业化进程的内在动力。这种动力，源于希望获得他人尊重的需求。

农耕文明社会中，同质人口之间是一个利益共同体，讲究相互协作，人的行为方式和建筑空间，都以便于交流协作为出发点，因而街巷显得可接触、可交流、有人情味、有温度；城市社会工商文明社会中，每一个人都是竞争的个体，强调个体的独立性和自由度，因此，在城市空间中，需要满足人与人之间相互竞争的空间需求。宽敞的马路，是追求速度的需求；高大的公共建筑，是强调法制威严的需求；居住空间的单元化和分隔化，是维护核心家庭个人利益和自我保护的需求。人与人之间正因为城市空间的大尺度而相互疏远，也正因为居住空间的相互隔离，而产生人与人之间的不信任。因此，当这种户型空间引入到农村，当家庭中每一个兄弟都具有一个独立的、私密的生活空间，兄弟姐妹间关系也就开始疏远，在一个家庭中，实际上已产生了人与人之间的"社会隔离"，这无疑对传统的血缘亲情关系，中间横插了几道隔墙，这种空间，对传统价值观念的破坏是无形的，是慢性的。

三 暴发户形态的出现

所谓"暴发户形态"，指的是农房不考虑实际需要，只在乎通过"高、大、上"等建筑形式来表达"富贵"家庭形象的建筑形态。

改革开放和城市化进程的加快，使部分进城创业的农民迅速致富。当他们在城市赚到第一桶金后，回家便盖起了三四层乃至五六层的"高而大"建筑，高、大，不是因为居住的需求，而是为了"光耀门楣"，似乎要告诉人们，"我赚到钱了，我富裕了，你们不要再瞧不起我了！"这是一种穷怕了的心态，是一种急于展现自我成功的暴发户的心态，既自信又不自信，生怕别人瞧不起他。这便是马斯洛理论中"获得尊重需求"的典型表现形态。

农村高楼的出现，也是农村社会开始分层的外在体现。高大、富丽堂皇的建筑形态，自古以来都是成功和财富的象征，也是为争取话语权的行为模式。萧何的"非壮丽无以重威"，对于一般农户来说，是在农村社会中提升自身社会地位的具体手段，通过高大建筑，不但展示家庭的富有，更是树立起一种对于他人的自信心，而使他人在高大建筑物前，自愧不如，自觉贫贱，从而在村落社会中产生心理的差距、隔阂，撕裂了熟人社会中相互扶持、协作的传统人际关系。

在古代富裕人家也会营造富丽堂皇的大宅院，但富裕阶层会通过办私学、修桥铺路等社会公益事业来弥补贫富差距造成的心理裂痕，从而使较贫困家庭在接受救济的同时，抵消了仇富的心态，从而保持了较和谐的社会关系。但暴发户家庭，除了展示自身的富裕之外，并没有给村落社会带来任何公益事业，不但如此，在村落社会有限的宅基地资源中，多吃多占，引发社会不满，造成社会割裂。这种趋势，在中国从农耕文明向商业文明转型过程中不断加深。农村中户与户之间，相互攀比之风日盛，拜金主义开始在农村地区出现，传统的"义利"观开始受到挑战。为获尊重，已从"义利"并举逐渐走向单纯追逐物质财富，并逐渐走向拜金主义，传统道德价值观念逐渐丢弃，虽然物质生活不断富裕，但精神生活却出现了心灵归属的迷茫和文化归属的迷失。

暴发户建筑形态的出现，将对周边的人产生极大的心理冲击，嫉妒、羡慕五味杂陈，从而促使农民逃离农村到城市创业，促使生产力要素快速流向城市，对乡村地区的空废化产生重大的影响。

四　城中村的发育与畸形生长

城中村的发育是伴随着城市的快速扩张开始的。开发区的招商引资，迅速使规划区内的村落被城市新建企业和住宅区包围，廉价的房租使城中村成为农民工的避风港，城中村失地农民，也因此得到了稳定的经济收入。农村有机体"细胞"的经济器官形态发生变异，由"哑铃型"变成"单极型"，耕地空间丢失，"细胞"经济器官功能集中于"细胞"体空间之中。因此，"细胞"空间中原有的居住空间因租客需要，逐渐变成"生产空间"，"生产空间"因此填满了"细胞"体。为追求更多的房租，唯一的办法就是扩大"细胞"空间，扩建房子，从而获得更多的房租收益，如图5-18所示。

一时间，城中村成了违章建筑的集中地，农村住宅普遍高达六七层，

生产空间 → 失地 → 生产空间

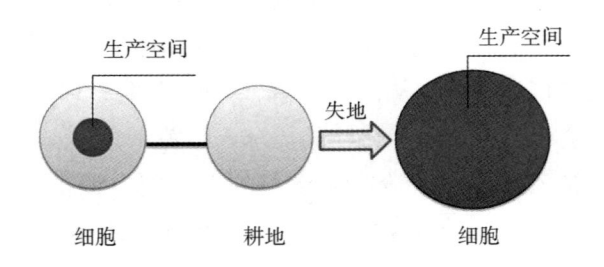

细胞　　耕地　　细胞

图 5-18　城中村"细胞"经济器官形态演变

建筑密集，采光通风差，建筑形态简单，单纯向空中要面积，村落形态畸形生长，成为城市中丑陋的城市形态代表。这种形态是中国城市化过程中农民与政府利益博弈的结果，是以抛弃核心价值观念并以违法手段谋求利益的结果，是文化迷失的典型表现形态。

五　农村生产力要素的快速流失，乡村空心化

城市的集聚效应，使农业和农村无力抗衡工业和城市对资源要素的虹吸效应。在第一批农村人走出农村后，通过自己的打拼，在城市里获得的收入大于他们在农村种地的收入，因此留守的人们心理的不平衡就出现了，于是有更多农村的青年离开农村，只留下妇女和老人在农村进行种地。乃至许多妇女也开始向城市聚集，农村开始空心化。[①] 农田开始抛荒，农村土地开始荒漠化。

从农村经济器官功能分析，哑铃型两头，一头土地抛荒，一头劳动力流失，因此，农村经济器官逐渐丧失经济功能，农村走向衰败，如图5-19所示。

同时，年轻人一边在城市打工，一边将赚得的钱，在村落周边新建住宅，村落中心的老房子，迅速被年轻人抛弃，只居住着老人和儿童，空心村开始出现。并随着时间的流逝，许多老房子逐渐破败。传统建筑被抛弃，意味着传统文化的逐渐迷失。

---

① 胡新民：《巨变　启示　问题　对策——改革开放30年金华农村经济社会发展变化与思考》，《新农村》2009年第1期。

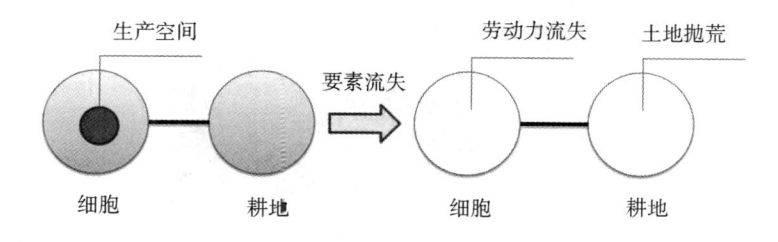

图 5-19　经济器官衰败示意图

六　古建筑开始遭受人为破坏

（一）最初的拆建，是宅基地紧张引发的

改革开放之初，家家户户农田基本不曾闲着，农民建房需求强烈，宅基地空前紧张。因此，有的农户为了娶媳妇，就想办法拆除旧房建新房。许多旧房是院落式结构，是土改或者兄弟分家所得，户连着户，从结构上是一个整体，无法分离。但是，就在这样的建筑空间之中，拆掉其中几间古建筑，硬生生地生长出两间两层以上的钢筋混凝土结构的现代建筑，非常突兀，现代建筑文化以极其粗暴、无理的方式，侵入到古建筑肌体，打破了传统建筑空间和文化生态。就像"病毒"侵入"细胞"，慢慢地使原有"细胞"有肌体逐渐死亡。

这样的建筑，往往出现在古建筑两侧厢房之中，而古建筑木结构，本来是一个整体，当结构体系发生破坏之时，其他木结构也受到影响，进而影响到屋面结构，因此，漏雨成为常态，古建筑寿命因此大大缩短。同时，这样的改造，也严重影响到邻里关系。当土改将地主家大房子分割成小户型，也为这样的人为破坏埋下伏笔和可能性。在后面的城市化浪潮中，村落历史空间不断遭受现代建筑的"入侵"，新旧空间演绎着两种文明的对抗，演绎着传统文化的退却和西方文化的上位，也演绎着传统文化生态沙漠化的历史趋势，如图 5-20 所示。

（二）弃养家畜，村落空心化的发端

村落空心化是农村居民放弃村中心老建筑居住空间向村外围新建筑空间迁移的过程，并出现村中心传统建筑区域从弃用、衰败、倒塌、荒废整个过程所呈现出的景象。村落空废化，有一个重要的标志是弃养家畜。

图 5-20 古村落中入侵的现代建筑

农村空心化，是从弃用开始的。随着改革开放后农村第一批、第二批房子的兴建，人们从老房子中搬出，到新房子居住，老房子成了家畜养殖空间和堆积杂物的仓库。这种景象大约出现在 20 世纪 80 年代初到邓小平"南方谈话"前，这一时期，农村主要劳动力还集中在农村，在承包田中从事着农业生产。老建筑虽然不住人，但至少还居住着牲口，为饲养牲口，人们还进进出出，保留着一点人气。

邓小平"南方谈话"后，大批年轻人进城打工，留守农民无力维持承包田的耕种、家畜的饲养、儿童的照看三大任务，老房子中家畜的饲养逐渐放弃，老屋逐渐无人进出，成为真正的空置房。村落传统建筑区，已不闻鸡犬，但见老人，木结构老房子因漏水等原因，逐渐出现屋顶残破、墙体坍塌、院落荒芜等景象，真正的空心村形成。

(三) 空心村的改造，加速传统建筑消亡

2005 年，党的十六届五中全会通过的《中共中央关于制定国民经济和社会发展第十一个五年规划的建议》，提出了建设社会主义新农村的重大历史任务。随着新农村建设开始，空心村首先被人们关注。此时人们的眼里，荒废的传统建筑是破败、落后、无用的代名词。因此，在首轮新农村规划中，人们并无保护传统建筑的意识，在规划者、政府、农民的心里，解决空心村的最佳解决方案便是"拆除"。

村庄的问题，首次试图以"规划设计技术"来解决。在科学技术引导的西方工业化浪潮中，每一项发明创造都给人类的生活方式带来深刻变化，科学技术不断引导着人们去追求更丰富、更先进的科学技术产品，从而推动社会经济的繁荣和社会的发展。凯文·凯利说道："我们今天生活中每一个重大的变化的核心都是某种技术。"[①] 从而使人们在谋求幸福的道路上陷入"技术主义"。建筑设计技术和建筑材料技术,给人们带来了钢筋混凝土结构的生产、生活空间,人们在其中感受到了宽敞、明亮、洁净的环境和独立、互不干扰的私人空间,这种私人空间,引导人们更多地关心个人的感受,而逐渐失去对公众的关怀。规划技术,带来了对现代建筑空间的排列组合新理念,以"功能分区"来重构村落空间。新的功能空间,考虑的是如何满足个性化的生活需求,而不是传统规划思想所提倡的"合理组织社会的秩序"需求。因此,从"个性需求"出发的村庄规划,必然与强调"社会秩序"的传统村落空间发生矛盾冲突。

首轮村庄规划,是各级城市规划设计院的规划师主导的,他们在城市规划进行了十几年的实践后,首先想到的是将城市居住区规划思想引入到村庄规划,除此之外,更无先进的村庄规划理论作为指导。因此,在规划师眼里,机动车的增长是未来农村发展的一大趋势,为满足不断增长的小汽车交通需求,在农村需要规划出满足车辆交通的"车行道",这是农村规划和建设从未有过的"交通需求",历史证明,这个判断是准确的,但如何满足这种个性化的需求,则陷入了简单的"技术主义"错误中,而缺乏"人文主义"的关怀。

这种新的个性化需求,体现的是农耕文明空间与工业文明空间之间的文化冲突。显然,在这种发展趋势中,由农耕文明营建的村落空间,已经满足不了工业文明带来的生活方式。因此,在村庄道路规划中,大多规划师简单地将原来村中满足"独轮车"交通的村落主干道、商业街定义为新村主干道,道路将拓宽到满足机动车交通需求,古街两侧的古建筑都被列入拆迁的范围;有的规划师则随意在村中心画一、两条道路中心线,使其成为村庄交通主干道,这些道路,直接穿越传统建筑空间,将传统建筑空间"开膛破肚",历史建筑空间整体风貌被"一刀两断",从而使村落历史空间环境逐渐被肢解,村落也就失去了整体保护的价值。

其次,试图给农村定制统一的"标准户型"。所谓标准户型,就是按

---

① 凯文·凯利:《未来技术就是"一切优步化"》,百度百科:https://baijiahao.baidu.com/2018年2月11日。

照一定的面积，设计出两到三个建筑方案，让农民挑选。户型面积按照农户人口确定，不同县市有不同标准，一般三口之家批建 100 平方米，四口之家批建 120 平方米，五口之家批建 150 平方米。标准户型推广，是为了统一某一个村庄的建筑风格，这样新农村就显得干净、整齐，同时也方便规划管理。因此，实际上新农村建设中，农村建筑形态已经由政府越俎代庖，统一的风格，统一的间距，统一的高度，形成了千村一面的新农村建筑形态。

在新农村规划建设过程中，各方人员都有各自的诉求。政府要的是"政绩"，要的是"新农村、新风貌"，以"新"字来体现政绩。新农村建设目标是："生产发展、生活富裕、乡风文明、村容整洁、管理民主。"这五大目标中，"村容整洁"最容易实施，也最能体现地方政府新农村建设的政绩和成就，因此，新农村建设，着力点主要集中在基础设施改造和建筑立面整治和环境卫生整治。

在规划师眼里，村庄规划只是一项业务，是为了赚取设计费的一项设计工程。为追求速度和效益，新农村规划采用批量生产，采用标准化户型，形成模板式设计。规划设计者将十多年来城市设计的经验带到了农村，以规划城市小区的形式，来规划"新农村"。主要特点是：第一，城市住宅户型替代了农村单开间外廊模式，以县为单位，推行"标准户型"的新农村建设模式；第二，扩大了住宅间距；第三，将城市住宅"罗马风"引入农村，全方位抛弃中国传统建筑风格，农村建筑形态西洋化；第四，总平面规划中出现了排列整齐的"兵营模式"，道路网随意穿越传统村落空间；第五，传统建筑成了落后的代名词。空心村成为规划整治的主要对象，除了保留宗祠等主要的公共建筑之外，一般的民居，很少被纳入保护范围，因此，新农村建设规划成为破坏历史文化建筑的最直接的推手。

在农民眼里，老建筑反正也没人住，拆除以后可以腾出宅基地建新房。因此，拆除传统建筑，成了多方利益的共同诉求，在大家的眼里，都认为"新即是好"。因此，最初新农村建设、新农村规划，是以"建设"之名行"破坏"之实的最典型案例。这样的规划设计在新农村建设之初成为传统建筑、历史空间加速消亡的重要原因。

在农村自发模仿城市住宅形态后，进入政府主导的集中模仿阶段，西洋化的千村一面农村建筑形态随着新农村建设，逐渐形成。

改革开放以来，浙江农村经济快速发展，农村居民人均纯收入从1980年的219.21元增加到2001年的4582元，增加了20倍。但富起来的浙江农村出现了一个奇怪的现象："千村一面"。事实上，富裕起来的浙江农民20年间造了三代新房，住房更新周期越来越短，本可以用作生产投入和改善生活质量的资金，被无休止地用到了建房上，房子越来越新，村庄越来越大，但传统风貌逐渐消失，农村活力未见明显提升。

第六节 自我价值实现阶段（2012年至今）

一 个性化建筑开始

随着村民的生活水平得到迅速提高，农村社会开始社会分层，逐渐出现以经济实力决定建筑样式的特点。政府主导的户型形式统一、风格单调的建筑形态，虽然整体上看上去整齐划一，但单一的风格不能体现户与户之间阶层差别，因此，很快被富裕阶层抛弃，富户建房，开始寻求单独委托设计，突出自己的个性，以体现出建筑风格的唯一性和独特性，以期获得他人的赞许。

个性化建筑不仅证实了人们开始追求更高的生活品质，也渐渐成为乡村社会中财富、地位和荣誉的象征。村民间所出现的住房条件的差别，实质上是以财产、权力地位为标识的社会分化在住房上的反映，在乡村要识别人们的社会分层，再也没有比住房更为明显的标志了。所以，这时的村民在心理上有了更高层次的需求，他们不断建造更加气派的楼房，更个性化建筑，以彰显自家的实力，从而希望以此赢得其他人的尊重，这是马斯洛需求层次理论中的第四层次，即尊重需求，如图5-21所示。

二 传统文化的回归

党的十八大以来，习近平同志在多个场合谈到中国传统文化，表达了自己对传统文化、传统思想价值体系的认同与尊崇。2015年5月4日，他与北京大学学子座谈，也多次提到核心价值观和文化自信。习近平在国

图 5-21　农村某住宅

内外不同场合的活动与讲话中，展现了中国政府与人民的精神志气，提振了中华民族的文化自信。

弘扬传统文化，迅速成为建筑设计的主题。浙江绿城集团在城市别墅设计中，推出"新中式"的设计理念；在农村规划与建筑设计中，建筑师们开始从传统建筑中寻找设计灵感，出现了富阳场口镇东梓关村具有浓郁传统建筑风格的现代新农村规划设计方案。

自古以来，当人们满足物质需求以后，必然开始追求精神生活。"富"并等于"贵"，"贵"需要文化的滋养和装饰。因此，农村富户，逐渐开始追求建筑形态的文化性，以摆脱"暴发户"的形象，并开始将中国传统文化内涵，融入建筑形态之中。

传统文化的回归，主要从三个方面实施。第一，重视前庭后院的中国式园林打造，小桥流水，植物单株欣赏，假山，亭台楼阁等，成为农村园林的主要手段；第二，建筑立面形态，开始融入中国建筑元素，打造形成新中式的建筑风格；第三，将中国的楹联文化、字画、墙画融入建筑环境之中，如图 5-22 所示。

正如该建筑序言所言："……近云山舍，力求以翰墨盈屋、诗书造园为手段，营造具有文化传承的现代建筑，以达继邹鲁千古之风、开古婺今世之河之目的。在此庐室中，忠孝持家，循伦理之序；礼乐处世，知亦耕亦读。若能以此宅、此园之良苦用心，忻民之善，闭民之恶，则善莫大焉！"体现了设计者与房屋主人对中国传统文化的追求与向往，并期待引导中国农村建筑，回归到中国传统文化的氛围中来，以实现建筑空间对村民的文化教化功能，实现民族文化的自信。

图 5-22　某农村建筑方案

新中国成立以来，农村建筑形态的变化是与不同历史阶段村民的心理需求层次是相对应的，随着社会经济发展，农村建筑形态也经历了温饱型、尊重型、迷失型、自我价值实现型等不同历史阶段。不同历史时期村民心理特征的建筑表现形态是与马斯洛需求层次理论的物化形态。从心理需求到建筑形态的形成，农村"经济器官"功能的演化，决定着建筑空间的生长机制。农村哑铃式的"经济器官"形态，在不同历史时期、不同的地理空间，有其内在的生长规律。为农村社会治理提供了理论依据。随着经济发展，人们对文化的追求是实现个人价值的唯一手段。在经历了去传统化—西洋化—传统文化回归的历史循环中，逐渐找到了民族文化自信的载体，可以预见的是，具有中国特色的建筑文化形态，终将成为未来中国城乡的主流建筑形态。正如欧洲文艺复兴是从建筑领域开始一样，中国传统文化复兴，也必将在建筑空间形态中开始。

第六章　村落文化生态的识别

第一节　文化地图

　　某一城市、某一乡村，都或多或少地存留着某些历史文化要素。但这些历史文化要素，以各种形态形式散布于城市、乡村之中，有的看得见摸得着，如古建筑、古桥梁、古文物、古墓葬等。有的看不见也摸不着，如民族风俗、政治制度等。因此，自古以来，当人们谈起某一区域的历史传统文化生态，都只是一个大概的、模糊的概念，既无法判定某一区域文化要素的总量，也无法判定文化要素在这一地理空间的分布规律，更无法了解这些文化要素之间的地理空间关系。因此，在对某一城市、乡村做各项规划时，无法根据文化要素的分布规律，对地理空间作出科学安排，从而导致今天城市、村落大量历史文化要素在新城市、乡村建设过程中逐渐消失，出现了城市、乡村传统文化沙漠化不断恶化的历史趋势。因此，如何建立起某一区域的文化生态的识别机制，在城市化高速发展的今天，在倡导保护优秀传统文化、实现文化自信的今天，尤为重要。

一　理论构建

　　人类在利用和改造某一自然空间后，自然空间环境便具有了人文性。空间的人文化过程，一是人类政治、经济、思想、伦理等各种文化形态的物化过程；二是利用一定的技术和规范，在某一个特定空间营造形成符合这一文化形态特征的文化景观系统的过程。从而实现控制和改造人的行为规范的目的。

　　因而，空间的人文化过程，在各历史时期，便留下了历史的痕迹，这些痕迹我们称之为传统文化的信息,附着在文化景观系统之中的各种物质之上,以某种文化要素、特色符号等物质形态表现出来。如此,这些文化信息与某一地理空间之间便建立起了一一对应的关系。

地图被认为是人类认识自然的信息载体,是客观存在的地理环境的概念模型。地图作为一种信息载体,是指通过地图的制作和应用过程,聚集大量有关自然和人类行为留痕的位置、形态、特征和相互联系的信息,进而加以浓缩、复制、存贮、传递,使读者能感受、量测、理解和利用。

地图同样是人们对复杂的、具象的客观世界进行抽象化、符号化的表达。人们生活在客观世界中,通过眼、耳、鼻、舌、身,将各种"物象"成像于自己的"意识"空间,如果要将成像于"意识"空间的信息,表达传递给他人,则需要对该"成像"进行信息加工,信息加工是通过对具象的客观世界在人脑中的"成像"进行"建模"实现的。"建模"包括"形象模型"和"符号模型","形象模型"是运用思维空间想象能力,对客观存在进行笼统、模糊的简化与概括,如绘画、摄影等,是通过对"手"的训练,实现对信息的表达和传递;"符号模型"则是运用符号、图形对客观存在进行简化和抽象的过程,如"文字""图式"等。而地图,兼具这两方面的特点,被视为是一种形象—符号的模型。

基于以上文化要素与地理空间存在着一一对应的关系,我们认为,任何一个文化要素,在地理位置上都有唯一性。各文化要素之间相互空间关系,可以用某一比例尺的"地图"这一形式表示出来。这就是"文化地图"的基本原理,也是文化生态的识别机制。

因此,只要我们把某一地理空间中的历史文化要素进行分类,并对其所承载的物质空间进行平面定位,测出其平面坐标(X,Y),我们就可以根据地图学,描绘出该区域的"二维文化地图"。如果对文化要素给予"文化高度"即 Z 坐标的赋值,则该文化要素就有了(X,Y,Z)三维坐标,根据地形图测绘原理,我们可以测绘出某一区域的三维文化地图。

文化地图具体实现方式是设计一套区别于地形图图式的文化要素"图式",将地面上承载文化要素的地物、文化高度形态按水平投影的方法（沿铅垂线方向投影到水平面上），并按一定的比例尺缩绘到图纸上，形成文化专题地图。

二 相关概念

（一）文化地图

文化地图是人类认识城乡空间文化要素分布规律的信息载体，是人类活动留痕存在于地理环境的概念模型。它通过采集人类活动留痕的位置、活动深度、形态、特征及相互联系的信息，通过分类、浓缩、赋值、存储、传递，使读者能够感受、测量、理解和利用。

文化地图的最大的特点是，只采集"人类活动的痕迹"，除了人类寄予美好情感而具有象征意义之外的其他自然地形地貌不在文化地图的表述范围，这便是文化地图与地形图最大的区别。因此，文化地图是某一区域人类生活方式的图形化表征模型。

（二）文化坐标（X, Y, Z）

文化坐标是表示某一个文化要素所处的地理位置及文化高度。其中 X、Y 表示文化要素在国家坐标系中的平面位置；Z 表示该文化要素的高度，称为"文化高度"。

任何一个人类活动的痕迹，都坐落于某一地理空间之上，因此，具有地理空间位置的唯一性，在国家坐标系中，这个唯一性就是横坐标、纵坐标的取值；为了表征该文化要素的重要性，我们同样引进"高度"的这一概念，来表征该文化要素的文化高度，即对应于地形图中某一点的第三维坐标——高程。

（三）文化高度（Z）

文化高度是某一个文化要素在历史中的沉淀深度，用该文化要素在历史中存在的时间（年）表征，用 Z 表示。

按照公元纪年法，由于不存在公元 0 年，因此，取公元元年为基准年，定义公元前某一年为 $N_{前}$，公元后某一年为 $N_{后}$，当前年为 N，则发生于公元前某文化要素存在年数：

$$Z = N_{前} + N - 1 \tag{1}$$

发生于公元后的某文化要素存在年数：

$$Z = N - N_{后} - 1 \tag{2}$$

为了与平面坐标统一单位，设文化要素在历史中存在一年为"1米"，来表示该文化要素在历史中的沉淀深度，则文化高度由"年"转化为"米"来表征，由此，文化坐标（X，Y，Z）都采用了统一了数量单位。

当前年的数值是随着时间不断变动的，虽然在不同年份计算某一文化要素存在年的绝对值会不断增加，但各要素之间存在年的"差值"△Z是不变的，因此，某一时期的文化地图可保持相对的稳定性，可采取相隔一定年份再进行修编，类似于城市总体规划隔一定年份重新进行修编。

（四）文化等高线

在所测绘的文化要素平面图上，文化高度相等的相邻各点所连成的闭合曲线。在调查某一空间各文化要素的文化高度过程中，类似于地形图测绘过程中碎部测量的高程测绘，将各文化要素的生发年调查后，利用公式(1)、(2)，可求得该文化要素的文化高度。并采用内插法，画出文化高度等高线，类似于地形图的高程等高线。

（五）传统文化密度（M）

某一文化生态圈传统文化要素的集中程度。用公式表示为：

$$M = \sum_{i=1}^{n} S_i / S_q \tag{3}$$

其中，S_i表示传统文化要素所承载物质空间的占地面积，n为传统文化要素物质承载空间的个数，S_q表示文化生态圈的用地总面积。村落文化生态圈以村域面积计。

三 文化地图与地形图之间的关系

文化地图是参考地形图测绘的一般原理与方法，借用了地形图中地物点坐标概念、等高线概念、地形图图式概念，并在此基础上，赋予这些概念新的内涵，从而突出而深入地表现"传统文化要素"分布规律的文化专题地图。

（1）文化地图遵循一般的地图学的基本原理和数学规则。首先遵循地图学的数学规则，即比例尺、地图投影及大地坐标系，这些基本的概念在此不再赘述。

（2）文化地图同样遵循科学概括的编制方法。在现有的充分概括的地形图基础上，有些传统文化要素已经得到初步的表达，如古建筑物、古桥梁、古井、古墓葬、古树、古道等，但由物质空间承载的传统文化要素，是融入物质空间内部的，有的是有形的，有的是无形的，因此，文化地图必须比地形图更加深入反映其文化内涵，并且必须设计一套反映文化要素的"地图图式"，来表达文化要素在地理空间的分布规律。因此，我们同样对文化要素进行分类、简化、夸张、符号化，进行有效的文化地图概括。

（3）文化地图语言，同样具有三要素：图式、色彩、文字标注。图式，在继承和采用地形图现有的图式基础上，进行局部改造、新图式设计、语义的延伸等手法，设计出一套相对独立的文化地图图式。同样，对色彩赋予新的语义，对文字标注，也赋予新的语义，以达成综合解释文化地图的内涵。

（4）作为文化要素信息载体的文化地图，其形式也可以是图纸的、实体模型的、可视化音像、声像资料，同时，可以实现文化地图信息化过程，以数字地图形式，实现对文化要素的存储、更新、管理、应用等。

四　文化地图的功能

（一）文化地图的认识功能

1. 文化地图作为某一空间的文化专题地图，可以通过整体、局部的地图，认识该区域的传统文化空间分布规律。

在城乡空间中，遗留的传统文化要素零散分布，人们难以掌握其空间数量、质量等历史信息，通过文化地图，确立文化要素明确的地理信息，可以整体认识文化要素在某一空间的分布规律。

2. 获得文化要素定性定量的特征

文化地图，可以提供文化要素的地理位置、分布范围、分布密度、与现代文化要素的时空变化规律等。通过文字描述，可以了解定性内容，通过数字描述，可以了解其定量内容。

3. 建立文化要素之间及文化要素与地理空间之间的空间关系。

（二）模拟功能

文化地图可以用物质模型和概念模型来模拟。物质模型如沙盘及塑料、木头等材料依据一定比例制作形成实物模型。概念模型是对实体的概括与抽象，可分为形象模型和概念模型。形象模型是运用思维能力对客观存在进行的简化与概括；符号模型是运用符号和图形对客观存在进行的简化和抽象的过程。文化地图兼具这两方面的特点，是一种形象—符号模型。

（三）文化要素信息的载负和传递功能

文化地图所容纳的信息是巨大的。分为直接信息和间接信息两部分内容。直接信息是用文化要素符号在地图上直接表示出来的信息，如古建筑，古桥梁等；间接信息这是通过分析解释，得出的有关规律的信息，如文化高度的差异性、文化密度的大小等信息。

五 文化图式

本图式是依据大比例尺的图式（1∶500 1∶1000 1∶2000），以"古"字为基本寓意，将"古"字转化为符号"古"，用来表示"传统"之含义。并在此基础上，进一步简化，以"■"来作为文化图式的基本符号。并在此基础上，参考原来地形图图式符号，通过剪裁、抽象、类比等手法，演绎设计出一套属于自己知识产权的传统文化要素图式。见附录A。

文化地图的分幅参考"国家基本比例尺地形图分幅和编号"（GB/T13989）之1∶500 1∶1000 1∶2000分幅原则。

（一）符号分类

1. 依比例尺符号：地物依比例尺缩小后，其长度和宽度能依比例尺表示的地物符号，如古建筑等。

2. 半依比例尺符号：地物依比例尺缩小后，其长度能依比例尺而宽度不依比例尺的地物符号，如古道等。

3. 不依比例尺符号：地物依比例尺缩小后，其长度和宽度不能依比例尺表示的地物符号，如古树、古墓等。

（二）符号的尺寸、符号的定位、符号的配置

符号的尺寸见图示中"符号细部标注"；符号的定位以符号"■"的重心为标准；符号的配置，主要指不参与定位的群体性符号的配置，如植被符号、墓葬群等，配置符号、方式参照国家基本比例尺地图图式进行配置。

（三）符号的使用方法与要求

1. 图式中，除特殊标注外，一般实线表示建筑物，构筑物的外轮廓与地面的交线（除桥梁、坝、水闸、架空管线外），虚线表示地下部分或架空部分在地面上的投影，点线表示地类范围线，地物分界线。

2. 依比例尺表示的地物分以下表现形式

（1）地物轮廓依比例尺表示，在其轮廓内加面色，如河流、湖泊等；或在其轮廓内适当位置配置"文化图式中"不依比例尺符号和说明注记作为说明。说明注记见附录 A。

（2）面状分布的同一性质地物，在其范围内按照整列式、散列式或相应式配置说明性符号和注记，如果界限明显的用地类界表示其范围（如古树林等），如界线不明显不表示界线（如古疏林地等）。

（3）相同地物毗连成群分布，其范围用地类界表示，在其范围内适中位置配置不依比例尺符号，如古墓葬群等。

3. 两地物相重叠或立体交叉时，按投影原则下层被上层遮盖的部分断开，上层保持完整。

4. 符号的尺寸、标注、说明，详见文化地形图图式规定。见附录 A。

（四）符号与注记

1. 在 1∶500、1∶1000、1∶2000 地形图符号与注记中，凡是未作特殊说明的地形地貌，建筑物构筑物，符号与注记与地形图相同。

2. 凡是人工建造的建筑物、构筑物，均采用本符号系统。

3. 每一个人工的建筑物、构筑物、古树名木等，以其图式重心为文化高度标注点，采用高程点标注模式，在"标注点"右侧标注文化高度。在线型符号中，每隔 20 米标注一个文化高度。

六　文化地图的测绘

（一）坐标系的确定

文化地图的测绘，可根据测绘区域面积大小和用途，选择国家坐标系统和独立坐标系统。在测区面积较大的情况下，可选择国家坐标系，即采用 2000 国家大地坐标系；当测区面积较小，或者比较偏远，可选用独立坐标系，可在测区任意选择一个点作为坐标原点（0，0），若测区有国家坐标系的起算点，尽量选择该点作为起算点。选取某两点连线作为起算方位,若有两个国家坐标点,则尽量选用这两点连线,作为起算方位。

(二) 控制测量

为了限制误差的累积和传播,保证测图的精度及速度,测量工作必须遵循"从整体到局部,先控制后碎部"的原则。即先进行整个测区的控制测量,再进行碎部测量。控制测量的实质就是测量控制点的平面位置。测定控制点的平面位置工作,称为平面控制测量。在文化地图的控制测量中,不进行高程控制测量。

控制测量首先收集资料,再进行控制网设计,到测区实地选点埋石、造标,最后进行观测计算。观测所用仪器根据实际测量队伍技术、设备力量决定,最终目标,测出各控制点的平面坐标(X,Y),不进行高程控制测量。

(三) 碎部测量

在控制测量基础上,对测区的建筑物、构筑物、自然遗留的独立地物、水系等文化要素承载空间、承载物,采用文化地图图式,进行碎部测量,并编绘成图。

(四) 文化高度调绘

在开展测绘前或测绘后,可对测区个文化要素进行调查。文化要素调研,采用统一的文化要素谱查表。调查表分建筑物、构筑物、自然遗留独立地物三类表格。见表4-1、表4-2、表4-3。每一幢建筑物设置一个表格,所有构筑物统一设置一个表格,所有自然遗留独立地物统一设置一个表格。

(五) 文化地图编绘

每一幢建筑物,根据建筑物(院落)的大小,确定文化高度碎部点的密度。原则上,一幢独立的建筑物,设建筑中心为文化高度碎部点;每一个院落设一个文化高度碎部点,内庭院、外庭院,分别设一个独立文化高度碎部点;独立构筑物,设一个文化高度碎部点;带型人工地物,如堰坝、古河堤、道路等,以实地20米设一个碎部点(1:500地图,图上距离4厘米,1:1000地图,图上距离2厘米,确定带状地物文化高度碎部点。) 根据调查表分别计算各碎部点文化高度值,以"高程点"的注记模式，注记文化高度，最后，以内插法，绘制文化等高线。

(六) 利用现有地形图，进行文化地图的编绘

利用现有地形图进行文化地图的编绘，指的是利用现有1∶500、1∶1000等大比例尺地形图进行地形图的补测、编绘。对照地形图和现有地物，对新增建筑物进行补测，补测完成后，现有地形图中已经测绘的人工建筑物、构筑物和历史遗留的自然独立地物，去其高程系统，即删除高程点和等高线，利用文化要素调查表，确定文化要素碎部点，并加注各文化要素碎部点的文化高度，勾勒文化等高线，最终编绘成图。

(七) 文化要素调查

文化要素分四类进行调查，分别为建筑物、构筑物、自然遗留独立地物和非物质文化遗产。各类文化要素分别具有物质、精神、制度三个方面的文化属性。调查关键在于获取文化要素数量及地理位置，表格可自行设计。

1. 建筑物。是测区承载历史文化要素最集中的空间。每一幢建筑物，主要包括三大空间及三大类文化要素，三大空间包括住宅空间、内庭院空间、外庭院空间，三大文化要素包括物质类、制度类、精神类三大类文化要素。物质类指看得见摸得着的文化要素，如建筑物中的门、窗、墙体所采用的传统材料；制度类，指其所蕴含特殊建筑工艺及所蕴含的人类社群管理制度等；精神类指代表人们的精神信仰、精神寄托所蕴含的内容等。文化要素文化高度以建筑物建造年为起算标准。每个文化元素的文化高度计算方法，按照公式 (1) (2) 计算，所有文化要素文化高度的和，为该建筑空间的文化高度。群体（院落）建筑，以每一个建筑单元作为一个文化高度碎部点。

同一年代的建筑，其建筑造型、内部结构、内部装饰、生活方式都差不多，因此，每一间建筑内部的文化要素个数，也相差无几，两幢建筑文化要素差别，在于"间数"差别，因此，为简化文化高度的计算，公式(1) (2) 所得文化高度，表示该幢建筑1间的文化高度值，整幢建筑文化高度等于：

$$Z_{总} = Z \times J \qquad (4)$$

Z 表示某一幢建筑1间的文化高度数，J 表示该幢建筑的间数。

2. 构筑物。指难以住人的人工建筑空间。包括桥梁、道路、山塘驳坎、河岸驳坎、沟渠驳坎、塔、楼阁、烟囱、电线杆、古墓、凉亭、摩崖石刻、古井、堰坝等。文化要素文化高度，以人工生产起始年为起算标准。

3. 自然遗留独立地物。指独立古树、古树林、具有特殊意象的山头、石林、具有故事的独立石块、山崖、瀑布、古河流、山塘水面、沟渠、深潭、特殊意象的水口等。自然遗留独立地物文化高度以村落、城市起始年为起算标准。

4. 非物质文化遗产。按照国家现有标准分为十类。分别是民间文学、传统戏曲、音乐、舞蹈、曲艺信息、传统体育、游戏杂艺、传统技艺、民俗、传统医药，这些非物质遗产，有其活动空间，因此，这些文化要素归属于其所存在的空间。该空间在计算文化高度时，将非物质文化遗产文化高度叠加计算。

七 文化生态的识别

（一）传统文化密度的计算

传统文化密度（M）：某一文化生态圈传统文化要素的集中程度。用公式表示为：

$$M = \sum_{i=1}^{n} S_i / S_q \tag{5}$$

其中，S_i表示传统文化要素所承载物质空间的占地面积，n为传统文化要素物质承载空间的个数，S_q表示文化生态圈的用地总面积。村落文化生态圈以村域面积计。

按照传统文化密度的定义，首先判定哪些是承载传统文化的物质空间。承载传统文化的建筑，统计其基底面积之和；独立地物，以其占用的用地空间面积计，如古樟树，以其树冠的投影面积计算，古墓，包括墓道、明堂等用于祭祀的用地之和，古桥、古塔、古堰坝等以其占地面积统计，古河道等水域，以其水域面积统计。以此类推。

各传统文化要素承载空间面积，在矢量化文化地图中用CAD软件进行面积量算，在excel中列表统计计算。

传统文化密度，是比较两个类似的文化生态圈之间文化要素的集中程度的一项指标，文化密度越高，该文化生态圈传统文化保留相对完整，沙漠化程度越轻。是判别该文化生态圈能否开发旅游产业的重要指标。

（二）单幢建筑文化要素平均数

不同的建筑物中，所包含的文化要素有多有少，单幢文化要素平均个数，是指某村落所有文化要素个数除以建筑物幢数。传统建筑越多，该指标越大。用公式 4 表示。

$$S = \frac{\sum_{i=1}^{n} W_n}{Z} \tag{6}$$

式中，S 为单幢文化要素平均数，W 为单个文化要素，Z 为建筑物、构筑物总数。

（三）文化地图的判读

文化地图，一看大势。即该文化生态圈中文化要素的总体分布规律。文化等高线所表现出的"地形形态"，表达出传统文化要素价值的高低。文化价值最高的点，体现为"山峰"形态，表示最应该保护的地域；"山谷"地带，往往是两个相对密集传统文化分布区的交接地带，"小山头"越多，说明该生态圈传统文化分布碎片化；现代建筑区域，传统文化稀少，表现为文化等高线平缓，稀疏。

二看文化高度的大小。以数字形式体现，数值越小，传统文化要素价值越低。

三看建成区之外农田区域文化要素分布规律。村落建成区以外的文化要素分布，基本反映了先人村落选址、村落风水结构营建、村落文化意象的分布规律、宗教信仰与空间的关系、精神生活要素在地理空间的分布形态、农耕文明的历史遗留情况等。

（四）规划中文化生态的保护

在村落规划中，需要避免"挖方"，即把"山头"铲平，要保护好各个"传统文化山头"，就像保护自然山体一样，使其成为历史文化的记忆空间。

八　附录A　文化地图图式

编号	符号名称	符号式样 1:500	符号式样 1:1000	符号式样 1:2000	符号细部	备注
1.0	定位基础	定位基础、各类符号式样，参考1:500地形图图式。				
2.0	水系	水系中，凡涉及历史遗存者，古石岸坝、古堰坝，其余图式，均参照1:500地形图图式。				
2.1	河流					
2.1.1	古堤坝	1.0	2.0	0.3	1.2 = 3.0 / 3.0 / 2.0	以实地测量长度为准，河流、沟渠、胡泊、水库古堤坝均以此表示。
2.1.2	古堰坝	1.0 =		2.0	1.2 = 3.0 / 3.0 / 2.0	堰坝加一"古"符号。
2.2	沟渠					
2.2.1	古坎儿井		1.0	0.3	1.2 = 4.0 / 4.0 / 2.0	井中加一"古"符号。
2.2.2	古输水渡槽（高架桥）				2.0 / 1.2 / 2.0	渡槽（高架桥）上中加一"古"符号。
2.2.3	古倒虹吸					
2.2.3	古涵洞				1.0 = □ 0.6	长度以比例，宽度不依比例。
2.2.4	古水井、机井				4.0 / 4.0 / 2.0	井中加一"古"符号。
2.2.5	储水池、水窖地热池 a 高于地面 b 低于地面 c 有盖板的	a	b 冲 古	c		

编号	符号名称	符号式样 1:500	符号式样 1:1000	符号式样 1:2000	符号细部	备注
2.2.6	古水闸 a 能通车的 　5-闸门数 　石-建筑材料 b 不能通车的 c 水闸上有房子 　3-层数 　石-建筑材料	a	b	c	1.2	古水闸均按照依比例尺绘制，不区分能否通车、走人等因素。
2.2.7	船闸 a 能通车 b 不能通车，能走人 c 不能走人	a	b	c	1.2	以实地测量长度为准，河流、沟渠、胡泊、水库古堤坝均以此表示。
2.2.8	水碓房、磨坊					水车下设一"古"符号。
2.2.9	古加固岸堤				1.0	圆形符号代表加固堤坝松树庄。
2.2.1	古防波堤、制水坝				4.0	井中加一"古"符号。
3.0	居民点及设施					
3.1	古民居					
3.1.1	遗存古民居 a 木结构 b 泥土墙 c 石头墙	a	b	c		通过"古"字变形，形象表达出一般木结构（砖）墙、土墙、石墙的古民居。
3.1.2	古屋基					房屋倒塌、古屋基尚存。
3.1.3	古吊脚楼					用木头、石头架空级的古民居。

第六章 村落文化生态的识别

编号	符号名称	符号式样 1:500	符号式样 1:1000	符号式样 1:2000	符号细部	备注
3.1.4	古窑洞 a 地面上的 a1 带房子的 b 地面下的	a	a1	b	1.2 ▪ 3.0 2.0	窑洞内加一个"古"字,表示古窑洞。
3.2	设施					
3.2.1	矿井口 a 开采的 b 废弃的	a 铁		b 铁	1.2 ▪ 2.0 2.0	
3.2.2	管道井（油气井） 油——产品名称	油			1.2 ▲ 3.0 2.0	
3.2.3	海上平台	油				
3.2.4	古水塔 a 依比例的 b 不依比例的	a		b	1.2 ▪ 3.0 2.0	
3.2.5	古烟囱 a 依比例的 b 不依比例的	a		b	1.2 ▲ 3.0 2.0	
3.2.6	窑 a 堆式窑 b 台式窑、屋式窑	a 瓦		b 陶	3.0 ▪ 3.0 2.0	
3.2.7	露天货栈 a 有平台 b 无平台	古货栈		货栈		房屋倒塌、古屋基尚存。
3.2.8	古地窖（菜窖）				3.0 ▪ 3.0 2.0	用木头、石头架空级的古民居。

219

编号	符号名称	符号式样 1:500	符号式样 1:1000	符号式样 1:2000	符号细部	备注
3.2.9	古粮仓（库） a 依比例的 b 不一比例的 c 粮仓群	a		b	1.2 ═ 0.8 2.0	与1:500图式比较，圆形变为方块。
3.2.10	传统晒谷场				2.4	将"谷"字的"口"改为"古"字符号。
3.2.11	传统影院				1.2 ═ 2.2 2.0	
3.2.12	古戏台、观礼台				1.2 ═ 2.5 2.0	将"台"字的"口"改为"古"字符号。
3.2.13	独立古坟				3.0 ═ 2.0 2.0	
3.2.14	古迹、遗址		阿房宫			遗址边界实测、依比例。
3.2.15	旧碉堡、旧地堡 a 依比例的 b 不一比例的	a		b	0.6 ═ 2.0 1.2 2.0	
3.2.16	古烽火台				═ 5.0	
3.2.17	碑、柱、墩				1.2 ═ 3.0 2.0	
3.2.18	古纪念碑				1.2 ═ 2.0 2.0	

第六章　村落文化生态的识别

编号	符号名称	符号式样 1:500	符号式样 1:1000	符号式样 1:2000	符号细部	备注
3.2.19	牌坊、牌楼 a 依比例的 b 不一比例的	a		b		与1:500图式比较，牌楼图式下加"方块"。
3.2.20	钟楼、鼓楼 城楼、古关塞 a 依比例的 b 不一比例的	a		b		与1:500图式比较，钟楼图式下加"方块"。
3.2.21	古亭 a 依比例的 b 不一比例的	a		b		
3.2.22	文物碑石					
3.2.23	古旗杆（石）					
3.2.24	雕像、雕塑 a 依比例的 b 不一比例的	a		b		
3.2.25	庙宇					
3.2.26	清真寺					
3.2.27	教堂					
3.2.28	宝塔、经塔 a 依比例的 b 不一比例的	a		b		

编号	符号名称	符号式样 1:500	符号式样 1:1000	符号式样 1:2000	符号细部	备注
3.2.29	土地庙 a 依比例的 b 不一比例的	a	b		1.6 0.8 1.6 1.2 2.0	
3.2.30	长城、砖石城墙 a 完整的 a1 城门 b 不完整的 b1 豁口	10.0 a　　a1	10.0 b　　b1			以"方块"镂空代表古砖石城墙。
3.2.31	土城墙 a 城门 b 豁口	10.0 a　b				以"方块"填实代表古土城墙。
3.2.32	古围墙、垣墙	10.0			1.0= 2.0	以中间填"方块",代表古围墙、垣墙。
3.2.33	古栅栏、栏杆					取"古"字下的"方块"。
3.2.34	古篱笆					取"古"字上的"十"字。
3.2.35	古过街楼	2　　2				取"古"字下的"方块"居中,代表古过街楼。
3.2.36	院门 a 无门顶 b 有门顶 c 有门房	a　　　b c				
3.2.37	照壁、影壁					
3.2.38	门墩					

第六章　村落文化生态的识别

编号	符号名称	符号式样 1:500	符号式样 1:1000	符号式样 1:2000	符号细部	备注
3.2.39	假石山					
4.0	交通					
4.0.1	老铁路					
4.0.2	老火车站					以"方块"代表车站立柱，同时代表"古"的含义。其余小设施与1:500图式同。
4.0.3	古道					古代的县域交通道路，满足步行、车马交通需求。
4.0.4	古村内古街巷					取"古"字下表示用青石板铺设的古街巷。
4.0.5	古廊桥					桥上加一"古亭"符号。
4.0.6	古石板桥					取"古街巷"的石板路含义。
4.0.7	古石板拱桥					
4.0.8	古河道码头					古河道外凸码头，以石块堆砌为主。
4.0.9	古灯塔 a 依比例的 b 不一比例的					取古塔之意，又与1:500图式相对应。

编号	符号名称	符号式样 1:500	符号式样 1:1000	符号式样 1:2000	符号细部	备注
4.0.10	古架空索道 a 依比例的 b 不一比例的	a		b		
4.0.11	文化曲线 a 首曲线 b 计曲线 25 —文化高程	a ～～0.15 b ～～0.3 25				
4.0.12	文化高程点及注记 1530.0 —文化高程 · —注记点	0.5 ·1530.0				
4.0.13	古田坎					用块石垒砌的古田坎，上面可以走人。
4.0.14	古树	○			1.2 ○ ═ 2.0 ‖ 2.0	
4.0.15	注记					各级地名注记参考1:500地形图图式。

九 郑宅村简史及其文化地图编辑

选取样本村郑宅村为例，对郑宅村村落空间发展历史作一分析，同时对村落现状传统文化空间分布进行文化地图的编辑，从而了解村落传统文化的分布形态。在文化地图基础上，进行该村落传统文化生存状态的解读。

（一）村落空间的形成及考证

1. 村落起源

相传起始祖自金华到武义，过"南山大溪"（即郑宅现状所在地），见其形势，山环秀翠，水曲潆洄，甚是欢喜，时值中午时分，便埋锅造饭，三天后在武义办事完毕回经此处，见埋锅造饭处灰烬尚有余火，料定此处可"生生不息"，便从金华竹马馆迁来定居。埋锅造饭，炭火是否三天不息，真假难考，但郑氏始祖爱其山水，必然是真的。"乃五公自竹马馆迁大溪，犹无以撷秀，山川钟灵矧耳。今则自英四公相土立庙以后，行苇沃龙潭之泽，縣瓜聚马畈之云，诒燕翼者云孔长矣。"① 可见，郑宅村起始祖为乃五公，由英四公相土立庙，开基立业，瓜瓞绵延，以致今日成婺郡一方望族，如今全村分上村、下村两个行政村，人口达1210人之众。可见，一地风水好坏，是村落选址、建造的重要因素，在中国人心目中，也是香火能否绵延、兴旺的重要因素。如图6-1所示，是郑氏宗谱中的村落山川形势图。

2. 村落格局

从郑宅山川形势图中可见，郑宅村背山面水，翠峰环绕，是一个理想的风水宝地。北面来龙，到村前主峰，高耸挺秀，来龙气势轩昂，龙山面南，缓缓而下，在溪前与溪水之间形成了较为开阔的坡地，形成了大约七公顷大小的环境容量空间。村前大溪（潆溪），自东北角两溪（桐溪、龙溪）汇流后，蜿蜒而下，形成"回字"形环抱之势，是风水学中最理想的水形。上水口选于"潆头"，设禹王庙，以示对水神的敬畏以及对治水之王——禹王的崇拜，请禹王坐镇村口，希望不发大水，保一方平安。在潆溪、桐溪入村口处，分筑堰坝，抬高水位，以灌溉下游耕地，同时，将

---

① 蒋延桢：《金华长楼郑氏重修谱序》，《龙溪郑宅郑氏宗谱》第一卷，民国辛未重修版。

图 6-1 郑宅村形势图

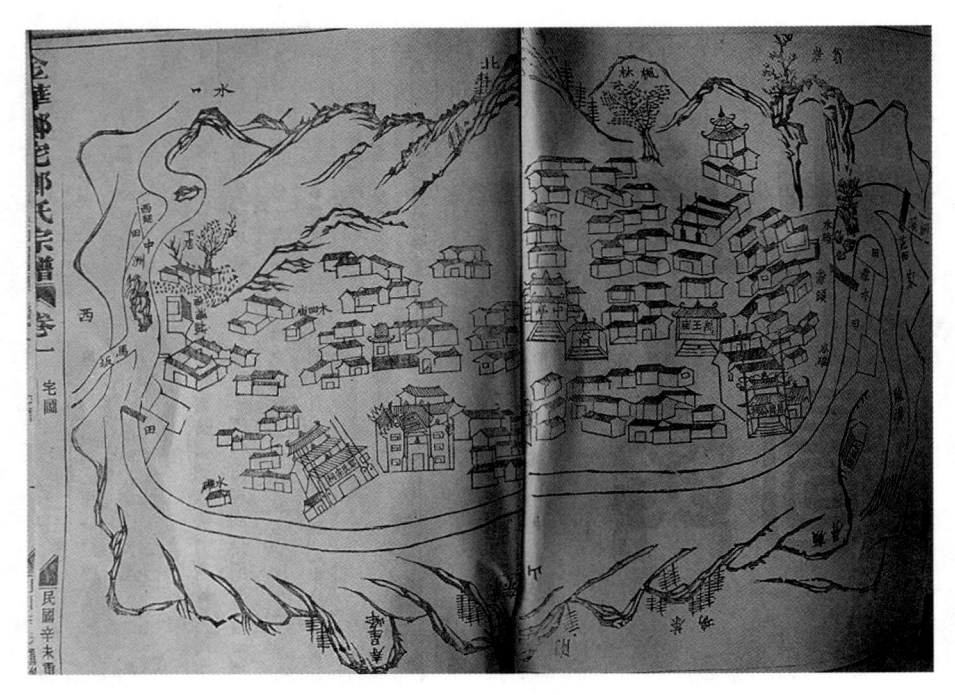

溪水引流到村落,以满足村民日常生活用水;同时在上水口修筑两处水碓,以满足粮食加工需求。溪水自东北成"回形"蜿蜒而过,在西北下游分流,从而形成两水合围的岛屿——美其名曰"中洲"。"中洲"下游两水再次合流处,便为下水口,设"诚福庙",以为村民祈福。溪流隔岸,翠屏秀丽,有茶坞、笔架山、寿星峰等山峦形成一道连续的"屏风",与村落隔溪相望,成为村落风水格局中的"案山",案山四季翠绿,烟雨交错,行云流水,四时不断,成为村落一道秀丽景观,与村落共同构成一个优美、秀丽的生存空间。

村落背靠龙山,挺拔俊秀,森林茂密。俗语云:"山管人丁水管财。"村落靠山上的"树木",代表了村落的"子子孙孙",在古代是不允许上山砍伐的,因此,古树名木多集中在此处。在郑宅村落形势图中,清晰标注出"枫林"两字,可见,古人有意在村后山坡上种植枫树,从而营造"停车坐爱枫林晚"的意境。古人不但在村落空间、建筑空间营造中大有讲究,就连村落四周景点营造,也费尽心机,尽量打造出"诗意的生活空间"。虽然经过兵燹、大办钢铁期间大肆砍伐,但山上还零星保留着几棵古樟、苦槠，已有五百多年树龄。成为村落历史变迁的见证者，也成为今人的历史记忆。

村落神灵崇拜，大有讲究。上水口设"禹王庙"，大凡临溪而建，防洪是首要；下水口设"诚褆庙"，专为祈福而建，该庙宇设于下水口，应该与祈求"出入平安"相关；同时，在下村设"木四庙"，庙中供奉土地公公，应该是祈求保护这方土地的宗教信仰。郑宅地处南山，山多地少，因此，竹子、木材应该是村落重要的经济林，因而，祈求竹林、杉木茂密，从而能获得较好的经济收入，应该是村民的普遍愿望，那么"木四庙"的取名，是否与祈求山林有好的经济收入有关，需要进一步考证。所有庙宇，设置于村落外围四周，与村落内的宗祠，形成了内拜祖先、外拜神仙的空间格局。

3. 宗祠考证

郑氏为婺郡望族，自始祖相土立庙以来，经历十代人的创业，到雍正年间，开始谋划建祠一事。宗谱载："今夫孝子慈孙，欲展尊祖敬宗之念，要必有其地，庶得尽其诚。吾家自始祖以来至于今十有余世，初未尝立庙以妥先灵，故祭祀蒸尝之典阙焉。不讲崇德报功之举，亦置若罔闻是以。雍正年间，族长鼎、尚文、思裕、思详、开仁、开智、开文等会同族众议欲建祠费用，理应孟、仲、季三房平出，但仲、季二房因丁财不一，不能从议于是孟房……英四公派下拾费其捌，而仲、季二房拾费其贰焉。特登诸谱。岂（时）乾隆十八年岁次癸酉蕤宾上澣之吉。"① 蕤宾上澣之吉，正是端午节。可见，郑氏宗祠，最早建造于雍正年间，雍正在位13年，该篇记录，是乾隆十八年（1753年），因此推算，郑氏宗祠至今已有287—300年了。该宗祠建造于下村沿溪一侧。从宗谱图画中可见，建筑雄伟，门楼三层，三进两院，门前旗杆高耸，足见郑氏望族气派，见图6-2。但历经兵燹与劫难，至今郑氏宗祠只剩下简陋的三间瓦房。

另一篇道光二年序言，则是记录了见周公奋斗经历和别建一祠的经过和缘由。序言云："……见周公为万生公之子，七岁失怙恃，九岁遭寇扰，避难于闽，十九岁还乡。是时，庐室荡如，几无依倚，公则以双手，成家上还祖业，下诒孙谋昆仲，有感于祖功宗德不敢忘，因别建一祠以崇

---

① 《金华长楼郑氏重修谱序》，《龙溪郑宅郑氏宗谱》第一卷，民国辛未重修版。

祀，所以重报本也。主牌自柱峰公以上九世，不及旁支，详一派也。九始祖由仍五公始，明别子为祖也。上及知制诰毅夫状元公原宗支所自出也，仿圭田五十亩制诸祠，行蒸尝之礼也，祠经始于道光元年（1821年）十二月辛丑，讫功于二年冬十一月壬子。堂三楹，寝三楹，内列龛楼，外缭垣墙……道光二年十二月上澣之吉。赐进士出身敕授文林郎即选知县现任金华府学教授加级鄞县竺之侃顿首拜撰。"① 郑氏宗祠在嘉靖年间遭遇兵燹，见周公十九岁还乡之时"是时，庐室荡如，几无依倚"。凭着见周公双手劳动，重新恢复祖业，并于道光元年（1821年）重新选址于原宗祠的上游区域，建造宗祠，规模宏达，达五十亩之广，四周加筑垣墙，后人为纪念见周公，将该祠堂命名为"见周公祠"，即为上村办公楼所在宗祠是也。目前只留后面两进建筑，前面一进，已改建为上村办公楼。近年来，对堂、寝两进建筑进行修复，笔者考察之时，已成规模，修葺一新，成为现在郑氏主要的祠堂，如图6-3所示。

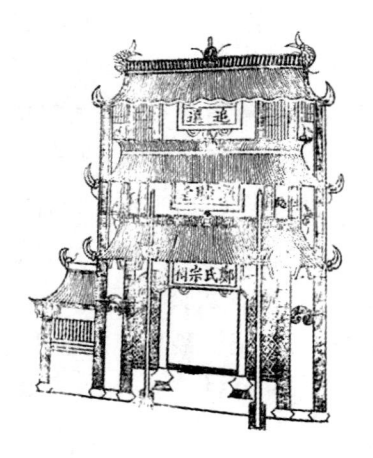

图 6-2　乾隆年间郑氏宗祠

除了村落内的几处宗祠，在村落东南面有一座太祖庙隔溪相望。村落内各宗祠中祭祀的主要是迁居本地以后始迁祖以下各代祖宗，始迁祖以前的远祖，血缘上虽与本村同为一脉，但居住、生活空间则在他乡，因而设立太祖庙，祭祀始迁祖以上的远祖，一者为了"明来处"，让子孙后代了解村落发展的由来，以达到尊祖敬宗的目的。远祖已远，有如神明，因

---

① 竺之侃：《金华长楼郑氏重修谱序》，《龙溪郑宅郑氏宗谱》第一卷，民国辛未重修版。

图 6-3　见周公祠（现状）

此，当作神明来供奉更为恰当，因而遵循"内拜祖先、外拜神仙"的布局原则，太祖庙设于村落外围，是合情合理的，而东南方向，则遵循了周礼中"左祖右社"的礼仪空间格局。

4. 村落外围景观——郑宅十景

郑宅村先祖筑庐于山水之间，躬耕于云田之上，尊祖敬宗，知书达理，重耕重读，诗意生活，热情好客。每有文人墨客游历此地，不惜墨宝，吟诗作赋，久而成"郑宅十景"，成为郑宅村代表性的自然和人文景观。裔孙郑楚，在为族谱刊集十景诗作序，序言曰："聚族于斯，丁繁户众，室庐稠密，绮错绣罗。秀竹茂林，迷离葱郁；浮云朗月，掩映婆娑而且参差；渔笛桐涧传闻，错落棋声枫林，依水茶青屏翠，堪寓幽情；水远山高，无非胜景，是故，游侣过兹，悉皆停步；骚人对此，自必留题；尺幅之中，精微俱蕴，披图浏览，不觉神怡。"① 此序文采斐然，不但写出了郑宅各景点的神韵，而且写出了所以成为人文景点的原因。

郑宅十景名称分别为：翁岩若壁、茶坞长青、枫林对弈、桐涧垂纶、龙溪漾月、马畈浮云、顾屏翠积、漈水涛生、中洲竹秀、寿星峰灵。现摘录曹亦选所题写的《郑宅十景》组诗，这一组题诗，应在乾隆年间。

郑宅十景
作者：曹亦选

---

① 郑楚：《金华长楼郑氏重修谱序》，《龙溪郑宅郑氏宗谱》第一卷，民国辛未重修版。

1. 翁岩若壁

嵯峨似壁巧成奇，高挺孤峰独自敧。
峦嶂层层生碧潋，巅崖隐隐画清姿。
连山不与深山绩，傍水还知远水湄。
天外飞来疑近似，巍巍突起一藩篱。

2. 茶坞长青

景色无边泄地灵，山偎长见四时青。
苍松挺秀临云汉，嫩竹摇风落絮萍。
翠点芳丛含雀舌，绿浮细叶映山亭。
有时桃李花齐发，红白分呈浅淡形。

3. 枫林对弈

闲棋半局笑谈中，用尽心机斗化工。
乐此业林为战地，幸兹芳谷点兵戎。
眼前即是春光好，霜后还留晚景红。
迫及完成终一局，浑忘谁北与谁东。

4. 桐涧垂纶

不必穷源去问津，早知幽谷绝车尘。
清泉滚滚生涛浪，白缕丝丝见钓纶。
数道银光来涧壑，几棱竿影下江滨。
恍然梦叶飞熊象，渭水从兹遇隐沦。

5. 龙溪漾月

龙溪胜景正堪题，明月当空漾浅溪。
皓魄欲流流复止，辉光似缺缺还齐。
随风急逝生纹纸，逐浪悠扬过远堤。
一片飞霞谁共赏，误惊宿鸟混东西。

6. 马畈浮云

山名马畈景偏幽，出岫无心傍水流。
舒展烟霞迷草谷，飘飏云雾罩山头。
萦回峦嶂轻轻发，缠绕岩崖浅浅浮。
正是一番真国色，人间能有几时留。

7. 顾屏翠积

顾着山陵色色青，俨然天产一围屏。
云烟绕绕缘风舞，松竹萋萋带雨零。
错落霞光知造化，积成翠丽见神灵。
一番风景难图画，安得闲游不少停。

8. 漈水涛生

漈头深涧水滔滔，两岸连山水势豪。
激断清流翻雪浪，冲开碧涧捣银涛。
奔腾似去去还转，涌跃欲流流反高。
何羡长江通海若，居然乐此任游翱。

9. 中洲竹秀

瞻彼泉源土一邱，昂然挺起现中洲。
两边夹着三潭水，八面常通数涧流。
个个青棱移月影，条条绿竹扫山头。
几般胜景宜人处，深涧鱼鳞戏晚秋。

10. 寿星峰灵

不知年月不知春，常见山南有寿星。
登彼巅崖闻牧唱，偶临岩穴见樵停。
生成岚岫凝山色，献却岗陵毓地灵。
得此一番胜景象，方知不老有图形。

郑宅十景诗，不知何时开始吟唱，到乾隆甲寅年（1794），已收录曹亦选、叶岱七言律诗各一组，丁谟五言仄韵律诗一组。第一个开始吟唱十景诗的本地诗人是九世孙郑圣封，他以七言绝句吟唱，同时还增加了一个景点"笔架山"，到十一世孙开始，子孙吟咏十景，蔚然成风。十一世孙郑鸣法，以七言绝句的形式吟咏，十一世孙郑延铨、十二世孙郑延佐以七言律诗吟咏，十三世孙郑士翘以七言绝句吟咏。可见，到郑氏十一、十二世，十三世，郑宅文风盛起，十景诗吟唱达到了高峰，村落文化氛围及其浓厚。到乾隆甲寅年（1794），共计有八人吟唱，计八组十景诗，另加《笔架山》一首，共计八十一首诗。

道光年间、咸丰年间、光绪年间，郑氏子孙仍然吟咏不断，郑宅十景诗，可单独编成一本诗集。这十个景点，也因为历代文人的吟咏，成为郑宅重要的历史文化遗存。其文化高度可从乾隆年间第一组吟咏起算，暂且以乾隆元年（1736）开始计算其文化高度。十个景点分布如图6-4所示。

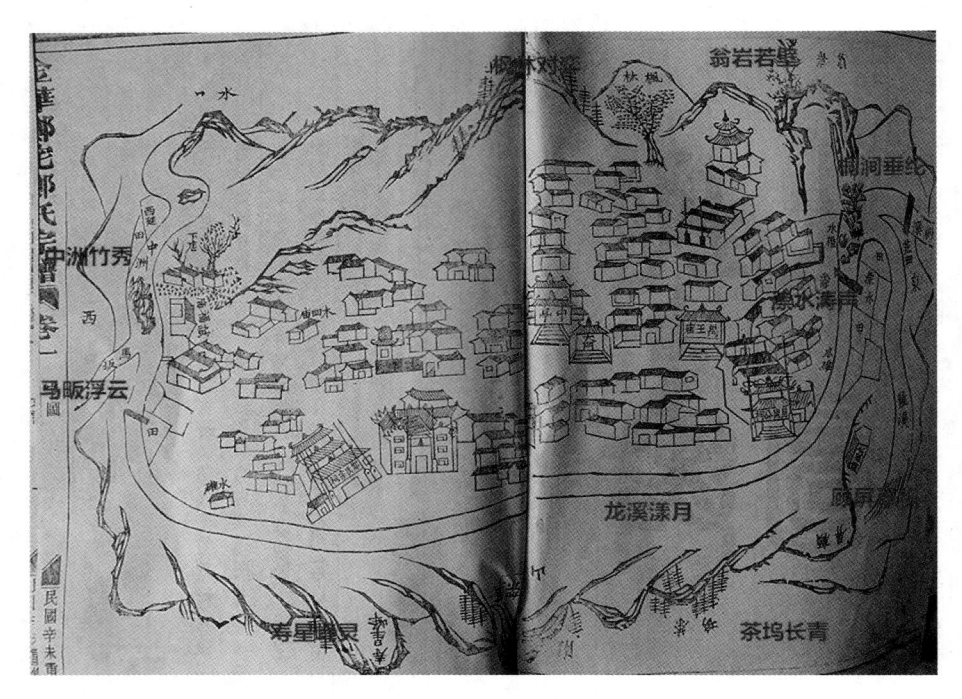

图6-4 郑宅十景分布

5. 村落空间文化要素调查及文化高度计算

村落建筑空间，是传统文化遗留最集中的区域。主要包含物质文化遗产和非物质文化遗产。村落建筑空间构成及文化分类调查，见第二章。按照建筑空间的分级及文化要素分类调结果，根据本章公式（4），计算每一幢建筑的文化高度。

村落周边的构筑物、古树、古墓葬等，以实际年龄计算文化高度；具有诗文记载的村落"八景"或"十景"，以第一篇吟咏诗文年代计算文化高度。文化高度的标注参考地形图高程点的标注形式，注记点用小圆点"●"表示，直径0.5毫米，边上标注文化高度。已标注"文化地形图图式"的建筑物、构筑物、景点等，以图式的"重心"作为注记点，不再标注小圆点。

第六章 村落文化生态的识别

由始祖相土里庙以来，经历十代人的创业，到雍正年间，开始谋划建祠一事。乾隆元年为1736年，雍正在位13年，那么建郑氏宗祠在1722—1735年之间；在此之前，已繁衍十世，每一世按照20年估算，那么始祖迁居郑宅应该在公元1530年左右，至今应该有492年了。这与后山古樟树树林为500年相互印证。因此，第一代创业，到第二代英四公相土立庙，开始构建禹王庙、构建古堰坝等设施。禹王庙、古堰坝建造年代应该在1560年左右，距今有460年左右了。

各建筑空间、构筑物等文化高度计算后，标注于地形图中，形成碎部点文化高度图，如图6-5所示。

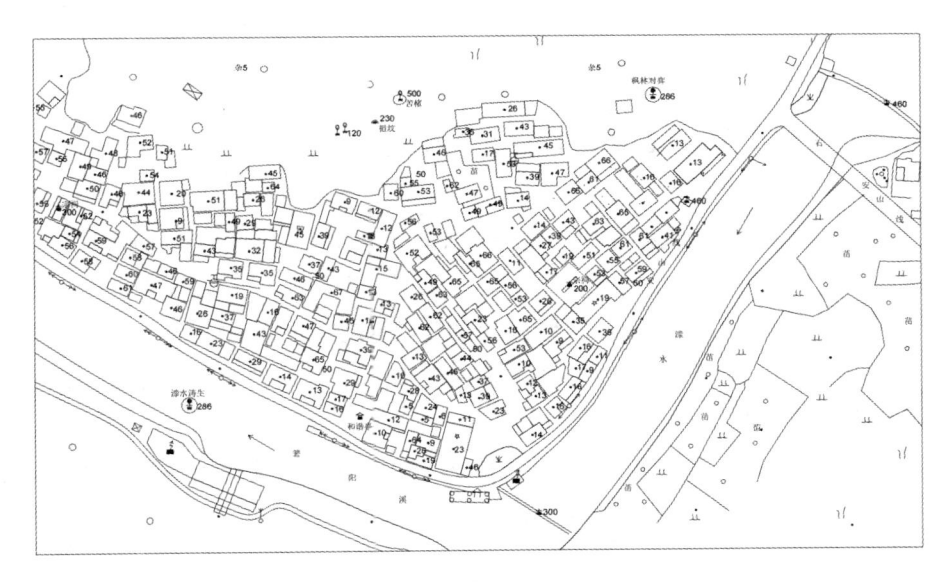

图6-5 郑宅村碎部点文化高度（局部）

（二）郑宅村文化地形图编辑

1. 调取地形图

郑宅村调取1∶2000地形图进行文化地图编辑。为简化郑宅村文化地图，我们选取郑宅村建成区及其与村落选址、信仰、生活紧密联系的周边区域，包括南侧的溪流和北侧的山体，周边的"郑宅十景"各景点。北侧的山体在风水上是郑宅村的"靠山，"地形与村落连为一体，精神上也可谓是郑宅村的"发源地"。

2. 删除地形图中的等高线和高程注记点。删除目的，文化地图要反映文化要素的高低，因而不需要观看地形高低，同时，避免与文化等高线产生冲突，留出图面，以绘制文化等高线。

3. 用文化地形图图式，编辑地形图。在上一章，设计了一套"文化地形图图式"，以表示历史文化要素。该图式以"古"字为基本符号，以表示与 1∶500 等大比例地形图图式的区别。详见附录 A。

4. 计算各文化要素承载空间的文化高度。在文化要素调查表基础上，按照公式（1）（2）（4）计算各文化要素承载空间的文化高度。公式（1）所说的情况，比较少，一般在考古遗址才会出现公元前的历史文化遗存，大多数都是按照公式（2）及（4）进行计算。构筑物、古树名木、古墓葬、"十景"等文化景点等，参照公式（2）计算，一般只考证其"生发年"，对于历史建筑，因为涉及建筑大小，立面文化要素的多少，用公式（4）计算。

5. 标注各文化要素点文化高度。按照高程注记法，标注各文化要素承载空间的文化高度。

6. 绘制等高线。采用内插法，绘制文化等高线。由于某些历史建筑、构筑物、古墓葬等文化高度很高，与一般现代建筑之间文化高差很大，而其所存在的空间又比较狭小，因此，会存在等高线很密的情况。因此，对于"庙宇""宗祠"等点，等高距采用两米，而对于其他村落建筑空间，等高距选择一米。

7. 标注计曲线。对于 10 米、20 米等 10 倍等高距的等高线，加粗，以表示计曲线，在计曲线适当处，标注其高程。最后输出文化地图，如图 6-6 所示。

（三）文化地图解读

当我们身处郑宅村时，该村的历史文化遗存一脸茫然，根本不能通盘把握村落的村落传统文化生态生存现状。经过对村落空间及周围历史遗留的深入调查，对宗谱的深入研读，梳理出隐藏在现状背后的文化痕迹，并将它绘制成文化地图，整个村的传统文化生存现状便一目了然。

1. 外围的山水成为传统文化高地。从图 6-6 中可见，村落的风水格局——背山面水，成为最集中的历史文化遗存地。村落北面的靠山，遗留着古树和祖坟，充分彰显着靠山在村落发展过程中的受保护程度，从古树树龄分析，有的古树，与村落的年龄相仿，可以判断应该是始迁祖或最早

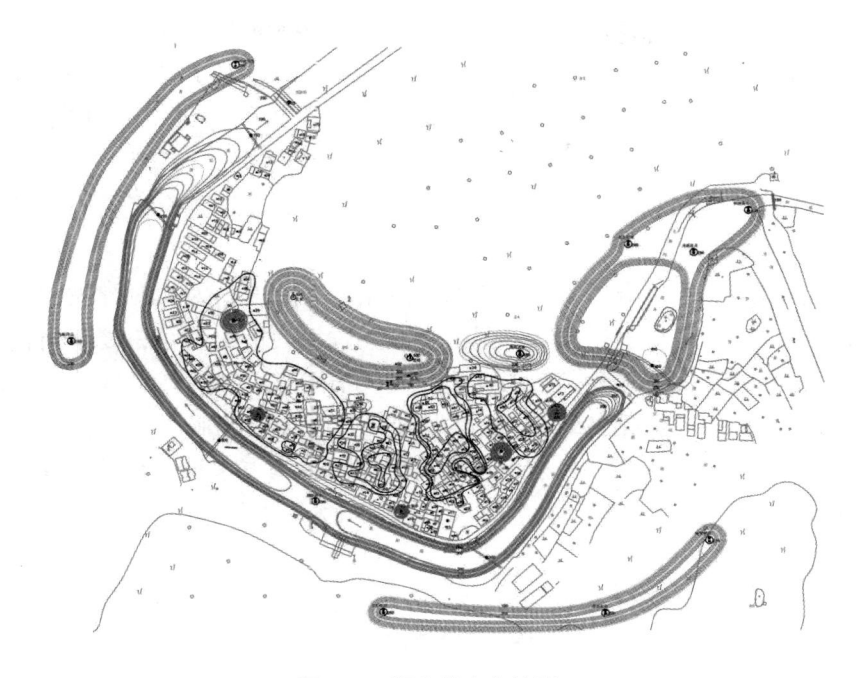

图 6-6　郑宅村文化地图

的几代人种下的，也印证了"山管人丁水管财"在人们心目中的地位；南面的溪水，是村落生产另一个必备要素，村落没有水，百姓生活及生产则无法进行。在溪水中，留存着五道百年以上的古堰坝。可见，要从事农业生产和生活，首先需要治水。上游古堰坝抬升水位，可引入农田、进村落，直接满足生产和生活的用水需求，同时满足水碓的粮食加工；下游古堰坝，是为了引水灌溉村落西南侧山坳中的百亩良田，十景中称之为"马畈浮云"。中间几道堰坝，则是让溪流减缓流速，使溪流平缓，雨季防洪，减缓洪水对河岸的直接冲刷；旱季蓄水，留住有限水源，提供村民生活生产用水。同时，形成开阔平静的河面景观，山光倒影，明月流波，给人们以更美好的景观。古堰坝、古桥在历史的长河中，一直发挥着防洪蓄水的功能，至今保留完好。因此，在背山、面水两个地理空间，成为了最古老、最完整的历史文化遗留空间。

村落的"十景"及"十景诗"，是郑宅村另一个保留完整的文化高地。如果不对郑宅宗谱进行研究，是无法找到"十景诗"的历史文化遗存的。从郑宅十景诞生的第一天开始，吟咏不绝，在村落文化教化，提升村民素养，培养士农气质的过程中，起到了不可磨灭的贡献。如今在村落旅游开发过程中，重新打造"郑宅十景"，对于村落旅游开发和发展，将起到不可估量的作用。因此，这"十景"，自然成为村落最重要的文化遗存。而十景分别分布于风水格局中的"案山""上水口""下水口"等位置。这十个景点，与前后的山水，共同构成了郑宅村的历史文化高地。

2. 宗教信仰文化，成为村落传统文化"孤岛"。人们对神灵和祖宗的敬畏，使庙宇和宗祠得以保留至今，几百年的历史遗存，处于当代的建筑环境中，极其突兀，当用文化等高线描述以后，自然形成了一个高耸的、孤立的"文化岛屿"。显得那么突兀、那么刺眼、那么孤独，如图6-6所示。村落中，目前保留着两座庙宇、两座宗祠。另外还有一座太祖庙、下水口一座庙宇，由于比较偏远，图廓有限，无法在图中反映。

3. 村落建筑空间，成为传统文化的"洼地"。从图6-6中可见，四周文化等高线细密，说明高差悬殊，但村落中，除了几个庙宇、几个宗祠之外，其余的建筑，几乎都是新中国成立后的产物，原因是村落曾经遭受日本侵略者的兵燹。

4. 村落建筑空间形成了明显的传统文化"沟壑"。中国传统村落，原名古村落，是指民国以前所建的村。2012年9月，经传统村落保护和发展专家委员会第一次会议决定，将习惯称谓"古村落"改为"传统村落"。将1980年之前建造的建筑，都称为传统建筑。因此，从这个定义和角度来说，郑宅村，还成片地保留着新中国成立后、改革开放前建造的传统建筑。从文化地图中可见，保留着三大片传统建筑风貌区。风貌区之间以及南部沿公路一侧，则成了传统文化"沟壑"，沿公路一侧，基本都是近二十年建造的新房子，三大片传统风貌区之间，则是拆建形成的传统文化"沟壑"。

对于远郊村郑宅而言，受到城市化冲击相对较少，其村落除了沿公路和沿村落中的主要街巷，成为老宅拆迁改造主要空间，村落中，尚保留着三片相对完整的传统建筑空间，村落传统文化沙漠化现象相对较轻。尤其是村落外围区域，基本保留着传统的历史空间和文化要素。

（四）文化密度计算

该村建成区面积63471平方米，文化等高线在40以上的区域为传统风貌区域，占地面积为 26101 平方米。根据公式（3）计算，传统文化密度 M=41.1%。

十 蒋里村简史及文化地图编辑

（一）村落历史简况

蒋里村位于安地镇东北部，地处梅溪生态廊道沿岸，东与雅畈镇交界，西与苏孟乡毗邻，地理位置十分优越。离安地镇约一公里，村东有雅干溪，村西是东干渠沿村而过。2018 年，大溪口村并迁入蒋里村，扩大了面积。全村拥有耕地 508 亩，林地 2158 亩。约有农户 197 户，人口 555 人，共有党员 33 人。主要自然资源有铝土、金、铝、钛铁；以种植苗木为主。

蒋里村历史悠久，据说早期住民来自东阳黄田畈（镇），距今已有八九百年历史。建设初期称为"翔鲤（祥里）村"，后又称为"大杉树下"村，因村中有大杉树而得名，现改为"蒋里村"。蒋里村以蒋姓为主，其他姓氏的来源以移民为主。

蒋里村 20 世纪仍保留着祠堂（宗祠），约有三百多年历史，修订过族谱，但在日军侵略中被毁，只留遗址，位于村落西北角，目前搭建着三间简易木构建筑；村落也曾有过较完美的古村空间形态，如今古建筑仅保留村文化中心及其后侧的古民居和蒋宝贤革命烈士故居，约有九十多年历史。该建筑以木砖为主要构建材料，近百年来，历经沧桑，外墙体已经出现一定的剥落，内部也有部分风雨侵蚀和腐坏现象，但总体的结构比较完善。其余在村落东侧，保留着新中国成立后所建造的几幢合院建筑。

在古建筑周边，是改革开放前后所建的二层建筑，是蒋里村传统民居较为集中的地段，以砖木结构为主，目前依然有人居住。形成了较为完整的传统建筑片区。村中心没有出现大片旧村改造痕迹，只有局部拆旧房建新房的个体行为。

村落东北向雅干溪对岸，保留着抗日战争时期的一个简易兵工厂，房屋虽然简陋，但体现着金华人民不屈不挠的抗战精神，如今与蒋宝贤革命烈士故居，一同开发为爱国主义教育基地。

有两条灌溉渠道流经蒋里村。村西侧为东干渠，村东侧为雅干溪。东干渠自安地水库下游梅溪引水，一路向北，向金华江以南大片农田供应灌溉用水，雅干溪出自南侧山区喻斯生态区，因溪流经雅干村再到蒋里村，故称雅干溪。这两条水系一东一西，构成了村落"川"字形的风水格局。

金华安地水库始建于 1959 年 10 月，1965 年底建成。水库位于钱塘江流域武义江支流梅溪上游，距金华市区 14 公里，是一座以防洪、灌溉为主，结合发电、供水等综合利用的中型水利工程，是水利部挂号的全国重点防洪水库，担负着婺城区、金东区 11.26 万亩农田的灌溉任务和市区生活供水任务，直接保障下游金华市区、沪昆高铁、沪昆高速等防洪安全，同时为市区湖海塘公园生态补水提供保障。

东干渠，雅干溪属于安地水库灌溉的配套工程，修建于 20 世纪 60 年代。干渠的岸坝，具有古堤坝的属性，因此，东西两条干渠，应属于重要的传统文化要素。

（二）文化地图编辑及解读

在村落历史文化要素调查基础上，开展各个文化要素空间的文化高度计算，并绘制蒋里村文化地图，如图 6-7 所示。

图 6-7　蒋里村文化地图

从蒋里村的文化地图中，一眼便看清了村落传统文化遗留和文化生态的生存现状。该村落形成了旧宗祠的文化孤岛，在村落中心，形成了以村文化中心（宗祠改建）为中心的传统文化高地，在南侧形成了以蒋宝贤革命烈士故居、东侧古民居为中心的两个次高地；在村落两侧形成了以两条灌溉渠道为承载空间的带状文化空间。村落的传统文化高度由内向外逐渐跌落，新建筑基本在村落外围，村中心依然保留着改革开放前后的传统风貌，因此，传统文化风貌总体比较完整。传统文化沙漠化仅发生在村落外围。

（三）文化密度计算

该村建成区面积 45947 平方米，文化等高线在 40 以上的区域为传统风貌区域，占地面积为 15727 平方米。根据公式（3）计算，传统文化密度 $M = 34.2\%$。

十一 雅叶村简史及文化地图编辑

（一）村落概况

雅叶村位于金华市区南侧，紧靠二环路，距离市中心五公里，属于近郊村，隶属于婺城区雅畈镇。村东有金安大道穿过，村南有桥岭公路穿越，多路城乡公交线路经过雅叶村，交通便捷。东侧，与雅畈镇相连，高楼耸立，商铺绵延；东南为低丘缓坡地形，山不高却钟灵毓秀；西侧梅溪流经，环境优美，被称为金华大都市的后花园。村落一边乡居、一边城郭，一半隐逸、一半市井，形成了近郊村特有的生活气息和乡村风貌。

雅叶村以叶氏为主姓，相传明代其先祖为躲避战乱由河南迁入，至今 400 余年，子孙瓜瓞绵延，形成了传统的血缘村落。近年来，由于城市房价高企，物价高涨，生活成本快速抬升，随着公共交通便捷化，原来居住于城中村的许多外来务工人员，纷纷迁居城郊，以降低生活成本，给近郊村带来了发展机遇。雅叶村全村常住 276 户，村户籍人口 744 人，外来人口 400 多人，外来人口几近本地人口的 50%；村民中中共党员 40 名，1 名预备党员，村民代表 40 人。村域面积 2000 余亩，村民多以种植苗木、花卉为业，非粮化严重。

村落内原有大面积的特色民居，由于村民经济收入提高，有强烈的新房建设需求，在外围农田受到控制的情况下，旧村改造成为新房建设的唯一途径，村中心大量传统民居因此被拆除，现仅保清朝光绪年间的老宅几幢、夏侯殿、八角古井等古建筑。此外，村庄流传着迎龙灯、座唱班、建房上梁的传统习俗。

（二）村落的历史遗存

1. 古民居

随着大量外来人口迁入，房屋出租，成为村民新增的一大收入，因此，村民建新房意愿猛增，拆老房建新房，以成为全村共识，2018年，村落中大量古民居已经被人为拆除，仅留存光绪年间的两幢古民居及民国时期建造的一幢古民居。光绪年间古民居距今约140余年，周边两幢也有100年以上历史；南侧民国时期古民居距今约96年。拆迁痕迹清晰可见，并已在拆迁的地基上开始打造新屋基。村中主干道南侧部分，尚保留着部分改革开放前后建造的传统民居，但部分建筑，也已经改造一新。

2. 庙宇

村落中叶氏宗祠早已在"文化大革命"时期便被拆除，仅保留着村中心的夏侯庙、村北侧的土地庙、村南侧梅溪寺。据村民介绍，夏侯庙建造年代在清代，距今约135年，边上古樟树约230年树龄；土地庙距今约140年历史，梅溪寺，距今约130年历史。村民多信仰道教，在家中张贴神仙画像，也多供奉财神爷，祈福文化为村民主流。

3. 村办公楼及村民文化中心，房屋均建造于改革开放前后，距今50—60年历史。其余二层民宅，多建造于20世纪七八十年代，砖木结构居多。

（三）文化地图编辑及解读

根据村落文化要素调查及建筑年代调查，得出每一处建筑空间的文化高度。并以此编辑成雅叶村文化地图，如图6-8所示。

从图中可见，在村落南部，保留着较为完整的传统历史文化街区，北部因遭受旧村拆迁改造，只保留着两小片历史文化街区。其中以夏侯庙、古樟树为全村文化高度最高点；以光绪年间两幢古建筑为全村文化高度次高点；在村落周围，形成了北侧土地庙、南侧梅溪寺等几处文化孤岛。新建筑，基本分布于村落周围，大部分为21世纪新建建筑，建筑时间大多不超过20年。新建筑中，基本为城市化生活方式，现代家具，传统文化要素很少保留，仅在生活习俗中，保留着各个节气的生活习俗。村中心拆

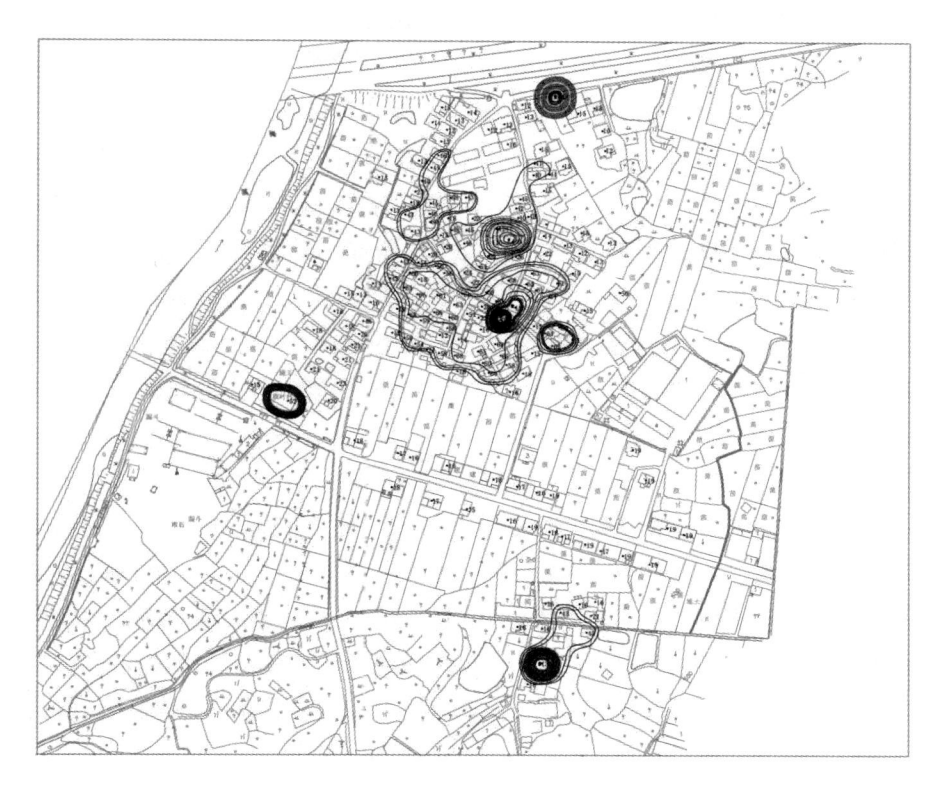

图 6-8 雅叶村文化地图

迁处，文化高度为 0，是典型的"传统文化生态沙漠化地段"。

（四）文化密度计算

该村建成区面积 91833 平方米，文化等高线在 40 以上的区域为传统风貌区域，占地面积为 26670 平方米。根据公式（3）计算，传统文化密度 M = 29.0%。

第二节 样本村传统文化生态比较

一 最具生命力的文化要素

（一）物质文化类

从三个样本村研究发现，最具生命力的传统文化要素主要有庙宇、古树、古墓葬、宗祠、水利设施、古民居等几大类。

1. 庙宇

最具生命力的传统文化当属庙宇。各种寺庙，三个村都保留完好，说明不管什么历史时期，人们都对鬼神保持着一份敬畏之心，不敢随便拆除庙宇，一者怕报应，二者对神明还有一份"希望得到保佑"的美好希望。可见，宗教信仰具有强大的生命力，这种信仰不随时代变迁而变迁。在儒、释、道三种文化信仰中，佛教和道教更具有生命力，儒家文化因其在新文化运动及"文化大革命"运动中不断遭受批判，对儒家文化的信仰几近消失，尊孔已成为历史，在农村中虽然依然重视子孙的教育，但已无传统的"尊孔"仪式和纪念空间。

2. 宗祠

除了庙宇，排在第二的当属宗祠。体现了外拜神仙、内拜祖先的鬼神信仰。三个村落中，边远村郑宅保留着两个宗祠，祠堂祭祖氛围尚为浓厚；远郊村蒋里村虽然保留着宗祠，但已改做文化礼堂，房屋中已无祭祖氛围；近郊村则已无宗祠。可见，对神明的敬畏，超越对祖先的崇拜，中国传统血缘村落的祖先崇拜，随着城市化进程，逐渐消失，越接近城市，祖先崇拜文化越淡漠。

3. 古树名木

村落中的古树，是村落发祥的象征，有"树娘"之称。因此，村落中的古树（大多为古樟树），一般村民是不敢砍伐的。相传有一个村落，村中有三颗古樟树，"文化大革命"期间，村里为筹集资金，将一颗古樟树砍伐卖掉，负责砍伐的村民后来被年糕机卷去一条胳膊，村民们都说，这是报应。三个村落，边远村郑宅村古树保留最多，雅叶村中古樟保留完好，蒋里村在村口也保留着一颗古树。

4. 水利设施

水利设施是农业生产的基本保障，因此，许多水利设施不但建设得早，还保护得好，一直沿用至今，如堰坝、渠道等。郑宅村沿溪而筑，溪流河面宽阔，高差较大，因此，堰坝是引水灌溉的基本水利设施。在村落上下游两公里范围内，修筑了五条堰坝，至今保留完好。蒋里村是平原和山区交接处，自水库引水工程的上游地段，因此，灌溉渠道流经蒋里村，不断修缮，一直保留完好，渠道中引流的闸门等设施，保留完好。雅叶村处于梅溪溪边,虽然有上游灌溉系统,溪流下游水流平缓,一般不修筑堰坝,但溪流与村民生活密切,渡口、桥梁等设施也是村民出行的必备条件,如今交通改善,渡口、古桥等也已经湮没在历史之中。

5. 古民居

古民居的留存与村落村民生活水平、地理位置直接相关。村落越偏远,村民生活水平越低,建新房能力越差,拆旧房建新房欲望越低;村民收入高,建新房愿望越强烈,古民居保留越困难。从郑宅、蒋里村、雅叶三个村分析,郑宅最偏远,村民人均收入最低,雅叶村最接近城市,人均收入最高,建新房愿望最强烈,古民居保留数量最少。这从三个村文化地图中可以看得一目了然。

(二) 精神文化类

1. 宗教

(1) 神明的敬仰

人们对鬼神的崇拜和敬畏,可以说是永恒的,鬼是活生生的人去世后在人们观念中的存在形态,对鬼的敬畏,是对祖先的敬畏;神,则是宗教传说的产物,是能保护人民、给人们带来幸福安康的精神偶像,这些偶像有的是自然崇拜的结果,有的是活生生的英雄被封为神灵的结果。不同的村落,除了有共同的宗教信仰,还有各村的地方信仰,地方信仰是根据地方的实际需要,请来某一尊神明或者自己塑造出一个神明。

如郑宅村,由于地处山区,村落依山傍溪而建,对山洪暴发非常害怕,因而就必须请一位能抵御洪水的神灵来保护村落,这就是对禹王崇拜结果,是"禹王庙"建设和的具体原因;雅叶村的"夏侯庙",供奉的也是治水功臣大禹。因村落紧邻大溪,时有洪水灾害,因此,请来治水之神大禹,来保护村落,使百姓免受洪水侵害。

土地庙,是供奉土地公公、土地婆婆的庙宇。他们被供奉在本村,是请来保护本村村民的,因而,这种地方信仰具有地域性和边界性。虽然世上土地公公、土地婆婆只有一对,但各村村民都希望能给予自己多关照一些。这种保护本地的庙宇,称谓各有不同,有的称为"土地庙",有的称为"保本殿",郑宅村则称为"诚福庙"。土地庙,三个村落都存在,可见土地庙的普适性。

（2）祖先的敬仰

中国人对祖先的敬仰是中国文化区别于世界其他文化的根本所在，是农耕文明得以传承几千年的根本所在。在随着城市化进程，村落人口的异质程度化不断提升，人们的宗族观念逐渐淡薄，血缘村落结构稳定性逐渐降低。从雅叶村、蒋里村、郑宅村分析，雅叶村为近郊村，外来人口已占据村落人口的50%，人口异质化程度很高，该村落中已经不存在宗祠，更无宗族祭祀等活动；蒋里村，虽然保留着宗祠，但已经改为村落文化中心，宗祠中没有任何神龛和祭祖的礼器；郑宅村，还保留着两个宗祠，宗谱保留完整，不但在近些年重修了宗谱，也对宗祠修缮一新，从对联内容分析，都体现出"敬宗怀远"的浓厚宗族文化。因此，村落离开城市越近，人口异质性越高，人们宗族观念越淡薄。人口结构见表6-1。

表6-1　　　　　　　　样本村人口结构及人口异质化情况

村落	雅叶村（近郊村）	蒋里村（远郊村）	郑宅村（边远山村）	备注
户数（户）	276	197	440	
户籍人口（人）	744	555	1210	
外来人口（人）	402	107	60	
总人口（人）	1146	662	1270	
外来人口占比（%）	35.08	16.16	4.72	人口异质化率

2. 民俗

村民生活的习俗，具有较强的生命力。自古以来，因为农村农耕的生活方式未发生较大变化，各种生活习俗也得以代代相传，尤其各种节日、节气的生活习俗，基本得以保留。除了全国通行的春节、元宵节、清明节、端午节、中秋节等重大节日外，金华地区特有的节日有黄大仙节、斗牛节等地方习俗和节日。各节日中，生活习俗有元宵节迎龙灯，清明节吃清明果，端午节包粽子、赛龙舟，中秋节吃月饼等。另外二月二龙抬头、三月三庙会也是重要的习俗。以上三个村，各种节日、生活习俗基本没有区别，可见民俗文化受城市化影响最少，其生存能力最强。

（1）婚姻

古时婚姻，一般是父母之命，男女婚姻大事全由父母做主。整个婚姻过程，需过六项礼仪：一曰纳采，男方委托媒人向女方表示欲与之结为婚姻的意愿；二曰问名，男方向女方询问索求女子的名字和出生年月日期，若女方乐如所请，即表示答应了这门婚事；三曰纳吉，是男方将男女两人的生辰八字进行占卜，并将吉日告诉女方；四曰纳征，由男方向女方奉送彩礼以定婚事；五曰请期，是男方选定婚期后通知女方并请求应允；六曰亲迎，是由新郎亲自到女方迎接新娘回家成亲。这就是通常所说的"六礼"。

如今包办婚姻被自由恋爱所代替，男女双方在恋爱中相互了解，培养感情，最后步入婚姻殿堂。"六礼"如今只剩下定亲和迎亲两礼，有时定亲也省去。迎亲的花轿被汽车代替，婚宴由城中酒店包办，如今年轻人，有条件者，能在城中买房，婚房绝不布置在老家；能够盖起新房，绝不在老房中成婚，如果在城中买不起房，老家盖不起新房，基本上讨不到老婆。有房、有车，是现在年轻人结婚的标配。因此，这意味着传统建筑空间，已经不再承载诸如"新婚"的文化要素，年轻人婚房，逐渐远离传统建筑空间，这也是为什么传统建筑中，只住着老人的原因之一，传统建筑，似乎成了为老人送终的"活棺材"。笔者在郑宅村考察过程中，遇到了一位双眼已瞎的老人，独居于老房子中，已患上老年痴呆症，中午时分，不记得是否已吃过中饭（由三个儿子轮流送饭），拄着拐杖，摸出房子，结果再也找不回自己的房间，最后由我们搀扶着将她送回家中。这类情况，越是偏远山村，虽然看似保留着较为完整的传统建筑街区，但在历史建筑风貌下，是老人的孤独和无奈。

同时，现在农村大龄未婚青年逐渐增加，大龄待嫁女青年也逐渐增多，农村结婚率降低的同时，离婚率却在增加，不育率也在增加。中国传统文化观念中"不孝有三，无后为大"，对现代年轻人不再有任何约束力，父母在子女婚姻问题中的话语权，基本消失。

（2）丧葬

自古以来，人死为大。古时一般有选墓址、造寿坑、打寿枋（寿材）、小殓、大殓、出殡、入墓、念过亡经等流程。自从推行火葬制度改革之后，土葬中"选墓址、造寿坑、打寿枋（寿材）、小殓、大殓"等习俗便消失了。目前只剩下"报丧、火化、出殡、入墓"等环节。因为禁燃鞭炮，鞭炮由电子鞭炮取代，丧服从简，程序从简。

人的生命，感觉是草草了结。一个小小的骨灰盒，小小的坟墓，简单的丧葬仪式，不再有"对亡人的敬重之心"。对亡人敬重之心的消失，意味着对"祖先敬畏"的消失，对祖先敬畏的消失，意味着血缘关系的逐渐淡漠，宗族文化结构的解体。

孔子的儒家文化是从丧葬文化出发的。有学者认为，孔子开办的学校，实际是"丧葬文化学习班"。孔子认为："慎终、追远，民德归厚矣。"丧葬，应遵循"丧则哀，葬则敬，礼为用"，因此提倡"死，葬之以礼，祭之以礼"。"礼为用"，是为维系宗族文化所用，是维系"亲亲、尊尊、长长"的宗法体制。在宗法体系中，维系人与人的伦理道德关系，维系和谐的社会秩序。

（3）节令与饮食

①立春

立春是二十四节气之首。每年公历2月4日前后太阳到达黄经315°时开始，为全年的第一个节气，民间习惯把它作为春季的开始，春的到来，意味着万物萌动，农业生产就开始提上议事日程。金华民间立春日要放鞭炮，表示迎春接福，接福，接的是希望风调雨顺的福，如今禁燃烟花爆竹，立春日也就悄无声息了，加上从事农业生产的农民逐渐减少，更是对立春失去了感觉，对节气失去了感觉。

②春节

农历新年为春节，俗称"新春""过年""过大年"等，是一年中最为隆重的节日。这一个节日是全家团圆、亲戚相互拜年的节日，是加强亲人间情感联系的时间。因此，每家每户都要准备最好的菜肴、美酒来招待客人，这对于物质贫困年代的小孩来说，自然是最开心的时候了，有新衣穿，有好东西吃，还可以领红包。这和和融融的氛围中，体现的是一份亲情和对亲情感的重视。无论是打年糕、备年货、贴新联、祭祖宗、走亲访友，无不体现着人与人之间那份亲情。所谓"每逢佳节倍思亲"，说的就是这一份亲情。

如今，虽然春节仍然是中国第一大节日，放假三天，在城里打拼的人大多要赶回老家过年，但更多的是还保留着一份乡愁，一份对儿时的记忆。至于节日的气息，自然找不到过去的感觉，这种失去的感觉，主要是人与人之间已经逐渐疏远的那份亲情。过去亲戚家，基本是要拜年的，现在年轻人很少走亲戚，除了父母、岳父岳母这样的近亲，堂兄弟、表兄弟之间基本不再走动。所谓一代亲、两代表、三代便拉倒，现在基本到第二代基本很少联系。亲情的疏远，熟人社会的瓦解，正是传统文化沙漠化最直接的表现，过去靠亲情维系的和谐社会关系已经逐渐远去，代替它的是人情淡漠的"异质社会关系"，给社会治理带来了新的课题和问题。

③元宵

农历正月十五是元宵节。迎龙灯，是元宵节的传统习俗。金华地区各村主要是板凳灯，一般大一点的村落都有龙灯会。龙头平时一般放置宗祠，板凳灯座，一般各家保管，灯笼则是临时制备。龙灯一般正月十二起灯，十八落灯，灯会七天。迎龙灯要在村落中最古老的房屋起灯，途经村落中主要街道，各宗祠庙宇。凡龙灯经过，家家户户燃放鞭炮，拜龙头，包红纸包，讨个吉利。龙灯有"同年灯""男婴灯"等，以庆祝同年一起过生日，庆祝某家诞生男婴。

④清明节

清明节，是扫墓祭祖的节日。古时扫墓，要带上酒食，给祖先烧上一些纸钱，清除墓边杂草，给文头添土，以表示对先人的思念。扫墓是慎终追远、敦亲睦族及行孝的具体表现。寒食节，是在清明节前一二日，禁烟火，吃冷食。逐渐这两个节日融为一体。做清明果，最初是祭祀用品，逐渐演变为特色小吃。清明节也是法定节日。

如今，清明节，城市的上坟扫墓氛围要比农村浓厚。每到清明节，城市公墓周边，卖菊花的摊位、扫墓的车辆挤满了道路两侧。相反，农村地区，清明扫墓，不及农历初一日氛围浓厚。这也说明城市生活方式传递给农村的同时，农村的某些文化、习俗也带到了城市，在城市入户安家的新市民，不但退休回不去家乡，死了也葬不了祖坟。因为殡葬制度改革，各家的祖坟都统一迁到公墓，这也失去了祖坟的意义。当祖坟各家各户都在一起，公墓便失去了家族的领地感，祖坟、家乡，也就失去了"落叶归根"的感召力，去家乡化，人们减少了一份牵挂。这也是农村清明节相对冷清的主要原因。

⑤端午节

端午节，又称端阳节。吃粽子、挂艾草、赛龙舟、戴香包，既是驱邪之日，也是思远之日。包粽子，赛龙舟，是为了纪念伟大诗人屈原，因而，端午节又称为诗人节。挂艾草、戴香包，是为了驱邪。因为端午过后，蚊虫开始逐渐增多，为驱赶蚊子，纷纷在门口挂艾草、菖蒲，后引申为驱邪求吉。

记忆中，端午节吃粽子、挂艾草，似乎从未消失过。城市中挂艾草的氛围如今也超过了农村，似乎城市人更加讲究。卖艾草、菖蒲，倒是成为菜民的一个新经商点。虽然时间短，但需求量还是比较大的。粽子，也成了当今的一种小吃，不仅仅局限于端午节，如今更是成为早餐的一种常备早点，宾馆酒店、街边小摊，一年365天，都有粽子卖。随着各地旅游开发，赛龙舟逐渐被各地重视，河网密集地区、江河、水系发达地区，纷纷将赛龙舟作为一项重要的娱乐和体育活动项目。

⑥七夕

七夕，也称女儿节、乞巧节，民间又叫"七月七"，农家都要磨粉做巧食或甜饼，邻居相互馈赠。

农村地区对七夕几乎没有感觉，这也侧面反映了传统婚姻观念的逐渐淡漠，反而在城市，却把它当作中国的情人节来过。城市人过七夕，商家更为重视，商家通过推动节日活动，来促销商品。城中男女，则是女方更为兴奋，如今除了七夕，中国还有元宵节、三月三，也是中国的情人节。除此之外，还搞出了其他许多"情人节"，比如西方情人节，2月14日，如今中国的少男少女是必过的，这一天几乎每一位女性都要在朋友圈晒礼物，几乎成为中国的法定情人节；5月20日，谐音520（我爱你），如今女方也把它当作情人节来过，目的不外乎向男方要个红包、礼物，以此证明男人对自己的爱情及忠诚。男生们被这么多的情人节搞得甚是烦恼，这也侧面证明，男女之间维系爱情的更多的是靠物质、金钱，缺了物质和金钱，再好的感情也要断裂，所谓"贫贱夫妻百事哀"，共患难的夫妻少了，如今不是因为情人节多了，夫妻情感更好了，社会中反而离婚率不断攀高，这也从侧面反映出物质在维系感情中的作用，这个社会就是这么现实。

⑦中元节

农历七月十五叫"中元节"，亦称"盂兰盆节"，又叫"七月半""鬼节"。一年中有两天半时间是属于鬼的节日，清明算一天、冬至算一天、七月半算半天。

中元节祭祖，在农村中几乎已经消失，反而在城市中越来越热闹。随着城市中年轻人工作压力、生活压力不断增加，为解压，通过扮鬼、戴面具、穿越鬼城等方式寻求刺激，来释放压力。

⑧中秋节

农历八月十五是"中秋节"。这一天，花好月圆，家家要吃月饼，取人月双圆之意。中秋家人团聚，朋友相会，赏月吟诗，观灯猜谜，好不热闹。

中秋节，虽说是团圆之日，但农村地区也已显得清冷，一者假期短，在城市中打拼的外出务工者，很少能回老家陪父母过中秋节；即便身在农村，过节日的意识也较为淡漠，一天的假期，忙忙碌碌的人们，更多地还是照顾自己的工作和生意，很少与家人团聚。侧面反应人情逐渐淡漠，生活压力逐渐增加。

⑨冬至

俗称"冬节"。有"冬至长于岁""冬至大于年"之说。以前冬至农家也要祭祖，烧祭祀饭，请祖先们"回来吃一餐"。如今冬至祭祖，在农村地区逐渐消失。

⑩除夕

除夕和春节首尾相连，是一年中最后一天，又叫"过年"。除夕前要为春节做准备，凡春节期间要用的一概东西，除夕之前都要准备停当，叫办年货。除夕是一年中真正能够阖家团聚的日子，因此，家宴一般比较隆重，要喝"分岁酒"，吃"年夜饭"，点"分岁烛"，除夕夜要守岁，灯火通宵明亮，长辈要给晚辈包压岁钱。

除夕，农村还是比较重视，改革开放后，除夕看春晚，已成为一个固定的节目。

虽然几乎所有的传统节日都还保留着，但因为人口已大部分集中于城市，如今浙江的城市化率达到70%以上，农村地区人口老龄化严重，因此，节日氛围已与以往无可比拟，有的节日活动，如赛龙舟、迎龙灯因缺乏年轻人参与，根本无法组织，久而久之，农村地区也就逐渐放弃了这类传统文化活动；血缘村落的异质化、老龄化，使得宗族组织逐渐消失，以祭祖为核心的诸多文化活动也逐渐淡漠，如清明节、中元节、冬至等节日，显得冷冷清清；男女婚姻观念的淡漠化、金钱化，使得中国传统节日中爱情主题褪去了以往的浪漫、暖心色彩，取而代之的是商业利益驱动和爱情之间的利益交易，使得元宵节、乞巧节、三月三等节日更趋商业化；农村地区人口的异质化和人口的城市化，使得人与人之间的亲情逐渐淡漠，孝悌观念和行为，更多以金钱来替代和衡量。节日中，以团圆为主题的节日逐渐失去了感召力，如春节、元宵、中秋节等。因此，中国传统文化沙漠化，其核心在农村人口的逃离和沙漠化，一切文化，离开了人，便徒有其表。

（三）三个村落文化要素比较

下面就三个样本村的主要文化要素数量、种类、生存状态及传统文化密度进行比较。按照与金华城市距离区别，由近而远三个村分别为近郊村雅叶村、远郊村蒋里村、边远山村郑宅村。三个村由远而近传统文化要素个数分别呈现出逐渐减少趋势。传统文化密度呈现出逐渐减少趋势，由远而近分别为41.1%、34.2%、29.0%。由此可见，离开城市越近，村落传统文化沙漠化程度越高，见表6-2。

表6-2　三个样本村的传统文化要素及传统文化密度比较

村落名称	文化要素	雅叶村（近郊村）数量	名称及概况	蒋里村（远郊村）数量	名称及概况	郑宅村（偏远山村）数量	名称及概况	备注
1	庙宇	2	土地庙、梅溪寺、夏侯庙	1	土地庙	4	禹王庙、木四庙、诚福庙、太祖庙	
2	宗祠	0		2	蒋氏宗祠、蒋氏宗祠（旧）	2	郑氏宗祠、见周公祠	
3	古树	1	古樟树	1	古樟树	5	古樟、苦槠、古枫树等	
4	古墓	0		0		1	始祖祖坟	
5	堰坝、闸门	0		1	闸门	5	古堰坝	
6	古民居（合院）	3	古民居	4	古民居	4	古民居	四合院
7	独特民俗	3	迎龙灯、座唱班、建房上梁	2	迎龙灯、红色革命文化	3	迎龙灯、民间中医、竹编	
8	传统文化密度（M）		29.0%		34.2%		41.1%	

二 样本村农村土地经营现状分析

农村耕植区的土地经营现状,很大程度上反映了当今农村的农业经营现状,是从农村经济器官角度,考察村落有机体健康度状况的重要因素。考察耕植区的经营状况,主要从两个角度考察,一是抛荒情况;二是种植植物的收入情况。同时考察耕植区农业经济的未来走向。本节采用 GIS 技术,对三个样本村的各类用地进行分类、统计,从而得出村落耕植区的经营现状。

(一) 雅叶村

从土地使用性质分类,雅叶村主要有:居民建筑用地、山地、幼林苗圃用地、道路、水域、水稻、竹林、草地、其他零碎用地等。从整个村域用地分析,很清晰地呈现"生活、生产、生态"三个圈层的村落文化生态结构。

雅叶村各项用地结构,见表6-3。

表 6-3　　　　　　　　雅叶村土地分类统计表

用地类型	面积(平方米)	占比(%)
草地	29690.459065	1.97
道路	24743.933508	1.64
旱地	10606.743019	0.70
居民用地	219082.652730	14.50
幼林、苗圃	433262.891070	28.68
竹林	1078.449799	0.07
水域	93761.471579	6.21
山地	635525.429993	42.06
水稻	30854.292766	2.04
其余零碎地物	32275.232755	2.14
总面积	1510881.289	100.00

雅叶村村域面积 151 公顷,其中,居住建筑用地 21.9 公顷,占 14.5%,人均建设用地 294 平方米,大大超出国家建设用地标准。人均建设用地突破国家规定,很大一部分是村民违章建筑所致,可见,近郊村违

章建筑严重，体现了近郊村建房需求和收益。幼林苗圃 43.3 公顷，占 28.68%，由此可见，雅叶村主要从事苗木种植。水稻种植面积仅 3.08 公顷，只占总用地 2.04%，可见，水稻并非该村的主要经济作物。山地 63.55 公顷，占 42.06%，整个村域，近一半用地为山地丘陵，山地丘陵中，部分用地开垦为其他经济林，在此，并未做详细统计。草地和零碎地，主要是村落北侧城市二环道路周边的一些土地，因城市开发建设，无法耕作，属于抛荒性质，但面积占比只有 2% 左右。

（二）蒋里村

蒋里村村域总面积 142.2 公顷，村南部是山地丘陵，东侧有部分山地丘陵，耕地在村落东、南、北三侧，有东干渠、雅干溪从村落两侧流过，水利条件良好。村落结构紧密，可见对良田比较珍惜，没有出现大量侵占耕地建造房子的现象。

蒋里村已经接近南部山区，属于平原和山区交接部，从土地使用情况分析，并没有出现大量抛荒的耕地，农田中，主要种植植物为苗木，而不是水稻等其他经济作物。由此可见，蒋里村和雅叶村一样，主要以种植苗木为主业。

随着城市化进程和城市品质改造提升，城市郊区农村在农田中改种苗木，以满足城市绿化需求。金华市金东区澧浦镇，抓住农村苗木产业发展新趋势，于 2017 年成立苗木市场，经过几年发展，目前已成为中国华东地区最大的苗木集散地，进一步推动了金华农村地区苗木的种植。苗木种植亩产要比种粮食收入高出数倍，因此，金华郊区农民，很少有农户种粮食。

2020 年 11 月，为了保障粮食安全，国务院发布了《关于防止耕地"非粮化"稳定粮食生产的意见》，各地开始整治耕地非粮化问题，纷纷给各村下指标，通过财政补贴的方法，要求挖掉苗木，改种粮食。虽然改种粮食有补贴，但农民很不情愿，毕竟种粮食收益与种苗木收益相差甚大。

蒋里村各土地利用情况统计，见表 6-4。从表中可见，村民建房用地 4.99 公顷，只占 3.53%，人均建设用地 90 平方米，可见蒋里村村民建房用地紧张，接近山区村落人地矛盾较为突出，同时也说明了建房没有出租的需求，只满足自住，随着年轻人进城逐渐增多，村落离开城市距离越远，在只满足自住情况下，年轻人回村建房意愿逐渐降低。水稻田只占

0.14%，说明种粮意愿很低，幼林苗圃占 26%，占总耕地的 94%。

表 6-4　　　　　　　　　　　蒋里村土地分类统计表

	面积（平方米）	占比（%）
草地	12875.510352	0.91
道路	12444.912346	0.88
旱地	9860.391556	0.70
居民用地	49863.254508	3.53
幼林、苗圃	367064.156796	26.00
竹林	2282.817993	0.16
水域	58460.423218	4.14
山地	878699.421111	62.24
水稻	1999.721008	0.14
其余零碎地物	18173.673409	1.29
总面积	1411723.604	100.00

（三）郑宅村

郑宅村处于南部山区，大部分为山地，占村域面积的 89.2%，耕地占比仅有 3.6% 左右，除此之外，还有一些山垄及梯田，如今已逐渐退耕还林，所谓靠山吃山，主要在山中种植杉木、竹林等经济林。村落建设用地 79126 平方米，人均建设用地 65 平方米，比蒋里村又少了 30 平方米。人地矛盾更加突出，村庄建设密度更大。因此，几乎难有新增宅基地，农户要建新房，只能拆旧房建新房。在这样的背景下，村落尚能保存较为完整的传统风貌区，说明经济条件更差，村民建房能力更低。

在有限的 142304 平方米耕地中，苗木用地占 106385 平方米，占 74.5%，其余为旱地，大多种一些蔬菜瓜果。可见，从金华城市一路往南，各村主要经济作物均为苗木，有产业的连续性和区域性，这与澧浦镇苗木市场的销售能力有很大关系，市场带动产业发展，成为当今农村经济发展的主要形式和道路。可惜，苗木种植与非粮化政策相违背，在 2021年、2022 年这两年中，乡镇干部为去非粮化，花费了大量心血，农民思想工作很难做，且引发了农民不满和上访。这也是国家粮食安全战略与乡村振兴策略等之间存在的现实矛盾。

表 6-5　　　　　　　　　郑宅村土地分类统计表

	面积（平方米）	占比（%）
道路	22796.549288	0.55
旱地	35919.918572	0.86
居民用地	79126.480330	1.90
幼林、苗圃	106385.345950	2.55
竹林	71896.159505	1.73
水域	90916.820653	2.18
山地	3713841.701298	89.19
其余零碎地物	43111.483607	1.04
总面积	4164072.246	100.00

综上所述，金华城郊村落土地抛荒情况并不严重，只是普遍存在非粮化现象，种粮意愿很低。在农村生产中，主要存在着劳动力老化问题，年轻人不再种田，劳动力流失严重，这是农村经济器官不断衰弱的主要原因。也是乡村振兴中亟待解决的主要问题。

耕地非粮化，是放弃中国传统农耕文化的具体表现。当耕地不再种植粮食，人们对粮食的感情便会淡漠，不再体会到"粒粒皆辛苦"的滋味，"重耕"文化不再提倡。只要有钱，便可买到粮食的观念，使人们逐渐秉持"重商轻农"的价值观念。农村地区，建立在农耕文明基础上的一系列传统文化和价值观念，都将被人们放弃，以至于未来将无人愿意种田。这是非常危险的村落传统文化生态沙漠化现象。当一个国家的粮食安全建立在国际贸易，那么这个国家就存在粮食危机的危险。因此，国家采取制止耕地非粮化政策和措施，是有远见的。

第七章　村落有机体健康度评价

村落有机体传统文化生态沙漠化程度，直接体现在村落有机体"五大器官"的健康程度。因此，如何构建村落有机体健康度评价体系，是对村落有机体理论的进一步延展，是评判村落传统文化生态沙漠化的科学手段。

村落有机体由物质空间系统和社会系统两大系统构成，两大系统在村落有机体的作用和功能有何内涵，功能内含之间体现什么样的结构关系和逻辑，对村落有机体功能结构的剖析，这是村落有机体构建健康度评价问题研究的第一步；在村落有机体功能结构的基础上，搞清楚决定各层级功能的影响因子是什么，分别以什么场景形态表现出来，从而构建起村落有机体健康度评价因子指标体系，这是需要研究的第二步；用什么科学方法和数学模型进行评价，是问题研究的第三步；研究样本如何确定，数字如何采集、计算、分析，是问题研究的第四步；针对研究结果，如何提出合理化建议，是问题研究的最后一步。这便是村落有机体健康度评价问题研究的整体逻辑。

本章在第三章基础上，在剖析了村落有机体的功能结构基础上，构建形成村落有机体的"九大场景"体系，在九大场景基础上，对每一个场景的功能和内涵深入分析，得出第二级场景表现形态，从而构建形成村落有机体的健康度评价指标体系。这是在村落有机体理论研究的基础上，进一步延伸到对村落有机体的健康度评价研究，是村落有机体理论的延续和发展。笔者选取了金华市金东区为研究样本，在金东区空间范围内均衡选取了 46 个样本村进行现场调研获取数据，采用 TOPSIS 法对金东区 46 个样本村落的数据进行了定量分析，得出金东区的村落有机体健康度水平。

第一节 相关理论

一 村落有机体理论

《中国传统村落有机体生长内在逻辑研究》[①] 中，对我国传统村落的生长内在逻辑做了研究，首次提出村落有机体理论。该理论指出，村落有机体的生长演化的内在结构和生命发展逻辑，这在以往的研究中，学者们并未有过多关注。该理论认为，村落有机体的生长演化经历了"细胞—组织—器官—有机体"的演化顺序，提出了协调村落个体行为一致性的五大器官：经济器官、政治器官、思想器官、血缘器官、伦理器官。是乡村地理学理论的重要创新。

二 可持续发展理论

世界环境与发展委员会在1987年7月向联合国提交了一份名为《我们共同的未来》的报告。报告中从当前的人类发展和环境保护方面进行了系统分析，第一次阐述了"可持续发展"概念，指出可持续发展就是既满足当代人的需求，又不损害后代人满足其需求能力的发展。可持续发展包括三个基本的原则：公平性原则、持续性原则、共同性原则。可持续发展理论的最终目的是要达到共同、协调、公平、高效、多维的发展。在具体内容方面，可持续发展涉及经济可持续、生态可持续、社会可持续三者的协调统一。这种协调统一的发展不仅包括经济、社会、环境三大系统的整体协调，也包括世界、国家和地区三个空间层面的协调，还包括一个国家或地区的经济与人口、资源、环境、社会等系统以及内部各个子系统的协调。这种协调可持续是有利于人类社会和自然环境的永续发展，是有利于各区域的永续发展。

就我国乡村发展而言，在新中国成立后的几十年间，基于国家政策和城乡发展差异的大背景，乡村的发展让位于城市，导致乡村与城市出现发

[①] 陈志文、胡希军、叶向阳、叶剑楠：《中国传统村落有机体生长内在逻辑研究》，《经济地理》2020年第11期。

展的巨大鸿沟。在我国发展的最终目的——共同富裕和可持续发展观的引领下,我国提出了一系列促进乡村发展的战略,如"农业现代化""美丽乡村""乡村振兴"等,以推动乡村的可持续发展,有利于我国城市和乡村两大区域的协调永续发展。

三 "乡村振兴"战略

"乡村振兴"战略是在我国进入新时代的背景下,社会主要矛盾已经转变成了"人民日益增长的美好生活需要和不平衡不充分的发展之间的矛盾"而提出来的一项新的战略性国策。当前我国发展最大的不平衡是城乡发展不平衡,最大的发展不充分是农村发展不充分,农村发展不平衡、不充分问题就是我国农村发展的迫切性问题。"乡村振兴"战略的提出,就是解决我国目前乡村发展的不平衡、不充分的问题,充分重视农业、农村、农民问题。"乡村振兴"战略是对农村生产生活中出现的新变化作出的战略性调整,也是对社会主义新农村建设的继承和超越。在"乡村振兴"战略中,首次明确提出了"坚持农业农村优先发展""加快实现农业农村现代化"是对农村建设工作的重大突破和重大创新。[①]

乡村振兴战略的总要求是"产业兴旺、生态宜居、乡风文明、治理有效、生活富裕",是在我国乡村现实发展的基础上提出的未来乡村发展的目标状态和先进水平。"产业兴旺"是乡村振兴的重点。产业兴旺就是要最大限度地推动农村生产力的发展,增加就业岗位,发展现代农业,推动农村一二三产业融合发展,是提高农民收入的根本途径,有利于农村居民共享经济社会的发展成果。"生态宜居"是乡村振兴的关键,"生态兴则文明兴,生态衰则文明衰"。乡村振兴,不能以牺牲生态环境为代价,生态宜居就是要治理农村生态环境中的突出问题,让乡村"望得见山、看得见水、记得住乡愁"。"乡风文明"是乡村振兴的保障。乡村振兴要加强农村精神层面的建设,建设农民的精神家园。加强农村在思想道德层面的建设,大力传承农村的优秀传统文化,改善家

[①] 陈锡文:《实施乡村振兴战略,推进农业农村现代化》,《中国农业大学学报》(社会科学版)2018年第1期。

风、乡风、民风，形成积极向上的社会风气和精神面貌。"治理有效"是乡村振兴的基础。实现乡村振兴，要加强乡村治理体系的建设和完善，发挥基层党组织在乡村治理中的核心作用，强化乡村自治、法治、德治相结合的治理体系，推动乡村的人才队伍建设。"生活富裕"是乡村振兴的根本。是乡村振兴战略的出发点和落脚点，就是切实提高农民的收入水平，是满足农民对美好生活追求的重要前提。让广大农民群众共享发展的胜利果实。

四 场景理论

"场景"一词很早就被人们使用，原指戏剧、影视、文学作品里的场面或情景，既包括场所或景物等硬要素，也包括空间和氛围等软要素。随着社会发展进入后工业化时代，大批制造业从城市中心撤离，新兴服务业逐渐在城市中兴起，城市形态逐渐开始由生产型向服务型转变，城市形态的扩张不仅仅受到土地和资本的影响，上层建筑的文化与高速发展的生产力之间的脱节问题日益明显，因此需要一种理论框架来界定社会关系在城市发展起到的作用。基于上述背景，美国芝加哥大学社会学学者特里·克拉克将"场景"引入城市社会的研究中，形成"场景理论"。在场景理论中，场景包括以下要素[①]：（1）地理学概念上的社区，在较小的空间范围更易捕捉到内外部的区别；（2）显著的实体建筑，将场景植根于有形的、可识别的集聚空间；（3）种族、社会阶层、性别、受教育程度、职业和年龄等各不相同的人，场景高度关注集聚在其中的特定人群；（4）将以上三个要素连接起来的特色活动。所有这些要素综合在一起形成了场景象征意义的表达，即共同的价值观。为了识别场景的深层次结构，将场景划分为3个主维度和15个子维度，3个主维度为：合法性、戏剧性和真实性，15个子维度为传统主义、自我表达、功利主义、领导力、平等主义、正式拘谨、敦亲睦邻、美丽时尚、个性张扬、违规犯罪、本土性、种族、国家、社会团体、理性等。15个常规场景维度通过不同的赋值便构成了多种格局特色的场景模型。[②] 场景理论是

[①] 吴军：《城市社会学研究前沿：场景理论述评》，《社会学评论》2014年第2期。
[②] [美] 特里·N.克拉克、李鹭：《场景理论的概念与分析：多国研究对中国的启示》，《东岳论丛》2017年第1期。

研究城市发展的理论，是城市研究的新范式，从消费、生产、人力资本三方面来解释城市社会的发展，探讨了城市场景的功能及其对城市发展的作用，为城市转型和城市发展动力的变化、城市公共政策的制定提供新的理论视角，也为研究文化对政治、经济和社会演化驱动作用提供了新的综合性视角。

场景理论在实际运用中可表现为在特定地域空间范围内，人地活动的不同而表现为不同的场景形态。在乡村中，居民的生产活动和生活活动依赖于一定的地域空间，由于活动内容与性质的不同可表现为不同的场景。

第二节 村落有机体健康度评价指标体系构建

一 村落有机体的"结构"剖析

村落有机体是人类社群在自然地理环境的基础上进行人口繁衍和空间改造，使有机体不断地生长发育。因此，村落有机体由"物质空间系统"和"社会系统"两大系统构成。

（一）物质空间系统

物质空间系统是人们在某一自然环境中通过各种技术手段构建形成的居民生活、生产空间，由用地平面和人工建筑空间组成。物质空间系统是人类生活的物质载体，以自然地理空间为基础，是自然界中气候、地形、土壤、水源、生物等自然地理要素相互作用的结果，同时是人以自然地理环境为基础，叠加人的自由意志而形成的为人类服务的空间形态。"物质空间系统"由自然物质空间（用地平面）和人工物质空间（建筑空间）组成。

（二）社会系统

社会系统是生活在物质空间中所有的"人"构建而形成的社会群落及其生活方式。社会系统是村落有机体的社会群落——人，基于物质空间之上的人类社会形态，是人与人之间的交往形式和生活方式，即人与人之间的关系。人，是作用在物质空间载体中的生命主体。村落有机体理论，"社会系统"包含五大器官，血缘器官、经济器官、政治器官、思想器官、伦理器官五大器官是为了调节村落个体间的矛盾而产生，是村落有机体社会系统的组成内容。

物质空间系统和社会系统两大系统是相互作用的，物质空间系统从物质性的视角为乡村发展提供保障，社会系统是人类社群与物质空间系统互动的结果产物。其中，物质空间系统会作用于社会系统，社会系统对物质空间系统具有反作用，是物质空间系统的主观反映。村落有机体结构见图7-1。

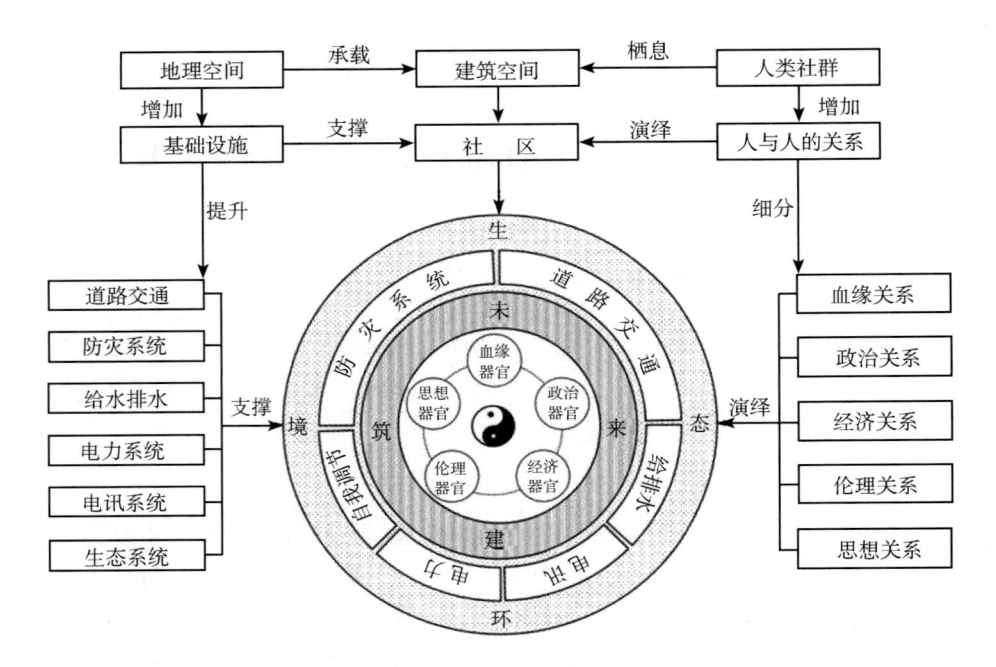

图 7-1 村落有机体结构模型

二　场景的构建

2019年，在浙江省政府工作报告中提出的未来社区概念中，未来社区包含"一个中心、三维坐标、九大场景"①，如图7-2所示。我们参考未来社区的九大场景来构建村落有机体的场景内涵。

---

① 参见《浙江省未来社区建设试点工作方案》，（浙政发［2019］8号）。

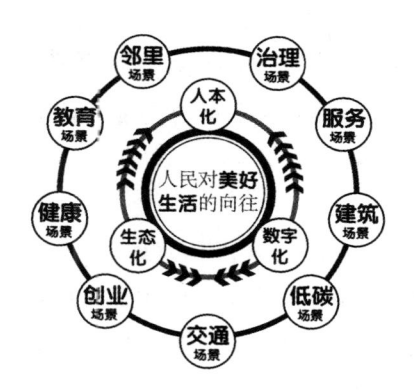

图 7-2　未来社区内涵系统

（一）一级场景构建

一级场景即在两大系统功能中首先表现的场景形态。体现为如图 7-2 所示的九大场景内涵。

1. 物质空间系统

村落有机体的物质空间系统包括用地平面和建筑空间。建筑空间对应着"建筑场景"；而"交通场景"则仅仅表达了建设用地中的一项功能。建设用地中除了道路交通、建筑占地之外，还有各项市政设施和绿地景观等功能空间，因此，将"交通场景"设为一级场景，不够全面，而应该用"用地场景"替代之，从而更全面地反映用地平面空间中所包含的各项内容；同时，在物质空间系统中，还存在着如何减少碳排放问题，如低碳交通、低碳建筑、低碳生活等，为此设定"低碳场景"为物质空间系统中第三大场景。

2. 社会系统

九大场景中与社会系统相关的有"邻里、治理、创业、教育、健康"六大场景。这六大场景分别对应着社会有机体"五大器官"的功能。

（1）血缘器官

血缘器官是保持社会有机体生命年轻态、协调社会有机体中人与人之间的关系的器官。在村落有机体中，以"宗祠"的形式表现出来，形成以血缘为纽带的宗族文化及族规引导下的共同行为准则。在城市社区中，体现为协调异质人群邻里关系的文化与空间，体现为九大场景中的"邻里场景"。

人的再生产，是社区有机体保持生命年轻态的最根本手段，同时，个体生命的健康状态，也是社区有机体年轻态的重要指标。因此，保持生命主体的年轻态，是血缘器官另一个重要功能，体现为九大场景中的"健康场景"。

（2）政治器官

它是指在被人民、文化、语言、地理区别出来的领土空间中，控制、治理该社会的功能器官，其表现形式是行使控制权力的组织机构及其象征控制权力的建筑空间形态。村落有机体具有明确的行政界线及组织机构，因而，具有完整的器官形态；城市社区，由于其边界的模糊性和不确定性，使社区空间边界和街道、居委会等行政管理边界存在不一致性。因此，政治器官形态不够明显。但仍然存在着物业公司、业主委员会等社区自治组织，实现社区的自我治理。体现为九大场景中的"治理场景"。

（3）经济器官

它是对有机体生产、使用、处理、分配一切物资这一整体动态过程的总体协调，其表现形式是各经济组织的生产空间形态。从个体到组织，任何一个经济体都拥有一定的生产空间，未来社区如何从一个单纯的"居住空间"变为具有创业功能的空间，需要进行合理的设计和安排，体现为九大场景中的"创业场景"。

（4）思想器官

它是人们脱离蒙昧，接受教化，提高人们对客观世界和社会的认知，从而提高人们生存竞争力的教育设施，其空间形态表现为各级的"教育设施"。未来社区从幼儿到老人，都需要接受教育，需设置不同的教育设施。对应着未来社区九大场景中的"教育场景"。

（5）伦理器官

伦理器官是通过村落中的各类文化娱乐活动和设施丰富村民的日常文化娱乐活动，以寓教于乐的形式提升村民的道德伦理规范和素养，为村民提供精神文化的服务，满足村民的文化娱乐需求。在乡村振兴的倡导下，村民的服务需求日益全面化、综合化，需要全方位的提升村民的生活质量，提供更高水平的生活服务。因此伦理器官表现为服务场景。

通过对村落有机体的"结构"与"场景"分析，可以发现村落有机体中的九大"场景"是村落有机体中不同人地活动在乡村地域中的表现形式。图7-3是村落有机体功能"结构"和九大"场景"对应关系示意图。

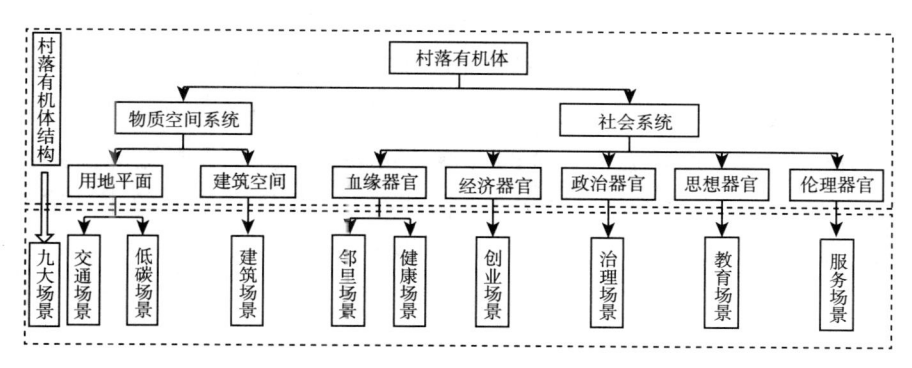

图7-3 村落有机体"功能"—"场景"对应关系

（二）乡村振兴理论与村落有机体理论统一性的分析

村落有机体和乡村振兴存在着一定的统一逻辑关系，逻辑关系见图7-4。

1. 物质空间系统

建筑场景、交通场景包含了水电气路房等生活的最基本条件，与乡村居民居住的舒适度紧密相关，影响居民居住的主体感受；低碳场景是要整治乡村存在的农业环境突出问题，促进乡村环境的绿色可持续。因此，建筑场景、交通场景与"生态宜居"中的"宜居"相对应，低碳场景与"生态"相对应。

2. 社会系统

教育场景是个人的教育发展问题，有利于提升个人素养，邻里场景通过建设和谐的邻里关系来创建和睦的互助生活，这二者与乡村振兴的"乡风文明"所要形成的积极、向上的乡村风貌与社会风气相一致。血缘器官的健康场景注重保障村民的健康，伦理器官的服务场景注重满足村民的服务型需求，如文化娱乐需求，这两大场景使得居民具备更好的自我状态，激发了村民对美好生活的更多向往，有助于提升村民自我发展动力，创造更多的物质财富，实现村民的生活水平从宽裕到富裕的提升，与乡村振兴战略的"生活富裕"目标要求相吻合。经济器官对应的创业场景与

"产业兴旺"的目的都是推动乡村的产业振兴,促进乡村生产力的发展,与创业场景相对应。政治器官对应的治理场景与"治理有效"都是从创新和建立现代乡村治理体制出发,推动乡村的政治民主和群众参与,因此与"治理有效"相对应。

通过以上分析,可以发现,村落有机体理论符合当代乡村振兴战略的发展目标,有机体结构视角下建立的九大乡村"场景"也与乡村振兴战略的目标要求相吻合,符合乡村"经济建设、政治建设、文化建设、社会建设、生态建设"五位一体的发展建设要求,符合乡村振兴战略的"产业兴旺、生态宜居、乡风文明、治理有效、生活富裕"的二十字方针,村落有机体理论与乡村振兴理论具有统一性。

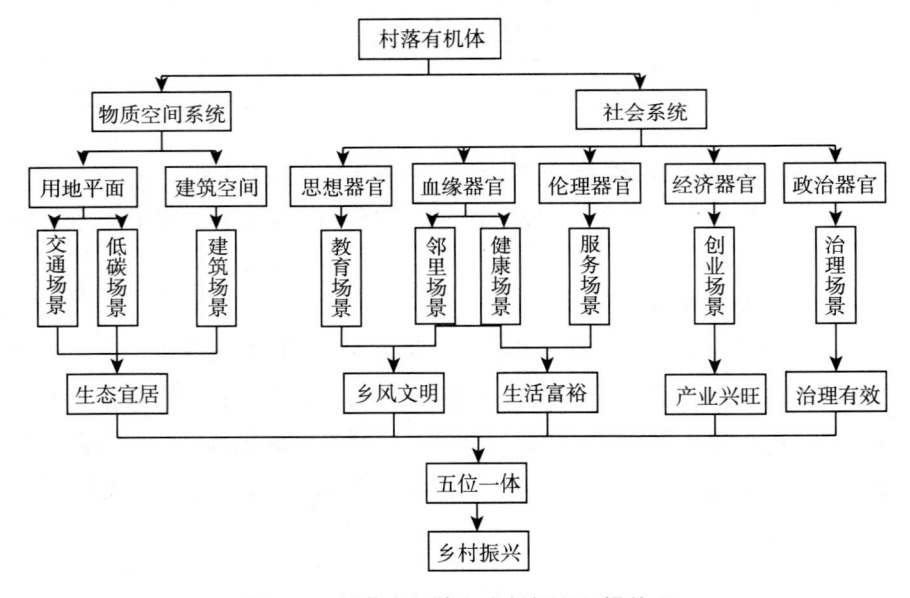

图 7-4 村落有机体和乡村振兴逻辑关系

三 健康度评价指标体系的构建

依据科学性原则、全面性原则、适用性原则、动态性原则、可操作性原则,按照上文提到的构建思路,通过目标层、系统层、因子层的层次结构来构建村落有机体健康度评价指标体系,具体过程如下。

（一）一级因子层

根据图7-3村落有机体结构—场景对应关系，完成系统层、子系统层、一级因子层的构建，如图7-5所示。

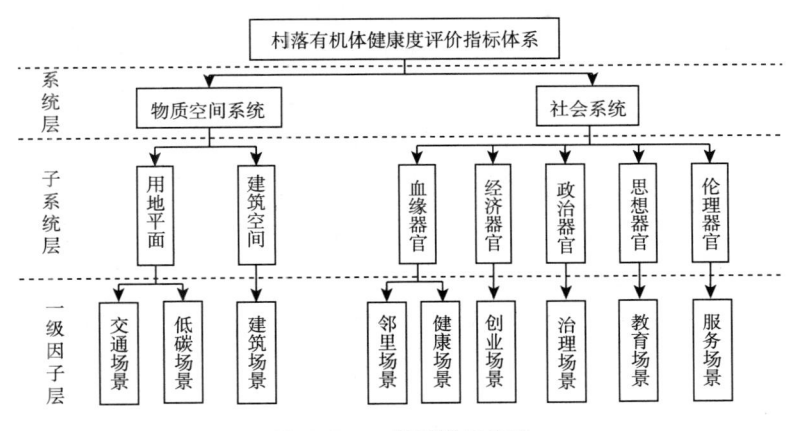

图7-5 一级因子层构建

在一级因子层中，交通场景和低碳场景构成用地平面子系统的一级因子层，建筑场景是建筑空间子系统的一级因子层，邻里场景和健康场景是血缘器官子系统的两个一级因子层，创业场景是经济器官子系统的一级因子层，治理场景是政治器官子系统的一级因子层，教育场景是思想器官子系统的一级因子层，服务场景是伦理器官子系统的一级因子层。

（二）二级因子层

在一级场景基础上，进一步推演其所包含的功能及内涵，推导出二级场景的内涵，从而构建形成二级因子层。二级场景是对一级场景的进一步细化和延伸，需要从一级场景所包含的功能和内涵进行层层分析、推演。

1. 物质空间系统二级场景推演

（1）交通场景

在交通场景中，从动态交通、静态交通以及物流流通三方面将交通场景划分为交通出行、停车场、物流配送。

（2）低碳场景

低碳的生活就是要减少对自然地理环境的碳排放，提高能源资源的利用率，因此将低碳场景划分为能源综合利用和资源循环利用。

(3) 建筑场景

建筑空间的营造过程，包括建筑设计、装修、管理等过程。建筑设计，又包含建筑风貌的确定、空间节约利用和公共空间的安排，因此相对应的二级场景设定为"特色风貌""空间节约利用"和"公共空间提供"；建筑施工，主要考虑到减少对环境的污染，装配式建筑提供了解决方案；装修，主要考虑到对环境的二次污染和建筑材料的浪费，建筑、装修一体化发展，是未来发展趋势。因此，二级场景将建筑施工与装修合并为"建筑装修一体化"；管理，包括从设计到装修的全过程智能化管理，二级场景设计为"CIM 管理系统"。在农村，建筑以私人营建为主，在城市实行的装配建筑、CIM 管理系统在农村尚未开展，因此，将建筑场景划分为特色风貌、基础设施、公共开敞空间三个二级指标。

2. 社会系统二级场景推演

(1) 邻里场景

中国传统的农村社会属于乡土社会，人与人之间的熟识与交往是一种约定成俗的友爱与互助。然而，现今村落血缘关系弱化与外来人口增多，导致邻里交往逐渐弱化。乡村邻里的社会支持与社会调节作用需要从邻里特色文化、邻里共享、邻里互助等方面进行构建。因此，用邻里特色文化、邻里开放共享、邻里互助生活构建邻里场景。

(2) 健康场景

乡村的健康影响村落的发展延续，这需要以乡村居民的健康为前提，而乡村居民的日常健康水平需要良好的医疗服务。乡村的老年人在乡村人口占比偏高已经是我国绝大多数村落的现状问题，乡村发展需要关注老年群体。同时，新生儿影响村落血缘关系的代际延续。因此，用新生儿、老年人、居家养老、医疗服务构建健康场景。

(3) 治理场景

治理场景从治理机制、居民参与、治理平台等维度构建。党建引领的网格化管理模式，已经是一种比较普遍的社区治理方式，有利于发挥党组织在乡村基层的领导核心作用，推动治理有序化，因此设定治理机制场景。在新时代的背景下，农村社区的治理要打造一核多元的治理格局，需要通过居民的参与实现治理的民主化，因此设定居民参与场景。乡村的现代化治理还需要治理平台以保证治理的有效性。因此，设立治理平台场景。

(4) 创业场景

在传统农业基础上，经过三权确立等系列改革后，乡村产业发展与村集体经济情况、乡村特色产业发展情况、新型农业合作组织密切相关，同时外源性力量如外来资本的创业投入等也会产生影响，因此用村集体经济、现代农业、新经济三个方面构建创业场景。

(5) 教育场景

乡村教育对未成年人而言侧重于基础教育，随着教育全民化和终身化的发展，教育向全龄化发展。因此教育场景划分为幼儿教育、小学教育、知识在身边。

(6) 服务场景

由于组织主体的不同，乡村服务分为组织管理类服务和村民日常生活服务。村民日常的生活服务包括日常生活产品供给和重大事件的服务供给。因此，从物业综合管理、商业服务、传统手工艺构建服务场景。

综上所述，交通场景划分为交通出行、停车场、物流配送三个二级因子层；低碳场景划分为能源综合利用、资源循环利用两个二级因子层；建筑场景划分为特色风貌、基础设施、公共开敞空间三个二级因子层；邻里场景划分为邻里特色文化、邻里开放共享、邻里互助生活三个二级因子层；健康场景划分为新生儿、老年人、居家养老、医疗服务四个二级因子层；治理场景划分为治理机制、居民参与、治理平台三个二级因子层；创业场景划分为创新创业空间、新经济、村集体经济三个二级因子层；教育场景划分为幼儿教育、小学教育、知识在身边三个二级因子层；服务场景划分为物业综合管理、商业服务、传统手工艺三个二级因子层。如图7-6所示，是村落有机体健康度评价指标体系二级因子划分示意图。

(三) 村落有机体健康度评价指标体系

根据指标体系构建原则，指标因子的具体确定，应能反映农村的特色，与城市社区有所区别。因此，反映传统文化生态的因素应在指标构建中体现出来。如传统建筑活化利用数量、特色传统文化项目数量、家规民约、宗族组织、传统灶台、手工艺艺人等，分析在现代生活方式中，传统文化生活方式生存状态。

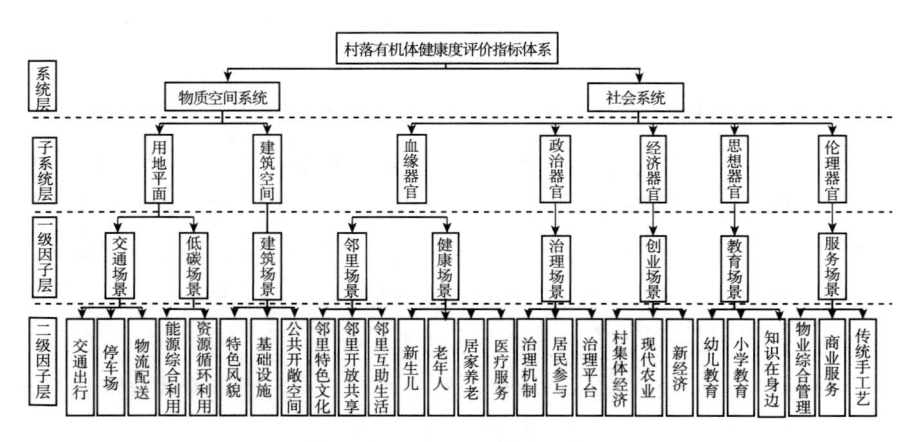

图 7-6　二级因子划分示意图

三级因子层是在一、二级因子层的基础上，所选取的村落有机体健康度评价指标，具体内容见表 7-1。

表 7-1　　　　　　　村落有机体健康度评价指标体系

系统层	子系统层	一级因子层	二级因子层	三级因子层	单位
物质空间系统	用地平面	交通场景	交通出行	到村公交线路条数	条
				私家车（全村所有私家车辆）数量	辆
			停车场	停车位（画线的）、停车库（合计）数量	个
			物流配送	快递中心、村邮站面积	平方米
		低碳场景	能源综合利用	天然气入户率	%
				传统灶台（全村）数量	个
			资源循环利用	参与垃圾分类家庭比例	%
	建筑空间	建筑场景	特色风貌	特色新建筑（别墅或美丽庭院）数量	户
				传统建筑活化利用数量	幢
			基础设施	自来水入户率	%
				污水管道入户率	%
				户宽带入户率	%
			公共开敞空间	农村社区中心、其他公共建筑空间（除文化礼堂外）面积	平方米

续表

系统层	子系统层	一级因子层	二级因子层	三级因子层	单位
社会系统	血缘器官	邻里场景	邻里特色文化	文化礼堂面积	平方米
				特色传统文化活动项目个数	项
				文艺团队+组织数量	个
			邻里开放共享	文化公园或广场（室外）面积	平方米
			邻里互助生活	村民公约+家规家训数量	条
				婚丧喜事活动场所（宴会厅、公墓前广场等）面积	平方米
		健康场景	新生儿	新生儿出生率	%
			老年人	老年人平均寿命	岁
			居家养老	老年食堂（65岁以上进入食堂吃饭）比重	%
				85岁以上高龄人口人数	人
				养老院床数	床
			医疗服务	卫生室坐诊医生数量	个
				每年入村医疗服务次数	次/年
	政治器官	治理场景	治理机制	党、政、妇女、青年、民兵、综合调解等治理机构数量	个
				党建引领网格管理到户率	%
				党员占比率	%
			居民参与	老年协会、龙灯会、花灯会等组织数量	个
				居民选举参与率	%
				宗族理事会机构	个
			治理平台	治安监控点数量	个
	经济器官	创业场景	新经济	外来租用农村房屋创业者数量	人
				外来资本流入额度	万元
			现代农业	农业合作组织数量	个
				特色产业（如特色水果、农产品加工、养殖、盆景园等）数量	项
				特色产业经营户占比	%
				土地流转	亩
			村集体经济	年收入	万元
	思想器官	教育场景	幼儿教育	幼儿园班数	班
			小学教育	小学班数	班
				小学入学距离	公里
			知识在身边	农民职业教育培训次数	次/年
				老年活动室面积	平方米
	伦理器官	服务场景	物业综合管理	第三方管理服务项目（如垃圾清运等）数量	项
			商业服务	超市、农资、杂货店、饮食店等数量	个
			传统手工艺	木匠、水泥匠、铁匠等	个

1. 物质空间系统三级场景解读

（1）交通场景三级指标

交通出行分为公共出行和个人出行，公共出行用"到村公交线路"的数量衡量，个人交通出行用"全村所有私家车数量"衡量；静态交通用"停车位（划线）、停车库数量"衡量；物流配送用"快递中心、村邮站"面积衡量。

（2）低碳场景三级指标

低碳环保的生活方式和每户居民的能源利用方式息息相关，低碳的生活就是要减少自然地理环境的碳排放，提高能源资源的利用率；乡村能源综合利用分为传统的家用灶台和天然气两种方式，因此用"全村传统灶台数量""天然气入户率"来衡量。资源循环利用采用"参与垃圾分类家庭比例"衡量。

（3）建筑场景三级指标

乡村的特色风貌包括新时期修建的新建筑以及传统建筑的活化再利用，选用"特色新建筑（别墅或美丽庭院）""传统建筑活化利用"指标。乡村建筑空间的最基本的功能是居住，是村民安身立命的场所，而与居住最密切相关的就是房屋的基础设施状况，直接影响到居民生活的舒适度。在乡村振兴"生态宜居"的目标下，还需考虑居民生活对自然环境的影响。因此，基础设施选用"自来水入户率""污水管道入户率""户宽带入户率"来衡量。随着人类社会化和物质化程度的发展，建筑的社会功能开始显现，居民需要一定的公共空间进行公共事务的管理和人际交往，因此选用"农村社区中心、其他公共建筑空间（除文化礼堂外）"作为公共开敞空间的评价指标。

2. 社会系统三级场景解读

（1）邻里场景三级指标

邻里特色文化用"文化礼堂面积""特色传统文化活动项目个数""文艺团队+组织数量"衡量。文化礼堂是举办各种中华传统文化活动的空间，以展现当地特色文化、丰富乡村居民精神生活、提升乡风文明程度为目的。用"特色传统文化活动项目个数""文艺团队+组织数量"两个指标衡量。邻里开放共享以一定的公共空间为依托，提供村民相互交流，用"文化公园或广场（室外）面积"衡量。乡村举办的白事、喜事活动一般都需要邻里开放空间。村规民约用约定成俗的方式来规范村民的行为，引导个人行为规范，因此用"家规和家训数量"来评价村民日常交往的行为模式。

（2）健康场景三级指标

新生儿多少，是血缘村落血脉延续和有机体生命年轻态的重要指标，用"新生儿出生率"代表。老年人的长寿说明乡村人均健康水平较高，用"老年人平均寿命"代表。"居家养老"强调对老年人的保障型需求，用"65岁以上老年人进入食堂吃饭比例""85岁以上人口比例""养老院床数"衡量。医疗服务既涉及居民日常的一般医疗需求，也涉及相对高质量、更加全面的医疗服务需求，用"卫生室坐诊医生数量""每年入村医疗服务次数"衡量。

（3）治理场景三级指标

治理机制用"党建引领网格管理到户率""党、政、妇女、青年、民兵、综合调解等治理机构数"表示。基层党建引领下的网格化管理新模式有利于实现党建管理的全覆盖，形成良好的党群关系；"综合调解机构数"是乡村管理组织完善程度的体现，是乡村基础性的组织建设。乡村治理的居民参与用"老年协会、龙灯会、花灯会等组织数量""居民选举参与率""宗族理事会机构数量"衡量，"治理平台"用"治安监控点数量"衡量，有利于推动乡村治理朝着数字化方向发展，提升治理效率，与时代接轨。

（4）创业场景三级指标

"村集体经济收入"较好代表了村集体经济的发展情况；现代农业包括农业产业和农业合作组织的发展情况，用"农业合作组织数量""特色产业（如特色水果、农产品加工、养殖、盆景园等）数量""特色产业经营户占比""土地流转"来衡量。新经济代表外源性的创业力量，以"外来租用农村房屋创业者数量""外来资本流入额度"衡量。

（5）教育场景三级指标

幼儿教育用"幼儿园班数"衡量，小学教育用"小学班数"衡量，"知识在身边"是不同年龄段乡村居民接受的教育培训，用"农民职业教育培训次数""老年活动室面积"衡量。

（6）服务场景三级指标

物业综合管理用"第三方管理服务项目（如垃圾清运等）数量"衡量，乡村商业服务用"超市、农资、杂货店、饮食店等数量"衡量，为村民提供日常生活中的商业性服务；传统手工艺用"木匠、水泥匠、铁匠等数量"衡量，满足乡村居民在特定情境中的需求，如盖新房、房屋装修等。

在建立评价指标体系后，选择金东区（县域）为单位，进行村落健康度的综合评价。找出在乡村振兴背景下，县域村落有机体健康度的空间分异规律，并找出空间分异的原因，从村落有机体健康度，可以综合判断村落生活方式的健康度，即村落在现阶段的文化生态健康度。

因此，从区域分析入手，村落有机体健康度评价，可以为县域的乡村治理，提供理论支撑，同时，也为其他县域的村落健康度评价，提供经验参考。

第三节　金华市金东区村落有机体健康度评价

一　研究区域概况

（一）金东区概况

金华市金东区经纬度处于北纬28°44′—29°19′，东经119°8′—119°56′之间，地处浙江中部的金衢盆地，位于金华和义乌之间，西接金华城区，东临义乌，南接永康、武义，北靠兰溪，是浙中城市群、金义都市区的核心区，也是金义黄金主轴的重要节点。

金东区的自然条件比较优越。在气候方面，金东区属于亚热带季风气候，年平均气温17.5℃，年均降水量1512.9毫米，年日照2050.5小时，无霜期250天左右，气候垂直差异明显，局部小气候资源丰富。在地形地貌方面，金东区地处浙江省中部金衢盆地，地势南北高、中部低。北部为金华山，海拔多为500—900米，南部为仙霞岭，中部为义乌江沿岸及其支流冲积平原。在土壤植被方面，金东区土层深厚，土质肥沃，有利于植被的种植和培育。境内植被良好，森林资源丰富，森林覆盖率达45.6%，素有"中国花卉苗木之乡"的美称。

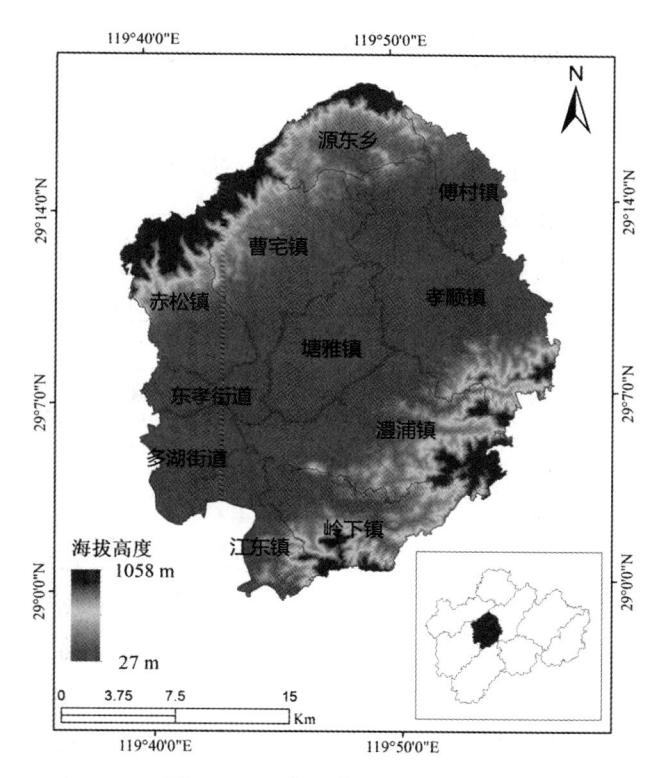

图 7-7　研究区地理位置及范围

(二) 金东区乡村发展概况

截至 2005 年 12 月 31 日，金东区辖 2 个街道、8 个镇、1 个乡。2018 年全区行政村拆并调整工作是金东区近 60 年来调整幅度最大、涉及村庄数目最多的一次行政区划调整，涉及金东区 262 个村，占比达 54.5%。经过调整后，全区行政村总数由原先的 480 个缩减至 317 个。目前，金东区共有 353 个村（居委会），其中行政村 317，社区居委会 36 个。

近年来金东区按照空间优化布局美、生态宜居环境美、乡土特色风貌美、业新民富生活美、人文和谐风尚美、改革引领发展美的要求，在生态建设、村庄风貌、基层治理、产业培育等方面有了较大提升，荣获省委省政府新时代美丽乡村示范县、全省农产品质量安全放心县、全省农村生活垃圾分类处理工作优胜县、全省非洲猪瘟防控示范县等多个省级荣誉称号。走出了具有金东特色的新时代乡村振兴之路。

二 样本村选择及数据来源

（一）样本村选择

笔者选择金东区 11 个乡镇范围内的 46 个样本村。具体情况如表 7-2 所示，具体分布范围如图 7-8 所示。

表 7-2　　　　　　　　　　　样本村汇总

所属乡镇	样本村
曹宅镇	东京村、莲塘潘村、午塘头村、山下洪村、春塘村
赤松镇	北山口村、桥里方村、石牌村、黄泥垄村、双门村
东孝街道	东藕塘社区、黄山塘社区
多湖街道	东湄社区、十二里社区
傅村镇	溪口村、畈田蒋村、山头下村、深塘坞村、华金村、上何村
江东镇	雅金村、黄源村
澧浦镇	琐园村、蒲塘村、里郑村、长庚村
岭下镇	柿树塘村、后溪村、日辉路村、石塘街村
塘雅镇	砖塘新村、前蒋村、前溪边村
孝顺镇	浦口村、白溪村、车客村、支家村、栗塘范村、杨村、车门塘村、祥里村、龙潭下村
源东乡	东叶村、施堰头村、洞井村、半垄村

46 个样本村选择参照大地控制网选点原则，在金东区行政范围内均衡选择控制点（样本村），使样本村的研究具有县域的代表性。具体原则如下：一是均衡性原则，在区域范围内、以村与村距离尽量相等、样本数量与各镇域面积相适宜为原则，在各街道、镇（乡）范围内，随机、均衡选取 46 个样本村；二是数据可获得性原则，所选村落需组织机构健全，村干部大局意识强，愿意配合本课题调研，从而保证数据的可获得性。

（二）数据来源

数据来自实地调研。在确定样本村落、研究方法及调研表格的基础

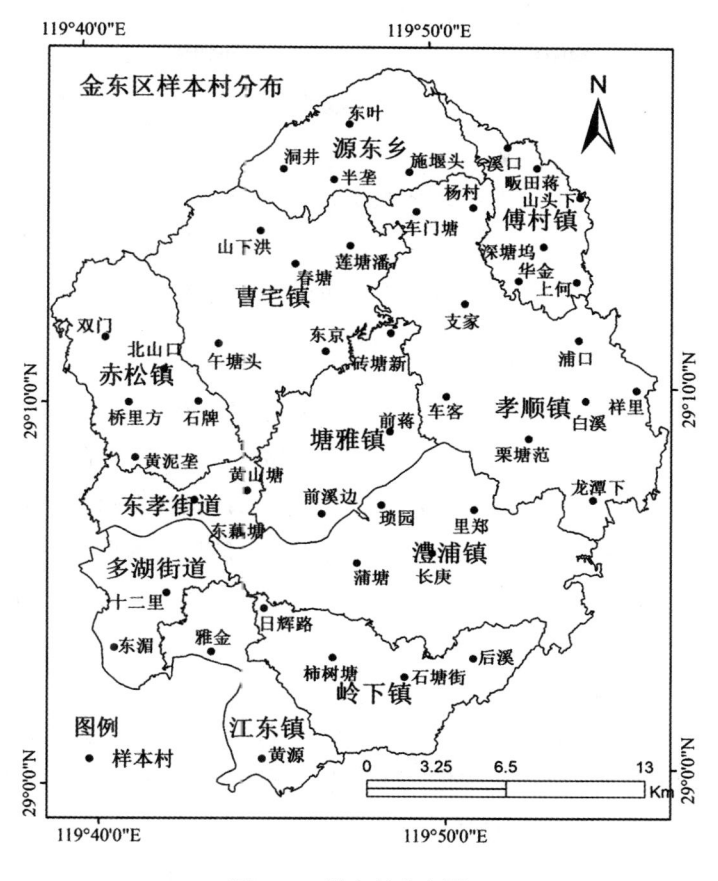

图 7-8 样本村分布图

上，在金东区自然资源与规划管理局领导支持及配合下，研究团队成员分头下乡，到村落中进行实地调研，分别通过访谈、实地测量等手段，获取第一手调查数据。

三 数据处理方法

(一) 熵权法

熵（Entropy）是描述系统内分子无序性的一个物理量态函数，熵越高，表明分子越无序，系统越混乱；熵越低，表明分子越有序，系统越稳定。自从热力学熵的概念提出来以后，熵的概念在许多不同的领域得到不断扩展。Shannon利用熵来度量各种系统的不确定性。近年来也有人将熵的概念与模糊数学结合,产生了模糊熵的概念,用以描述数据的模糊度[1]。熵权法作为一种客观赋权方法,通过对样本数据进行数学处理得到指标权重,不同于主观赋权法依赖于人的主观判断,具有较强的客观性。

信息熵的概念,是用来反映信息系统无序程度的一个度量,是用于衡量事物的不确定性。信息熵越大,事物越具有不确定性,事物越复杂,混乱程度越高。设含有 n 个信元 {M1,M2,…,Mn} 的一个信息源,各信元 Mi 出现的概率为 P(Mi),那么定义信息熵值的计算公式[2]:

$$H(M) = -k \sum_{i=1}^{n} P(Mi) * lnP(Mi) \qquad (7-1)$$

公式中 k 为大于 0 的系数,且 0<P(Mi)<1,信息熵越小,可用的信息量越大,重要程度越大。利用信息熵可以计算各指标的权重。在指标体系中,一般各指标值差异程度越大的指标,信息熵越小,指标提供的信息量越大,该指标的权重越大;反之,指标权重越小。熵权法的具体计算步骤如下。

1. 数据的无量纲化处理

由于不同指标的量纲和量纲单位的差异,无法对样本数据直接进行比较,需要对数据进行无量纲化处理,本书采用极差变换法对原始数据进行无量纲化处理。指标经过无量纲化处理后数值位于区间 [0,1] 内,对于所有指标的数值越大越好。指标可以分为正指标和负指标。

正指标的无量纲化公式为:

$$Y'ij = \frac{Xij - min(X1j, \cdots, Xmj)}{max(X1j, \cdots, Xmj) - min(X1j, \cdots, Xmj))} \qquad (7-2)$$

负指标的无量纲化公式为:

$$Y'ij = \frac{max(X1j, \cdots, Xmj) - Xij}{max(X1j, \cdots, Xmj) - min(X1j, \cdots, Xmj))} \qquad (7-3)$$

2. 数据的平移

熵值的计算过程中需要对数据进行对数运算,在这里运用标准化法对

---

[1] 吴彤:《自组织方法论研究》,清华大学出版社 2001 年版。
[2] 匡海波、陈树文:《基于熵权 TOPSIS 的港口综合竞争力评价模型研究与实证》,《科学学与科学技术管理》2007 年第 10 期。

数据平移一个单位,避免在计算熵权时出现部分数据没有意义的情况,在 Y′ij 经过数据平移后变为 Yij,并组建规范化矩阵 Y,计算公式如下:

$$Yij = Y'ij + 1 \tag{7-4}$$

3. 指标比重的计算

Pij 表示第 i 个评价对象的指标值 j 在该指标总和中所占的比重,计算公式如下:

$$Pij = \frac{Yij}{\sum_{i=1}^{m} Yij} \tag{7-5}$$

4. 指标熵值的计算

表示指标值 j 的熵值,熵值越大,表示信息量的丢失越大,熵值越小,表示信息量丢失的越少,信息量的有效程度越大。计算公式为:

$$e_j = -\frac{1}{lnm}\sum_{i=1}^{m} p_{ij} ln\, p_{ij} \tag{7-6}$$

5. 指标熵权的计算

表示指标 j 的熵权,指标权重矩阵为 W,指标的熵值越小,表示其熵值越大,表示该指标的重要性越高,对研究对象有着更重要的作用。计算公式为:

$$w_j = \frac{1 - e_j}{n - \sum_{j=1}^{n} e_j} \tag{7-7}$$

金东区 46 个村落的原始数据经过标准化处理后得到的数据采用熵权法计算指标权重,得到的指标熵值,以及最终计算的指标权重。

(二) TOPSIS 综合评价法

TOPSIS 综合评价法 (Technique for Order Preference by Similarity to Ideal Solution) 即逼近理想解排序法,又称为理想点法,是一种多指标决策方法。由 Wang. C. L 和 Yoon. K. S 在 1981 年首次提出,后在绩效评价中得到广泛应用。它利用研究数据中评价对象的评价值向量到与综合评价中的理想解和负理想解的距离,来对评价对象的优劣进行判断,从而对评价对象进行排序。现实中并不存在绝对的最优解和最差解,理想解和负理想解是通过数据分析虚拟出来的,作为最优和最差的标准,衡量评价对象的优劣。理想解是一个虚拟的最优解,它的各个指标值都达到评价对象中各指标的最优值,而负理想解是虚拟的最差解,它的各个指标值都达到评价对象中各指标的最差值。若研究样本的指标评价值向量离理想解越近，同时又离负理想解越远，则绩效越好；反之，则绩效越差。[①]

假设共有 m 个样本数据，评价指标数量为 n，各项评价指标值为 (i=1, 2, 3, …, m; j=1, 2, 3, …, n) TOPSIS 综合评价法的计算步骤如下。

1. 构建加权规范化矩阵

将计算出来的指标权重与标准化后的数据相结合构建加权规范化矩阵，加权矩阵中的各指标的最大值分别构成最优解向量 X^+ 和最劣解向量 X^-。

设安全规范化矩阵为 R，计算公式为：

$$R = r_{ij\,m*n} = y_{ij}\,w_{j\,m*n} \tag{7-8}$$

2. 理想解和负理想解

设理想解向量为 $S^+ = (r_j^+)_{1*n}$，负理想解向量为 $S^- = (r_j^-)_{1*n}$，计算公式为：

$$r_j^+ = max(r_{1j}, r_{2j}, \cdots r_{mj}) \tag{7-9}$$

$$r_j^- = min(r_{1j}, r_{2j}, \cdots r_{mj}) \tag{7-10}$$

3. 指标评价值向量到理想解和负理想解的距离

设研究样本指标评价值向量到理想解的距离为 Di+ 到负理想解的距离为 Di-，

采用欧几里德距离公式进行计算，计算公式为：

$$Di^+ = \sqrt{\sum_{j=1}^{n}(r_{ij} - r_j^+)^2} \tag{7-11}$$

$$Di^- = \sqrt{\sum_{j=1}^{n}(r_{ij} - r_j^-)^2} \tag{7-12}$$

4. 计算各评价对象指标值与理想解之间的相对接近度 Ci：

$$Ci = \frac{D_i^-}{D_i^+}\ (0 \leq Ci \leq 1) \tag{7-13}$$

5. 按相对接近度的大小对评价对象的优劣进行排序，Ci 越接近 1，相应的评价对象越优，越接近村落理想的健康状态。从村落有机

[①] 张娇：《基于熵权 TOPSIS 的西北上市公司绩效评价动态研究》，兰州大学，硕士学位论文，2013 年。

角度理解，Ci 越接近 1，无论物质空间系统形态、运行状况及社会系统中五大器官生命状态，都越接近理想状态，即健康状态。从乡村振兴五个维度衡量，Ci 越接近 1，五个维度越接近理想状态；反之评价对象越差。

四 金东区村落有机体健康度评价

在 TOPSIS 法计算结果的基础上，对金东区样本村落的健康度进行综合评价和分维度评价。综合评价即从 48 个评价指标出发，对金东区各样本村落的综合健康度进行评价；分维度评价是对各样本村落的九大"场景"分别展开评价。在健康度水平评价中，采用 ArcGIS 中的相等间隔分类法，将 46 个样本村健康度的相对接近度 Ci 划分为 5 个等级，分别是高健康度、优势健康度、中等健康度、一般健康度、低健康度。相对应的，Ci 取值范围分别为 [0.8, 1]、[0.6, 0.8]、[0.4, 0.6]、[0.2, 0.4]、[0, 0.2]。

表 7-3　　　金东区村落有机体健康度水平划分

相对接近度 Ci	[0, 0.2]	(0.2, 0.4]	(0.4, 0.6]	(0.6, 0.8]	(0.8, 1]
健康度	低健康度	一般健康度	中等健康度	优势健康度	高健康度

（一）金东区村落有机体健康度综合评价

1. 健康度水平评价

表 7-4 是运用熵权 TOPSIS 法计算出的金东区 46 个样本村距离理想解和负理想解的距离 Di+、Di-、相对接近度 Ci，根据表 7-4 可知，在 46 个样本村中，浦口村的 Ci 为 0.4748，排名第一，石塘街村的 Ci 最小，为 0.2612。各村落健康度由低到高排序见图 7-9。

表 7-4　　　金东区样本村熵权 TOPSIS 法计算结果

所属乡镇	样本村	D+	D-	Ci	排名	健康度划分
孝顺镇	浦口村	0.0968	0.0875	0.4748	1	中等健康度
傅村镇	溪口村	0.1046	0.0836	0.4442	2	
岭下镇	柿树塘村	0.1087	0.0742	0.4057	3	
赤松镇	北山口村	0.1113	0.0751	0.4028	4	
傅村镇	畈田蒋村	0.1112	0.0744	0.4010	5	

续表

所属乡镇	样本村	D+	D-	Ci	排名	健康度划分
曹宅镇	东京村	0.1080	0.0701	0.3936	6	
赤松镇	桥里方村	0.1071	0.0692	0.3925	7	
赤松镇	石牌村	0.1124	0.0713	0.3882	8	
傅村镇	山头下村	0.1134	0.0717	0.3872	9	
源东乡	东叶村	0.1119	0.0697	0.3839	10	
塘雅镇	砖塘新村	0.1088	0.0678	0.3837	11	
澧浦镇	琐园村	0.1127	0.0693	0.3809	12	
江东镇	雅金村	0.1124	0.0688	0.3797	13	
曹宅镇	莲塘潘村	0.1108	0.0647	0.3689	14	
孝顺镇	白溪村	0.1157	0.0666	0.3654	15	
多湖街道	东湄社区	0.1165	0.0664	0.3629	16	
赤松镇	黄泥垄	0.1140	0.0648	0.3625	17	
东孝街道	东藕塘	0.1131	0.0640	0.3613	18	
岭下镇	后溪村	0.1163	0.0639	0.3548	19	
塘雅镇	前蒋村	0.1175	0.0636	0.3514	20	
曹宅镇	午塘头村	0.1144	0.0615	0.3496	21	一般健康度
澧浦镇	蒲塘村	0.1154	0.0620	0.3495	22	
源东乡	施堰头村	0.1176	0.0627	0.3478	23	
孝顺镇	车客村	0.1174	0.0610	0.3419	24	
孝顺镇	支家村	0.1182	0.0609	0.3400	25	
傅村镇	深塘坞村	0.1209	0.0622	0.3396	26	
傅村镇	华金村	0.1213	0.0604	0.3325	27	
多湖街道	十二里社区	0.1203	0.0598	0.3321	28	
孝顺镇	栗塘范村	0.1249	0.0613	0.3293	29	
孝顺镇	杨村	0.1189	0.0580	0.3278	30	
源东乡	洞井村	0.1191	0.0570	0.3236	31	
傅村镇	上何村	0.1247	0.0594	0.3227	32	
江东镇	黄源村	0.1252	0.0581	0.3171	33	
塘雅镇	前溪边	0.1218	0.0556	0.3135	34	
源东乡	半垄村	0.1235	0.0559	0.3115	35	
岭下镇	日辉路村	0.1251	0.0560	0.3091	36	

续表

所属乡镇	样本村	D+	D-	Ci	排名	健康度划分
赤松镇	双门村	0.1217	0.0535	0.3055	37	
孝顺镇	车门塘村	0.1255	0.0540	0.3008	38	
曹宅镇	山下洪村	0.1204	0.0510	0.2975	39	
孝顺镇	祥里村	0.1281	0.0535	0.2945	40	
澧浦镇	里郑村	0.1265	0.0519	0.2909	41	一般健康度
东孝街道	黄山塘	0.1284	0.0519	0.2879	42	
曹宅镇	春塘村	0.1294	0.0505	0.2809	43	
澧浦镇	长庚村	0.1310	0.0512	0.2808	44	
孝顺镇	龙潭下村	0.1314	0.0502	0.2763	45	
岭下镇	石塘街村	0.1278	0.0452	0.2612	46	

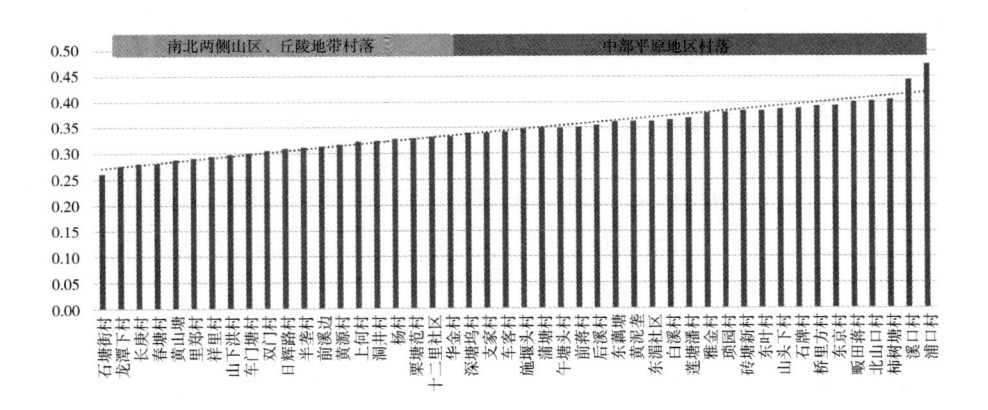

图 7-9 各样本村健康度趋势及分布图

2. 综合健康度分析

（1）目前乡村建设水平依然处于中下水平

研究表明，全区各村落的综合健康度整体处于中下水平。各样本村综合健康度平均值为 Ci=0.346，其中 Ci 最高值为 0.486（浦口村），Ci 最低值为 0.230（长庚村）。由此可见，中国乡村振兴依然任重道远。

（2）各村落在乡村振兴过程中出现竞争的"趋同性"

研究表明，各样本村的综合健康度几乎处于同一增长趋势线，各村落综合健康度数值与趋势中值线差距甚微。说明全区各村虽然发展条件、地理位置、资源禀赋各有差异，发展水平各有高低，但在政府牵头和引领下，积极开展行动，步调一致，形成合力，趋于同一增长趋势，见图 7-9。扬米·穆恩（Youngme Moon）说："用来确定竞争地位、动机良好的努力，不管是用品牌定位图、市场调研，还是用其他竞争分析方法，最终都变成一根指挥棒，把你赶向一种均势。"① 这也是为什么会出现"千村一面"的根本原因。乡村振兴作为政府工作的重要任务，成为当今乡村建设的一个"指挥棒"，政策的"同一性"驱使各村落在竞争中出现"趋同性"，这也是出现"千村一面"的根本原因。

（3）山区及丘陵地带村落发展水平整体低于平原地区村落

处于南、北山区及丘陵地带的村落，受交通条件、土地资源、人口流失等因素影响，村落健康度水平普遍低于中部平原地区。由低到高的整体发展趋势是：山区—丘陵—平原。而平原地区，靠近金华—义乌三条快速路周边的村落，发展水平最高。在金东区行政区中心部位，从南到北作一剖面，见图 7-10，将切线经过的周边村落投影到剖面上，可清晰看出各村落健康度的高低，见图 7-11，各村落健康度呈现出中间高两边低的趋势。

（4）村落有机体体物质空间系统建设水平高于社会系统建设水平

研究表明，在村落有机体的两大系统中，各村落物质空间系统健康度高于社会系统的健康度，见图 7-12。

这一现象说明，在过去的新农村建设和乡村振兴过程中，政府更关注乡村的"外在"形象建设，而忽视乡村社会"内在"功能提升。自 2005 年 8 月时任浙江省委书记的习近平在湖州市安吉县考察时提出"绿水青山就是金山银山"的科学论断后，浙江省相继开展相关乡村建设行动：2006 年的新农村建设行动；2013 年的"五水共治""三改一拆""四边三化""811 环境污染整治行动"；2014 年开展"美丽乡村""精品村""3A 级旅游村"建设活动；2016 开展"小城镇环境综合整治"行动；2018 年，金东区在全国率先开展垃圾分类先行示范区创建活动等等。以上这些乡村建设行动，地方政府工作重心基本集中在农村物质空间系统的建设，

---

① ［美］扬米·穆恩（Youngme Moon）：《哈佛商学院最受欢迎的营销课》，中信出版社 2018 年版，第 15 页。

第七章 村落有机体健康评价

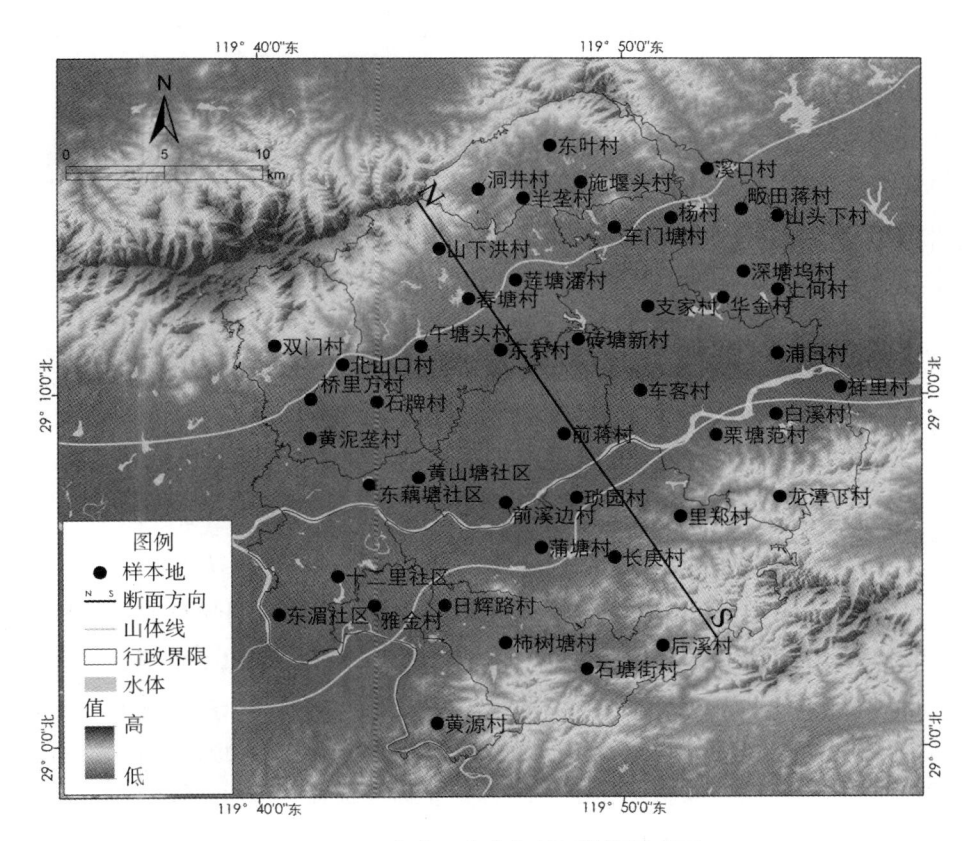

图 7-10 金东区南北向剖面位置示意图

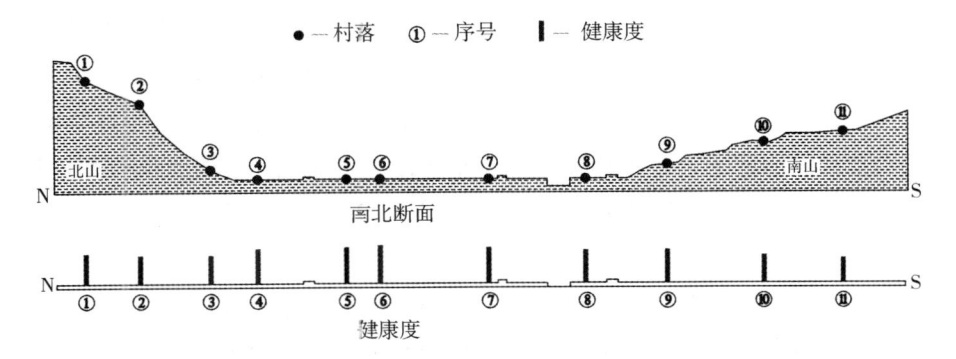

图 7-11 剖面附近各村落健康度高低比较图

因为这些是"面"上的工程,容易见成效,容易出政绩。而农村社会系统许多内生性问题,尚缺乏解决的有效手段。

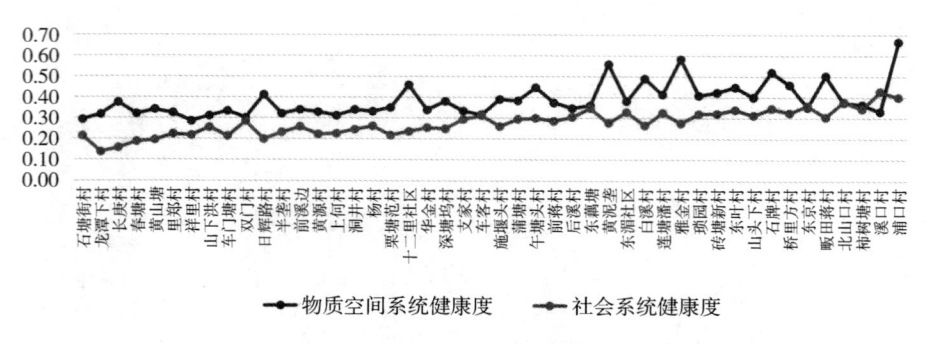

图 7-12 各样本村落物质空间系统与社会系统健康度比较

(5) 村落有机体九大场景健康度形成了"组团式"分异特征

研究表明,在村落有机体九大场景健康度排序中,明显形成了"组团"式分异特征。这一特征表明,目前的乡村振兴工作中不仅存在工作重心的偏移问题,还存在工作的"跛脚"问题。在第一组团"建筑、低碳、治理"三大场景建设中,政府倾注了大量人力物力,取得明显成效;第二组团"教育、健康、邻里、服务、交通、创业"六大场景建设中,则出现明显短板,见图 7-13。

第一组团的三大场景中,建筑场景综合健康度 $C_i = 0.486$,接近理想值一半。一方面得益于农民收入水平的提升,另一方面得益于政府美丽乡村建设运动。同时,党的十八大以来,大量传统建筑得以修缮保护及活化利用;低态场景综合健康度 $C_i = 0.481$,主要得益于"绿水青山就是金山银山"两山理论的具体实践,同时天然气到户率高,金东区是垃圾分类的示范区;治理场景综合健康度 $C_i = 0.452$,主要得益于政府对地方治理的重视及农村基层治理的创新。"党建联盟""网格化管理"等创新举措,极大提升了乡村治理水平。

在第二"组团"的六大场景中,创业场景综合健康度 $C_i = 0.169$,排名倒数第一。主要原因是目前中国农村仍然实行土地承包责任制,土地资源碎片化,劳动力等生产力要素持续外流,现代农业、新的农业经营模式目前未能探索出一条成功道路。农村集体经济普遍缺失,农村集

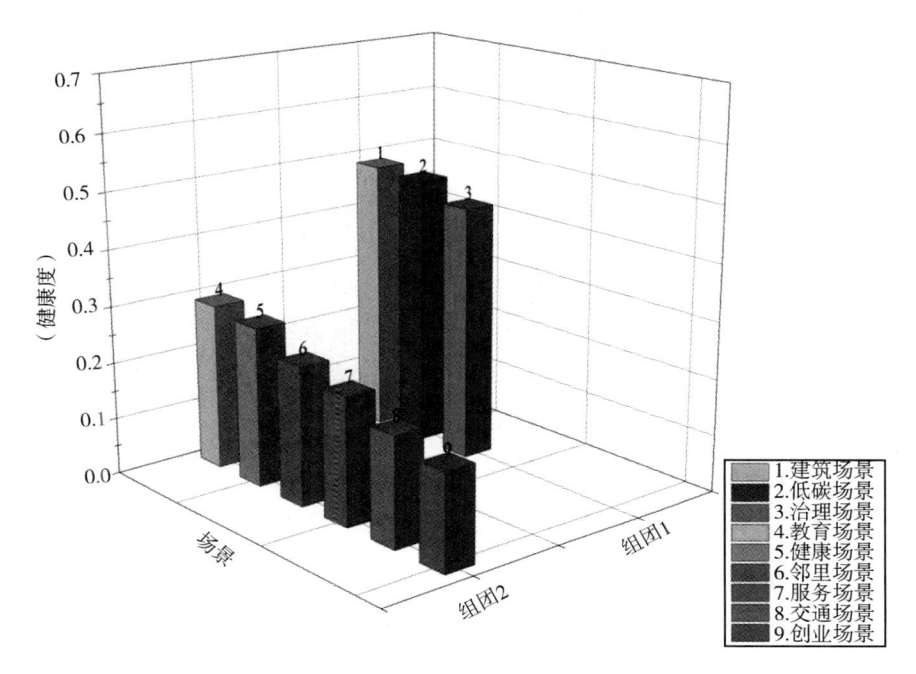

图 7-13 九大场景健康度"组团式"分异图

体大多依靠政府财政扶持,至今村落有机体依然未能实现"自我造血"功能,农村经济发展成为乡村振兴最大痛点。交通场景综合健康度 C_i = 0.193,排名倒数第二。农村虽然有公共交通,但线路少,班次更少,难以满足农村居民出行需求。农村私家车人均保有量虽然不断提升,但农村严重缺乏停车用地,车辆只能乱停乱放。农村快递、物流等处于起步阶段;教育场景也不容乐观。在城市化进程中,大量农村学龄儿童涌向城市寻求优质教育资源,农村教育设施不断萎缩,从而使农村基础教育进一步走向衰退。农民职业教育尚未能形成常态化,农村老年大学仅停留在活动室阶段;邻里场景令人担忧。农村人口的异质化、道德水平的降低,使农村邻里关系逐渐疏远;健康场景不容乐观。农村人口老龄化,医疗资源的缺失,儿童出生率的下降,年轻人的外流,使农村健康及血缘存续造成困难;服务场景未能满足村民需求。城乡公共文化设施配置的不均衡性,农村各项服务设施的普遍短缺,都是不争的事实。这六大"场景"建设任重道远。

第四节　村落有机体健康度存在问题及提升策略

一　存在问题

现阶段中国乡村建设整体水平依然处于初级阶段，乡村振兴战略任重道远；各村落在乡村振兴过程中出现竞争的趋同性，这也是出现千村一面现象的主要原因；在过去的乡村建设过程中，政府更关注乡村的"外在"形象建设，而忽视乡村社会"内在"功能提升；乡村建设中，短板明显，尤其是村落的"创业"，是目前乡村振兴的痛点；村落有机体的健康问题，不是取决于某一个"器官""场景"的健康问题，而是村落有机体中各要素整体的健康问题，只有解决乡村建设中存在的"短板"，才能整体提升村落有机体健康度水平。

二　策略

（一）乡村振兴需要做好"打持久战"的思想准备

就目前而言，村落有机体健康度整体水平不高，中国乡村振兴仍处于初级阶段，各级政府和基层干部需认清现实，在乡村振兴伟大工程中，要作好"打持久战"的思想准备。

（二）政府需要改变"政绩观"和行为模式

唯有改变"政绩观"，消除基层干部在乡村建设中"重表面轻内在"的行为模式，将工作重点转移到"造血型"乡村建设中来，才能带领广大村民走出一条中国特色的乡村振兴之路。

（三）提升农村"品牌化"建设水平

大力挖掘传统文化内涵，发展特色农业项目，培育"一村一品"的农村文化品牌，避免乡村竞争中出现的同质化趋势；推动文化自信，提升道德水平，修复邻里关系，重构和谐的人际关系。

（四）积极寻求中国特色的农村现代化发展模式

建立在"土地承包责任制"基础上的小而全的自然经济模式，已经不能适应全球化竞争需求，资源的碎片化，造成人才流失和土地抛荒。建立以农户土地资源入股、能适应激励市场竞争环境的"现代村落有限责任公司",走集体化发展道路,壮大发展集体经济,或将成为农村经济摆脱困境的可行路径。

(五) 提升各项基础设施和公共文化设施建设水平

完善农村交通网络和设施,提升农村居民出行的能力;提升农村公共文化实施建设水平,实现城乡公共设施配置均衡化;重构农村教育系统,留住年青的一代,提升农民职业教育水平,并积极引进人才;关爱老年人的身心健康,提高农村应对老年化趋势的能力。将农村打造成"宜居、宜业、宜游"的旅居目的地,真正实现乡村振兴。

第八章　村落传统文化生态沙漠化应对机制

第一节　基于村落公司化的农村经营模式

自古以来，农村的根本问题，是土地的问题。从商周时期的"井田制"，到改革开放前的"土地承包责任制"，朝代的更替，社会政治、经济、文化的兴衰，都与农村土地制度的改革及经营模式变更密切相关。

农村土地承包责任制，虽然解决了人民公社"一大二公"的平均主义，最大限度地调动了劳动者的生产积极性，把农户塑造成为自负盈亏、自主经营的市场主体，但随着中国市场经济的不断完善，农业经济零散经营模式的比较效益逐渐降低，个体经营在市场竞争中的优势地位逐渐降低。生产主体缺乏农产品价格的定价权，低的粮食价格和不断高涨的工业品价格形成越来越大的"剪刀差"，使农业生产回报率逐渐降低，甚至亏本，农民失去对土地生产经营的积极性。同时，浩浩荡荡的城市化浪潮，劳动力在农村和城市劳动的回报率，出现了极大的反差，进一步促使农民失去农业经营的意愿和兴趣，宁愿到城市打工，也不愿留在农村从事农产品生产，致使农村土地抛荒严重，农村进一步衰退，从而进一步推动农村文化生态沙漠化趋势。再者，农村集体经济缺失，使村集体无力从事农村公共消费品的提供，乡村的振兴，新农村建设几乎全靠政府输血，停留在"等、靠、要"被动局面，农村集体经济缺失和农户个体经济的衰退，促使政府深入思考，并不断探寻新的农村经济经营模式。

诺斯制度变迁的"路径理论"认为：利益诱致是制度变迁的根本动因。一种制度如果能使各方的利益达到最大化，人们就不会有改变这种制度的动机和要求。反之，社会对新制度的需求就会变得十分强烈。[①] 诺斯认为"利益诱致"，是农民选择从业的基本动力，同时也是引发新制度的根本原因。制度变迁的内在动因是主体期望获取最大的潜在利润，正是获利期望无法在现实的制度安排中实现，才导致了新制度的形成。为发展农村经济，改革开放以来，农村经营体制在联产承包责任制基础上，又不断进行探索，但始终未实现把农民吸引回农村的"利益诱致"的驱动力，现实是农村劳动力及其他生产力要素还在不断逃离农村，那么，实现乡村振兴的真正的体制机制应该是什么，这是应对农村文化生态沙漠化不能回避的问题。

一 改革开放以来农村改革历程评述

自改革开放以来，我国农村经营体制改革大致经历了六个阶段。

第一阶段是开端，"统分结合，双层经营"的农场经营体制正式以法律形式确认。土地承包责任，解决了农户获得土地经营权的问题，激活了农村家庭经济细胞生产器官的活力，极大地提高了农民生产积极性，在提高农户收入的同时，解放了多余的劳动力。但农村一些农田水利和其他公共设施的建设，一些产前、产后等生产环节的服务，组织开发性生产，举办经济实体，大力发展乡镇企业等等，这都不是一家一户所能办到的，需要集体统一经营。这就决定了农户个体经营与村落集体经营必须"统分结合"，实现"双层经营"。

第二阶段是推广阶段，统分经营模式在全国范围内推广，并取得了显著的成效。在这个阶段，国家关注的重点在农村，因此，在搞活农户经济的同时，集体经济尤其是乡镇企业走出了中国特色道路，极大地推动了农村经济发展。

第三阶段是邓小平对农村经营模式进一步改革的设想，他强调农村未来的发展要走规模化、产业化的道路。在邓小平同志的心中，农村的出路还是在于集体经济。搞活农户个体经济不是终极目的，最终还是发展集体经济，走出一条"规模化、产业化"的道路，以适应市场经济发展需求，

[①] 参见万振凡、肖建文《建国以来中国农村制度创新的路径研究》，《江西社会科学》2003年第9期。

最终实现农业现代化。

第四阶段是经营模式转型的初期，这一时期各地纷纷尝试经营模式的创新，同时因土地产权模糊产生了许多问题。到1987年，农村改革已取得了卓越的成就，社会上普遍认为，农村的问题已经解决，发展战略重心需要农业和农村让位于工业和城市。随着中国工作重点从农村转移到城市，城市化快速发展，农村经济在国民经济中所占份额逐渐下降，使农业和农村无力抗衡工业和城市对资源要素的市场竞争。农村生产力要素快速流失，乡镇企业萎缩，农村经济发展出现了严重问题。农村经济开始寻找新的经营模式，纷纷开始寻求经营模式的创新。

第五阶段是从农村分配改革入手，通过取消农业税等政策手段理顺了农村经营体制，但是，农村土地产权问题仍然存在。从2004年起到2006年为止，全国各省先后在两年内全部取消了农业税，终结了中国历史上存在了两千多年的"皇粮国税"，成为中国农业发展史上的伟大里程碑。2006年开始，提出了"农民合作社"经营创新模式，并开始试点、推广。但是，自2006年开始试点的"农民合作社"经营模式创新，有"空壳化"趋势，以"空壳"骗取国家补贴，成为不争的现实。2019年3月，由中农办牵头，进行了专项清理工作。

第六阶段是当下政府对农村经营体制的深化改革，通过在全国范围内展开经营土地确权登记工作，从根本上解决农村土地产权不清的问题。[①] 当前正在推进的"农村集体产权制度改革"和"农村土地确权登记"，主要目的是保障农民财产权益，将农村集体资产、集体经营性资产以股份形式量化到个人，将农户承包的土地"所有权、承包权、经营权"以确权的形式，确定给个人。

这六个阶段的农村经营体制改革，都基于一个"土地承包责任制"不变的事实，也始终没有回答如何解决"分散经营"的低效问题，更没有解决如何防止在城市化高速发展过程中农村"碎片化"的生产力要素快速流向城市，导致"联产承包责任制"中的集体经济和农户经济双层萎缩的问题。也就是说，村落有机体生产器官的基本结构没有变，只是从

---

① 参见张新光《论中国农村改革的原始起点及未来发展空间》，《中共天津市委党校学报》2007年第2期。

处理个体与集体关系、税收改革、收入二次分配等角度进行调整，土地等生产资料碎片化的基本现实并未改变，到第六阶段开展"经营土地确权登记"，更强化了生产器官中"家庭"与"耕地"的哑铃式结构，在保护了农民财产权益的同时，也固化了土地资源"碎片化经营模式"。

二　聚沙成塔的困境

小农户经济，是一个个独立的经济细胞，如同一粒粒沙子一样，如何将沙子聚在一起，堆积成一个承载新文明形态的宝塔，建立起与市场经济相对应的现代化农业体制机制，是当前农村经济面临的一个困境。

作为一个小农传统浓厚的农业大国，小农户一直都是国家繁荣稳定的基石。虽然以代际分工为基础的"半工半耕"的小农户家庭经营模式有可能起到缓解城市经济危机的功能，但是它却无法依靠自身的力量来独自应对商品市场的激烈竞争。理论研究和国际经验均已反复证明，没有发达的农业合作经济，也就不会有真正意义上的农业现代化。

如何才能正确处理好小农生产方式与社会化大生产之间的关系呢？马克思、恩格斯认为，无产阶级政党"永远也不能向小农许诺，给他们保全个体经济和个人财产去反对资本主义生产的优势力量"[①]，因为千家万户的"小生产"无法经受住社会化"大生产"浪潮的冲击。美国经济学家舒尔茨也认为，"一个像其祖辈那样耕作的人，无论土地多么肥沃或他如何辛勤劳动，也无法生产出大量食物"[②]。因此，他们建议把各个农户联合为合作社，以便在这和合作社内越来越多地消除对雇佣劳动的剥削，并把这些合作社逐渐变成一个全国大生产合作社，以便为小农国家通向未来共产主义社会奠定好坚实的经济基础。可见，农业合作社既是对小农经济进行社会主义改造的根本途径，也是小农户实现自身现代化的根本出路所在。

20世纪50年代，在"左"倾思想指导下，中国曾经尝试走过了从"互助组—初级社—高级社—人民公社"的合作化道路，最后演变为"一大二公"的平均主义合作经济模式，极大地伤害了农民的生产积极

[①] 《马克思恩格斯选集》第℃卷，人民出版社1995年版。
[②] [美] 西奥多·W. 舒尔茨：《改造传统农业》，梁小民译，商务印书馆2010年版，第4页。

性。这一次尝试以失败告终，不但在农民心目中留下了"合作化"的阴影，在政府层面也是谈虎色变，不敢轻易提起在农村走"集体化发展道路"。

改革开放以来，各种类型的合作化经营模式试验都基于几个原则：一是自愿合作原则；二是保留农户土地"承包权"原则。农村土地"承包权、经营权、所有权"的确权，是给广大农民基本生存权的保障，是社会主义优越性的集中体现。但也正是由于对农民这一权益的保护，而困住了农村经济体制改革的手脚。一方面担心外来资本使农民再次失地，另一方面怕放开农村建设用地市场会冲击房地产市场，因此，在保证农民的基本的"三权"基础上，每一步改革，总显得小心翼翼。要将"散沙"聚合成"宝塔"，必须寻找到合适的黏合剂和联合方法，从而将小农户经济引向现代农业。

三 现代农业的多种模式探索

在实现农业现代化、打造现代农业过程中，经历了多种模式的探索。从 2006 年类似于互助组式的"农民合作社"到"资本下乡"，从"家庭农场"到"农业综合体"的建设等，意图通过引进外来资本，促进农村土地流转，推进现代农业的发展。党的十九大提出"加快培育新型农业经营主体以推进小农户与现代农业发展有机衔接"的方针政策。

为了解决"土地谁来种、怎么种好地"的问题，从根本上改变我国农村部分农民"亦工亦农、亦商亦农"的长期兼业化状态，2019 年中央一号文件明确要求"突出抓好家庭农场和农民合作社两类新型农业经营主体"[①]，从而为我国在实施乡村振兴战略过程中以新型农业经营主体带动小农户迈向现代化提供了发展方向。

当前的认识是：在农业家庭经营模式短期内不可能退出的背景下，从国家战略角度确定以家庭农场、农民合作社为代表的新型农业经营主体作为未来农业生产的中坚力量，并用政策积极推动培育这一主体，撬动更多

---

① 《中共中央国务院关于坚持农业农村优先发展做好"三农"工作的若干意见》，中国政府网，2019 年 2 月 19 日。

的社会经济资源投向农业生产领域，有助于从根本上改变家庭经营农户的局限性，走出一条中国特色农业现代化的发展道路。

现在的方案是：大力实施新型农业经营主体培育工程。截至2016年末，新型农业经营主体中规模农业经营户398万户、农业经营单位204万个，实际耕种面积占全国的28.6%。[1] 乡村振兴战略过程中发挥新型农业经营主体的引领作用，重点在于在延长农业产业链，打造区域公用品牌，推动产业集群集聚发展等方面的显著优势，以带动小农户不断提升抗拒各种自然风险和市场风险的能力。

所有这些，都可以归结为"资本引领型"。新型农业主体，只能发生在农业生产条件相对好的农村地区，换句话说，所有的设想，都是一个美好的愿望，都需要看资本的眼色，资本愿意牵头，新型农业经营主体才能形成。因此，在此过程中，政府并非主体角色参与其中，而只是一个旁观者的角色。当一项制度不能惠及所有老百姓的时候，就不可能是一项普惠的政策，充其量是一项过渡性的政策。而普惠的政策是需要政府拿出真金白银、拿出各方资源来齐力打造的，就像改革开放之初集中精力进行"土地承包责任制"一样。

四 现代化农业经营公司的设想

中国农村制度创新的路在何方？众说纷纭，有人主张土地国有化，有人提倡土地私有化，亦有人坚持在土地集体所有基础上进行土地经营、运转模式的创新，等等。根据前文所述的土地制度变迁的若干原则，笔者认为，股份合作制才是一种相对合理的选择，是我国目前乃至今后一段时期内可以采用的较好的土地经营制度模式。

家庭让位于企业（公司）是当今世界各国发展的趋势。在农村土地确权登记、农村集体经济股份制改革基础上，建立以行政村为单位的"现代化农业经营公司"，即"农村公司化"，集聚村落所有生产力要素，走集体化发展道路，建立现代化企业的管理体制和机制，既是顺势而为，也是实现农业现代化的根本保证。

---

[1] 石霞、芦千文：《如何理解"实现小农户和现代农业发展有机衔接"》，《学习时报》2018年3月30日。

(一) 现代化农业经营公司概念

所谓"农村公司化",是以行政村为单位,为满足现代化农业对规模经济的要求,将已经确权给农民的碎片化的土地及农村集体资产,由公司统一经营,农民以土地及集体资产权能入股,组建形成集体经营模式的"现代农业经营股份有限责任公司。"

与 20 世纪 50 年代合作化不同的是,前一次是合作化是"所有权"从分散到集中,后一次是"经营权"从分散到集中。这种新的合作模式是实施乡村振兴战略的客观需求。

股份制作为一种经济制度,其产生的土壤是商品经济。而它取得长足发展是在商品经济和社会化大生产高度发达的资本主义社会。中国现阶段之所以称为社会主义社会的初级阶段,是因为目前依靠社会主义市场经济体制来谋求社会、经济、文化的发展,资本在市场经济发展中仍然起决定性作用,因此,不能避开资本空谈农村经济的发展,不然又将回归到 50 年代"公社化"的老路。

中国最大的资产——土地,在城市,属于国家所有;在农村,属于村集体所有。在中国工业品商品的生产中,工业生产性固定资产,70%是由国有企业在运行;金融资产,70%左右是由国有银行来运营的。占中国绝大部分资产的这些国有企业及国有银行,都实行了股份制改造,"股份"以其资本性,很好地建构了工业品生产企业的管理经营制度——股份有限责任公司制度。农产品生产,在中国广大农村,虽然土地资产所有权归集体所有,但使用权,已经承包给各家各户,因此,在农村,农产品生产,依然实行散户(农户)为经营主体的个体经营模式。农户作为社会经济活动的最小细胞,适合于自给自足的生活方式,而不适合商品化生产为主的现代化生活方式。因其细胞的自然性,存在着天然的竞争劣势和缺陷:土地经营面积少,缺乏规模效应;户主文化水平低,缺乏技术支撑;农户细胞抵御市场风险能力低,难以获得金融机构的授信和融资。因此,在中国农产品生产市场,市场经济体制发育并不充分,由此造成农村、农业长期受制于散户经营模式而导致村落不断衰败。因此,将农户"细胞"通过股份合作制组织形成"细胞团"乃至"有机体",是当今农村走出困境的有效路径。

图 8-1,是农户"细胞"生产器官抱团经营的模型,图中可见,生

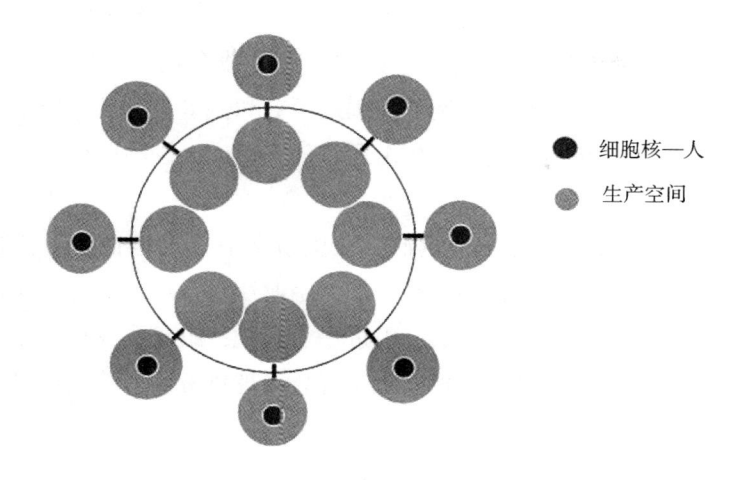

图 8-1　股份制细胞生产器官组合模式

产空间，即土地由分散整合为整体，此时生产空间的性质变为内向型，而居住空间，在这个结构中，变为外向型。居住空间中的人，可以面向村落以外的世界，在将土地入股"现代农业经营公司"后，可自由选择职业，既可以留在村里的现代农业公司上班，也可以到城市谋生，人活了，资源整合了，将分散的各细胞生产器官整合为一个"以集体生存能力强于个体"的生产器官模式运营，切合集聚优势理论精髓。

（二）现代化农业经营公司的体制机制

1. 企业产权制度

现代农业经营公司以股份制为基本形式，以土地入股为标志，实行"三权分离"，即集体拥有土地所有权，农民拥有对土地的承包权和股权，现代农业经营公司拥有土地使用权。在"三权分离"基础上，土地实物形态与价值形态相分离，股权分散化与土地资源配置的社会化相统一，采取按劳分配与按生产要素分配相结合的分配方式，实行股东代表大会、董事会、监事会的管理制度。这种新型的土地制度模式既借鉴了土地合作制的历史经验，又引入了现代企业制度的经营机制，符合市场经济发展的趋势和要求。

2. 企业组织形式

（1）股权结构。将农户确权后村集体资产所占份额与所承包土地按市场价格作价入股，计算出农户在企业注册资本金中所占比例，构建形成现代化农业经营公司的股权结构，作为企业收益生产要素分配的依据。

（2）企业法人治理结构。每一户的户主，是股东代表，股东大会是企业的最高权力机构。股东大会选举产生董事会和监事会成员，构建形成企业经营决策、监督机构。股东大会由股东代表组成，按照股份所占比例表决。

（3）董事会领导下的经理负责制。在董事会下，组建企业经营管理团队，负责企业日常生产经营和管理工作。企业经营管理团队可面向社会公开招聘，破除家族经营管理模式，引进专业人才，组建形成现代化农业生产经营管理团队。企业经营管理团队实行总经理负责制，总经理对董事会负责。

3. 经营管理制度

（1）分配制度。实行按劳分配与按股分红相结合的分配方式。企业的税后利润，在提取积累基金、公益基金后，按照股权比例分配红利。农户在企业就业的职工，按照工资模式获取报酬，实行按劳分配。

（2）依法注册股份制企业的法人资格。为保护企业、股东、债权人的合法权益，依照《中华人民共和国企业法人登记管理条例》，在当地工商行政管理部门进行工商注册和企业法人登记。

（3）制定公司章程。依据《中华人民共和国公司法》及其他相关法律，制定公司章程。

（4）制定公司经营、人才招聘、质量管理等其他相关制度。

4. 农村公司化是修复村落传统文化生态的重要手段

在村落五大器官中，经济器官肩负着村落有机体的造血功能。若政府能采取系列改革措施，改"输血型"的乡村振兴模式为"造血型"的模式，大力培育村落现代化农村经营公司，不但直接提高农民的收入，更主要的是恢复了集体经济的造血功能，使村落有机体"经济器官"满血复活，从而推动"政治器官、伦理器官、血缘器官、思想器官"的复苏，实现村落传统文化生态的修复。

（1）农村公司化理顺了各方关系。农村土地股份合作制理顺了产权关系，明确了集体和农民的权利和义务，调动了集体、农民和土地实际经营者三方面积极性。集体拥有土地所有权，坚持了社会主义方向，拥有部分股权，保证了集体一定的财产收益；作为农民，可以根据自身特点，决定是否经营土地，选择经营土地的农民可通过经营土地而获得收益，放弃承包土地经营权的农民则可转移至第二、第三产业，同时按土地股权分红。

（2）农村公司化有利于建立土地流转机制。农民拥有土地股权，这是一种货币化了的土地股权，不以占有土地实物为内容。不承包经营土地的农民，可凭借土地股权参与收益分配，落实了土地的社会保障功能，农民对土地实物占有观念将会逐渐淡化，一些无意经营土地，从事第二、第三产业的农民也乐于放弃土地，这有利于土地通过集体或其他市场中介，按最大化利益和效益原则进行流转。

（3）农村公司化有利于对土地进行规模经营，从而产生规模效益。农村土地股份合作制将土地经营权与收益权相分离，打破了土地均包模式，使土地适度集中成为可能。而土地的适度集中，经营规模的扩大，将有利于先进科技成果的广泛应用，也有助于现代化设备在农业生产中的推广，这些都将大大提高农业生产的专业化和商品化程度，提高劳动生产率，降低生产成本，进而产生良好的规模效应。

（4）农村公司化能够构建一种与生产力发展和市场经济相适应的经营机制。它突破原有的一家一户的经营管理形式，实行股东代表大会、董事会、监事会联合管理，责任明确，相互配合，相互制约，有助于对土地的统一规划、统一开发利用，是一种科学的管理模式。

（5）农村公司化有利于增加农业投入，增强我国农业的市场竞争力，规避各类市场风险。农村土地股份合作制，突破了农业投资体制上原有的封闭性和投资形式的单一性，为吸收社会各界资金，尤其是民间资本、工商业资本甚至是外商资本创造条件，拓宽农业融资渠道。同时，农村土地股份合作制，能提高农民的组织程度，帮助土地经营者捕捉市场信息，增强其市场谈判能力，实现按市场需要决定生产。此外，农村土地股份合作制会推动新品种、新技术、新设备等引入生产领域，借此可提高农产品附加值，而且农村土地股份合作制，大大提高农业生产和经营的组织化程度，易促成农产品生产、加工、销售一体化发展。

（6）农村公司化有利于多种生产要素的合理配置。在农村土地股份合作制下，一部分农民放弃承包土地，而另一部分有经营能力农民则可通过承包方式获得较大规模的土地，对土地进行有计划科学投入，这可实现劳动力与土地资源合理配置。农村土地股份合作制可拓宽农业融资渠道，有助于土地实际经营者全力以赴进行土地投资，土地与资金结合度加大，可促进土地与资金的优化配置。而农村土地股份合作制也使先进科技成果、科学技术、先进设备得以在土地上推广应用，做到土地与科技的有效配置。总之，农村土地股份合作制可以实现土地、劳动力、资金、科技等生产要素的重组与优化配置。①

（7）农村公司化直接推动其他各器官的复活。按照五大器官相生相克原理，经济器官复活，使村集体经济有余钱、有能力建设公共文化设施和市政基础设施，满足村落集体性消费需求，从而在物质文化建设提升的同时，不断改造和建设精神文化产品，满足老百姓精神文化生活需求，在寓教于乐的氛围中，实现道德教化目的，修复村落传统文化生态系统。

第二节 村庄的治理

村庄的治理，是村落有机体"政治器官"的作用和功能。在五大器官相互作用的逻辑中，"思想器官"对"政治器官"起到决定性作用。"思想器官"决定着"政治器官"的意识形态，意识形态决定着"政治器官"的政治立场，是站位问题，是"政治器官"的核心问题。其次，"思想器官"决定着"政治器官"的学识修养高低，是政治治理能力问题。"思想器官"属"火"，"政治器官"属"土"，五行中"火"生"土"，这是本书第三章中村落有机体理论的核心观点，也是用中国传统文化来解读当今城市、村落社会发展问题的中国式表达。

一 农村治理现状

（一）村落治理，具有良好的外部环境

"三农"问题，一直是党和政府关心的主要问题，是党和政府工作的重点。自从2003年十六届三中全会以来，中央已经连续发布了18个"中央一号文件"，足见"三农"问题在国家治理中的地位和重要性。

---

① 万振凡、肖建文：《建国以来中国农村制度创新的路径研究》，《江西社会科学》2003年第9期。

(二) 政府与农村基层之间，存在着一头热一头冷的现象

近二十年来，国家及各级政府为实现乡村振兴，普遍热情高涨，不断出台各种文件，利用财政转移支付、金融支持农业、派驻第一书记等政策来帮扶农村实现乡村振兴。而基层农村干部则热情不高、办法不多，普遍处于"等、靠、要"的局面，村庄治理更多处于围绕着上级政府工作重点展开，上面说做什么，基层就做什么，没有结合自身村落特点，主动想办法、拿措施，农村治理长期处于"应付"状态。因此，出现了雷声大，雨点小的局面。国家的政策在农村实施中，因为基层的依赖性，使得乡村治理失去了"着力点"，从而使村落"政治器官"，游离于家庭细胞之外，而不能深植于村落有机体之中。

(三) 村落政治器官的体制化

所谓村落政治器官的体制化，指的是村两委更接近于政府体制内的组织，而逐渐远离自治功能。近些年来，村落组织机构有两大明显变化：一是村干部开始带薪工作。村干部带薪，意味着村干部管理已经纳入政府财政体系，虽然没有纳入人事管理体系，不占任何行政编制，但与之前的村干部补贴由村集体负担相比，已有体制化趋势。二是村支部书记、村主任一肩挑。为了防止村书记与村主任各自形成帮派，相互掣肘，把党、政治理体系的权力集中于一人。虽然这种集权化的模式可以防止权力之间的相互掣肘、内耗，但也容易形成独断专行，缺乏民主监督。三是实行由镇政府向各行政村派驻"第一书记"。"第一书记"是上级人民政府派驻的村干部，在村落金字塔式的组织结构中，在塔尖又多出一个"点"。第一书记的责任是："紧密依靠村两委，发挥指导、帮带作用，常态化到任职村走访调研，积极带头参与村中心工作，梳理突出问题矛盾，察实情、办实事、求实效，推动两学一做工作常态化制度化。"[①] 从第一书记角色分析，他是政府派出的"钦差大臣"，政府的管理触角直接深入村落治理机构，是沟通政府与村落的桥梁，为政府了解村落实情、解决村落实事，起到良好的桥梁纽带作用。从责任角度分析，其"指导、实查"的角色，意味着其拥有处置村落问题的权利，在双肩挑的村书记之上，这样，实际上削

---

① 《中共中央办公厅印发"关于向重点乡村持续选派驻村第一书记和工作队的意见"》，新华网，2021年5月12日。

弱了村落基层自治的空间和作用，村落由自治组织变为半自治组织，使村两委依赖性更强，也使村民形成"有问题找钦差"的局面，容易形成村民绕过村两委反映问题，使村落组织机构与村民进一步脱节。从第一书记的实施效果分析，虽然解决了一定的实事，向政府争取到一定资金，但在推动村落形成"有效性自治体制机制"方面并未起到关键作用。

（四）村落的治理多忙于应付上级任务

村落政治组织大多数时间处于应对上级布置的任务工作，而未能就村落细胞的健康发展出工出力。因此形成了脱离群众的局面，村落政治组织并未形成村落有机体各细胞之间的"黏合剂"。党和政府的政治生命在于联系群众，从群众中来，到群众中去，政府是"鱼"，群众是"水"，治理体制是协调各农户细胞的黏合剂、向心力。因此，如何解决当今村两委忙于"唯上"，村民只顾"自己"的局面，将一盘散沙聚沙成塔，形成合力和共识，是村落治理需要解决的难题。

二 村庄治理的困境

（一）农村治理结构"原子化"

基层治理结构"原子化"是指由于基层组织解体或无效而产生的基层治理对象离散、无序和低组织化状态。在封建社会时期，村落政治治理，是通过"宗祠—支祠—分祠—家庭"的房派血缘结构，将各级宗族治理中心与整个村落的家庭细胞及家庭成员联系在一起，村落治理的路径明晰、通畅。血缘者，情感也，尊尊亲亲之道也，这种治理结构，就是通过血缘纽带，通过人的情感连接在一起，故而治理脉络顺畅。在新中国成立后到改革开放前计划经济体制下，宗族治理退出历史舞台，取而代之的是公有制的劳动组织结构，农村建立了"大队—小队—家庭"三级管理体制，通过"大队—小队—家庭"的三级"所有关系"将政治治理中心与人民群众联系在一起。所有者，物权也，即利益之所属。因此，三级分配体系之间，是通过"利益纽带"，将治理中心与各家庭及成员联系在一起。改革开放以后，农村"三级所有"的社会管理体制解体，从政治结构上，村民委员会直接面对各家庭细胞，村民委员会与家庭细胞之间，既无血缘情感纽带，也无经济利益联系，在村落治理中心与被治理的家庭之间形成"真空"状态，不但失去了"情感纽带"，也失去了"利益链条",从而使各家庭细胞以自我为利益中心,各细胞之间失去了成为细胞团的粘合力量,村落治理失去了传递政令和接收政令的"媒介",各家庭细胞以"趋利性"为第一行为原则,尤其当土地承包到户后,大量多余的劳动力走出农村,进入城市,其生活方式逐渐脱离农村政治组织,各家庭细胞、成员处于一种无组织游离状态,呈现出"原子化"的形态,如图 8-2 所示。

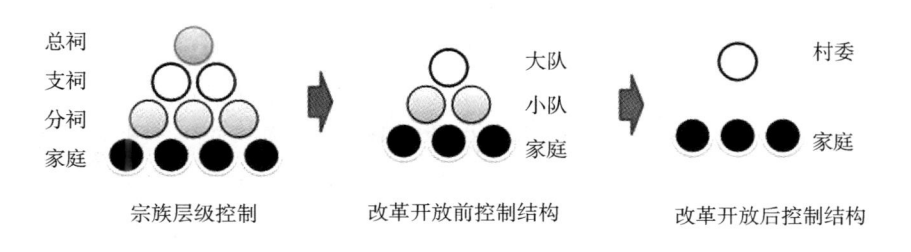

图 8-2 村庄治理结构的演变

(二) 农村治理"内卷化"

农村治理内卷化使治理的有效性边际递减,基层治理的有效性边际递减是当前基层治理困境的突出表现。近年来,国家通过加大资源投入、加强制度创新、引入新的治理技术等方式来提升农村治理的有效性,但实际效果并没有得到显著提升,反而呈现出"内卷化"的趋势。同时,国家通过加强和创新农村社会治理来破解"内卷化"困境,但基本上处于"改而不变"的状况。

中国一年一个"中央一号文件",乡村振兴成为国家战略,同时各种政策出台及金融资金的支持力度逐年增加,对农村的扶持、投入不可谓不大,但并未能扭转农村进一步衰败的局面。农村依然留不住人,政府各种政策、资金、人力、物力的投入效益,不断递减。农村治理"内卷化"主要表现在:第一,资金投入更多在于装点"新农村"门面,大量资金用在了农村环境综合整治之中,而农村集体经济发展投入极少,农村土地承包责任制不敢轻易去深入改革,集体经济缺失,农村有机体自身造血功能依然缺乏活力。第二,农村治理在应对上级各种"创新"过程中,治理精细化、形式化。从而占据、浪费了村落大量的有限的治理资源。如农村垃圾分类,要求每户按照可腐烂与不可腐烂先分两类,而可腐烂的有机垃圾，本可以回填做肥料，如今反而成为垃圾清运和处理的负担，这就是典型的内卷。又如为了使农村拥有与城市一样的干净环境，竟然禁止农户养鸡养鸭，千年来闻所未闻。

（三）治理人才缺乏，素养不高

目前村庄治理的主要骨干，基本出生于20世纪六七十年代。这个时期出生的孩子，正赶上恢复高考初期，因此，能读书的基本考上大学，没考上大学有高中文化程度的，也通过当兵、应聘等各种渠道，进入企事业及机关单位就职。初中及小学毕业的，有见识的劳动力人口基本外出务工到城里发展了，留在村中的基本属于文化程度不高、缺乏创业精神也缺乏村落治理经验的一批人，在村落治理过程中，仅凭着良心，想着为村民做点事情的良好愿望，兼任着村干部的角色。同时，政府在新农村建设及乡村振兴过程中，缺乏对乡村基层干部有目的性的培养，致使农村干部基本属于土生土长的一族，造成基层治理人才缺乏。

（四）农村基层社会治理缺乏资金保障

村集体经济的缺失，使农村基层社会治理的经费主要通过"等、靠、要"手段，从政府财政要得部分村落治理资金。然而地方政府财政主要通过治理"项目"拨付资金，并无村庄治理专项资金，因此，"项目"资金必须首先满足村庄整治和完善基础设施建设，即便有所剩余，用于基层治理经费相对有限。这些资金对于范围广、种类复杂的农村基层社会治理工作，只能勉强维持日常的开支，无法保障基层治理工作正常运转。许多村庄通过组织乡贤赞助，筹集部分资金，但终非长久之计，更多外出务工或创业的村民，不愿意为本村的公共事务掏腰包、作贡献，导致基层社会治理资金普遍缺乏。

（五）群众对基层治理参与的积极性不高

自从宗族组织退出历史舞台，血缘的纽带不再成为治理的手段，血缘凝聚力下降，家庭细胞及人们的思想观念呈现离散状态。农村实行土地承包责任制后，大队、小队不再成为村民的利益中心，围绕集体经济的行为及意识，转化为围绕"家庭经济"的行为和意识。由此，涉及全体村民利益的村落治理，并不能给村民带来直接的、看得见的利益和好处，因此，村民对基层治理参与的积极性普遍不高，各扫门前雪的心态普遍存在。农村大部分年轻有文化的人都外出务工，在家的都是老人和孩子，对基层治理工作理解不深,更无参与治理的欲望,表现出"事不关己,高高挂起"的消极思想,更别说参政议政。

三 村庄治理的出路

村庄治理的出路,首先在于治理"病态的政治器官",而"病态的政治器官"主要体现在"政体"与"村民"连接纽带的缺失。连接纽带无非两种形态:情感纽带和经济纽带。在新中国成立前,宗族社会体现为血缘关系的情感纽带;在公社化时期,体现为"集体共同所有"的经济纽带。这两个时期,都表现出良好的政治治理结构和秩序。因此,作为政治器官连接村民的纽带媒介,逃不出"物质与精神"两种材料,村庄治理的出路,在于如何利用好这两种媒介,形成政治器官与村民的有效连接。

(一)以党建为抓手,完善治理结构

"为人民服务"始终是党的宗旨。以农村党支部为堡垒,以党员为媒介,建立起农村网格化党员联系网络,明确党员联户名单,送服务到家,从而构建起"党建"情感纽带。

近年来,浙江省各级党委在深入贯彻《中国共产党农村工作条例》《中国共产党浙江省委员会农村工作实施办法》,构建形成省、市、县(区)、乡(镇)、村五级书记抓乡村振兴、乡村治理的责任机制,制定责任清单。在农村,以村支部为核心,建立党员联系群众一览表,明确党员联户名单,构建村落党建治理网络,形成村落有机体治理体系"人心"凝聚机制,形成"联邻邦户、守望相助"的基层党建平台,以"网格化管理,组团式服务",划分村落治理网格,明确服务片区,明确联户责任,落实具体行动。做到党员干部联系群众进户到人,做到联系全覆盖。构建"四必访、四必到"责任机制:困难家庭必访,有不满情绪必到;有危重病人必访,遇突发事件必到;空巢老人及留守儿童必访,有矛盾纠纷必到;信访户必访,有红白喜事必到。把党支部建设形成"血缘管理"式暖心机构,替代宗族管理,形成凝聚机制,增进村民情感。

(二)以"农村公司化"为抓手,构建经济纽带

"农村公司化",是本章第一节提出的农村未来理想的经营模式。该模式旨在将农村碎片化的生产力要素,有效地整合在一起,构建起农村股

份制有限公司，引进现代企业经营管理制度，培育现代农业产业，从而将各自为政的农户，通过"股份制"经济关系，重新将各家各户凝聚在一起，构建起"经济"纽带。

经济纽带是物质、能量传递的纽带和通道，人作为一个有情感的生命体，必须通过吸收能量，才能维持生命的有效延续。因此，经济关系是维系"人与人"之间能量传递的关系，更是构建形成"人与人"情感关系的物质基础。合理的物质赠予与分配制度，是构建人与人和谐关系的根本保证。而按照股份分配红利和按照劳动分配原则，是保证公平的最大公约数，可以普遍被广大村民接受，从而构建起以"公司"为核心的利益关系，在利益关系基础上，自然搭建起情感纽带，打通政令通道，形成治理网络。村落股份制公司情感纽带，如图8-3所示。

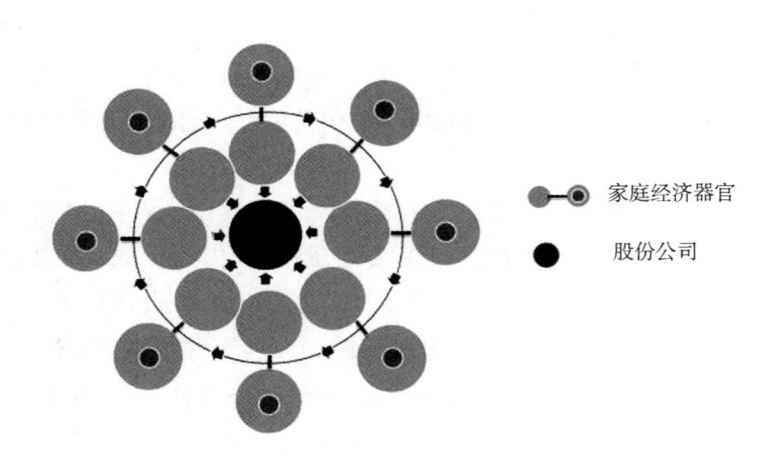

图 8-3 村落股份制公司情感纽带结构

（三）加强人才培养，提升治理能力

1. 加强基层人才培养，把人才转化为治理主力军。开展村民素质提升培训行动，大力开展"传帮带"活动，加快基层后备人才培养，选优配强基层党组织带头人，持续开展村干部能力素质和学历水平提升，逐步提高村干部报酬，激发有知识、有文化青年参与村干部竞争，增加他们干事创业的积极性。

2. 加强基层"领头雁"培养，把人才优势转化为治理优势。开展新型职业农民培训及村民素质提升培训行动。大力实施"传帮带"工程，组织农村人才与青年技术人员及新型职业农民"结对子",加快后备人才培养,带动农民群众实用技能提升。组织优秀农村人才服务基层,推行"农村人才+基地+农户"等服务模式,扩大"影响一片、带动一群、造福一乡"的集群发展效应。

3. 发展现代农业公司,引进科技人才。建立农村现代农业股份有限公司,以现代企业管理制度为抓手,培育现代农业产业,引进科技及经营人才,吸引大学生到农村就业创业,吸引乡贤回归农村,吸引在外打工的村民回归就业,让引进的人才参与村落治理,构建起具有现代思想和科学知识的治理队伍。

(四) 弘扬核心价值,凝聚村民思想

要弘扬社会主义核心价值观,必须先明白几个基本概念,了解传统和当今的核心价值观念之间的传承关系。

1. 核心价值观

什么是当代的"核心价值观?"这个问题必须先明确,与传统的核心价值观有何区别?

党的十八大以来,中央高度重视培育和践行社会主义核心价值观。社会主义核心价值观是:"富强、民主、文明、和谐、自由、平等、公正、法治、爱国、敬业、诚信、友善。""富强、民主、文明、和谐"是国家层面的价值目标;"自由、平等、公正、法治"是社会层面的价值取向;"爱国、敬业、诚信、友善"是公民个人层面的价值准则。社会主义核心价值观是在传统核心价值观念基础上发展而来。

传统文化的核心价值,首先是以"人"为本,其次是以"德"为本,再次是以"民"为本,最后是以"合"为本。从个人行为而言,强调"义务先于权利,群体高于个人,和谐高于冲突"。传统将个人的道德与社会的基本价值统一在"仁、义、礼、智、信"五个字中。

2. 公德与私德

梁启超在《新民说》强调提倡公德,认为公德和私德是同等重要的,但是认为,公德的基础是私德。私德就是个人基本道德。今天的社会主义价值观提倡爱国,爱国是公德;提倡友善诚信,这就是私德。

西方哲学家亚里士多德早就讲过,"公民的道德要求是比较低的,善人的道德要求品德是比较高的"①，做一个公民和做一个善人是不一样的，作为一个公民，他的要求应该说属于爱国守法这样一些基本要求，不是一个很高的要求。可是，作为一个善人，他的道德要求是比较全面的。如果从政治、从法律上讲，对公民的要求还是一般性的要求。但是，就社会、就文化，特别从中国传统文化来讲，我们不仅要求一个公民的道德，还要求一个善人的品德。

社会主义核心价值要以中华文化的主流基本价值观作为基础，作为源泉，作为立足点，作为根基，作为根本，作为命脉。社会主义核心价值的实践，具体的操作，一定要以中华美德体系的传承和实践为条件、为落脚点。核心价值观要从讲究个人基本道德开始即"仁、义、诚、信、孝、和"，用两个字表示就是"仁爱、道义、诚实、守信、孝悌、和睦"。践行社会主义核心价值观要从个人基本道德做起，这个道德和社会风俗的改善，才能有一个扎实的社会基础。遵道德、守道德才能落到实处。

3. 地方的人文精神

所谓"一方水土养一方人"，不同的地理空间和环境，有着不同的生活方式，也就有不同的价值观念。体现在儒家文化普遍的核心价值观念共性之下的个性化。比如，某区域以农耕生活为主，则"仁、孝、和"将显得比较突出，有的地方人地矛盾突出，义利并举，重视商业，则"义、诚、信"等文化更加突出。体现为区域之间生活方式和行为价值观念的不同特色。因此，在遵循普遍的社会主义核心价值观念同时，也允许不同地方有不同的侧重面和特点，这是塑造文化"地方性"的内在需求，是地方文化"基因"所在。

4. 弘扬核心价值文化，强化"五大器官"的建设

一个村落要实现善治，除了构建有效的治理机制，必然以每个人具有良好的"私德"为前提条件。因此，"政治器官"要实现健康发展，不但需要强大的"思想器官"给予智力的支持，也需要"经济器官"强大财力予以保障，还需要"伦理器官"的私德教育与感化，还需要"血缘器官"情感的纽带连接。可见，村落有机体"五大器官"之间是相辅相成

---

① 谈火生：《好人与好公民：亚里士多德公民德性理论的内在张力》，《天津社会科学》2023 年第 4 期。

的关系，任何一个器官要健康发展，离不开其他器官的相互支持。

（五）推动乡村智治，提升治理效率

"智治"是推进乡村治理的重要举措。随着大数据、云计算、物联网、区块链和人工智能等新兴信息技术的发展，现代科技尤其是数字技术在乡村治理中越来越发挥着重要作用，数字治理体系和治理能力现代化已经成为国家治理体系和治理能力现代化的核心动力。因此，作为推进国家治理体系和治理能力现代化的重要内容，乡村社会治理应重视大数据、云计算和区块链等新兴信息技术的科技优势，充分发挥智能化技术在政治建设、法治保障、德治教化等领域作用，推动社会矛盾、社会治安、公共安全等风险防控智能化，提升市域社会治理的智能化水平。

1. 推动治理体制现代化。针对乡村治理"碎片化"问题，通过建立村落微信群等社交新平台，形成新型沟通网络，使信息发布、村庄治理、情况通报等从线下走到线上，实现线上线下相结合的治理模式，从而打通情感盲点，实现村两委与村民的有效沟通。

2. 建立多部门合作的管理信息平台。形成市、区（县）、街道（乡镇）、社区（村）上下贯通、高效联动的社会治理新体系。建立起各级党委、政府的统筹协调机制和信息治理平台，建立起权责清晰、横向到边、纵向到底的治理机制，以智能技术为依托，实现治理要素的重新组合和优化配置，从而解决组织和人员的效率极限难题。

3. 推动各种治理方式形成合力。智能技术的输入可以促进政治、自治、法治和德治等治理方式高度结合，推动治理方式数字化、网络化、智能化，提高村落社会治理效率和治理现代化水平。

（六）加大资金投入，为基层治理提供财力保障

要想改善目前农村基层社会治理的状况，当务之急就是加强各级政府对农村基层治理资金支持力度，同时发动企业和社会的力量开展募捐活动，整合社会资源，给予基层社会治理全方位的财力、物力支持。

（七）充分调动社会组织及群众的参与度

一是建立有效沟通机制，及时将群众诉求、惠农政策上传下达，充分调动群众的参与度。

二是及时更新党务、村务公开栏，让百姓知晓村上大小事，保障村民的知情权、参与权、表达权和监督权。

三是引导企业、专业合作社等社会组织积极有序地参与到农村社会治理工作中来，对做出贡献的企业和单位给予一定帮助、支持和进行表彰，进一步提升群众和社会组织自我管理、自我服务的能力和水平。

四 传统治理的当代价值

传统治理是一个"封闭"系统的治理，目的是适应自然经济和半自然经济的生活方式，应对天灾人祸。治理结构是以血缘为纽带所形成的层级权力结构关系，治理对象明确稳定，体现出治理的保守、专制、暴力等特征。

现代治理是一个"开放"系统的治理，治理对象的流动性、异质化，使传统治理模式，失去了治理对象的合法性，社会风险和不确定因素增加。开放系统各种问题的出现，会产生许多不确定因素，因此，针对开放系统的治理，成为新时代农村治理的根本特征。

1. 传统封闭系统树状结构治理秩序

传统村落封闭系统中，在强调宗法秩序的同时，更强调个人修养即"私德"的修炼，所谓"修身齐家治国平天下"之所谓也。而修身，是封闭系统中社会治理的首要条件。在强调修身的同时，遵循血缘关系所决定的宗法秩序，从而形成"树状结构"治理关系和秩序。在树状结构秩序中，强调个人修养，即个体私德的培养，没有个体崇高的私德，也不可能构建稳定的、秩序良好的树状治理结构秩序。因此，传统治理中，重私德，是传统治理的当代价值所在。

2. 开放系统网络状的治理秩序

在开放系统中，人群是异质人群，即两两之间不存在血缘关系，个体是一个自由的个体，个体之间是一个公平的竞争和协调关系。在这个公平竞争的开放系统中，根据两两之间可能发生的链接关系，社群存在三种网络结构模型，见图8-4。第一种，全息链接，也就是说任何一个节点之间都存在信息链接，我们把这种社群网络结构称为"全局耦合网络"结构，这种结构相当于区块链连接模式，即图8-4中（a）模式；第二种是最近链接，每个节点只选择与自己最近的节点发生信息链接，我们称之为"最近邻耦合网络"结构；第三种，以某个节点为中心往外辐射，中心点只与辐射点发生信息链接，被辐射节点之间不存在信息链接关系，我们称之为"星形耦合"结构，这是一种中心化的、互联网+的网络模式，中心点类似于一个平台，其效益模式在于访问平台的流量，即放射线的多少。很显然，这三种网络结构信息网络链接由强到弱排序分别是（a）、（b）、（c），三种结构分别具有不同的开放性。

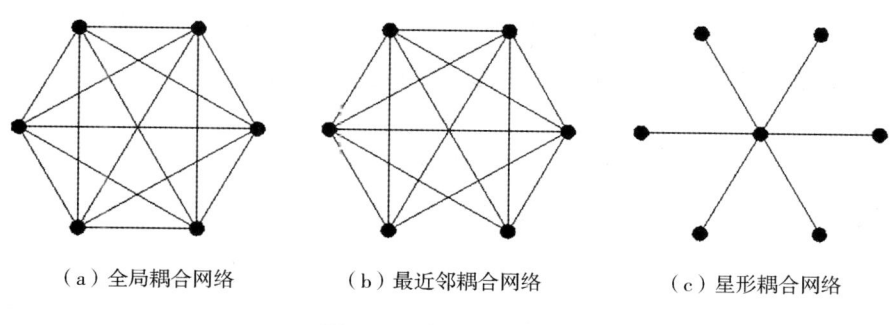

（a）全局耦合网络　　（b）最近邻耦合网络　　（c）星形耦合网络

图 8-4　社群网络结构图

很显然，在异质化的城市，每个人以自我为中心，强调自由，抵制约束，其自然生存状态便是图 8-4（c）形态，即"星形耦合"结构模式。中心点类似于一个平台，其效益模式在于访问平台的流量，即放射线的多少。当今社会人手一机，是每个人对外建立联系的终端，通过各种信息平台，开设微信、QQ、抖音账号，发表个人信息及言论，从而融入信息社会，参与社会治理。因此，按照"星形耦合"结构，存在着四种模式：流量盲区型、低流量型、高流量型、顶级流量型，如图 8-5 所示。

流量盲区型　　低流量型　　高流量型　　顶级流量型

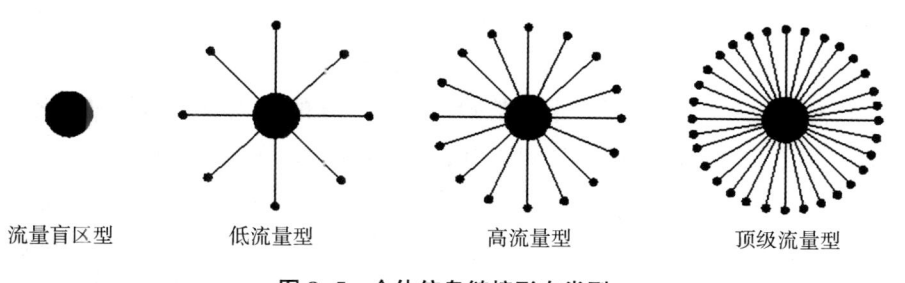

图 8-5　个体信息链接形态类型

流量盲区型是指该用户没有手机或者不会使用现代通信工具和交流平台，其对外联络基本依靠传统通信手段或"面对面"交流型。这类人，基本属于老年人，因受到教育程度限制，不会使用现代通信工具和交流平台。

低流量型是指该用户对外交流意愿很低，为人低调清高，不愿发表意见，不愿展示个人风采，不愿意参与各种社会交流，只在几个好友之间进行局部交流。这类人属于"归隐"型，逃避现实，不愿参与社会治理。

高流量型是指该用户对外交流意愿强烈，为人高调，经常发表个人意见，好出风头，积极参与各种社交活动，广泛参与各种交流活动。这类人属于社会治理积极参与者，大多数志愿者都属于这类人，具有较强的参与意识和意愿，对社会治理有积极推动作用。

顶级流量型是指该用户通过自媒体或公共社交平台的展示，广泛引起社会关注，获得千百万粉丝，进入公众人物行列，其行为和言论，对社会治理产生广泛影响。

这四种类型，都是以个人为中心的形态，如何将每一个分散的个人整合为一个"全局耦合"的全息社会治理网络，需要引进"组织"和"机制"。所谓"组织"，即某一个社会治理的"行政单位"，如某一个村落或社会团体等组织机构。所谓"机制"，即该组织的游戏规则，并通过现代信息管理平台及手段，将所治理的对象全部纳入该治理网络，并形成一个"两两之间"网络虚拟交流机会，使其成为一个"熟人"社会。

因此，在这个网络（社区）中，各种类型的"星形耦合"的个人，除了参与本网络（社区）活动外，依然保留着其对外交流的通道及流量，在此过程中，治理的手段在于合理的"引流"，即将各网络节点（个人），有效参与到本网络（社区）的信息交流和传递，从而形成"全息"的有效治理机制。因此，"个人修养""私德"的修养，依然是现代虚拟网络社会治理的重要基础。没有良好的个人道德做保证，个人不愿参与社区治理，则无法建立起治理网络（社区）；即便参与，其所起到的作用，也直接决定于个人的品德高低。因此，传统社会治理中，儒家文化对于"德"的解读，依然是现代治理最根本的哲学思想基础，对于儒家文化中所提倡的做人原则，依然有效，依然是现代信息社会能否形成和谐社会的基础，也是本网络（社区）能否建立起良好的"公德"秩序的根本。

3. 新旧社会治理系统的交织点

由以上分析可见，新旧社会治理系统的交织点在于"私德"。所谓

"血缘结构""信息网络结构",无非是治理的机制和手段。任何网络结构,要实现良好秩序和运行,必然离不开每个参与者的配合,其"私德"修养的高低,决定着任何一种治理模式的治理水平和成效。当然,集体与个人之间,个体私德是基础,个体组合形成集体。同时,集体对个体有反作用。良好的治理手段,则有利于将分散的个体有效连接在一起,使大家更团结、社会更和谐。不科学的治理手段或强制治理手段,都会遭到个体的无声抵抗,从而使社会治理网络陷入离散状态。或出现"信息断流""信息盲区"等"信息孤岛",造成治理中的"社会不公"。当今社会中不会使用智能手机的老年人,便是属于"信息孤岛"人群,尤其在农村社区中,类似情况尤为严重。因此,在社会治理中,应尽量避免出现"信息孤岛",如果出现"信息孤岛",即便该节点具有再崇高的个人修养的品德,也无法给社会网络产生影响。因此,应该重视新、旧社会治理系统交织点的人文关怀。

4. 传统治理的当代价值

当今社会在发展过程中已然形成了一个网络社会。我们把网络社会叫作"线上社会",把现实社会叫作"线下社会"。线上与线下社会共同构成了当今的文化生态,形成完整的社会体系。在整个网络社会之中,既有商品的制造过程,也有社会服务的提供过程,而更多的是衍生出了信息的传播过程和意识形态的繁衍过程。

线上线下,一个人所处的社会,其成员构成不一定一样,但无论如何,线上线下,必然交集于某一个"个体",也可能交集于由个体形成的"小团体"。无论线上线下社会如何交集,这两个社会系统的运作与治理,均取决于个体的思想和行为,并由个体的思想和行为构成集体的思想和行为。因此,线上线下社会集体的治理模式可以有所区别,但对于个体的思想及行为,必须有一个社会的道德底线,即"私德"。

因此,"私德"的教育与培养,成为传统与现代社会共同的命题,传统治理关于"私德"的规范,就有了当代的价值。

个人修养的提高,是一个"自觉"的过程,也可以说是个人自治的过程。"修身"的境界,由社会的认同程度来衡量。因此,需要有一个共同认可的道德标准和价值体系,这一套标准,是社会群体最大的公约数。古时称之为"伦理道德"。人们依照标准,来进行个人的修行和自治。

　　个人的自治融合为伦理道德标准体系下的群体自治。人与人之间，相互约束、相互评价、相互督促、相互提高，从而形成了群体自治。老子认为，群体自治的最理想状态是"无为而治"。但一个人的言行，处处需要其他人来提醒、来督促，则个人的自我治理成本必然提高，由个人的不自觉，形成的挫折、失败，构成个人治理的成本。群体亦然。因此，当一个群体处处需要他人来监督、管理，则该群体的社会治理成本必然造成社会治理的极大浪费。当然，人无完人，在一个人的成长过程中，必然会走弯路、会遭受挫折，因此，他人的指导、干预不可避免。当人群超过一定规模，则必然需要引进法治，来约束个人行为。群体也一样。

　　由此可见，社区是自治、德治、法治结合在一起形成综合治理体系。自治是根本，如果不自治，仅仅依靠他治，成本非常大。而且他治衍生的过程，也是治理成本向治理主体附着的过程，更是治理成本无限扩大的过程。所以必须发挥基层的自治作用，形成一元多方的治理结构，一元是党委领导，多方是参与主体。在德治方面，则要立德树人、以德化人，形成内化于心、外化于行的秩序体系。法治是用法律的办法来解决问题、化解矛盾。社会治理体系的现代化，就是要将现代德治与现代法治密切结合，形成一整套既激发社会活力，又富有秩序的社会架构。

　　在自治、德治、法治环节中，传统治理经验，都给予当今社会许多宝贵经验。这些治理经验，都成为每一代人素质教育的具体内涵。人类的教化，不但口口相传，更是将美好的意愿、故事、道理物化为景观场景，体现在建筑的每一个空间、细节及村落整体环境之中。这些景观场景以实时的教科书形态，在人们的生活中，时刻提醒着人们的举止言行。因此，无论社会发展到什么阶段，我们都应该珍惜历史文化遗留，珍惜前辈们用生命打造的经验之谈，保护好村落传统文化生态空间，在富有历史记忆的传统文化生态空间中，充分吸收传统治理经验，结合当今社会发展实际情况，尤其是网络社会的实际情况，合理制定游戏规则，构建形成适合于时代发展的治理模式，打造新旧相承、城乡融合的村落文化生态空间景观。

第三节 村落物质文化生态的重构

村落物质文化生态指的是自然或人工建造的、看得见摸得着的文化空间形态。是村落有机体中，物质空间系统所表现的景观形态。包括建筑、山水、田园等内涵。从村落地理空间结构分析，该生态系统属于村落物质空间系统，是村落生命体的寄居空间，由生活、生产、生态三大空间构成。生活空间即指村落的建成区，生产空间指农业生产耕作区，而生态空间，指的是村落外围的山水空间。

"从这个时代无以疗救的苦难和恐怖中，生长出一些特殊的、新的态度来看待生活。这些态度后来极其强有力地影响了西方世界的全部重要社会机构和制度的孕育发展，尤其影响了西方城市的发育。"[①] 当我们回头观察中国城市化过程，人们何尝没有经历工业化带来的环境污染、交通堵塞的恐怖与痛苦，并从痛苦中又尝到所谓现代文明带来的快乐，这种矛盾的心情所产生的态度，使我们在发展的道路上快速向前，抹去一切历史的痕迹和历史的记忆，城市、乡村，都以工业文明崭新的姿态出现在人们面前，并以之为豪。殊不知，人们在拼命向前奔跑的过程中，却丢失了历史的记忆、传统的美德、谦卑的灵魂。人们在重视物质文化建设的同时，却找不到灵魂的归属感，从而使人们行为无所适从。焦虑、猜疑，使人与人的关系仅仅依靠金钱来维系，社会群体原子化，行为模式极端化，急需停下脚步，找一找失落的灵魂，看一看遗落的景观。

一 村落建筑景观的重构

建筑是村落传统文化最主要的载体，是村民主要的生活空间。在村落传统文化生态沙漠化过程中，传统建筑空间是重灾区，也是传统文化生态沙漠化最主要的外在表现形态。由此，现代村落建筑空间，失去了传统文化的承载性和记忆性。

文化记忆以人格化了的文化活动的整体性彰显，是在特定场所被创造

---

① [美]刘易斯·芒福德：《城市文化》，宋俊岭等译，中国建筑工业出版社2009年版，第15页。

出来的过去经验，它对于空间维度的建构有着不容忽视的意义。建筑作为记忆的载体，其保存、整理、唤起对过往的启发性力量构成了村落景观的一部分。因此，村落传统建筑空间景观的重构，就有了历史与时代的双重意义。

（一）建筑空间肌理的梳理

村落在历史的风雨中，正如历尽沧桑的老人，其有机体的细胞，经历了生与死的洗礼，村落的容颜免不了发生改变，但无论如何改变，肌体必然保留着一些历史的痕迹，村落的气质，依然会吐露出年轻时候的气息。因此，村域范围内，其地表过程表现为新与旧的融合。要重构村落传统文化生态空间，需要梳理村落建筑空间肌理，从建筑肌理中找出哪些是传统遗留痕迹，哪些是已经更新了的建筑空间，从而找出历史空间变迁的脉络，对村落建筑作出合理的规划与安排。

建筑肌理是村落在历史发展过程中建筑更新、变迁过程所形成建筑空间结构形态。不同的历史时期，有不同的建筑平面布局形式，与村落道路之间有着不同的结构关系，因此，假若从空中俯视某一个村落，便可以清晰表现出建筑空间之间的相互关系，设定所有的建筑为某一图层，道路、街巷为第二层，则这两层要素所构成的空间形态即为村落现状建筑肌理。

建筑肌理可以直观地、清晰地看清村落有机体细胞的排列组合模式，分辨出建筑细胞与道路、街巷的连接关系，哪些传统建筑细胞是完整的、哪些是残缺的，哪些是临时性搭建建筑（或者说细胞的畸形生长），从而根据细胞之间空间关系、细胞与道路空间关系，提出空间重构的方案。

（二）传统风貌的评估

传统风貌评估则是在建筑肌理图中，将建筑分为三层。第一层，传统建筑；第二层，新中国成立后、20世纪80年代之前建造的建筑；第三层，现代建筑，即20世纪80年代之后建造的建筑。如此，便可以清晰地看清村落传统建筑风貌的分布情况。

新中国成立后、80年代前建造的建筑，由于建筑材料、建筑风格是地域建筑的延续，因此，属于与传统相近的风貌，属于风貌协调建筑。现代建筑，由钢筋混凝土建造，其建筑风格属于仿欧式建筑风格，是工业化

第八章　村落传统文化生态沙漠化应对机制　　315

的产物，归属于现代建筑。其建筑所承载的文化属于西方文化中国化的产物。一个村落中现代建筑的出现，是村落传统文化生态沙漠化的开端。因此，我们可以从建筑形态的演变，分析出村落文化变迁的过程。这在本书第五章，已作详细分析。

根据村落建筑风貌布局图，按照传统建筑所占的面积，大致可以得出传统文化生态区分布的密度，具体计算方法如下：

$$M_c = \frac{S1}{S} \times 100\% \tag{1}$$

其中，M_c 为传统建筑所占的密度，即传统文化生态区在村落中所占比例，$S1$ 为传统建筑基地总面积，S 为村落建成区总用地面积。同理，可算得风貌协调区密度，现代建筑密度。

风貌分析图，可以从建筑形态角度，分析出传统建筑是零散分布还是整体连片，从而为风貌改造，建筑基因修复，提供判断依据。

（三）传统建筑基因库构成

不同的地理空间环境和自然条件，人们都会寻找到适当的生活方式，建造出与生活方式相适应的建筑形态。

每一种形态有其独特的风格，独特的风格，都是特定生活方式、特定地域文化的产物，因此，包含地域个性、生活方式、精神风貌的特定文化所物化形成的建筑景观，我们称之为"建筑文化基因"。

1. 建筑基因的平面构成

在传统建筑中，平面由不同的"境域"构成，而不同的境域形态，成为平面构成中的"文化基因"。内外境域是指建筑的内部空间、灰空间、外部空间与内外边界线所组成的空间领域。其中，内部空间是指被屋顶等结构覆盖且被墙体门窗完全围合的空间领域，灰空间是指建筑物中被屋顶等结构覆盖但不被墙体完全围合，接触外部空气但不被雨淋的空间领域，外部空间是指用地红线内除去内部空间与灰空间以外的空间领域，如图 8-6 所示。建筑内外境域的特征集中反应在境域形态和境域性质两个方面。[1]

---

[1] Dan Yan, MinghuiXu, BinbinChai, ZhiwenChen* and Congxia Bai. Interior/Exterior Form and Properties Research on Wu style Residential Houses Form [J], Sustainability, 2022, 14, 5140.

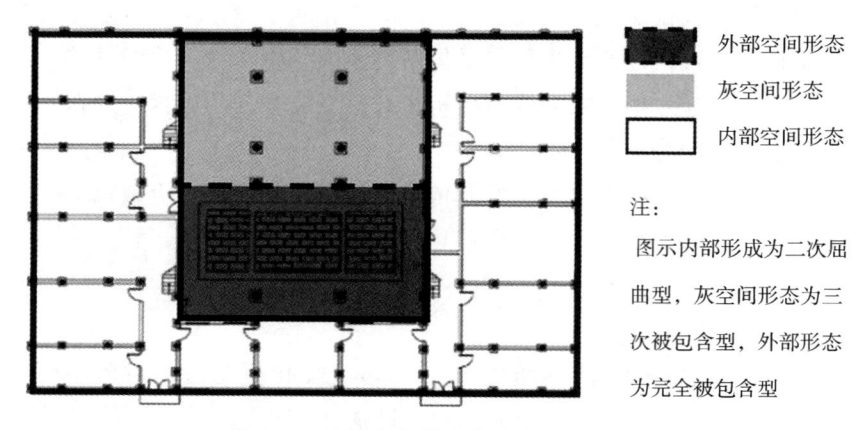

图示内部形成为二次屈曲型，灰空间形态为三次被包含型，外部形态为完全被包含型

图 8-6　建筑内部的室内外空间和灰色空间

不同地区文化差异构成不同的境域形态，同一地区不同的文化内涵，将构成不同的境域形态，在此以金华地区的婺派建筑为例，分析婺派建筑在平面空间构成中，通过境域解析法，解构不同的境域形态，从而构建形成平面构成中的文化基因库。

（1）提取境域形态

提取境域形态需分别对建筑内部空间、灰空间、外部空间进行平面形态的提取与归类。通过对于婺派建筑的前期分析，其灰空间具有重要的使用功能，更偏向于内部空间性质，因此，在整体提取过程中先将灰空间与内部空间视为一个整体进行境域形态提取，在此基础上再提取灰空间的不同平面形态进行分类。其提取分类方法如下：

在提取内部形态时，将灰空间与内部空间整体考虑。以方形、均质的形态作为基本型。当与基本型相比，内部出现阴角，即建筑平面轮廓向内凸的为屈曲型，并根据阴角数量分为零次（基本型）到二次屈曲型。此外，当空间内部包含露天庭院时为围合型，并根据庭院数量分为单数及复数。根据以上标准，婺派建筑内部空间可分为二次屈曲型、单数围合型、复数围合型三个大类，如图 8-7 所示。

在此基础上，提取灰空间形态。当灰空间部分或完全包围内部空间时为包含型，反之为被包含型，并根据接触关系分为二次、三次、完全。灰空间与内部空间邻接的为邻接型，并根据接触关系分为一次、两次邻接型。除此之外，复杂的灰空间可由以上三种形态各自或彼此组合

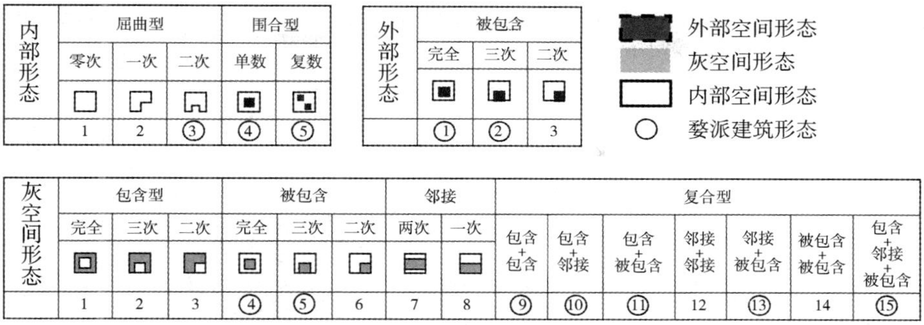

第八章　村落传统文化生态沙漠化应对机制　　317

内部形态	屈曲型			围合型		外部形态	被包含				■ 外部空间形态
	零次	一次	二次	单数	复数		完全	三次	二次		▨ 灰空间形态
	□	⌐	◰	■	▦		■	◳	◰		□ 内部空间形态
	1	2	③	④	⑤		①	②	3		○ 婺派建筑形态

灰空间形态	包含型			被包含			邻接		复合型					
	完全	三次	二次	完全	三次	二次	两次	一次	包含+包含	包含+邻接	包含+被包含	邻接+邻接	邻接+被包含	被包含+被包含	包含+邻接+被包含
	▣	▥	▦	▣	▥	▦	▭	▭							
	1	2	3	④	⑤	6	7	8	⑨	⑩	⑪	12	⑬	14	⑮

图 8-7　建筑内部、灰空间、外部形态类型

资料来源：参见 Dan Yan，MinghuiXu，BinbinChai，ZhiwenChen* and Congxia Bai. Interior/Exterior Form and Properties Research on Wu style Residential Houses Form［J］，Sustainability，2022，14，5140。

形成复合型灰空间形态。具体可分为包含+包含、包含+邻接、包含+被包含、邻接+邻接、邻接+被包含、被包含+被包含、包含+邻接+被包含七种复合型。根据以上标准，婺派建筑在三大类内部空间形态的基础上，根据灰空间形态可分为被包含型（完全）、被包含型（三次）、复合型（包含+包含）、复合型（包含+邻接）、复合型（包含+被包含）、复合型（邻接+被包含）、复合型（包含+邻接+被包含）七个小类组合形态。见图 8-8。

在进行外部形态提取时，外部空间被内部空间完全或部分包含的为被包含型。并根据接触关系分为二次、三次、完全。根据以上标准，婺派建筑外部空间形态可分为三次被包含型、完全被包含型等两类。见图 8-8。

综上所述，根据研究对象的内部形态、灰空间形态、外部形态，逐层一一提取，组合形成研究对象的境域形态。

（2）境域形态的归类及分析

以建筑外部空间形态为横轴，内部空间形态与灰空间形态为纵轴，将研究对象的境域形态进行归类，形成境域形态类型表并针对不同类型的境域形态进行逐一分析。

整理得出八种境域形态类型 A-H，如图 8-8 所示。

①二次屈曲型——婺派建筑院落构成的基本单元

类型 A、B、C 的内部空间加灰空间形态均为二次屈曲型，外部空间

类型	类型A	类型B	类型C	类型D
内部形态	二次屈曲型	二次屈曲型	二次屈曲型	单数围合型
灰空间形态	复合型（包含+包含）	复合型（邻接+被包含）	复合型（邻接+包含）	复合型（包含+包含）
外部形态	3次被包含	3次被包含	3次被包含	完全被包含
形态	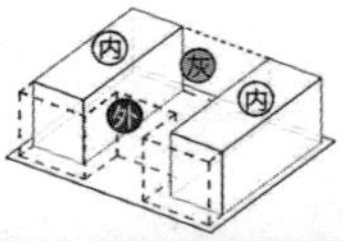	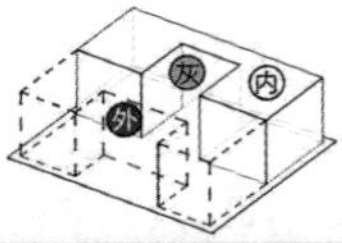	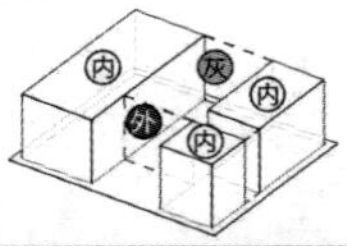	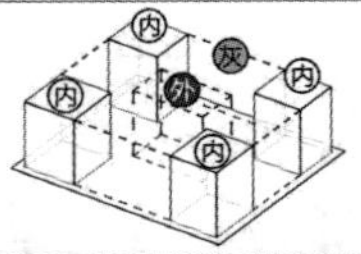

类型	类型E	类型F	类型G	类型H
内部形态	单数围合型	单数围合型	单数围合型	复数围合型
灰空间形态	复合型（被包含+邻接）	3次被包含	完全被包含	复合型（邻接+被包含）
外部形态	完全被包含	完全被包含	完全被包含	完全被包含
形态	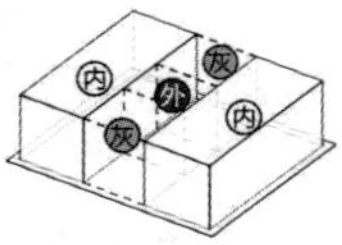	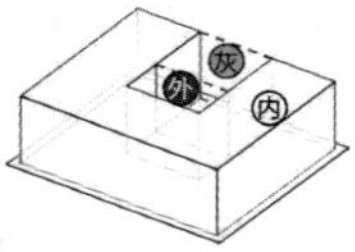	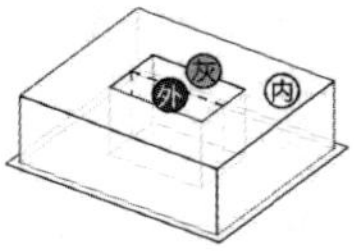	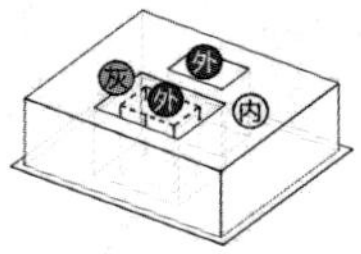

图 8-8　建筑境域形态类型

资料来源：参见 Dan Yan，MinghuiXu，BinbinChai，ZhiwenChen* and Congxia Bai. Interior/Exterior Form and Properties Research on Wu style Residential Houses Form［J］，Sustainability，2022，14，5140。

形态均为三次被包含型，其内部空间均围绕南侧庭院分布，且利用庭院充当入户门厅，外、灰、内空间层层递进，公私领域合理过渡。

二次屈曲型，是构成婺派建筑的基本单元。该基本单元以"三明两暗"为基本特征，构成十三间的基本单元。如图 8-9。所谓"三明"指的是正堂（灰空间）三间向院落直接采光的明间，东西两厢各三间向庭院直接采光的明间，共九间；两暗则指的是正堂（灰空间）东西两侧无法向庭院采光，也不向外墙开窗的两间"暗间"，共四间。暗间通常用作厨房等辅助性用房。三明两暗，合计十三间。

在"三明两暗"十三间基本单元基础上，因不同地区人地矛盾存在差异性，其"两厢"的规模有大小之分，随着用地紧张，减少两厢的间数，若两厢的"明间"由"三明"减少为"一明"，则该基本单元退化为"三间两搭厢"结构，俗称"一颗印。"

这个二次屈曲型基本单元中，内部空间是功能的主体，其主要功能为居住；灰空间采用"插入式"建造。灰空间的基本功能是"祭祀"，即厅

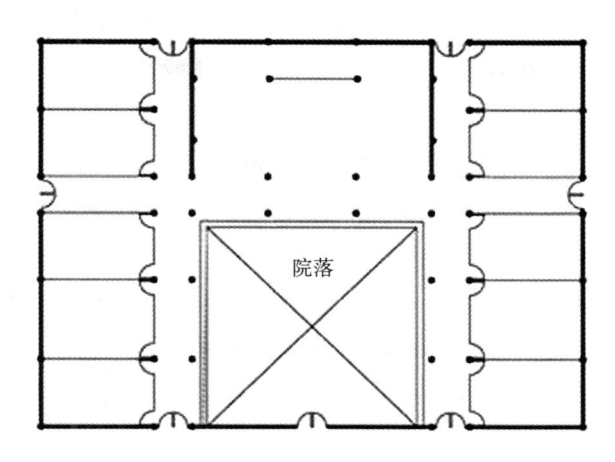

图 8-9 "三明两暗"十三间基本单元

堂，采用"畅门"的形式，形成灰空间，俗称"畅门厅"。在十三间基本单元中，若畅门厅的畅门数量达到三间规模，则该畅门厅以礼仪空间为主，若只有一间，则居住功能大于与礼仪功能，畅门厅两侧房间通常为该户人家最年长的长辈居室。另外一部分灰空间即为走廊，与厅堂共同组合成为该基本单元的灰空间。

十三间，三明两暗结构为婺派建筑平面空间布局的最基本的"基因"之一。

②四合院型

类型 D、E、F、G 的内部空间加灰空间形态均为单数围合型，外部空间均为完全被包含型。此类空间受到周边邻居、道路的影响更小，并利用中庭空间形成了一个兼具内外空间不受干扰的独立住宅体系，这几类的中庭空间不再起具体的功能性作用，更多起到室内通风采光的作用。

类型 D、E、F、G 实际是北方"四合院"的南方化。也是在"三明两暗"屈曲型基础上，进一步强化"入口"功能的结果。"三明两暗"屈曲型的入口是一种较为开敞的形态，而"四合院"则是加强了围合的功能，并在入口一侧，强化了展现门面、增加入口使用功能，从而强化"前宫后寝"的礼仪功能。

四合院作为独立的院落单元，具有广泛的适用性。其强烈的围合功能，提升了院落的内向性和防御功能，因此，可演化为多地区的地方建筑，如客家的"围楼"等，同时，也成为群体建筑构件的基本单元之一。

类型 D、E、F、G，是灰空间在不同位置插入的结果。类型 D 其灰空间所占比例巨大，更体现该合院的"礼仪"功能；类型 E 内部空间分布在中庭东西两侧，灰空间的布局呈现南北对称格局，体现出灰空间功能主次分工；类型 F、G 相较于前两者内部空间比例进一步提高，呈现出更强的私人领域属性，强调合院的居住功能；

③灰空间的基因形态

在 A-H8 种境域类型中，灰空间——礼仪空间的大小，体现出一间、三间两种类型，同时，其位置固定出现在院落的中轴线之上。因此，一间、三间两种灰空间，可以认定为固定的布局模式，是一种独特的灰空间"基因"。

一间型灰空间，说明院落强调居住为主，是人—院落矛盾较为突出的产物；三间灰空间，强调院落更注重礼仪功能。同时也体现出房屋主人的伦理观念及家庭的殷实程度。

不同的院落空间，都是内部空间和灰空间相互组合的结果，灰空间在院落中起到交通组织、伦理教化、统一思想等功能，是院落的"灵魂"。因此，文化基因除了形态的差别之外，尚存在位置的确定性。

④外部空间的基因形态

境域的外部空间是指用地红线内除去内部空间与灰空间以外的空间领域，是与自然空间直接连接的空间，是新鲜空气、阳光来源所在。

外部空间的基因形态是通过内部空间的"围合"实现的，内部空间内向围合形成各种形态的"外部空间"，从而形成建筑群体内的各种形态的"天井"，因此，"天井"称为外部空间的基因形态。

"四水归堂"是"天井"的最本质体现。"四水归堂"是天与地空间交流的象征，也是人与自然情感交流的象征。人们通过空间的围合、屋面的倾斜实现了自然要素的"索取"和天地的"给予"，也实现了天公与地母的自然交合，从而营造出"天、地、人"三才的和谐相处。这是内向性建筑的本质体现。

"天井"这种外部基因所承载的文化内涵，在现代民宅中已基本遗失，因而，现代民居失去了人与自然情感交流的场所空间，也就失去了人对自然的敬畏，同时也失去了人们内心的一份安宁。人们直接将个体推向境域之外，世俗的浮躁，使人们精神总是处于一种竞争的紧张状态，从而使人们缺乏内在德行的修养，使人们总处于世俗的名利之争之中。

2. 建筑基因的立面构成

在建筑立面中所表现的建筑基因，体现为境域的性质及建筑所体现的外在形态。境域性质是对建筑物内部空间用途、灰空间用途、室外空间用途以及内外边界线上境界要素的性质以及周长比值这四种关系的一个整合。其中境界要素是指构成内外边界线的墙壁、开口部分（门、窗等）等实体要素的类别。性质是指境界要素所具有的采光，通风，可视性，通过性等性质，见图8-10；周长比值是指境界要素占其所在房间周长的占比。

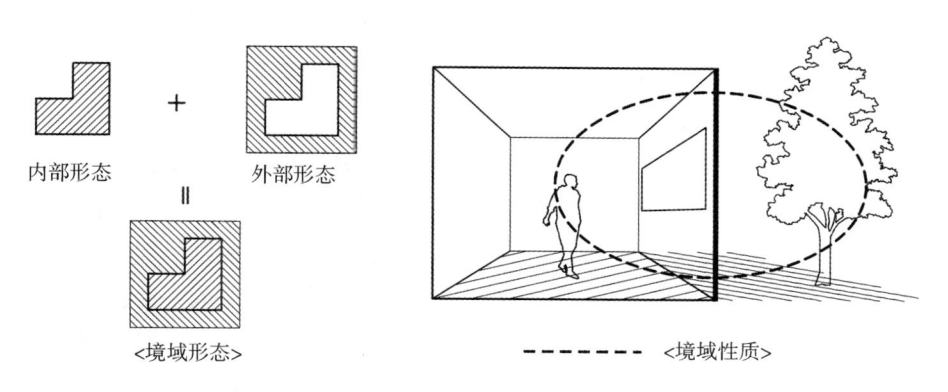

图 8-10　境域性质[1]

境域外在的形态指的是建筑生产就成为用材料、结构、色彩、轮廓、肌理等"形"的因素构造主题的情绪、意念、环境、时间等因素组成的"态"的表达。"形"的要素具有可变性、可组织性，是物质的、客观的；"态"的定义是来自于人的需求和感受，是变化的参数，是主观的、心理的[2]。境域的性质，是境域功能的表达，境域形态是建造者情感的表达。

（1）境域性质表达

境域的性质表达体现在采光、通风、视线、动线等功能需求的表达。

---

[1] 参见 Dan Yan, MinghuiXu, BinbinChai, ZhiwenChen* and Congxia Bai. Interior/Exterior Form and Properties Research on Wu style Residential Houses Form ［J］, Sustainability, 2022, 14, 5140.

[2] 杨涛：《建筑形态演进的科技动因》，天津大学，博士学位论文，2012年。

这四种功能是通过对内部空间、灰空间、外部空间"境界开口"实现的，由于传统建筑的内向性，使得这三种功能通过向"内侧"开口实现，少部分传统建筑，直接在外墙开设窗口。而建筑的对外交流出入功能，则通过向外开口实现。

①窗

《说文解字》说："在墙曰牖，在屋曰囱。"早在人类穴居时期，为采光和通风的需要，人们便在穴顶凿洞，谓之囱，是最早的窗。脱离穴居后，盖起房屋居住，便在墙上开窗洞，谓之牖。在中国古代窗被视为建筑实体的重要组成部分，其种类主要有直棂窗、槛窗、支摘窗、漏窗等。在古人眼里，门窗有如天人之际的一道帷幕。而窗户作为室内探测外界、外界窥觑室内的眼睛，在整个建筑史中成为独到的风景。

窗有多种形式，从形式分有"方、圆"两种形式，因此，窗口基因形态，可确定为"方窗""圆窗"两种形式。

方窗形式有多种，一是直棂窗，多在一楼开设；二是支摘窗，多在二楼开设。支摘窗是一种可以支起、摘下的窗子，明清以来在普通住宅中常用。支摘窗一般分为上下两段，上端可以推起支起，下端则可以摘下，这就是支摘窗名称的由来；三是槛窗，是古代中国建筑外窗的一种，形状与隔扇门的上半段相同，其下有风槛承接，水平开启。通常位于殿堂门两侧各间的槛墙上，它是由格子门演变来的，所以形式也相仿，但相比门，它只有格眼、腰华板而无障水板。槛窗也常用于一楼内空间与灰空间之间的隔断，是一楼居室的采光窗口。槛墙或用木板、或用竹编墙、或用青砖墙等，因人、因户而异。

圆窗，因建筑二楼通风所需开设，多开在建筑山墙一侧，称为漏窗。月光未经窗棂遮拦，直接漏入室内，故称漏窗。

②门

建筑之门，是建筑出入之口。也是展示门第形象的窗口。"门脸，是建筑物的脸面。就说门框，上横框叫门额，额头的'额'；左右立框叫门颊，脸颊的'颊'；门额要美化，还可以装门簪。这额这颊这簪，给门之'脸'一个形象化。门之'脸'，彻上瓦檐高翘的门罩，像是一顶漂亮的帽子。一对铺首好似它的眼睛，两个福字即是它的笑靥酒窝儿，一副对联像发辫，大红灯笼高挂起，如同戴上大红花。要半遮面，就筑一道影壁，犹抱琵琶。"[①] 从门的建筑材料看有石库门、木板门、砖垛门；从门额承重构件材料看，有木额承重、石额承重；从门颊造型看，有瘦颊、宽颊、宽颊带八字影壁；从门罩看，有单厦门罩、双厦门罩、三层门罩；有单坡门罩、双坡门罩等。

在婺派建筑中，开设于建筑的门口，大致可分为四大类。门楼、主门、辅门、侧门。门楼，是单独设立的门房，是礼仪性空间，也是展示门第等级的主要场所之一；主门，直接开设于建筑外墙，布置在中轴线上，是建筑主要出入口，讲究形式，多用石雕、砖雕构建形成门顶、门额、门颊、门槛等构建。门顶部分多采用斗拱形式从墙体外挑，形成门楣；门额多采用浮雕形式突出墙体，并镶嵌浮雕图案；门颊由石头门柱及两侧门颊构成，多用水磨砖面铺砌；门槛、门阶，多由青石板构筑。门的形式，多演化自牌坊造型，或者直接采用牌坊造型；辅门，一般开设于两厢与厅堂之间的走廊两头，形制较主门略低。有的婺派建筑，不开设主门，直接用辅门替代；侧门，一般是辅助用房直接对外开设的小门，如厨房间、杂物间等，为搬运物资、清除垃圾方便而专门开设的小门。

因此，门的基因形态可定义为四种：门楼、主门、辅门、侧门。

（2）境域外在形态的表达

境域外在形态通过轮廓、肌理等"形"的因素构造主题的情绪、意念、环境、时间等因素组成的"态"的表达。"形"是载体，"态"是内涵。境域外在形态表现在东、南、西、北、上"五维"的立面之中。

①屋面

屋面是建筑的第五立面，其形制，受到了宗法等级的限制。按照形制等级，屋顶分为攒尖、庑殿顶、歇山顶、悬山顶、硬山顶、卷棚顶等。一般老百姓家只能采用硬山顶。

硬山顶在宋代《营造法式》和清工部《工程做法则例》中的具体做法，又有所不同，具体表现在屋面坡度不同。不同地区，屋脊线的做法也有不同的内涵，这些细微的差别，需要针对不同地区的文化加以区别。

[①] 陈志文、李惠娟、孙杰：《蓬溪村古村落社会经济变迁研究》，中国社会科学出版社2010年版。

②山墙

山墙表现为东西两面,是建筑立面主要的表现形态。婺派建筑的山墙表现为"五花马头墙"。传统建筑因为是木结构建筑,防火成为了难题,也成为建造需要重点考虑的问题。因此,在一个三合院中,会将其分为三个防火单元,每个防火单元两侧山墙高高升起,高出屋面,并形成"三层、五阶跌落",形似马头昂首,故称为"马头墙"。

婺派建筑与徽派建筑在山墙的做法上,有所区别。徽派建筑山墙,好似一挂书画分幅、一面屏风,所以俗称"屏风墙"。徽派建筑山墙更强调横向的舒展,婺派建筑,更强调两侧的对称。徽派建筑体现出徽商文化特征,婺派建筑则体现儒家文化的特征,自宋室南渡以后,随着"北山四先生"的兴起,金华成为全国的文化高地,耕读成风,因此,在建筑营造中,处处体现出儒家的"中庸之道"。因此,婺派建筑的"五花马头墙"是山墙的建筑基因,如图8-11所示。

图8-11 五花马头墙

③正立面

婺派合院型建筑主立面,以三大要素构成:门、两侧厢房的马头墙、大片白墙。门有三个:正大门、两侧厢房的辅门,三个门口、门头构成正立面墙体中的主要文化要素;两侧厢房,由于朝向与中轴线上的礼仪空间构成垂直关系,因此,在正立面处,正好是山墙所在,故两侧山墙"五花马头墙"高高抬起,形成两头高中间低的轮廓线;由于合院建筑的内向性，主立面呈现大片的白墙（若以青砖为墙体材料，则体现为大片青色墙体），是婺派建筑主立面的主要文化基调。除此之外，窗户，可有可无，不成为组成正立面主要文化要素，如图8-12所示。

图 8-12　婺派建筑正立面图

④背立面

北立面则主要体现大片白墙和两侧马头墙为主，两侧厢房出入口形制较正立面简陋。可见，大片白墙和横向的线条，是正、背立面的主要文化符号。门口、马头墙、窗户等，是穿插其间的其他文化要素。

因此，正立面、北立面主要文化基因是"大片白墙和横向的线条"。

3. 建筑基因的装饰构成

传统建筑室内装饰，是房屋主人情趣的体现。一户人家有一户人家的价值观，其价值观念通过在建筑物的装饰中体现出来。比如房屋主人是一个知书达理、修身养性之人，则会在装饰中体现"耕读"文化主题；假如这户人家祈求多子多福，则在装饰主题中体现多子多福文化，用莲蓬、石榴等祈求多子，用蝙蝠等图案祈求多福。如此等等，不一而足。

装饰的方式通过在木构件上的雕刻实现。主要的木构件有：牛腿、雀替、横梁、藻井、隔断中的门窗等等。

（1）木雕

金华地区以东阳木雕闻名于世。东阳木雕起源于商周，溯源自唐，发展于宋,鼎盛于明清。据东阳《康熙新志》载,唐太和年间,东阳冯高楼村的冯宿、冯定两兄弟曾分任吏部尚书和工部尚书,其宅院"高楼画栏耀人目,其下步廊几半里"。可见唐代开始,东阳木雕已经发展到较高水平。传统的东阳木雕属于装饰性雕刻,以平面浮雕为主,有薄浮雕、浅浮雕、深浮雕、高浮雕、多层叠雕,彩木镶嵌雕、圆木浮雕等类型,层次丰富而又不失平面装饰的基本特点,且色泽清淡,不施深色漆,保留原木天然纹理色泽,格调高雅,被称为"白木雕"。

东阳木雕被誉为中国四大木雕之首。木雕技艺和文化通过父带子、叔带侄、亲带亲、邻带邻方式,代代相传。东阳因人地矛盾突出,因此以木工手艺来谋求发展,至今发展成为中国"建设之乡"。东阳木雕作为建筑的主要装饰手段,其文化不但影响八婺地区,还根据市场需要,传播至两浙、徽州、扬州等商业发达地区,如图 8-13 所示。

图 8-13 东阳建筑木雕

(2) 隔扇门

隔扇门是中国传统建筑中的装饰构件之一,从民居到皇家宫殿都可以看到,是古代建筑中不可或缺的东西。安装于建筑的金柱或檐柱间带格心的门,也称格扇门。作为古代建筑最常用的门扇形式,唐代这种门已经出现,宋代以后大量采用,一般用于民间的装修。整排使用,通常为四扇、六扇和八扇。隔扇主要由隔心、绦环板、裙板三部分组成。

隔扇门在传统建筑中应用广泛，在院落中轴线上的礼仪空间及天井四周，到处可见。构建形成展示房屋主人生活情趣、家庭地位的主要装饰手段。也是房屋室内空间隔断的主要手法。

隔心的图案形式多样，丰富多彩。在上下绦环板及裙板上，多有雕刻图案，作为伦理教化的内容，构成富丽堂皇的装饰效果。

（3）木构件的雕刻

①牛腿。牛腿是承重木构件。在古建筑中，牛腿的学名叫作"撑栱"。撑栱是在中国古代建筑中常见而且结构特殊的一种木质构件，一般在屋檐下用一根木材上端支在撑枋下，下端与柱身连接，将屋檐的重量直接传递至柱身。牛腿多出现在古建筑天井四周，因防雨需要，天井四周建筑需要挑檐，因此，出檐部分屋架，需要通过牛腿承重，同时，天井处往往是房屋灰空间所在，是接待客人和开展重大礼仪活动的场所，因而是一个对外交流空间，需要展示给外人观看，即面子工程，因此雕刻精美，通过雕刻，来展示家庭经济实力，同时寄托着某些祈福文化。

②雀替。雀替是中国古建筑的特色构件之一。宋代称"角替"，清代称为"雀替"，又称为"插角"或"托木"。通常被置于建筑的横材（梁、枋）与竖材（柱）相交处，作用是缩短梁枋的净跨度从而增强梁枋的荷载力；减少梁与柱相接处的向下剪力；防止横竖构材间的角度之倾斜。式样繁多，有大雀替、小雀替、通雀替、骑马雀替、龙门雀替、花牙子；又称挂落，纯粹起装饰作用。在建筑构造中不但起到加固作用，更起到装饰作用。

③梁架。灰空间中的梁架，也是展示家庭实力的场所。往往在主要建筑的梁、枋、檩和檐口精工细雕各种吉祥喜庆的图案，尤其在靠近天井一侧的额梁。所谓雕梁画栋，指的是对礼仪空间中的承重构建，都实行雕刻装饰，以美术的手法，来营建室内空间。最典型的例子是俞源村六峰堂在屋面下的檩条上，以浮雕手法雕刻一组鲤鱼，该组鲤鱼颜色会随着天气变化而变化，当出现金色鲤鱼时，预示着天气即将下雨，因此，村民都说这一组鲤鱼具有天气预报功能，如图8-14所示。

（4）柱础

柱础，是中国建筑构件的一种，俗称磉盘，或柱础石。它是承受屋柱

图 8-14　檩条上的木雕

压力的垫基石，凡是木架结构的房屋，可谓柱柱皆有，缺一不可。古代中国人民为使落地屋柱不使潮湿腐烂，在柱脚上添上一块石墩，就使柱脚与地坪隔离，起到绝对的防潮作用；同时，又加强柱基的承压力。因此，对础石的使用均十分重视。最早的柱子应是直接"种"于地下，但为了防止柱子的移动下沉，便在柱脚的部位置一块大石头，使柱身的承载重量能均匀分布于较大面积上。后来发现埋在地下的木柱容易潮湿腐烂，因此便把石块提升至地面上，可免除柱础的腐蚀或碰损。在柱子底下承受压力的部分叫"础"，而在础与柱子之间常有"踬"的放置，以隔断向柱子渗入的湿气，并且能于损坏时随时抽换。但我们一般所通称的"柱础"即包括以上两者。

宋朝柱础的式样变化更多，雕刻也更加纤细，但仍以莲花瓣覆盆式为主要的通行式样。中国建筑曾经倾向于复杂和华丽，这种风气随即受官方注意和反对，故宋代即有"非宫室寺观，毋得雕镂柱础"的规例，所以柱础雕刻多出现在宫室及寺庙。至于元代，因其民族性格，所以柱础喜用简洁的素覆盆，不加雕饰。明清时则在元的基础上，以简化、单纯的形式稍作雕饰，但图案则崇尚简朴。

柱础的形状，圆柱形、圆鼓形及上宽下窄、肩部凸出的"变体"圆鼓形，均为清代早期的流行风格。圆柱形通常表面平素不施纹饰，圆鼓形及"变体"圆鼓形则造型古拙，雕饰典雅。此外，官式建筑多采用薄如镜面的石础，称为"古镜式"。但一般民间，尤其是南方则显著不同，一方面就地理环境而言，因多雨潮湿，故常采用较高的鼓状柱础；另一方面，在人文背景上较崇尚华丽雕饰，所以柱础的变化较多；且地处偏远，政令鞭长莫及，故发展较为自由。而台湾因为居南方，庙宇建筑乃属于闽、粤的南方系统，加上融入的道教思想、民间信仰及反应风土民情与时代背景的各种装饰题材，并在民族个性的影响下，有具象的写实纹饰、有抽象的图桉装饰。这些装饰题材的背后，都蕴涵着丰富的象征意义。

图 8-15　柱础

这一些建筑装饰的节点，虽然细小，但各自都具有独特的作用，也承载着独特的文化内涵。因此，都可以独立成为传统建筑的文化基因。

（四）基因的修复

文化基因所承载的文化，表达的是人们的一种思想观念、生活方式，是用于实施伦理教化的现实教材，因此，基因修复，不在于按照文化基因的旧有形态照搬照抄，而在于将中国优秀传统文化中的思想方式和教化功能在新建筑中进行传承性创新，使新建筑的各类细节、符号、色彩、材料融入现代文化价值观念的文化内涵，从而使身处建筑环境中的人们，通过感官感受到文化的魅力，并在潜移默化中达到教化的目的。

1. 平面形制的基因修复

随着农村家庭的核心化，核心家庭的人口结构发生根本改变，一般以两代人的结构为主，人口数量以 3—4 口之家为主。因此，现代农村建筑，在平面构成中，不再是大家族合居模式，而是独门独户，有天有地，占地面积平均在 100 平方米左右。当今农村建筑平面结构，是城市化的产物，是西方"户型结构"的农村化，其特点是独立、强调个性、追求现代生活方式，空间的营造强调自我。

传统建筑强调家族合居，在代际关系中，其链条至少存在三代以上链接，有的甚至是五代同堂，因此，祖先崇拜就有了现实代际中的真实人物存在，爷爷奶奶、太公太婆，成为祖先崇拜的现实偶像。厅堂等灰空间的存在，是祖先崇拜文化的空间化，是"孝"文化的践行空间，是宗法秩序的行为约束中心。而随着现代家庭的核心化，代际关系链条缩短为两代，祖先崇拜已经失去了现实的偶像。宗法关系重要性随着链条的缩短大打折扣，家长把子女捧在手心，子女可以肆意妄为，利己主义的思想观念和行为方式在核心化家庭环境中生成，传统的宗法伦理秩序失去生存的空间。

现代农村建筑与传统院落结构相比，平面构成中，最典型的就是"灰空间"消失和"天井"等交流空间的消失。灰空间的消失，失去了对长辈的敬畏。天井等空间的消失，失去了对天地的敬畏。

（1）礼仪空间的修复

在传统建筑中，"灰空间"指的是各式厅堂，主要承载着礼仪功能及伦理教化功能，维系着基本的宗法秩序。因此，这部分空间的消失，意味着在现代农村建筑中"家庭伦理教化"功能的淡化与退出，使尊老爱幼的美德遭到破坏，人的行为规范失去了道德的约束。

①在新农村住宅营造中，应强调"中堂"的定位与设计。"高堂"，指房屋的正室、厅堂，也是对父母的敬称。中堂的位置，强调"中心性"，从而营造出"中堂"空间的严肃性，使子女在生活中能将父母的身份地位与其在空间中的定位相对应，如此，自然使子女懂得对长辈的感恩与尊重。

②重视中堂空间的礼仪性。正堂的挂像、图案，是一家人的精神象征。当今大多数村民不再悬挂祖先画像，使其忘却血脉之来处。在正堂多悬挂财神爷等画像，以求富贵发财，子女人生价值观念自然以"金钱"为中心。家具摆设随意、混乱、缺乏秩序，从而使子女行为失去规范的约束。

③加大正堂门窗开口面积。正堂门窗大小，直接影响到空间的采光度和通风性能，若门窗过小，厅堂昏暗，则使人们的行为总处于昏暗之中，行为不透明。因此，婺派建筑中的厅堂多不设门窗，称为"敞口厅"，目

的就是让人们明白行为要光明磊落，不偷偷摸摸。这便是"灰空间"的教化功能。

（2）庭院空间的修复

传统的建筑的"天井"，是内庭院。建筑的外围墙之内，是外庭院。传统建筑对庭院建设重视程度，不亚于建筑营造本身。庭院是"天、地、人"精神交流中心，室内、半室内（灰空间）是人与人交流的中心，在院墙之内，各个空间，在培养一个人完美人格的过程中，都有其特定的作用。

现代农村建筑，由于家庭核心化，建筑细胞本身也小型化，无法在建筑之中营造类似"天井"的"内庭院"，同时因为农村建筑的高密度，几乎使农村建筑失去了"外庭院"的营造空间。人们的日常生活，几乎大部分时间都在"室内"度过，逐渐失去与自然亲近的机会，也逐渐失去了亲近自然的兴趣，葛优躺、睡懒觉等恶习逐渐成为生活主要内容，人逐渐失去了亲近自然的动物性。

不亲近自然，也就不喜欢自然，对自然之"美"没有了敏锐的触觉，对"美"的追求逐渐失去了动力。《庄子·知北游》："天地有大美而不言，四时有明法而不议，万物有成理而不说。"庄子认为天地自身由"道"所派生出来的美，不依靠语言而能表现，四季变化的规律不依靠议论而自然显现，万事万物的道理也不依靠人们的说明而成立。美，存在于自然万物之中、万事之中、万理之中。古希腊哲学家毕达哥拉斯认为："科学的世界和美的世界是按照数组成的，美的本质在于数理的和谐"。① 也就是说，科学世界和美的世界是相通的，由此将美学的理论引申到政治、哲学、艺术、伦理、心理、教育等众多领域，触及了美学和艺术中的诸多根本性问题。当人们失去对美的兴趣，自然也就失去对万物的兴趣，失去了对万理的兴趣，更失去了"格物致知"的动力。古人知道"天、地、人"三才之道，只有将人置身于"天地"之间，才能构建形成和谐的世界和社会。

①修复庭院空间。尽管村落中心区的建筑密度较大，但随着新农村建设，改革开放以来，农村建筑之间的日照间距逐渐扩大，到目前基本能保

---

① 林夏水：《毕达哥拉斯学派的数本说》，《自然辩证法研究》1989年第6期。

证1∶1日照间距系数,也就是说,前后两幢农房之间间距,可以达到10米左右。因此,村中心区的建筑,可充分利用有限空间,打造室外小庭院或小花园。新建区,完全有条件打造门前小庭院。构建形成院门、院墙所围合形成的室外小庭院。

院门,增强了"精神家园"的归属感。当你围合形成一方小天地,这一方小天地,便是属于你个人的天地,你可以在这一方小天之中与自然对话,与天地交流。比如可以挖一方水池,与明月、白云说话。唐代杜牧《盆池》诗曰:"凿破苍苔地,偷他一片天。白云生镜里,明月落阶前。"这一方小天地可以给人们带来几多安宁和精神寄托。因此,不要小看这一方小天地,可修身,可养性,可改善村落的居住环境。

②开展美丽庭院建设。浙江省在乡村振兴工作中,一直走在全国前列。2003年6月,在时任浙江省委书记习近平同志的倡导和主持下,以农村生产、生活、生态的"三生"环境改善为重点,开展"千村示范、万村整治"的千万工程,近20年来,浙江省久久为功,扎实推进"千万工程",造就了万千美丽乡村,取得了显著成效,带动浙江乡村整体人居环境领先全国。2018年浙江省"千村示范、万村整治"工程被联合国授予"地球卫士奖"中的"激励与行动奖"。"千村示范、万村整治"是"绿水青山就是金山银山"理论在基层农村的成功实践。

近年来,浙江省在"千万工程"基础上,2020年开始,又大力开展美丽庭院建设。美丽庭院建设,是号召农村各家各户,清理庭院卫生死角,及时处置生活垃圾,在房前屋后,进行绿化布景,变小家园为小花园,形成了自然美和人文美相结合的庭院景观。随着创建"优美庭院"工作的推进,美丽乡村建设行动不断深入,一家家如诗如画的"优美庭院"示范户,一个个独具特色的示范村如雨后春笋遍布浙江乡村。在这个行动过程中,政府面向广大农户开展"微田园"景观创意培训、"谁的家最美"村嫂摄影赛、"我心中的优美庭院"农民画创作等系列活动,启动垃圾分类倡导活动,组织旧物改造装点庭院手工活动,进行"美丽庭院"创建知识宣传,大大提升了乡村景观,提升了村民的爱"美"热情,提高了村民的素养,提升了村民的生活质量,增进了社会的和谐发展。如图8-16为某农户改造的美丽庭院。通过美丽庭院改造,提升了农家乐、民宿等产业的发展,直接带动了城里人乡村游的热情,给农户带来了旅游收入，使乡村振兴、城乡融合，在美丽庭院行动中稳步推进。

图 8-16　某农户改造的庭院

2. 立面形态的修复

建筑的立面形态，是住户文化信仰的外在表现。当一个人崇尚西方文化，则其所建造的建筑风格，将体现出西方的生活方式和文化信仰。在改革开放的 40 年中，中国的城乡建筑，体现出"欧美风格"化。农村以建造"西式洋房"为荣。这是农村传统文化生态沙漠化的直接推手，对村落传统文化生态造成了极大的破坏。

党的十八大以来，习近平总书记多次强调要传承和弘扬中华优秀传统文化。他指出："中华民族有着五千多年的文明史，创造和传承下来丰富的优秀文化传统。我们要很好传承和弘扬，因为这是我们民族的'根'和'魂'，丢了这个'根'和'魂'，就没有根基了。"[1] 习近平总书记还指出："我们要坚持道路自信、理论自信、制度自信，最根本的还有一个文化自信。"[2] 文化自信，是对自身文化价值的充分肯定和对自身文化生命力的坚定信念。今天所走的道路、理论的创新、制度的选择，都是在传承优秀传统文化的基础上内生演化的结果。

---

[1] 中共中央党史和文献研究院：《习近平新时代中国特色社会主义思想专题摘编》，中央文献出版社，党建读物出版社 2023 年版，第 324 页。

[2] 中共中央党史和文献研究院：《习近平新时代中国特色社会主义思想专题摘编》，中央文献出版社，党建读物出版社 2023 年版，第 63 页。

在习近平总书记的直接倡导下，在全国范围内，兴起了学习传统文化热潮，传统村落的保护与开发利用，成为发展农村旅游的重要资源，农民朋友重新开始审视农村的老建筑，开始认识到蕴藏在老建筑中文化价值和精神价值，重新审视其所建造的农村建筑的风格问题，并开始崇尚具有中国传统文化内涵的"新中式"建筑风格，建筑立面的文化基因修复行动，在农村地区悄然展开。

（1）新中式建筑的诞生。新中式建筑，是中式建筑元素和现代建筑手法的结合运用，从而产生的一种建筑形式。该建筑形式在沿袭中国传统建筑精粹的同时，更加注重对现代生活价值的精雕细刻。"新中式主义"将现代生活流线与传统建筑精粹水乳交融。新中式建筑的设计中融入了现代生活的理念，因此更适合现代国人的居住习惯和心理需求，也让更多的人感受到用现代精神诠释后的文化回归与自信。新中式建筑不仅在文脉与中国传统建筑一脉相承，更重要的是体现在对传统建筑的发展和变化上。她很好地保持了传统建筑的精髓，又有效地融合了现代建筑元素与现代设计手法，对传统建筑的空间使用功能，给予重新定位。因为建筑材料的变化以及现代生活方式的变化，造成人们对建筑需求的变化，建筑形式只是这些内涵发展和变化的一个结果。新中式的优势是保持了传统建筑的精髓，又有效地融合了现代建筑元素与现代生活方式，改变了传统建筑空间使用功能的同时，增强了建筑的识别性和个性。

新中式建筑通过现代材料和手法修改了传统建筑中的各个元素，并在此基础上进行必要的演化和抽象化，外貌上看不到传统建筑的原来模样，但在整体风格上，仍然保留着中式住宅的神韵和精髓。空间结构上有意遵循了传统住宅的庭院布局格式，延续传统住宅一贯采用的覆瓦坡屋顶，但不循章守旧，根据各地特色吸收了当地的建筑色彩及建筑风格，能自成特色。

新中式建筑，将中国传统建筑的主要文化基因合理地运用于现代建筑设计中。平面的"合院"基因，屋面的硬山顶，立面的马头墙，大面积的虚白，一字形的横向线条，入口的门面，漏窗、柱础、花架、风雨廊等，无不是传统建筑中主要的文化基因。由此可见，基因的修复不在于将传统建筑文化的生搬硬套，而是提取文化基因的神韵，在形态中实现新的

图 8-17 新中式建筑（来自网络）

突破，从而创造出适合现代生活方式的建筑新形态。

（2）修旧如旧。在传统建筑修复过程中，尤其是文物保护单位的基因修复，需要遵循"修旧如旧"的原则。在这个过程中，所需修复的文化基因，必须遵循原有的尺度、原有的形态、原有的神韵，使历史建筑恢复原有的面貌，从而进一步加强"文化基因"传承和保护，以增强历史文化的记忆。

3. 建筑装饰中的基因修复

传统建筑的活化利用、农村旅游景点的开发、民宿空间的打造，都涉及建筑装饰中的基因修复问题。装饰中，重点在于"文化符号"打造和修复。文化符号具有文化的指向性，指建筑细节中"态"的表达，代表着建筑主人的文化倾向和道德修养的高低。因此，装饰中文化基因的修复，有多种手段：一是原貌的修复，即修旧如旧；二是创新式修复，即取其神而变其形，使"新形"包含着"旧态"。三是将文化基因产品化，成为旅游中的文化产品，从而达到更广泛宣传传统文化效果。如柱础橡皮、柱础拨浪鼓、垂花柱铅笔、孔明锁、孔明灯、马头墙台历，等等。这些商品的展示和销售，成为传统建筑礼仪空间向现代商业空间的延伸，从而达到活化利用的目的。

（五）传统建筑文化空间的重构

在村落传统建筑空间的营造过程中，有其固有的规划思想和规律。在传统建筑空间的修复过程中，应理清原有空间的规划思想、营造过程及具体空间形态，从而为传统建筑文化空间的重构提供科学依据。传统建筑文化空间的重构，有多种方式，其中包括"空间的植入""空间的置换""空间的合成""空间的城乡融合。"

1. 空间的植入

空间的植入，指的是空间功能的植入。在解构乡村空间功能的基础上，将一个包含某一文化特性的空间单元，植入到现实村落空间之中，从而修复村落有机体的传统文化生态。

乡村空间功能的解构，需要深刻认识村落有机体的空间结构，正确诊断每一个有机体细胞、器官所承载的功能及其功能的完整性。这一过程也是对村落有机体进行全面"体检"的过程。检查每一个建筑细胞的活力状况，检查五大器官的完整性及其器官的健康度，从而给出体检结论。并确定哪些"细胞""器官"需要进行"空间植入"的手术。

如某村落宗祠已经拆毁，需要在原址复建，这一个过程便是空间植入的过程。又比如，村落思想器官残缺，需要修建幼儿园等教育设施，通过合理规划，在村落某一个位置，新修建一个幼儿园等。

空间的植入，还包含产业的植入。传统文化生态的修复，不仅是为了恢复其文化空间结构的原貌，而是利用传统文化进行活化利用，从而植入与文化相适应的业态，实现空间的活化利用，发展村落文化产业。如在修复某一书院的基础上，引进传统文化教学与培训机构，从而使这一植入的空间恢复生机。要做到"人宅相扶"，这个空间才能充满生活气息，因此，在植入某一特性的文化空间后，更需要植入具体的文化活动，使之形成一个有生命的功能器官或细胞。

2. 空间的置换

空间的置换，指的是空间功能的置换。在村落传统文化生态沙漠化过程中，传统村落原有文化肌理、文化结构发生改变，公共建筑空间被居住空间侵占、替代。如宗祠建筑拆毁被改建成住宅，村落中小学荒废被改建成工厂，原有生产队所属的办公楼、仓库等出让给农户改建成住宅，这些原本属于村落有机体"器官"的功能空间，其文化性质都发生改变，因此，在修复村落传统文化生态过程中，需要对某些空间进行功能置换，恢复其原来的文化形态，从而实现文化生态修复的目标。

3. 空间的合成

空间的合成，是将零碎的相同性质的功能空间合并为一个大的功能空间。在新中国成立之初，许多大型的院落空间被土改给贫下中农，院落空间因此被分割成几十户人家，户与户之间互不相通，原有功能空间碎片化。因此，打通隔墙，合并原有功能空间，使之恢复院落整体空间原貌，对于空间的文化保护、活化利用都有极大的促进作用。

中国农村的分家制度，也是传统建筑空间不断碎片化的主要因素。在父辈手上是一幢完整的建筑，到儿辈分家后，已一分为三、为四……，到孙辈，或已经被分隔成几十个细小空间，随着空间的不断划分，空间的使用功能进一步缩小，因而也容易被弃用，从而造成局部空废化。局部的空废化，往往容易造成整幢建筑从该处遭受自然的破坏。无人居住，长久失修，只要某一片瓦片破碎，就会造成雨水渗漏，由此造成木结构的局部腐烂，进而影响到整体结构。因复杂产权关系，使几十户人家处于"想管的无法管，能管的不想管"的局面，只能任其自然败落、倒塌。因此，在传统文化生态修复中，理清产权关系，进行合理的空间合并，是传统建筑空间活化利用的重要保证。

4. 空间的城乡融合

传统建筑空间的修复，需要满足当今年轻人的城市化生活方式。在空间的植入、功能置换、空间合并过程中，都应该考虑修复后的文化空间具有农村新时代的使命。新空间的使用功能，不仅仅是居住，还包括生产、文化教育、伦理教化等功能。居住，需要干净、明亮的环境，同时具备完善的基础设施，方便的道路交通等；生产，需要与城乡产业链的衔接，需要满足生产需要的各项配套要求；文化教育，则需要与信息化相衔接。总之，修复后的空间既具有传统文化的形态，又能满足城市化的生产、生活需求，从而达到活化利用目的，实现城乡空间的融合。

二 村落生产景观的重构

村落之外，山野之内，是农村主要粮食生产区。在这个生产区，包括主粮生产、副粮生产、蔬菜瓜果生产构成主要的农业生产景观。田间道路、山塘沟渠构成农业基础设施景观。凉亭、庙宇、农业生产设施等构成点状田野建筑景观。可见，农业生产区，由点、线、面三种形态构成农业生产景观系统。

(一) 基本农田

1. 杜绝抛荒

如何解决农田抛荒问题，是农村文化生态修复关键一环。当农田不种粮食，农民便不可能"变土为金"，农民也不再是农民，农村也不再是农村，农村存在的根本价值，就是粮食生产，保证国家的粮食安全。因此，农村改革，关键在于农业经营体制的改革，一定要让农业生产经营有利可图，各种生产力要素按照市场配置原则，愿意自动回流农村，方能彻底解决农田抛荒问题，除此之外，别无他法。

当农村田园春天种满绿油油的庄稼，秋天翻起金色浪花，农民露出欢歌笑语，农村才能显出生机，农村文化生态才能展现出完美的形态。

2. 避免非粮化

非粮化，是农村在城镇化过程中，适应城镇化产业发展需求而出现的新农村种植产业，而非量化所种植的产业，与约翰·冯·杜能的农业区位理论相适应。

约翰·冯·杜能的农业区位理论认为：农业生产方式的空间配置，一般在城市近处种植相对于其价格而言笨重而体积大的作物，或者是生产易于腐烂或必须在新鲜时消费的产品。而随着距城市距离的增加，则种植相对于农产品的价格而言运费小的作物。在城市的周围，将形成在某一圈层以某一种农作物为主的同心圆结构。随着种植作物的不同，农业的全部形态随之变化，将能在各圈层中观察到各种各样的农业组织形式。以城市为中心，由里向外依次为自由式农业、林业、轮作式农业、谷草式农业、三圃式农业、畜牧业这样的同心圆结构。[①] 他认为，最近的城市农业地带，主要生产易腐难运的产品，如蔬菜、鲜奶，这是第一圈层，称为"自由式农业圈"。第二圈层为林业圈，供给城市用的薪材、建筑用材、木炭等，由于重量和体积均较大，从经济角度必需在城市近处（第二圈）种植。显然，当今城市，已用天然气替代了薪材和木炭，但却形成了新型的林业圈——园林绿化工程所需的苗木。

(1) 城市近郊圈，城市蔬菜瓜果的供应基地。随着城镇化进程，城

---

① [德] 杜能：《孤立国同农业和国民经济的关系》，吴衡康译，商务印书馆1986年版。

镇人口不断增加，蔬菜瓜果需求量激增，城市近郊区地带成为城市的蔬菜供应基地，因此，农民改种粮食为蔬菜，以提高经济收入。

蔬菜的种植，需要一定的技术，同时，劳动强度较高，市场需求信息的不对称性，往往使菜农得不到稳定的经济收入，从种植到销售，都需要靠农户自身解决，有时蔬菜种植虽然获得丰收，但销售有时却遇到滞销，许多菜农，不得不将滞销的蔬菜烂在田间。随着全国物流交通的发展，本地蔬菜种植散户，已逐渐被外地专业化的农业生产公司取代，蔬菜种植户也逐渐改种苗木。

（2）城市远郊圈，主要是花卉苗木的种植。自20世纪90年代初，城市进入快速城镇化阶段后，城市园林绿化工程大量增加，需要大量的花卉苗木进行城市的绿化和美化。顺应城市化的需求，在城市的郊区，许多农户从粮食种植转为苗木生产。在金华市，培育出华东地区最大的苗木交易市场——澧浦苗木市场。为城市绿化提供充足的树苗，为农户苗木生产、销售提供了销售平台，产品辐射到长三角地区，极大地提高了农户收入。

（3）苗木生产，包括树苗的培育、成年树木的种植、树桩及盆景的培植。树苗的培育，主要是将某一种树木的种子培育成树苗，或者通过扦插，培育树苗，主要产品是苗木。苗木由于根系小，对于耕地破坏程度相对较轻。成年树木主是指具有一定景观效果的乔木，如樟树、合欢树、梧桐树、银杏树、杨树、柏树、松树、榆树、榕树、槐树、枫树、柳树、黄杨、女贞、沙地柏、铺地柏等，主要用于公园绿化、行道树绿化等，这种树木生产周期较长，对于农田土质破坏较为严重，庞大的根系，不但破坏耕植层，甚至深深地生入生土层，对耕地造成不可逆的破坏。树桩及盆景的栽培，主要满足庭院绿化单株欣赏的需求。所谓"树桩"，实际是从中西部地区的山区，购买珍稀古树，将树枝就地裁剪，只将古树躯干运回重新栽培，要将老树树干异地搬迁，并重新种活，需要一定技术，并需要将培育土垒成土堆，以满足"老树复活"的需求，因此，耕地耕植层彻底遭受破坏。盆景，则是利用大型花盆，培育特殊花木品种，如罗汉松、梅花、红檵木等，将树木移入花盆，并利用铁丝，对树木进行特殊造型，使之形成特殊的景观，形成奇花异木，满足观赏者特殊的爱好需求，如图8-18所示。

民以食为天。耕地是土地的精华，是粮食生产的根基所在，是人类赖以生存和发展的基础。耕地是最为宝贵的资源，耕地保护事关粮食安全、生态安全和社会稳定。

"五谷者，万民之命，国之重宝。"中国粮食，中国饭碗，要端在自己手里。习近平总书记始终高度重视，多次做出重要指示批示。指出"耕地是粮食生产的命根子。要强化地方政府主体责任，完善土地执法监管体制机制，坚决遏制土地违法行为，牢牢守住耕地保护红线"。[①] 并要求我们"像保护大熊猫一样保护耕地"。国务院办公厅先后印发《关于坚决制止耕地"非农化"行为的通知》（国办发明电〔2020〕24号）和《关于防止耕地"非粮化"稳定粮食生产的意见》（国办发〔2020〕44号），要求采取"长牙齿"的硬措施，落实好最严格的耕地保护制度，坚决制止各类耕地"非农化""非粮化"行为，坚决守住耕地红线。

2021年开始，金华各地开始整治农田非粮化问题，按乡镇落实复耕的农田指标，采取复耕补贴的财政政策，使种苗木的耕地，逐渐恢复主粮生产。农户虽然不愿意，也闹出了许多纠纷，但为了保证国家粮食生产安全，守住18亿亩良田的底线，退林还田，是必由之路。

图 8-18　农田非粮化

---

① 《［每日一习话·金句100］牢牢守住耕地保护红线》，央广网，https：//news.cnr.cn，2022年9月9日。

（4）禁止挖田养鱼。农田改为鱼塘，则是对农田的彻底破坏。土地承包责任制责任之后，在经历了短暂的几年粮食生产后，到20世纪80年代末，农民已形成打工热，对农业致富失去了信心。一方面土地抛荒，另一方面随意改变土地使用性质，挖田养鱼也成为农民新的致富路径和希望。因此，沿溪流两侧的农田，成为"改田为塘"的主要区域。改田为塘，通常需要将鱼塘挖到两米以上深，因此，不但农田的耕植土遭破坏，两米范围的土层，彻底翻了个天。生生地造出一方水面。真可谓"凿破苍苔地，偷得一片天"。天是偷到手了，耕地却永久丢失了。

禁止违规占用永久基本农田种树挖塘已成为国策，目前各地纷纷建立实施耕地和永久基本农田保护市、乡镇（街道）、村三级"田长制"。建立村集体经济组织日常管护体制，实现每块耕地有"田长"，做到"谁的地谁来管"，实现"横向到边，纵向到底"的耕地和永久基本农田保护责任全覆盖，牢牢守住耕地保护红线和粮食安全底线。

"仓廪实，天下安"。历史和现实告诉我们，国际上一有风吹草动，各国就会先捂住自己的"米袋子"，民为国基，谷为民命。确保粮食安全这根弦要始终绷紧，让"中国饭碗"成为大国复兴的坚实根基。

（二）丘陵旱地

丘陵地带，是村落由农田向山区的过渡地带，丘陵山不高，坡较缓，土层厚，适宜耕植。因此，在人地矛盾突出的地区，对丘陵地带的开垦，是缓解人地矛盾的主要手段。

对丘陵地带的开发利用，是农耕文明的重要内涵。因其秀丽的山形，成为村落外围第一道自然景观，人们采薪其间，开垦于南坡，在此安葬祖先灵柩，使人们对丘陵地茅寄托着美好的情感。不但希望安葬于其间的祖先能保佑子子孙孙，也希望开垦的旱地，能给人们带来丰收的果实。

仓颉造字，赋予了每一个汉字特殊的内涵和诗意。"田"，意味着通过开凿沟渠、道路，实现对土地的分隔、围合，从而可以通过人工灌溉，提高农作物的产量；"地"，金文与"隧"同源，会一豕（猪）从高崖坠地之意。小篆改为从土，也声。从土，表示地面、土地；从也，"也"是古"蛇"字，上古时地面草木丛生，蛇虫到处可见。隶变后楷书写作"地"，意指大地。除此之外，我想是否还有"也可以耕植的土"的含义？因此，"田"与"地"，通常连在一起称呼为"田地"，是老百姓生活的希望和命根子。

自从实行土地承包责任制之后，随着农村劳动力的流失，许多到城市谋生的农民成了"离乡又离土"的一族，他们无力照顾田地，而田地中，首先被农民抛弃的是丘陵地带的"旱地"。一者，旱地本身靠天吃饭，多种植一些杂粮、瓜果，对于外出打工者可有可无。二者，即便有部分在农忙时兼顾着农村的承包田耕种者，对于旱地的种植也没有精力顾及。因此，丘陵地带的旱地，杂草丛生，野猪出没，从过去的果园、旱地，退化为杂草灌木丛生的荒坡。从自然生态恢复角度分析，退耕还林，具有一定的生态价值。退耕还林，培育了农村郊区合理的能体现具体生境要求的演替群落，形成具有较强生态服务功能的生态系统。但从生产角度观察，却体现出农村经济的"退化"。

因此，弃耕的丘陵地带，进行有计划、有组织的果园开发，是恢复农村耕植系统的重要举措。种植果林，不但可以实现自然生态价值，同时还可以实现较高的经济价值，使生态资源转化为生态经济，是实现乡村振兴的重要举措，也是践行"绿水青山就是金山银山"的重要路径。

在农村丘陵地带进行规模化果园开发，还可以提升农村自然景观，并可以将自然资源转化为重要旅游资源，进行农村旅游开发。试想大片的桃树、梨树，可塑造出桃花源般的自然景象，每到春暖花开，桃花、梨花红白相间，犬吠鸡鸣合唱山林，使山村成为花的海洋，城市人的旅游目的地。城中男女成双结对，到乡间踏青赏花，农家村妇精心准备客舍，迎接游客到来。人气的回归，是村落有机体复活的重要象征，城乡文化，通过乡村旅游形式实现交流，村落通过 A 级景点的打造，可直接提高农民收入，促进农村社会经济的发展。

果林的种植，在提升农村自然景观的同时，也直接改变着农民的心理结构和农民的人际关系。人们向美而生，美好的自然景观，可唤醒人们对生活的美好向往。陶渊明"采菊东篱下、悠然见南山"的"田园生活"能够满足人们内心的精神需求，并激发人的"诗性"生活方式。在桃花之中的耕作，是最好的消费闲暇方式。笔者有一位农民朋友，就是一位在种植桃林过程中自学成为诗人的乡贤。同时，美好的自然景观，农民朋友会在桃花盛开、桃子成熟季节邀请好友来赏花、摘桃，在此过程中，扩大了人与人之间的交往，进一步获得人脉资源，提升自身的生存能力和应对危机的能力。这便是修复丘陵旱地耕植区的意义所在。

（三）沟渠山塘

农村耕植区的沟渠、山塘，既是农田灌溉系统，也是农村自然景观的重要内涵。农村水库等水利灌溉系统，大多形成于20世纪六七十年代，中国半数以上的水库都修建于"大跃进"时期。在20世纪六七十年代，水利建设作为"农业学大寨运动"的一个重要组成部分，在广大农村地区轰轰烈烈地开展起来。其主要特点是由过去的偏重防洪向综合开发利用的目标发展，贯彻毛主席"水利是农业的命脉"的号召，解决农业用水和抗旱问题。为此还开掘了许多新河道，修建了大量的水利枢纽工程。被称为"人造天河"的河南林县"红旗渠"，就是这一时期修建的。这些水利设施，为农村承包责任制的实施，提供了基础保障。

水库、山塘，在防洪抗旱中作用明显，沟渠，则扩大了农田可灌溉面积。但这些设施，随着集体经济的退出，逐渐失去了维修的责任主体，逐渐出现了断流、沟渠坍塌的荒芜景象。作为农业生产的命脉，修复山塘、沟渠的灌溉功能，是恢复农业生产力的重要保证，也是修复农村农田景观系统的重要一环。

（四）耕植区的独立建筑景观

乡土景观是由村庄、田地、道路、溪流水体、森林和具有特色的独立建筑、构筑物等景观要素构成，通过上述各要素的自然组合，形成了千变万化而又别具一格的乡土景观。耕植区神庙、佛像、石碑、亭台、土墙、水井、风车、独木桥、小草屋等构成了独特的生活风景。这些构筑物、建筑物，反映了当地独特的风俗习惯、宗教信仰、生活生产习惯等内涵，是一幅乡土景观画面中画龙点睛之笔。

田间的土地庙，不但供奉着土地神，保一方平安，还供奉着三官大帝（天、地、水，即尧、舜、禹）。这三位大帝直接掌管着农业生产的命运，年成的好坏他们三位说了算，在靠天吃饭的自然经济社会里，自然受到最多的享祭。古道中的凉亭，过去是供过路人休息、避雨的场所，也是客人迎来送往的场所，所谓"五里一短亭，十里一长亭"。弘一法师李叔同脍炙人口的"送别"，唱的就是在长亭中送别的场景："长亭外，古道边，芳草碧连天。晚风拂柳笛声残，夕阳山外山。天之涯，地之角，知交半零落。一瓢浊酒尽余欢，今宵别离多。长亭外，古道边，芳草碧连天。问君此去几时来，来时莫徘徊。天之涯，地之角，知交半零落。人生难得是欢聚,唯有别离多!"当今天我们唱起这首歌的时候,怎么不令人遐想在"凉亭"中曾经发生的故事。而今,这些记忆场所化为尘烟,真可谓"人同路人",人与人之间情感逐渐淡漠,宗亲关系、姻亲关系逐渐瓦解,朋友之间更多建立在利益基础之上,而缺乏真正的情感。因此,一座小小的凉亭,不仅仅是一个小景点、一个避雨场所,更是寄托着人与人之间那割不断的爱与思念。而这一些爱与思念,是用再多的金钱也换不来的。因此,当今农民的确比过去富裕了,但也更加孤独了。还有坐落于小溪旁边的水车房,是人们生活中必不可少的生产环节和场景。哗啦啦的水流和隆隆水车碾米声,是儿童梦中的口水,是老人脸上的微笑,是农妇炊烟中的欢歌,是村中夕阳下的缕缕炊烟。承载着农民对美好生活的向往。如此等等。这些田间地头独立景观,虽然不起眼,却都承载着农耕文明的核心价值,是农民心中的精神气和不竭的生活动力。

今天农民看似衣食无忧,却从眼神中看不出他的追求,也看不出他的精神寄托所在。当这些精神场所都消失以后,更多的农民精神走向虚无。从而导致邪教有机可乘,赌博成风,因此,切不可小看这些孤零零的建筑物,它是人们曾经的精神寄托所在,希望所在。

三 自然生态景观的重构

村落居住空间、生产空间之外,是村落的外围生态空间。虽然在平原地区,不一定存在着自然山体,村与村生产空间相连,但在江南地区,在七山一水二分田的地理空间中,大部分村落都具备生活、生产、生态三重空间。

自然生态系统,是村落文化生态的背景,在古代既是村落能源的来源地,也是村民重要的精神寄托空间,山体的植物、形态,构成了村民物质生活与精神生活双重的内涵。生态空间作为文化产生的基础性配置,大地景观为文化存活提供了物质性发生场域,同时,文化又在不断强化着人与生存空间的普遍联系。

(一) 植被

植被就是覆盖地表的植物群落的总称。陆地表面分布着由许多植物组成的各种植物群落,如森林、草原、灌丛、荒漠、草甸、沼泽等,总称为该地区的植被。分为自然植被和人工(栽培)植被。在不同的气候条件下,各种植被类型与土壤类型间也呈现出密切的关系。植物是能进行光合作用，将无机物转化为有机物，独立生活的一类自养型生物。在自然界中，目前已经被人们知道的植物大约有40万种，它们遍布于地球的各个角落，以各种奇特的方式自己养活着自己。绝大多数植物可以进行光合作用，合成有机物，贮存能量并放出氧气。因此，植被，是人类赖以生存的重要环境要素。

植被与气候、土壤、地形、动物界及水状况等自然环境要素密切相关。茂密的森林，在炎热的夏天可以降低气温，可以改善气候环境，给人们以清凉，可谓"前人栽树后人乘凉"。植被在土壤形成上有重要作用。年复一年的落叶，层层叠叠，化为香泥，从而形成地层表面的土壤层。茂密的森林，可以涵养雨水，防止水土流失，从而可以为该区域提供丰富的地下水资源，泥土中渗出的泉水，可使溪流潺潺不息，为城乡提供饮用水资源。茂密的森林，同样为众多野生动物，提供生存环境，从而保持动物界食物链的完整，使大地充满生机。

山体的植被，也是美好自然景观的象征。唐朝诗人杜牧，在《山行》诗中这样描述："远上寒山石径斜，白云深处有人家。停车坐爱枫林晚，霜叶红于二月花。"一片树林，不但营造着无限的诗意和画境，同时，也寄托着人们美好的情感。因此，村前屋后的山岗，都与村落、建筑空间形成了情感的交流，这种情感不仅仅是人的情感，还包括动物、植物的情感，人行花木间，鸟居屋檐后，多情的蝴蝶、蜜蜂，穿梭于自然与村落之间，传递着"天、地、人"之间某种神秘的默契和信息。因此，植被的修复，给予了村落生的希望，也给予了人们美的感受。

（二）林相

林分的外貌，通常指林分中乔木树冠构成的层相，又称林层。只有一个林层的林分称为单层林。具有两个或更多林层的林分称为复层林。复层林中蓄积量最大、经济价值最高的林层为主林层，其余为次林层。

林相，用通俗语言表达便是森林相貌特征。不同的树木，一年四季表现出不同的色彩和形态。有的树落叶，每到秋冬季节只剩主干树枝，给人以萧瑟之感。有的树木每到秋冬，树叶变换颜色，红色的枫叶，黄色的银杏等，秋冬虽然天气变冷，林相却给人带来一丝暖意。因此，丰富的林相，给人带来色彩变化，从而打破单调的色彩，给人以五彩缤纷的生活感受，从而增强人们的生活乐趣。

花木，总是诗人、画家笔下最好的素材。因此，丰富的林相，可以打破村落单调的背景界面，从而使村落空间更具有诗情画意。

（三）八景诗

古代的村落，是文化的中心。许多名儒大家都居住在农村，农家子弟更是以耕读传家，读书氛围相当浓厚。村落中教育设施齐全，科举无果的老秀才则更是多如牛毛。这些读书人，是村落文化创造的主体。吟诗作对，是其生活中不可或缺的内容，同时也是文人交往最文雅的娱乐方式。因此，选择村落中最美的人文和自然景观，构建形成村落八景，并为之题写诗词，这一组诗，便是"八景诗"。

八景诗，最有名的属于"潇湘八景"。北宋时期，不但画家为之作画，更有诗人为之题诗。还有"西湖八景"，等等。八景诗是将村落中自然景观和人文景观语境化，用文字来描述景观中所蕴含的诗意。因此，八景诗是村落周边自然生态景观中嵌入的人文内涵。是人们将自身的情感，在自然山体、景观中的美好寄托。

在村落规划中，笔者主张"以诗意的手法，打造诗意空间，给人们以诗意的感受，使人们实现诗意的生活"。因此，在做村落规划时，首先选择8—10处景点，并根据景点现有的自然禀赋，创作出"八景诗"，以此诗意作为空间规划的目标，进行规划设计和景观设计，从而打造出诗意空间景观。如磐安岭脚村"八景诗"，就是笔者以该村"枫林古道"及其村落周边的自然环境打造的。

《岭脚村八景》

1. 古道幽泉

小溪潄石育幽泉，红叶浮云各一边。
濯足悠然尘世外，半参物语半参禅。

2. 枫林秋晚

斜阳一抹照山林，古道石阶霜色侵。
昔日吴侬留足处，秋红未老是春心。

3. 石涧闻蛙

村头石涧叠流泉，几束芦芽欲比肩。

间有鸣蛙如隐者，歌声一片说流年。
4. 月沼垂纶
山中明月落沼池，枯竹芦花各一支。
野钓人居秋水上，濠梁之乐只心知。
5. 古驿问茶
千年古道有人烟，足落马嘶山水间。
欲问新茶唯一物，去年红叶作铜钱。
6. 林阴漏月
林阴十里着秋霜，落尽枫红漏月光。
马路亦如铺锦缎，芒鞋所向即心乡。
7. 酒旗闻香
岭脚稻花山外香，五年陈酿已开缸。
且拿红叶添杯酒，何妨一醉水云乡。
8. 苍苔落痕
古道苍苍留岁痕，百年古树认乡村。
青苔识得回家路，屐齿声声入梦魂。

许多古村落，在宗谱中都记载着"八景诗"，这是该村落周边自然生态环境的诗意描述，是村落传统文化的重要内涵。因此，应根据历史记载，重新修复八景的景观，从而给人们修复诗意的空间环境，还人们以诗意的生活。

第四节　村落非物质文化生态的修复

非物质文化，是指那些非物质形态的、有艺术价值或历史价值的文化，是人类在社会历史实践过程中所创造的各种精神文化及其相关联的工具与场所，风俗、戏曲、武术、工艺等。由此可见，非物质文化遗产，简称"非遗"，其主体形态是精神文化，但也以一定的物质形态作为表达的工具，以一定的物质和空间形态作为载体，它并非完全看不见、摸不着，它可以被人们的感官所感知。

非物质文化大体上可分为三个部分：一是与自然环境相配合和适应而

产生的，如自然科学、宗教、艺术、哲学等；二是与社会环境相配合和适应而产生的，如语言、文字、风俗、道德、法律等；三是与物质文化相配合和适应而产生的，如使用器具、器械或仪器的方法等。根据国家相关规范又分为十大类，包括民间文学、传统戏曲、曲艺、传统体育游戏、传统美术、传统技艺、民俗、传统医药等。

不同区域，具有的不同的生活方式，也就有不同的精神文化需求和表达方式，因而就会形成不同的非物质文化生态。

"非遗"是以人为本的活态文化遗产，其诞生、演化与传承均离不开人的作用，与地域民众的生产生活实践密切联系，同时非遗受不同地域自然环境、历史文化与经济发展的影响。相较于物质文化遗产而言，非遗具有"活态性""原真性""多元性""地域性"等特点。非遗的保护应重视整体性原则，对于文化遗产的保护并不是对文化孤岛、文化碎片的圈护，而应该重视文化全局，将保护文化遗产及其所赖以存在的环境结合，重视文化"过去时"形态，更要重视文化"现时"状态与发展。[①] 整体性保护是对具体非遗事项、彼此关联的遗产类型的完整保护，非遗及其相关环境的系统保护，还应重视人的作用，协调非遗、环境与人的关系。[②] 因此，对于非物质文化遗产的修复，应该了解区域内非遗所形成的文化生态格局，了解各类非遗项目的具体内容，从而实现保护、利用和文化生态修复的目的。

一 浙江非遗文化生态空间格局

浙江省是非遗数量最丰富的省份之一，非遗文化具有一定代表性，笔者以浙江为例，在研究浙江省非遗个体数量与分布、非遗种群和非遗群落空间分布特征、文化特质地域差异的基础上，尝试划分浙江省非遗文化生态区（亚区），揭示各区域非遗的特色及其形成的文化生态因素，并进而对浙江省非遗文化生态的整体保护和典型非遗群落及其系统的文化生态保护和利用提出建议。

---

① 刘魁立：《非物质文化遗产及其保护的整体性原则》，《广西师范学院学报》2004年第4期。

② 赵艳喜：《论非物质文化遗产的整体性保护理念》，《贵州民族研究》2009年第6期。

(一) 浙江非遗个体的数量与分布

1. 非遗个体数量

非遗等级包括国家、省、市、县四个级别。由于国家级与省级两个级别的非遗的类型划分较为统一，且具有鲜明区域特色和价值，故选取浙江省国家与省级（包括正式名录和扩展名录）的非遗作为研究基础数据，数据主要来源浙江非物质文化遗产网（http://www.zjich.cnxdf8c.onewocloud.cn/）、中国非物质文化遗产网（http://www.ihchina.cn/），时间截至2021年6月。

浙江省非遗资源极为丰富，国家级与省级的非遗项目数量均居全国前列。国务院公布的五批国家级非遗名录中，浙江省共有241个项目，非遗数量居全国首位。浙江省政府也分五批公布了886个省级非遗项目。

由于非遗项目存在联合申报现象，为更加准确反映非遗的地域属性，将联合申报的非遗按照申报地区或单位进行拆分和统计，并以拆分后的子项目为研究基础数据，见表8-1。

表8-1　　　　　　　　浙江省非遗各级别、批次数量

级别	类型	第Ⅰ批	第Ⅱ批	第Ⅲ批	第Ⅳ批	第Ⅴ批	合计
国家级	项目	44	85	58	30	24	241
	子项	46	97	60	30	24	257
省级	项目	64	241	281	202	98	886
	子项	67	291	363	251	106	1078

依据上述拆分和统计，浙江省共有国家级非遗子项257项、省级非遗子项1078项，合计1335项，其中国家级占19.25%、省级占80.75%。此外，浙江省还存在大量市级与县级非遗。

2. 非遗个体的区域分布

对浙江省各市非遗数量统计，并借助自然断点法分级发现：浙江各地级市的非遗分布很不均衡。杭州非遗数量居第一梯度，金华与温州次之，居第二梯度；台州、丽水、宁波与绍兴非遗的数量相近，为第三梯度；衢州与嘉兴的数量相当，居第四梯度；舟山与湖州的非遗数量最少，居第五梯度。按照非遗市域分布的密度看，舟山与嘉兴较为特殊，虽非遗数量少，但密度最高，这与两地区的市域面积较小存在一定关联。杭州、金华

和温州的非遗密度较高，丽水和衢州的分布密度最低。总体而言浙江省非遗分布主要在中北部和东南部，西南部衢州、丽水等地分布较少。各市非遗数量与密度见表8-2，空间分布情况见图8-19。

表8-2　　　　　　　　浙江各市非遗数量与密度

区域	数量（项）	比例（%）	面积（万平方千米）	密度（项/万平方千米）
杭州市	232	17.67	1.69	137.28
温州市	170	12.95	1.21	140.49
金华市	152	11.58	1.09	139.45
丽水市	125	9.52	1.73	72.25
台州市	123	9.37	1.01	121.78
宁波市	123	9.37	0.98	125.51
绍兴市	109	8.29	0.83	133.33
嘉兴市	86	6.55	0.42	204.76
衢州市	88	6.71	0.88	100.00
湖州市	61	4.65	0.58	105.17
舟山市	44	3.34	0.15	293.33

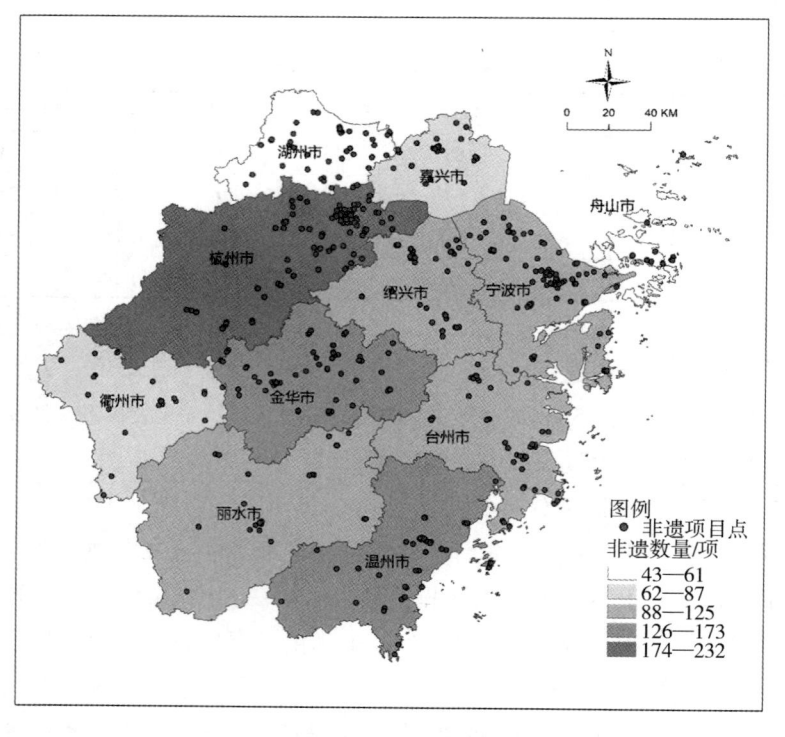

图8-19　浙江非遗区空间分布

(二) 金华市非遗项目概览

金华市本级，包括金东区和婺城区（含金华开发区），这两区目前非遗项目国家、省、市三级项目共计 67 项。具体项目见表 8-3、表 8-4、表 8-5。

表 8-3　　　　　　　　　　　金东区非遗项目

序号	项目名称（32 项）	项目类别	项目属地
1	銮驾（金东銮驾）	传统舞蹈	金东区
2	☆迎花树	民俗	金东区
3	龙舞［金东布龙（五龙嬉珠）］	传统舞蹈	金东区
4	金华桥灯（金东区莲花灯）	传统舞蹈	金东区
5	昆腔（金东昆腔）	传统戏剧	金东区
6	打行锣	曲艺	金东区
7	小锣书	曲艺	金东区
8	金华说书	曲艺	金东区
9	☆大成拳	传统体育、游艺与杂技	金东区
10	拉线狮子（金东拉线狮子）	传统体育、游艺与杂技	金东区
11	五经拳	传统美术	金东区
12	蛇拳	传统美术	金东区
13	☆木版年画	传统美术	金东区
14	面塑	传统美术	金东区
15	竹编	传统美术	金东区
16	金华佛手盆景造型艺术	传统美术	金东区
17	金东竹雕	传统美术	金东区
18	金东壁画	传统美术	金东区
19	金华古民居营造技艺（金东山头下村古建筑）	传统技艺	金东区
20	古砖瓦制作技艺	传统技艺	金东区
21	砂罐茶壶制作技艺	传统技艺	金东区
22	金华传统建筑砖雕	传统技艺	金东区
23	雕花家具制作技艺	传统技艺	金东区
24	婺式传统糕点制作技艺	传统技艺	金东区
25	书画修复技艺	传统技艺	金东区
26	铜钱八卦制作技艺	传统技艺	金东区

续表

序号	项目名称（31项）	项目类别	项目属地
27	知元堂中药炮制技艺	传统医药	金东区
28	大蜡烛（金东迎大蜡烛）	民俗	金东区
29	黄大仙信俗（金东区黄大仙祭典）	民俗	金东区
30	划旱船	民俗	金东区
31	迎大蜡烛	民俗	金东区

表8-4　　　　　　　　　婺城区非遗项目

序号	项目名称（22项）	项目类别	项目属地
1	白沙老爷传说	民间文学	婺城区
2	☆金华山歌	传统音乐	婺城区
3	金华桥灯（婺城板凳龙）	传统舞蹈	婺城区
4	婺城竹节龙	传统舞蹈	婺城区
5	马灯舞（婺城区跳竹马）	传统舞蹈	婺城区
6	木偶戏	传统戏剧	婺城区
7	一把三弦闹花台	曲艺	婺城区
8	直里功夫	传统体育、游艺与杂技	婺城区
9	☆金华剪纸	传统美术	婺城区
10	★婺州窑陶瓷烧制技艺	传统技艺	婺城区
11	金华面饼传统制作技艺（金华汤包）	传统技艺	婺城区
12	金华古民居营造技艺（婺城寺平村古建筑）	传统技艺	婺城区
13	公盛酱油传统酿造技艺	传统技艺	婺城区
14	糖古糕点制作技艺	传统技艺	婺城区
15	金华传统建筑砖雕	传统技艺	婺城区
16	金华核雕	传统技艺	婺城区
17	传统榫卯家具制作技艺	传统技艺	婺城区
18	婺州扎染	传统技艺	婺城区
19	金华藕粉制作技艺	传统技艺	婺城区
20	玳玳花果膏制作技艺	传统技艺	婺城区
21	陈氏中医药治疗创面伤疗法	传统医药	婺城区
22	☆金华斗牛	民俗	婺城区

表 8-5　　　　　　　　　　金华开发区非遗项目

序号	项目（14 项）	项目类别	项目属地
1	舞狮（婺城舞狮）	传统舞蹈	婺城区（开发区）
2	上李走马灯	传统舞蹈	婺城区（开发区）
3	硬头狮子	传统舞蹈	开发区
4	根艺（婺城根雕）	传统美术	婺城区（开发区）
5	金华面饼传统制作技艺（婺城"的卜"）	传统技艺	开发区
6	罗埠酱油传统酿造技艺	传统技艺	开发区
7	金华罗埠豆制品制作技艺	传统技艺	开发区
8	龚氏中医外科疗法	传统医药	开发区
9	黄氏风湿骨痛液泡制技艺	传统医药	开发区
10	☆抢头杵	民俗	婺城区（开发区）
11	☆汤溪城隍庙摆胜	民俗	婺城区（开发区）
12	汤溪传统饮食文化	民俗	开发区
13	茶罐窑制作技艺	传统技艺	婺城区
14	六月初一保稻节	民俗	婺城区

说明：各表中★为国家级非物质文化遗产；☆为省级非物质文化遗产。

总体上看，金华市市级非物质文化遗产以传统技艺留存较多，其中以婺州窑陶瓷烧制为代表。传统舞蹈"板凳龙"最具广泛性，在过去几乎每村都有。

二　非遗文化生态保护与利用

（一）非遗文化生态区的整体保护

各类非遗文化呈现出区域分布特征，构建形成不同类别的非遗文化生态区。因此，应以非遗文化生态区为单位，加强整体保护。

1. 发挥政府政策与资金支持作用

政府的政策支持与引导是开展非遗区域整体性保护的重要前提。政府在立法的完善与区域保护规划、资金的筹集等方面发挥关键作用。

浙江省政府要加强非遗保护的相关法律法规的完善，强调区域整体性保护的理念，以法律形式确立非遗区域保护工作的规范与协调。重视省域的整体性保护格局的划定，并制定整体的保护域发展规划。在整体性保护理念、总体规划的框架下，因地制宜地制定各非遗文化生态区的内部的区域文化保护规划，出台各地非遗文化生态区保护的政策法规，使具体的保护工作有法可依、有章可循。

加强非遗保护资金的筹集。政府推动构建多元主体参与的资金保障机制。首先，做好非遗保护专项资金的统筹运用。设立非遗区域保护的专项资金，列入年度财政预算，同时非遗文化生态保护区涉及的市、区、县政府设立相应的专项资金，分别列入年度财政预算。其次，由于非遗的区域保护并不是简单的静态保护，而是活态的、系统的、全方位的保护，因此需要充分调动社会力量，激发社会组织、企业与个人参与非遗的保护积极性，发挥民间社团组织和全社会的作用，筹集和接受社会各界及个人捐助资金，引入社会公益资本和基金，以保障非遗区域保护的顺利实施。

2. 制定非遗区域整体性保护规划

区域保护规划是非遗区域整体性保护的基础。首先应加强区域内非遗资源的调查与整合，不仅需要理清地域非遗个体的种类数量、分布情况，还需对其历史渊源、生存现状等展开深入挖掘。此外重视与非遗相关的物质文化遗产的调查与整合，全面、系统与深入的掌握区域非遗的存续现状，为规划制定与系统保护奠定基础。同时从宏观层面与中微观层面展开保护区的规划与保护实践。

3. 构建跨区域、跨主体协同保护机制

非遗的区域保护涉及多区域、多主体，因此需要积极推动跨区域的保护合作、构建跨主体保护格局，不断完善协同管理机制的建立。

推动跨区域保护合作。非遗文化生态区（亚区）往往跨越多个县市，甚至跨越省份，相关地区的政府需达成非遗文化区域保护共识，由政府牵头建立非遗保护工作领导小组、专家队伍，健全相关法律法规，进行保护区规划和运行规范制定。此外，积极推动多主体共同保护。非遗整体性保护不仅要有政府保障，还需社会层面、市场层面与社区层面的共同支持。

构建跨主体保护格局。非遗的整体性保护不仅需要政府的保障，还需要社区民众、专家学者、文化工作者等多方主体的参与。其中社区、村镇是非遗诞生与存续的最基础土壤，要加强当地民众的引导，利用教育、网络、广播等多种形式传播非遗的价值与意义，提升文化认同感和文化自觉性，促使民众自觉参与非遗的保护与传承。此外，要加强专家学者的合作，学者深入研究非遗文化生态区内的文化遗产相互关联、传承规律与保护的合理措施，并用以指导非遗区域的保护实践，从理论层面，明确非遗保护区的重点、价值与保护方式，引导非遗的保护更加合理化与科学化。

(二) 典型性非遗文化生态系统的保护和利用

非遗文化生态系统的保护包括群落的内部保护和外部环境的维护。外部环境的保护包括意识环境构建、自然环境保护、物质环境维护、经济环境支持。非遗群落的内部构成与保护是非遗文化系统的核心。金华、兰溪地处婺江下游，其农耕文化生活方式具有诸多共同性，构成非遗文化群落。

1. 金兰非遗文化群落概况

该群落包括金华市本级及兰溪市，主要集聚分布在金华市区，地处金衢盆地，地形平坦，婺文化的典型地域。

2. 非遗群落内部结构

该群落由传统技艺、民俗、传统戏剧、传统美术等类型构成，类型较多数量较为丰富。传统技艺有婺州窑传统烧制、婺剧戏服制作、诸葛古村落建筑艺术、孔明锁制作等制作技艺；还有金华酒酿造、婺州举岩茶传统制作、火腿传统制作、酥饼传统制作等丰富的饮食制作技艺。民俗有金华斗牛、迎花树、汤溪城隍庙摆胜、诸葛后裔祭祖等。传统戏剧有婺剧、西吴高腔、徽戏、婺剧变脸。传统美术有木版年画、金华剪纸、粮食砌等。

非遗个体相互关联。首先，非遗个体存在共生现象，如婺剧—婺剧戏服制作技艺—婺剧变脸都是与婺剧紧密相连；诸葛古村落建筑艺术—诸葛后裔祭祖—孔明锁制作技艺均与诸葛亮家族相关。其次，婺文化特征的非遗数量丰富。

3. 保护策略与利用方式

该群落以婺文化为核心，保护与利用的重点是：

(1) 构建婺文化博览园。可依托婺州古城，建立婺文化博览园，集锦式的展示与开发婺文化相关的非遗项目，如婺文化静态展示馆，婺州窑、木版年画、金华剪纸等制作体验项目，婺剧、金华道情等定期表演项目，金华酒、火腿、酥饼等特色美食产品的制作等。

(2) 完善诸葛文化研学基地。进一步挖掘诸葛八卦村的非遗资源，串联式的保护与利用诸葛文化相关的非遗，包括诸葛古村落建筑艺术、诸

图 8-20　诸葛八卦村相关非遗（从左至右：诸葛古村建筑艺术、
诸葛后裔祭祖、孔明锁制作）

葛后裔祭祖、孔明锁制作技艺等，开发古建筑模型制作、孔明锁制作等实践操作项目。

（3）创立婺剧研学基地。串联式的保护与利用婺剧相关的非遗，包括婺剧、婺剧戏服制作技艺、婺剧变脸等，依托金华婺剧院建立研学空间，开发婺剧戏服制作、婺剧表演、婺剧文化体验等系列研学课程。

第九章 村落文化生态新形态

第一节 城乡融合文化新形态的逐渐兴起

人类在社会发展的历史长河中,不断寻求最优的生活方式,以满足人们的物质与精神生活不断增长的需求,这是人类自身的本性所决定的。在不同的历史阶段,人们获取生存资源的技能受到科学技术水平的限制,因而,会形成与科学技术水平相适应的生活方式,当科学技术水平发生突破的条件下,人们获取资源的能力也随之提高,旧的生活方式也必然发生激烈变革,由旧的生活方式所构成的生产力和生产关系,都将发生根本性的重构,从而形成与新的科学技术水平适应的社会结构体系,最终形成全新的文化形态。

中国从农耕文明向工业文明的转型,意味着人们获取生存资源能力的提升和生活方式的转变,在这一过程中,原有的社会结构体系瓦解,生活观念重塑,城乡空间重构,旧有价值体系受到冲击,农村地区经历了一场"总把新桃换旧符"的文化洗礼。同时,又以新的姿态,迎接工业革命带来的新的生活方式。恰如"文化之树"经历了一场"秋风扫落叶"式的文化革命,败叶虽然掉落,但树干还在,树根尤深,即便在工业革命后的春天,重新长出新枝新叶,与原来的枝叶必然有某些相同之处,并在原有的文化基因基础上,发展形成新的文化形态。这便是新旧文化的融合,我们暂且称之为"城乡融合"的文化新形态。今天,我们所关心的就是这个新的文化形态有何特征,是何结构,其演变的趋势又将会是什么。

一 人口流动趋势的未来判断

中国是一个人口大国,是经历了长达两千多年农耕生活的文明古国,这是中国的基本国情。因此，中国的城市化道路，不可能简单重复西方的城市化道路，中国的城市化率，也不可能像西方发达国家那样高达80%—90%，中国的城市化道路，必然走出自身的模式：浓厚的乡愁，时刻牵引着流动人口的归乡之心；农村的一亩三分地和宅基地，为城市打工者留下了退路；有限的矿物能源难以支撑不断扩张的城市空间；生态文明的发展促使着人们不断在广阔的农村地区与城市之间，寻找量能流动的动态平衡。

因此，可以预见的是，在人口经历剧烈的单向流动后，随着乡村振兴不断发展，必然会出现城市人口向农村地区的回流，并逐步进入人口"双向流动"的一种稳态，这种稳态的人口结构，取决于城乡融合的程度，取决于生态文明的发展水平。

（一）未来若干年之内，农村人口仍将进一步流失

目前，我国规模城市总数达到世界首位，城镇人口数量已占据总人口数的60%。发达地区的城市化率，有的已超过70%，尽管在城市中出现了交通拥堵、疫情管控困难、就业岗位短缺、竞争压力及内卷加剧，但部分城市并未实现能够支撑城市良性发展的产业转型，地方政府依然难以摆脱对"土地财政"的依赖，依然依靠增量的人口来支撑城市经济发展。因此，虽然乡村振兴热闹非凡，但资本等生产力要素，并没有大量流向农村地区，更多地在城市地区脱实向虚，在基础设施配套和建设中，短时间内难以实现城乡均衡配置，因此，未来若干年内，农村人口仍将进一步流失。

根据中国城市和小城镇改革发展中心基于去个人标识化的手机信令数据对农村人口流动状况研究表明[①]：农村外出人口比重在稳定中保持了缓慢增长态势，我国城镇化整体上还处于上升态势。虽然6个样本地区处于中国的西北部地区，但这种趋势在全国农村地区具有普遍性。

从农村外出人口流向结构分析：超过三成农村人口选择留在本地城市；接近三成农村外出人口流向一线和省会城市；约有三成人口是流向省外。

---

① 范毅：《从大数据看农村人口流动》，中文互联数据资讯网，2019年11月10日。http://www.199it.com/archives/964254.html。

从农村外出人口返乡情况分析：外出人口超过四分之三回到农村，另三分之一回到本地市、县城（含县级市），返乡回农村的人口近年呈现略有上升趋势。

总体而言：第一，农村人口外出还是城镇化过程中的一个基本趋势。目前农村新增外出人口数量还大于农村外出人口返乡数量，但是外出人口返乡数量和比重也同步在增长，人口返乡的数量会不会超过农村新增外出人口需要关注。从过去几年的统计数据来看，农村人口每年减少的比例在2%以上，但是从案例地区来看，农村人口总量已基本稳定。第二，一线城市吸纳农村外出人口比重在下降，并且在一线城市就业的农村外出人口稳定程度也在降低。第三，可喜的是，新增外出人口，约四成流向本地城市，这与改革开放之初单方面流向沿海地区城市相比，恋乡情节加重，开始出现了"离村不离乡"的流动趋势。从返乡人口分析，有75%回农村，25%回本地县市城市。在流出的同时，也有流入，这与改革开放之初单向流出、单向流向沿海地区相比，已出现了新的农村人口流动趋势。

目前的情况是，城市生活成本不断攀高，世界经济步入萧条，城市就业岗位缺失和内卷，这些因素一方面促使城市打工人群的郊区化，更进一步促使外出人口返乡创业。虽然返乡人群主要落脚在本乡城市创业，但这为进一步回流农村创造了良好的条件，同时，随着离乡距离的缩短，回农村的次数将会进一步增加，更在意老家的承包田和宅基地利益，更关注家乡的治理和乡村建设。

（二）农村人口的异质化趋势明显

农村人口异质化，是农村城市化的另类表现。城市的主要特征，是人口的异质化。当今城市郊区的村落，人口异质化趋势有增无减，有些近郊村，外来流动人口甚至已经超过本地人口。

古代村落人口的异质化，受到宗法体制的严格限制。血缘村落对工商业流动人口、招赘人员的流入及居住位置，有严格的规定。外来流动人口一般是不允许居住在村落内部的，外来工商业的流动人口，一般会选择在某一长期服务的村落附近，临时搭建一个茅屋，久而久之，这样的临时居住地有的就发展成为一个新的"小村落"，古人将这类"小村落"称之为"庄。"因此，"村"与"庄"，是两个概念，"村"泛指以某个姓氏为主的血缘村落，"庄"则是因流动人口临时居住而逐渐形成的村落，而"庄"的形成，又将是另一个血缘村落的兴起。因此，古代工商业的流动，婚姻的招赘促进了村落在地理空间的均衡分布。

当今农村，村落宗法体系已经逐渐消失，对流动人口的居住和生活不再限制。相反，随着城市化进程和乡村振兴的深入开展，外来流动人口已经成为乡村振兴的主要因素。

1. 农旅经济发展，促进了城乡之间人口流动

随着新农村建设和乡村振兴战略的深入发展，许多农村已发展成为宜居宜游的旅游综合体，从而推动了城市居民到农村旅游和养老。浙江省自2016年开始推进A级景区村庄建设，至今浙江全域旅游迈入"村"时代。截至2019年，浙江省已创成4876个A级景区村庄（其中3A级景区村庄750个），村庄景区化覆盖率达到20%。2018年，全省乡村旅游共接待游客3.7亿人次，比上年增长16.8%，实现旅游经营总收入366.5亿元，比上年增长21%，带动农产品销售超50亿元，实现了以旅游促进乡村产业兴旺、村民经济增收、乡村环境提升，一个个村庄变成了游客能旅游、爱旅游的目的地。在"万村景区化"工程实施的助推下，浙江旅游产业总产值提前突破万亿元，成为全省经济社会发展新动能。"环境美、产业旺、文化兴"的美丽村庄景区，在浙江遍地开花。到浙江的美丽乡村呼吸新鲜空气、感受纯朴生活，已成为一种令人向往的生活方式。[①] 到2021年，浙江省3A景区村已达到1966个，农村旅游得到进一步发展，城乡之间人口流动进一步频繁。

2. 农村养老，渐成潮流

中国有"落叶归根"的思想观念和旧俗，"落叶归根"指一个人在外拼搏一辈子，到老了，都要回到故乡养老。城市化进程中，在城市中定居下来的有一大半都是农村外出求学、经商、就业的成功人士，这一批人，可谓是第一批"城飘者"，具有强烈的故乡情结，也具有强烈的"落叶归根"的思想意识。但这批人，也许老家已根本没有故居，因此，会寻找比较理想的美丽乡村，具有一定医疗条件，具有一定护理经验的农户，通

[①]《浙江日报》：《浙江：全省A级景区村庄达4876家》，中华人民共和国中央人民政府网站，2019年5月10日。http://www.gov.cn/xinwen/2019-05/10/content_5390235.htm。

过长期"租住+照料"的形式,在农村中定居下来,这便是农村新型养老产业。这种新的"上山下乡"现象在我国已渐成潮流,不但解决了城市人养老难的问题,也为旅游养老服务业提供新的参考。浙江省杭州市临安天目山南麓的白沙村、金华市的仙华村等,在农村养老方面积累了丰富经验。

城市老人"下乡养老"好处颇多:一是农村空气清新,享受乡村宁静;二是食物新鲜卫生,可以种菜养鸡鸭,体验不同生活;三是城市老人可以把城市房子出租,他们用养老金和租金就可以在农村生活得很自在;四是农村的照顾者在家就能工作,赚钱同时还能兼顾家里人的生活;五是减少了农村人员往城市跑的人口压力,也疏解了老人在城市养老遇到的养老资源不足的问题,疏解城市养老压力,可谓双赢;六是新的养老模式,为解决城市保姆人员减少的困境找到新途径。

虽然是老人入住乡村,但这批老人往往接受过较好教育,都有较高的学历,直接提升了农村居住人口的学历水平和素养,为农村孩子的教育,增加了教育资源,虽然不直接参与教育,但老人的言谈举止,都给孩子起到言传身教的作用;老人入住,直接注入了经济活力。这批老人有退休金,有城中房子的租金,因此,将这些资金在农村消费,给村落有机体输入了经济活力,带动了农村的消费,促进农业生产;老人的入住,同时带来了其子女的探望,更进一步促进了乡村经济发展;同时也带来了某种"城市化"的生活方式,这种城市化的生活方式包括卫生习惯、文化娱乐、言谈举止、流行服饰等,而这类"城市景观"却融入"田园景观"之中,在享受城市生活的同时,也在感受田园生活的乐趣。当陶渊明辞官回家,开始学会种豆的时候,城里人来种豆,其结果是"草盛豆苗稀",陶渊明要得不是"豆",而是"种豆的体验和快乐",这种快乐是两种生活方式相互结合的结果,当然更多的是"复归返自然"的轻松愉快。或许,这便是"城乡融合"生活方式的一种缩影。

3. 城中外来务工人员的郊区化

在城市房价、房租不断攀升、物价不断提高、生活成本不断提升的情况下,外来务工人员更多地到郊区寻求更为廉价的出租房和低成本的生活环境,因而其居住空间不断往城市郊区迁移,这就造成了城市郊区村落人口异质化率不断提高。同时,城市交通网络的郊区化、快速化,也为他们迁居郊区创造了条件。务工人员郊区化，是逆城市化的一种现象，中国独有的土地政策和宅基地政策，在某种程度上限制了城市人口向郊区的自由迁移，类似于西方国家的"逆城市化"浪潮，不可能在中国大规模发生。因此，郊区村落人口异质化，更多的是外来务工人员的融入，城乡二元结构的割裂，也在某种程度上限制了"城乡融合"的深入发展。

当村落脱离了"宗法体系"的束缚，村落社会的隔离性就逐渐消失，村落有机体就会成为一个开放系统，为村落人才的引进、人口的迁入，拆除了思想上的藩篱。村落也就更加包容、更加开放，开放系统更容易吸纳新的量能流入，从而提升农村经济和村落传统文化生态系统的自我修复与平衡。

（三）浓厚的乡愁意识时刻牵引着游子的回归

两千多年的农耕文化，在中国人的思想和生活中留下了深刻的烙印。故乡的情结，在当今新市民的记忆中，仍然占据着重要的位置，乃至魂牵梦萦，思乡情重。乡愁，在余光中的诗歌《乡愁》中，体现得淋漓尽致：

小时候
乡愁是一枚小小的邮票
我在这头
母亲在那头
长大后
乡愁是一张窄窄的船票
我在这头
新娘在那头
后来啊
乡愁是一方矮矮的坟墓
我在外头
母亲在里头
而现在
乡愁是一湾浅浅的海峡
我在这头

大陆在那头

　　作者是一位台湾同胞，因寄居台湾，而引发对故乡的思念。当今许多来自农村的人，寄居于各个城市，何尝没有对故乡的思念之情。尤其是当一个游子在外打拼遇到挫折之时，这种思乡之情更加浓厚。在这种思乡情怀的牵引下，其一生中的流动轨迹，就会形成以"故乡"为圆心的同心圆结构。这个圆心就是他的出生地，就是养育他成长的一方水土。著名诗人艾青，也曾写下了"为什么我的眼里常含泪水？因为我对这土地爱得深沉……"这样感人的诗句。李白的《静夜思》中写道："床前明月光，疑是地上霜。举头望明月，低头思故乡。"因此，古来游子思故乡，总是"无奈他乡作故乡"。思想和情感，是行为的指挥棒，这种故乡情结，在很大程度上将决定着一个游子回归故里的行为动力。

　　虽然目前城市化进程仍在继续，农村人口还在持续流出，但城市社会经济发展不断遭遇各种不利因素，中美贸易摩擦、西方的技术封锁、新冠疫情的冲击和供给侧产能的过剩，都给城市社会经济发展造成困难，城市自组织在与外界进行量能交换的过程中，显然出现了量能流出大于流进的不平衡，城市自组织熵产大于负熵，从而导致城市出现许多无序状态。城市的无序性增加，又进一步促进各种生产力要素的外流。因此，在城市熵产大于负熵时，失业率提升，内卷加大，消费不足，产能过剩，此时人们的思乡情结将会加重，思乡情结会促使游子逃离城市自组织，回到家乡规避各种危机的冲击。

（四）城乡人口"双向流动"的稳态平衡

1. 从二元经济结构理论评判人口流动趋势

　　威廉·刘易斯的二元经济结构理论主要观点有二：第一，发展中国家一般存在二元经济结构，现代部门工资高于传统部门劳动者收入是促使劳动力流动的动因。只要传统部门存在着剩余劳动力，现代部门就可以得到无限劳动力供给，并在工资不变条件下扩大再生产，积累利润，再扩大再生产。第二，传统部门剩余劳动力被工业吸收完以后，劳动生产率将逐步提高，收入水平也随之提高，对现代部门来说，劳动供给将变得越来越有弹性，农业剩余劳动力的流动带来了农业收入的提高和农业的进步，也促进了工业的发展，从而是实现工业化的途径。① 二元经济中，农村多余劳动力流到城市的原因是城市中现代部门的工资高于农村收入，在农村劳动力得到收入同时，农村也得到发展，当农村多余劳动力吸收完以后，劳动力供给出现弹性，这种弹性就是劳动力的回流和流出，当农村得到发展，城市收入不再高于农村收入，这时，双向流动将实现动态平衡。也就是刘易斯认为的较为理想的"工业化"状态。

2. 费景汉—拉尼斯模型

费景汉—拉尼斯模型（Ranis-Feimodel）是在刘易斯模型基础上的深入与发展。该模型认为：从农业社会到二元结构再到成熟社会是一种重要的增长类型。经济发展可分为三个阶段：第一阶段与刘易斯模型一样；第二阶段认为农业剩余劳动力转移，农业总量会降低，工农贸易会有利于农业；第三阶段，经济已进入商业化过程，农业开始资本主义化，农业和工业的工资水平都由其劳动力的边际生产力决定。当农业部门的劳动力的边际产量与工业部门相等时，经济就进入新古典主义。也就是说，到第三阶段，已完成二元结构的改造，农业已从传统农业向现代农业转变，农业和工业之间劳动力的流动，取决于边际生产力的变动。②

到第三阶段，劳动力在农业部门和在工业部门的就业，基本不存在工资收入的差别，在哪工作都一样。这就是理论上的城乡人口"双向流动"的稳态平衡状态。

但现实生活中，劳动力的流动，不仅仅受到收入因素的影响，还受到消费因素的影响。真正决定一个人在某一个地理空间能够生存下去的原因是收入大于支出，或者收支平衡。如果长期"入不敷出"，一个人是很难在这一空间生存下去的。比如一个人在某一个城市工作，假设其月收入大于支出，则他会安心地在此地工作下去；如果生活成本等于收入，也可以维持生计，但会有更换工作或迁移的动念；假如其生活成本大于收入，且长期处于入不敷出的状态，则肯定选择逃离这一个生存环境，选择另一个能够维持生计的地方工作、生活。

---

① ［英］阿瑟·刘易斯：《经济增长理论》，周师铭，沈杰，沈伯根译，商务印书馆1996年版。

② 程怀儒：《刘易斯—费景汉—拉尼斯模型与农业科技创新》，《南方农村》2012年第12期。

3. 影响人口流动的其他因素

影响人口流动除了工资收入和消费支出等因素之外，还受到偶然事件、城乡公共文化设施、基础设施等因素的影响。

城市的高房价、高物价，已使许多年轻人生活在低水平的生活状态中，当"月光族"成为常态，其生活压力可想而知，其生活信心也会遭受极大冲击，一旦再遇到某一不顺心的事情或者危机冲击，便会选择逃离。近几年因疫情危机而返乡的流动人口大大增加，正是这一种偶然因素影响的结果；相反，在农村生活则可极大降低生活成本。免费的住房、自我耕种的蔬菜和粮食，使得较低的收入也能实现生活的盈余。因此，收入减去支出的余额，在城乡之间将逐渐趋于相等，这也就意味着城乡之间生活压力的均等化，在生活压力均等化的条件下，决定人口流动的主要因素，将取决于基础设施配套的完善性和文化生活的多样性。

年轻人工作首选大城市，是因为大城市具有更丰富的文化体育活动，更浪漫的生活环境和生活方式，在灯红酒绿中感受生活的刺激，从而产生创业和生活的激情；成家的年轻人，则会更多地考虑下一代的培养。当前，农村公共文化设施及基础设施配套和城市还有较大距离，尤其是优质教育设施，基本集中在城市，在农村地区可谓一校难求。为下一代的教育，许多年轻夫妇，选择到城市打拼，在城市为孩子谋求优质的教育资源；中年人到城市则是因为城市具有更多的就业机会；老年人留守城市，则是因为城市具有优质的医疗设施和资源。

随着乡村振兴和农村经济的不断发展，各种公共文化服务设施在区域内将实现均衡，城乡公共文化设施的差别也将逐步缩小，最终实现城乡之间的均衡配置。到那时，居住在城市和乡村，将没有什么太大的区别，城乡人口"双向流动"将实现稳态平衡。

二 城乡生活方式的相互融合

城乡融合发展可以理解为是由城市和乡村在经济、政治、文化、社会、生态环境这五个方面"五位一体"的融合发展构成的。谭明方认为，城乡实现这五个方面的融合发展，才是全面融合发展。同时认为，城乡融合发展，关注的是五个方面中每个方面的发展水平在城乡间如何缩小差距，而不是五个方面之间如何协同发展。①

唯物辩证法认为，事物是普遍联系的，事物及事物各要素相互影响、相互制约。而由相互联系、相互作用的若干要素组成、具有稳定结构和特定功能的有机整体，就是系统。统筹推进"五位一体"总体布局、协调推进"四个全面"战略布局正是复杂的系统工程，要把各方面联系起来分析、统筹起来谋划。

（一）经济融合

城乡经济融合发展是城乡融合发展五个方面中最基础的，主要是通过城乡各种经济要素双向流动结果的"利益互惠性差距"体现出来的。它反映的是各种经济要素在城乡之间的双向流动中，不同流向所产生的收益比率之间存在的差异性。收益比率差距越大，意味着城乡间要素双向流动的利益互惠性越低。

这一观点是对费景汉-拉尼斯人口流动模型理论的解读。人是各种生产力要素的载体，人口的流动方向，即代表着各种要素的流动方向。当劳动力在城市投资、创业的收益率与乡村实现平衡式，城乡之间劳动力流动也就实现了"动态平衡"。也就是说，在城市创业和在乡村创业都差不多，决定其在城市和乡村居住、生活的因素，不再是经济要素投入的收益率，而是生态环境、精神文化生活等方面因素。这种状态是理想化的城乡经济融合状态。也是城乡融合的高级形态。刘易斯称之为理想化的"工业化状态"。

国家发改委发展战略和规划司司长陈亚军认为："城乡融合发展体制机制改革在整体谋划、全盘考虑的同时，要找准主要矛盾和矛盾的主要方面聚力突破，以点带面、盘活全局。要统筹发挥市场'无形之手'和政府'有形之手'的作用，推动城乡要素自由流动和平等交换，促进城乡公共资源合理配置，培育发展多元化乡村经济，最终实现农民收入的持续增长。"② 在此，主要的手段也是通过推动要素自由流动和平等交换，培育多元化城乡经济。但如何实现要素自由流动，这是一个大课题。

---

① 谭明方、陈薇：《城乡之间如何实现全面融合发展》，《国家治理》2020年第36期。
② 中国经济时报：《探寻城乡融合发展新路径》，金融界，2019年12月4日。https://finance.jrj.com.cn/2019/12/04092028486860.shtml.

目前国家在农村土地制度改革方面取得新突破，农村承包地"三权分置"、农村宅基地"三权分置"、农村集体经营性建设用地入市等改革举措相继推出，大大提高了农村土地利用效率。城乡一体的基本公共服务提供机制逐步建立，统一的城乡义务教育经费保障机制、居民基本养老保险、基本医疗保险、大病保险制度逐步建立并完善。这些为要素的自由流动创造了条件，但城乡生产要素流动仍然存在障碍，城乡二元的户籍、土地、金融等制度使要素更多流向城市，乡村发展缺乏支撑。城乡公共资源配置仍不合理，突出表现在乡村基础设施和公共服务设施的历史欠账较多。现代农业产业体系尚不健全，生产体系、经营体系和组织体系还不完善，农业的产业链短、附加值低、竞争力弱，供给质量和效益都亟待提高。要实现要素自由流动，核心要着眼于破除户籍、土地、资本和公共服务等关键制度障碍。

1. 打破二元户籍制度，是实现要素自由流动的先决条件。人是各种生产力要素的载体，二元户籍制度，在计划经济时代，将农民死死地固定在农村中，即便改革开放，实行土地承包制，多余农村劳动力流入城市，依然受到城市的"非市民"待遇，城市公共配套设施，城乡户口两套享受机制。同时，也严格限制城市居民到农村买房，实际限制了城市居民自由向农村流动。

清朝之所以人口实现爆炸式增长，其中最主要原因就是放开户籍制度，让人口可以在全国范围内自由流动。自由流动的结果，就是生产力要素的自由配置，最终实现平衡。每一个人在任何一个空间，总有其谋生的手段和方法，自由流动的结果，就是找到最适合其谋生的手段，找到最适合其安居的空间。正如一个大海，每一个鱼儿，总可以找到其谋生手段，总有一片适合于其安身的海洋，各得其所，最终实现海洋的生态平衡。

2. 建立农村宅基地自由流通市场体系。在农村集体土地所有制前提下，首先放开宅基地市场，让想到农村闲居、养老、退休归乡的一批"人才"，可到农村安居。养老、退休返乡这批人主要目的是安居，闲居者，则主要是文化人，以追求田园生活为目的的一批文化人。如此，可极大促使要素流入乡村，为乡村注入极大的活力。

3. 建立起资本自由流通市场体系。建立起培育现代农业的资本市场体制机制,一方面,创建政府财政大力培育现代农业发展公司的体制机制;另一方面,建立起社会资本开创农业综合体的土地流转机制,使国有资本和民营资本在农村都能找到发展空间。

(二) 生态融合

谭明方等认为,城乡生态环境融合发展程度主要是通过城市和乡村在人均拥有空气、水、植物、动物、土壤、气候、岩石矿物、太阳辐射等自然因素的"数量和质量上的差距"体现出来的。它反映的是城乡居民人均享有生态环境资源在数量和质量上存在的差异性。城乡之间人均享有生态环境资源的数量和质量的差异越大,意味着城乡之间在"生态安全—环境宜居性"上差异性越大,表明城乡生态环境融合度越低。[1]

笔者认为,城市与乡村要做到各种自然环境要素享有同质同量,是不可能的。这是城市与乡村两种不同体量的聚落空间所决定的。霍华德认为:"现在的城市和乡村都具有相互交织着的有利因素和不利因素,城市的有利因素在于有获得职业岗位和享用各种市政服务设施的机会。不利因素是自然环境恶化;乡村有极好的自然环境。但乡村中没有城市的物质设施和就业机会。"[2] 城市和乡村各有利弊,因此他提出"城乡磁体",认为建设理想城市应该兼有城市与乡村二者的优点,使城市生活和乡村生活像磁铁那样相互吸引,共同结合。这便是霍华德的"田园城市"理论。

现在城市的高密度和低绿化,使城市居民远离自然环境,城市的空气、拥挤的交通、噪音、建筑采光等,都受到严重影响。尤其受污染产业的影响,自然生态三大物质要素空气、水、土地,受到全方位的污染,包括城市与乡村。因此,自然生态的城乡融合,首先解决这三大污染源,使城市、乡村能基本保证享受同一片蓝天、同一种质量的空气和水。

至于绿地面积,受到城市高密度的限制,城市绿地先天不足。但在"海绵城市"的规划理念和行动方案指引下,修复城市的水网系统,改善城市的水环境和水质量,通过口袋公园建设,见缝插针进行绿化和植被,使乡村的自然生态环境自然渗透到城市之中,从而实现城市与乡村生态环境相互融合。控制城市建设边界,控制好城市中"绿线、蓝线",使区域

---

[1] 谭明方、陈薇:《城乡之间如何实现全面融合发展》,《国家治理》2020年第36期。
[2] 沈玉麟:《外国城市建设史》,中国建筑工业出版社1989年版,第117页。

内生态、生产、生活空间得以相互协调，城乡得以相互融合。

城乡生态融合，是关乎人类文明的发展方向、未来产业结构调整、贯彻落实生态文明战略的重要举措。未来空间生态资源的开发，将成为一个新的投资领域，如何将绿水青山转化为金山银山，根本就在城乡生态的融合，并在融合中，实现生态资源的资本转化。

（三）社会融合

谭明方认为，城乡社会融合的状况是通过城乡居民在获取医疗卫生、基础教育、公共安全、就业服务、养老保障、公共福利等基本公共服务上"真实拥有的权利义务的差距"体现出来的。它反映的是城乡间居民在获取基本公共服务时真实拥有的权利义务的差异性。其中"真实拥有的权利义务"是指城乡居民真的有这样的能力。城乡居民在这种真实权利义务上差距越大，意味着城乡居民均等地获取到基本公共服务的能力越低，表明城乡社会融合度越低。[1]

的确，城乡公共设施和基础设施的均衡配置，关系到社会主义公平性和优越性。因此，在乡村振兴过程中，合理配置公共文化设施，提升道路交通和基础配套设施水平，是乡村建设行动方案中重要的内容，也是城乡居民同权共享、公平正义的具体体现。

当前的主要问题是，在教育、医疗、养老等基础公共设施的建设中，城乡差距不断扩大，其根源还在于"重城市轻乡村"的错误理念，当前经济仍然依托外向型经济和房地产开发，土地财政依然是地方政府的最主要经济来源。因此，为了推进房地产开发，城市仍然以简单的人口城市化作为发展手段和目标，驱赶农民进城、上楼，依然是房地产市场得以续命的主要手段。在这种背景下，拆乡并村，拆村并校也就不难理解，主要公共服务设施及优质资源依然集中在城市，这使城乡基础设施和公共配套设施差距进一步拉大，使城乡人口进一步向公共服务设施高密度地区转移，城乡社会融合难以实现。

当然，在过去二十年新农村建设的努力下，乡村的道路交通得到极大改善，实现了村村通公路。电力、通信、给水、排水、垃圾处理等基础设施，都得到了极大改善。农民的卫生习惯与城市居民逐渐接近，农民的城

---

[1] 谭明方、陈薇：《城乡之间如何实现全面融合发展》，《国家治理》2020 年第 36 期。

市化生活方式水平进一步提升。当农村中就业机会和收入水平能够和城市相比美的时候，人口的流动将趋向平衡，届时，各项公共配套设施，自然也能实现城乡平衡。

（四）精神融合

谭明方认为，城乡精神文化融合发展是城乡融合发展五个方面中最根本的发展，主要通过城乡居民对于城乡融合发展的"终极目的的价值评价存在的差异性"体现出来。它反映的是城乡间居民对于本地城乡融合发展中各方面做法的正当性所作的"价值评价"的差异性。

社会发展的终极目标，国人的认识依然模糊不清。对城乡融合的价值评价，也未进入城乡居民视野。城乡融合终极目标是"工业文明"与"农耕文明"两种文明的融合，是东西方文化的融合。

汉民族的文化，其强大的生命力就在于文化的"包容性"。正因为具有强大的包容性，汉民族在几千年的发展历程中，在面临异族入侵、文化入侵的过程中，吸收外来文化中的优秀文化，为我所用，并不断融合形成新形态的汉民族文化。其中最典型的就是"佛教文化的融入"以及当今的"东西方文化融合"。这种融合是以保留自身优秀传统文化基因为前提的融合，是在传承先人"修身、齐家、治国、平天下"的"天下观"不变的情况下的融合，为实现"天下大同"，我们以建立"人类命运共同体"为新的历史使命，要建立"人类命运共同体"，必须兼容并蓄，博采众长，学习和吸收各族人民的先进文化，从而融合形成一种支撑起"人类命运共同体"、能够被大多数民族和人民所认可的新文化形态。

农村的精神，在于"守拙"。守住人类最基本的农耕生活方式，守住最基本的耕地面积，守住最基本的生态本底，守住生物多样性赖以生存的绿水青山。城市的精神，在于"进取"。城市文明，代表着工业革命以来的新文化发展方向，代表着以科学与技术来换取更为"智慧"的生活方式，人类以科学和技术的不断进步，向地球索取更多的支撑人类生存和发展的能源和物质，从而将人类社会推向"智能化"的社会结构和发展模式。但地球的资源到底是有极限的，人类过渡向地球索取资源，使得人类已经面临气候变暖、生态破坏、极端自然灾害等重大生存危机。人类需要反思，需要思考"进取"的尺度和步伐，需要考虑在"进取"的同时，更应该懂得"守拙",如此,才能使进退有度,从容应对各种危机,合理利用地球资源,给子孙后代留下生存和发展空间。这便是"城乡融合"的本义所在和终极目标。

因此,在"守拙"中保护好中国优秀传统文化和生活方式,保护优秀传统文化所承载的空间载体。在"进取"中,张弛有度,有取有舍,保护好自然生态自身的修复功能,在可持续发展中,探索人类更美好的生存模式,使科学技术真正"造福"于人类,而不是"造祸"于人类。

当今人们还处于"进取"精神的亢奋中。在亢奋中,不断增加的贪欲,使人类过渡索取自然资源,过渡占有资源,不知道收敛,没有兼顾到他人的利益和生存发展权利。因此,如何让人们从亢奋的欲望中走出来,在亢奋的发展模式中兼顾人与自然的关系、城乡的关系,是当今城市文明需要反思的地方。

中国传统文化一个核心观点就是控制人欲的过度诉求。从儒家的"灭人欲"、道家修行中强调"无为而治"、佛家修行中强调的"八戒"等,都认为,人最高的修行状态是"无欲无求"。无欲则能善行,则能利人,则能爱人。从而在有限的资源环境中,减少争斗,保持人与人之间的和谐。

西方商业文明,则是以追逐利润为根本目标。在追逐利润过程中,向地球要资源,向他国要市场,以战争模式,扩张殖民地及地缘政治的势力范围,在损人中利己。在消费模式中,放纵欲望,为权利争夺不择手段,致使人人为己,损人利己,人与人之间仅保留着可怜的一点"利益关系",美其名曰:"没有永恒的朋友,只有永恒的利益。"在这种利益观主导下的城市文明与中国传统文化中的"淡泊名利"形成截然相反的价值观念,因此,城乡精神文化的融合,最核心的问题在于人生"价值观念"的融合。

(五) 政治融合

城乡政治融合发展的状况,是通过城乡各阶层居民与基层政府之间对于城乡融合发展的目标、手段、评价融合发展结果的标准等内容在"认知共识性和情感认同性"上的差距来呈现的。它们所反映的是基层政府在主导城乡融合发展过程中,权力运用在城乡之间存在的差异性。权力运用在城乡之间存在的差异性越大,意味着政府对城乡居民情感真诚性和政府与城乡居民认知共识性的差异越大，表明城乡政治融合度越低。[①]

政府在城乡资源的配置中，乡镇基层政府和上级政府之间存在着明显的认知差异，这种认知差异产生于各自的政绩需求和情感归属，乡镇基层政府，对乡村更具有同情心和归属感，为官一任，造福一方，这一方受到其行政管辖权的限制，这种父母官的"家庭"意识，决定着其权利运用的价值取向。而常居于城市的上级政府更关注城市的发展，因为他的政绩主要来源于城市社会经济文化的发展，因而，权力的运用，更像是权利的投资，当权利的投资回报在城乡之间形成差距的时候，权利的投资更倾向于高回报的地区和行业。即便在同一个城市中，行政决策权也更多地投向高回报、快回报的产业和空间，如房地产业、高新技术产业、服务业等，而文化设施等投入高、见效慢，在城市建设中往往受到忽略。2021年、2022年数据显示，金华市在文化、体育、传媒类的财政支出，仅占全年主要财政支出的1.04%和1.47%。可见，当前政府权力运用和决策，主要以GDP为导向，以政绩为目标。

政府的层级结构，决定着权利的层级结构和管辖范围的套嵌结构。下一级管辖范围套嵌于上一级管辖范围之中。因此，上一级政府拥有全域性权利分配的权限，下一级政府在权利分配和决策中，只能服从，最多据理力争，为本辖区多争得一些利益。当前市、县级政府在学校、医疗设施的布点建设等权利运用时，将资源都集中于城市，从而迫使农村夫妇、儿童到城市购房、求学，目的是利用公共资源配置的不均衡性，来承接城市过剩的商品房。

因此，城乡政治要实现融合，首先要解决"发展观"问题。只重视城市开发而忽视农村发展，永远无法将有限的政府行政资源在区域内公平配置。不能将乡村振兴仅流于农村形象的改变和建设，而是要真金实银地将资源配置到农村地区，提升农村地区的产品生产力和经济效率，使农村地区逐渐缩小与城市的收益差距，最终实现城乡投资收益相对平衡，到那时，政府的权利资源配置也将实现均衡，各级政府官员对城乡的认同感、归属感也将实现区域平衡，从而实现城乡政治融合。

[①] 谭明方、陈薇：《城乡之间如何实现全面融合发展》，《国家治理》2020年第36期。

三 "五位一体"的逻辑关系

"五位一体"是城市和乡村在城乡融合中生活方式的主要体现形式。主要指经济、政治、文化、社会、生态环境这五个方面的相互融合。在城乡相互融合过程中,其所起到的作用各有不同,相互之间的因果关系、作用方式也存在着内在的逻辑关系。因此,搞清到底哪个因素起到决定性作用,对于推进城乡融合、提升生态文明建设水平将起到决定性作用。

谭明方认为:"城乡政治融合发展是城乡融合发展五个方面中最关键的。这是因为,一方面,城乡政治融合发展决定着城乡其他四个方面融合发展的目标、手段以及评价发展结果的标准'由谁来作决定,用什么方式做决定,由谁来解释,谁可以评价'等最关键的问题。而这些问题决定着城乡发展的结果。另一方面,城乡政治融合发展的状况,还决定着其他四个方面融合发展的状况。城乡政治融合发展中所确立的'目标',既制约着城乡经济融合发展中要素流动的方向和程度,也制约着城乡社会融合发展中基本公共服务实现配置的数量和质量,还制约着城乡生态环境融合发展中城乡居民人均享有生态环境资源的程度和品质。城乡政治融合发展中所确立的'手段',既制约着城乡经济融合发展中要素在城乡之间流动的方式、规则甚至交易比率,也制约着城乡社会融合发展中基本公共服务实现配置的机会与规则,还制约着城乡生态环境融合发展中居民享有生态环境资源的能力与方式。"[1]

村落有机体理论认为,"五位一体"中,生态环境是城乡生活及社会经济发展的本底,其余经济、政治、文化、社会分别对应着村落有机体理论中的政治器官、经济器官、思想器官和伦理器官。按照村落有机体五大器官之间的五行关系,思想器官(火)决定着政治器官(土),即火生土;政治器官决定着经济器官(金),即土生金;经济器官决定着伦理器官(水),即金生水。由此可见,决定着城乡融合"五位一体"协同发展的最主要因素,不是政治因素,而是思想因素。因为思想决定着人的意识形态,而思想意识形态决定着一个人的政治立场,不同的政治立场会产生不同的决策方案,从而决定着生产力要素的调配方向,生产力要素的调配

---

[1] 谭明方、陈薇:《城乡之间如何实现全面融合发展》,《国家治理》2020年第36期。

方向和力度，决定着城乡融合的推进速度和深度。

因此，各级人民政府如何正确认识城乡协同发展，选取什么样的发展模式，如何摆正城市与乡村在发展过程中的地位，是实现城乡融合的关键所在。只有秉持生态文明的发展理念，正确看待农村发展的重要性和生态价值，摒弃过度开发城市、过度使用能源，逐渐摆脱依赖矿物能源，充分使用太阳能，在城乡之间合理配置资源，使社会经济发展走上可持续发展的正确轨道。唯有如此，才能真正实现城乡融合，才能在城乡之间，实现要素流动的动态平衡。

在城乡融合中，劳动大众思想认识的提升，是推动城乡融合、生态文明建设的主导力量。毛泽东同志指出："人民，只有人民才是推动历史前进的根本动力。"① 只有广大劳动群众真正认识到乡村发展的巨大潜力，认识到生活方式转变的重要性，认识到生态危机的紧迫感和生态文明建设的重要性，才能自觉地参与到城乡融合建设的队伍中，才能改变过度消耗资源、浪费资源的生活恶习，才能顺应乡村振兴的历史趋势，重返农村，自觉地将自身的生产力要素带回到农村，推动城乡融合的新的生活方式及文明形态在农村地区生根、开花。届时，农村欣欣向荣的景象才能真正出现。在农村，可以得到同等报酬的就业机会，可以享受到同样便利、质量的公共服务和基础设施服务。农田生机勃勃，村落欢歌笑语，学校书声琅琅，"幼有所育、学有所教、劳有所得、病有所医、老有所养、住有所居、弱有所扶"的大同世界才能真正到来。

第二节 文化认同的转变与文明的新走向

一 文化认同的转向

人的大脑就是一座战场，自己民族的精神和信仰不去充实它，外来的宗教、信仰、价值观就会去侵略和占领它。被敌人或对手精神殖民，那是一个民族最大的悲哀。因此，文化的认同，决定着文明的走向。中国对西方文化的认同大致经历了四次。

---

① 毛泽东：《毛泽东选集》第三卷，人民出版社1991年版，第1031页。

第一次是甲午战争之后中国对西方文化的根本否定转为根本的肯定。中国被经由日本所展示的西化力量所折服，从而走向了全盘西化和全盘否定中国传统文化的道路，日本在近代对中国最大的毒害是蛊惑中国年轻人失去对本土文化的自信。

十月革命一声炮响，给中国带来了马克思列宁主义。这也导致了中国对西方文化认知的第二次变化，由此前对西方文化的彻底肯定，转变为对西方资本主义路线上的否定，或者说是意识形态上的否定。对西方资本主义的否定只是反对私有制，而对产权、资本本身，并不否定。但同时对传统文化仍然持否定态度，典型事件是"文化大革命"和破"四旧"等，因此，此时中国对西方文化是在社会制度、路线、意识形态上保持自信，而传统文化仍然处于"不自信"状态。

1992年以邓小平"南方谈话"为标志，提出了"社会主义市场经济"概念，中国对西方文化的态度发生第三次转变。不再纠结"姓资姓社"问题，不再纠结"资本"在意识形态上的差别，而是在乎"资本"对经济效率上的作用，致力于"经济自信"。在这个背景下，中国步入到对美国的崇尚和向往，这种崇尚到2005年左右达到顶峰，2008年国际金融危机后，逐渐回落。在过度强调"效率"的同时，国内引发"公平"性缺失、道德滑坡的系列问题，国外引起美西方国家的警惕，并对中国开始采取抑制政策。似乎在丢弃传统文化、单方面追求西方文明的过程中，遇到了根本无法融入西方文明的问题，从而不得不使人思考"我是谁"的问题。

2009年，《中文正在缺失》一文，引起了党和政府的高度重视，文中提出了"文化觉醒、文化自信"等概念①，自此之后，相关"文化觉醒、文化自信"的论述才逐渐出现，道路、制度自信的提法于十八大之后逐步推出。文化觉醒、文化自信的提出，是解决中国人近一百多年来崇洋媚外思想问题的根本指导原则。这是中国对西方文化认知的第四次转变。

美国社会学家塞缪尔·亨廷顿在《文明的冲突与世界秩序的重建》一书中指出："在冷战后的世界中，人民之间最重要的区别不是意识形态的、政治的或经济的，而是文化的区别。人民和民族正试图回答人类可能面临的最基本问题：我们是谁？他们用人类曾经用来回答这个问题的传统

---

① 黄晶：《中文正在缺失》，百度文库，https：//wenku.baidu.com/view. 2022年5月17日。

方式来回答它，即提到对于他们来说最有意义的事物。人们用祖先、宗教、语言、历史、价值观、习俗和体制来界定自己。他们认同于部落、种族集团、宗教社团、民族，以及在最广泛的层面上认同于文明。"[1] 世界在经历"二战"后美国所建立的单极化世界秩序中，并没能建立起如美国所希望的世界秩序和生活，反而使人类陷入能源危机、气候变暖、地区冲突、瘟疫流行的生存危机之中。世界的冲突和矛盾，人类生存环境的恶化，都迫使人们思考西方文明的前途问题，思考依赖矿物能源的工业文明是否可持续，人类未来的生活方式该走向何处，由此也引发了对文化认同的思考。

二 城市文明的未来走向

工业文明，使人类步入了对矿物能源的依赖，进入到快速的城市化进程。城市只有在不断消耗矿物能源的基础上，才能维持物质、社会系统的动态平衡。人类矿物能源的高消耗和高排放，引发了地球气候的不断变暖，并由此引发冰川融化、火灾频发、生存环境恶化等极端的天气和自然灾害，使人类的生存感受到了前所未有的危机。对矿物能源的依赖，也将人类的生活方式引向能源的竞争，由此带来国际地缘政治的日益紧张，甚至在局部地区引发战争，大国之间的对抗日益严峻。所有这一切也引发了人们对人类生活方式及文明走向的思考。

（一）城市生活方式的不可持续性

城市文明，本质上是依托矿物能源支撑的文明。在矿物能源支撑下，不断往城市中输送各种物质和能源，一方面，维持城市化生活方式的运行；另一方面，城市有机体量能不断集聚，从而城市个体不断扩张。在周边农村有足够的多余劳动力时，城市有机体生长不会停止，城市运行在空间增量化的模式，周边农村大量的人口被吸引到城市，以填充新扩展的"人造空间"，由此带来的结果必然是广大农村地区的萧条和衰败。世界发达国家工业化过程，这一现象概莫能外。农村地区萧条，意味着农村地区的人口放弃了依托太阳能的可持续生活方式，转而移居城市，加入依托矿物能源

---

[1] ［美］塞缪尔·亨廷顿：《文明的冲突与世界秩序的重建》，周琪、刘绯、张立平、王圆译，新华出版社2018年版，第5页。

生存的人群之中。而矿物能源的有限性，意味着城市文明生活方式的不可持续性。当人类面临能源短缺、电力紧张时，城市这一巨大的有机体，将无法保持其动态平衡。届时，大量的人口必然逃离城市，回归农村。

（二）矿物能源的竞争日趋激烈

未来世界之争，最根本的是能源的竞争。目前，世界能源结构以石油、天然气、煤炭三大传统能源为主，辅助以核能、风能、生物质能等清洁能源。世界石油、天然气，将在2050年前被用尽的看法已经被公认。有数据显示，中国煤炭按照目前消耗量，最多只能支撑100年。那么这三大传统矿物能源一旦耗尽，用什么能源替代？本来最有希望的是核能，但核能的安全性及核废料的不可处理性，使核能受到人们质疑。日本福岛核电站事件，更使人们对核能产生恐惧之心。太阳能被认为是一条出路，但制造太阳能电板本身需要消耗大量能源，同时占地面积大、电池的昂贵、低效和高污染，使其根本无法替代传统能源。可燃冰，存在着开产难度大的问题，大规模使用遥遥无期。因此，在矿物能源面临枯竭的背景下，城市生存危机日益逼近，各国能源竞争日趋激烈。俄乌冲突导致欧洲能源危机，导致欧洲城市物价通胀、社会混乱，欧洲城市文明从未出现过像现在这样因能源而面临重大的生存危机。

（三）地球变暖趋势逐渐恶化

人们在焚烧化石燃料的同时，产生大量的二氧化碳，导致地球温度上升，即温室效应。当温室效应不断积累，导致地气系统吸收与发射的能量不平衡，能量不断在地气系统累积，从而导致温度上升，造成全球气候变暖这一现象。全球变暖会使全球降水量重新分配，冰川和冻土消融，海平面上升等，不仅危害自然生态系统的平衡，还威胁人类的生存。

（四）城市增长的边界和收缩发展

1. 城市增长边界

一国之内，在人口总数不变的情况下，城市空间不可能无限增长，即便100%人口全部居住到城市，那么作为已经满足所有人口生产、生活的城市空间，应当有一条明确的外围边界线，更何况，城市化率不可能达到100%，总有一部分人口仍然居住在农村地区，从事着农业生产。一般来说，当城市生产力不足以提供新的就业机会，城市化率便会出现拐头或停滞增长，此时，可以理解为该生产力条件下的城市增长边界。当前的

"城市增长边界"概念是从美国引进的,是随着城市蔓延问题而提出的。该概念指的是"在城市周边设置一道独立的、连续的界限来限制城市的增长"。又分为预期性城市增长边界、协调性城市增长边界、警戒性城市增长边界、周期性城市增长边界几个类型。警戒性增长边界是为了保障生态安全和粮食安全而设定的城市增长边界。

由此可见,这一概念的提出,一方面是在城市化依然处于快速发展时期,另一方面是特别针对大城市和特大城市所发生的城市无序增长而采取的限制行为。如20世纪30年代的莫斯科规划及40年代的大伦敦规划,都采用了在建成区外围设置一条绿带圈层,用来限制城市的无序扩展。

而人为的用绿带来限制大城市扩张,其效果甚微。随着城市发展,在跨越绿带外围后,又不断形成新的城市地区和城市绵延带,并由大城市向城市群、城市绵延地区发展。

真正意义上的城市增长边界,应该建立在"能源的合理利用"基础上,本着可持续发展理念,各种生产力要素在城市与乡村全域空间合理布局的结果。这种城市建设用地和乡村建设用地的合理比例,必须基于人类生存所需能源的可持续性。目前,人类生存所依存的能源分别是矿物能源和太阳能,而矿物能源的有限性,也决定了城市增长的有限性。并随着能源危机的加剧,人类生存所依托能源的方式将再度转换——从矿物能源回归到太阳能,则城市将进入真正的收缩发展。

2. 城市收缩发展

"收缩城市"(shrinking cities)的概念最早由德国学者 H. Häußermann and W. Siebel 于1988年提出,指的是受去工业化、郊区化、老龄化以及政治体制转轨等因素影响而出现的城市人口流失乃至局部地区空心化的现象[①]。在中国,"收缩城市"的概念,所指的并非美国式的"郊区化",而更体现为赢家城市和输家城市的差异拉得更大,输家城市的数量也相对更多。中国东北、西北地区城市人口的流失,意味着在全球化过程中产业竞争的弱势与失败,导致这些地区的城市都处于收缩发展之中。相反,人口流入地区,通过产业调整,提升土地利用效率等手段,城市主动进入到

---

① 郭源园、李莉:《中国收缩城市及其发展的负外部性》,《地理科学》2019年第1期。

存量发展阶段，并通过划定城市增长边界，城市由增量发展进入存量发展模式，在土地利用效率上做文章。

随着中国人口的老龄化，人口即将进入负增长时代，同时，随着矿物能源危机不断加深，届时，无一城市可以逃避收缩发展的魔咒。因此，新型城镇化，要基于能源的可持续利用和发展，城市与乡村人口比例，应该基于中国的国情和现实，制定出符合中国国情的城镇化策略，这个策略包含三个主要的发展目标：一是适合中国国情的城市化率，即合理的城市与乡村人口比例；二是能源利用可持续；三是中国传统文化得以传承和发展。

（1）适合中国国情的城市化率

西方国家的城市化率普遍已经超过80%，根据最新数据公布，我国目前的城市化率已经达到60.6%。沿海发达地区，已经超过70%的城市化水平。到2019年止，利用40年时间，使中国的城市化水平提高了41.68%，每年几乎提高一个百分点。如此惊人的速度，世界绝无仅有。那么，中国的城市化水平是否也需要达到发达国家的80%以上？这显然不适合中国的国情。根据中国社会科学院人口与劳动研究所所长张车伟研究，我国城镇化将进入减速阶段，2022年前后或将出现"放缓"拐点。其主要观点如下："从人口自身发展变化和实现城乡融合发展目标两个视角，中国将在'十四五'期间出现城镇化由高速推进向逐步放缓的'拐点'，到2035年后进入一个相对稳定的阶段，城镇化率的最大值大概率会出现在75%—80%之间。尽管城镇化推进速度会放缓，但到2035年还将有约1.6亿农村人口转移到城镇中；人口流动经过开始、加速和转折期后，已经进入了饱和分化期，增速开始下降；随着城市建设和居民收入水平的提高，流动人口越来越看重城市的公共服务水平，教育、医疗和住房等对于吸引和留住流动人口具有越来越重要的作用；分区域看，城镇化水平存在明显梯度差异，呈现自东向西逐步降低态势。"[①] 按照张车伟的预测，中国到2035年，城市化率将达到75%—80%水平，还将有1.6以农村人口流入城市。届时，中国的城市化水平与西方发达国家基本持平。

---

① 张车伟：《我国城镇化将进入减速阶段》，2022年前后或将出现"放缓"拐点。中国经济新闻网，https://www.cet.com.cn/wzsy/ycxw/3084328.shtml. 2022年1月5日。

这一大胆预测，是基于中国当前能源高消耗得出的结论。试想，20%的农村人口，能否支撑得起"乡村振兴"的伟大战略？这是值得怀疑的。14亿人口粮食的安全底线是必须守牢18亿亩耕地底线，18亿亩耕地，相当于120万平方公里。14亿人口按照20%计算，农村人口是2.8亿人，2.8亿就算按照三分之一人口计算劳动力，劳动力总数为9300万人，那么120万平方公里耕地中，每平方公里只有78个劳动力，每人负责耕种约20亩耕地。这需要什么样的劳动生产率，才能使一个人完成20亩耕地的耕作。

据国家统计数据显示，2000年时中国有360万个自然村，到2010年，自然村减少到270万个，10年时间里有90万个村子消失，平均每天有将近250个自然村落消失。目前，行政村也从原来的七十余万个减少到了六十余万个。截至2021年，全国有691510个行政村，261.7万个自然村。按照2021年261.7个自然村计算，2.8亿人农村人口，则每个自然村平均只有107人。这样的农村人口密度，能否保持村落的活力？能否承担起中国传统文化传承的使命？

村庄规模大小，直接影响村落有机体的健康度。规模过小，各项功能不足。村落规模过大，对于村落的治理造成一定难度。城市化造成村落文化生态沙漠化，造成许多村落凋敝，从而促使全国范围开展拆村并村行动，人为将凋敝的自然村合并到行政村之中，目的就是保持村落的活力。林聚任认为目前的村庄合并，多是停留在把村民的居住集中在一起，或者先把行政机构合并在一起。表面上看这打破了原有村庄的行政界限和社会边界，但实际上它们还没有完全融合成为一个真正意义上的社区。其内部仍然保留原村庄"各自为政"的特点，各村自我管理，统一的社区化管理或组织还不健全。[①] 因此，中国的城市化道路，必须结合中国的实际情况，确定合理的城市化率。在一定的农业技术条件下，合理的城市化率，不但要保证18亿亩耕地有人耕种，确保粮食安全；同时，保证一定的村庄密度和个数，使村落规模保持一定的人口规模，从而使村落有机体保持活力。合理的村落人口规模，不但是农村经营、管理的需求，同时，也是传承中华优秀传统文化，保证广大农村地区的活力，实现城乡融合的客观

---

① 林聚任：《村庄合并与农村社区化发展》，《人文杂志》2012年第1期。

需求。

由此可见，要实现城乡融合，必须保持农村地区的活力，在一定生产力条件下，如何确定合理的城市化率，是未来一个时期必须认真对待、深入研究的课题。

三 归居田园的哲学思考

归居田园，在当今文明形态背景下，不仅仅是儒家文化的传承，更是人类未来文明形态何去何从的深入思考。

中国传统的核心思想是"天人合一"，即将"天、地、人"作为一个整体来进行哲学思辨。参透"天、地、人"者为"王"，故"王道"的根本目的，是为社会寻求一个"天人合一"的生存方式，是生态文明的本质体现。

（一）"天人合一"与阳明心学

"天人合一"就是人与自然合一。这里所说的自然，不是人们通常所认为的高山、草原、森林、河流，因为这些是自然演化的形式，而不是自然真纯至净的本质。自然的形式有变化、有生有灭，自然的本质没有变化和生灭。人的精神与自然同一性，是高于一切形式的存在。所谓的"天人合一"，也就是自心不被一切形式所迷，回归自己的本性，达到无善无恶、不生不灭的永恒境界。"归根复性""返本还原""西方极乐"等说法不一，但其内在本质指的都是同一种精神境界，也是同一种精神成果。

"天人合一"中"人的精神与自然同一性"核心观点也反映在阳明心学"心即理"的哲学体系中。以"心即理"为思想基原的阳明心学，贯通"五经""四书"，熔铸佛道二教以及宋代以来不同学术形态的思想精义，成为集中华道统中心学之大成的学说。

陆九渊（1139—1193年）为心学的开创者。其断言"宇宙便是吾心，吾心便是宇宙"。他明确提出"心即是理"的命题。王守仁提出的"心外无理"的命题，显然只是在总结和概括陆九渊的思想，而不是其本人首先提出来的观念。然而，"心外无物"则是他在"心外无理"的命题基础上进一步做出的强化推进和外延扩张。阳明心学明确提出的"心外无物"命题，则明确地把其心学建立在宇宙论、本体论和认识论相统一的基础之上，彻底贯彻了心物一元论的哲学本体论路线，从而与程朱理学的心和理、事和物、知和行等截然分割的二元论彻底地划清了界限。①

根据对宇宙论和本体论的这一理解和界定，陆九渊提出的"心即理"和"宇宙便是吾心，吾心便是宇宙"观点，很明显属于心物一元论的宇宙论和本体论主张。王守仁则在继承陆九渊的"心即理"和"宇宙便是吾心，吾心便是宇宙"的一元论宇宙论和本体论基础上，从理论的内在逻辑上根本消除了主体和客体、心与物的对立，明确、坚定并一以贯之地坚持了"万物一体"或"万物同体"的宇宙论和本体论。而王守仁则是在承认和坚持人所面对的事物已经客观存在的前提下，为了表明这些事物并非孤立的和抽象的存在，而是与天地万物为一体的存在，"吾心与宇宙万物同为一体"。从这个意义上说，阳明心学的万物同体说与怀特海过程哲学的有机宇宙论是完全一致的。

马克思曾说过："自然界就它自身不是人的身体而言，是人的无机的身体。""被抽象地孤立地理解的、被固定为与人分离的自然界，对人来说也是无。"②"对于不辨音律的耳朵来说，音乐对它没有意义。"马克思坚持的这种人化自然观，同阳明心学的自然观和宇宙观无疑也具有内在一致性。众所周知，列宁的"物质"定义是我们所理解的马克思主义哲学原理中标准的"物质定义"。这一定义也强调，"物质是标志客观实在的哲学范畴，这种客观实在是人通过感觉感知的，它不依赖于我们的感觉而存在，为我们的感觉所复写、摄影、反映"。③ 显然，列宁的这一"物质"定义所界定的"物质"概念并不是与人无关的客观实在，而是存在于我们的感觉以外并能为人的感觉所感知的客观实在。这同王阳明所理解和界定的"意之所在便是物"的思想也是完全一致的。

（二）怀特海的过程哲学

无独有偶，英国数学家、逻辑学家怀特海，其创立的过程哲学（或称为有机体哲学），也有异曲同工之妙。怀特海所建立的过程哲学，不承

---

① 杨富斌：《对阳明心学"心外无物"学说的过程哲学诠释》，《河北师范大学学报》（哲学社会科学版）2022年第5期。

② ［德］马克思：《马克思恩格斯选集》（第1卷），人民出版社1999年版，第45页。

③ ［苏］列宁：《唯物主义和经验批判主义》（纪念列宁诞辰150周年列宁著作特辑），人民出版社2020年版。

认存在着客观的物质实体，而只承认存在着在一定条件下由性质和关系所构成的"机体"。机体的根本特征是活动，活动表现为过程，过程则是机体各个因子之间有内在联系的、持续的创造活动，它表明一机体可以转化为另一机体，因而整个世界就表现为活动的过程。既然人类是自然的一部分，那么自然就要包含感觉、思想、目的、自发性等主观因素。组成世界的实体不是第一次启蒙所宣称的彼此分离的物质碎片，而更像是互相联系的有机体。

第一次启蒙的二元论。这种学说的典型形式是法国哲学家笛卡尔在17世纪提出的"心物二元论"，即世界存在着两个实体：一个是只有广延而不能思维的"物质实体"，另一个是只能思维而不具广延的"精神实体"，二者性质完全不同，各自独立存在和发展，谁也不影响和决定谁。因此将人与世界分开而论。

怀特海认为，这里对"自然界"和"人类世界"的概念设定并不科学，这两个世界都是物质世界的一部分。这里指的所谓"人类世界"只是人类活动涉及的世界而已，它是物质世界很小的一部分，如果没有人类活动它将与"自然界"没有区别，因此，这里对"人类世界"和"自然界"的界定从根本上是以人类是否接触到来区别的，而据此说"自然界和人类世界是不同的两个物质世界"是明显的不科学，因为人类可以不用前往另一个世界，在同一个世界里就能轻易地把"自然界"的某一部分转化成"人类世界"。所以说，"自然界"和"人类世界"是同一个物质世界的两个部分，把它们按照这种概念区分开只是一种单纯的实际操作性区分，不能反映本质性的道理。①

显然，自然界的物质与人类的精神互不相干。只有处于人类实践领域里的、已经成为人类实践直接或间接的实践对象的物质，即人类世界的物质才和人类精神有关。因此，只有在人类实践领域来讨论物质与精神的关系才有意义。那么，两者有什么关系呢？由于人类实践有认识世界的实践和改造世界的实践两种，因而又要看所讨论的物质是处于人类认识世界的实践领域，还是处于人类改造世界的实践领域。

通过以上分析和限定，可以清晰地看到，在人类认识世界的实践中，

---

① [英]怀特海：《过程与实在》，李步楼译，商务印书馆2011年版，第78页。

它是物质通过人类实践决定了人类的精神。这也就是传统哲学所说的认识源于实践。而在改造世界的实践中，则是人类的精神通过人类实践决定了物质——因为人类世界的事物都是人类改造世界实践的产物。各种产品都是人类生产实践的产物，各种社会制度的确立和变革都是人类社会革命和改革实践的产物，无一例外。而人类改造世界的实践，无论是生产劳动还是社会革命，都是在人类精神的支配和制约下进行的。人类总是在认识世界的实践中获得对客观世界的认识，然后再运用这些认识来指导自己改造世界的实践去改造客观世界的。

由上述物质与精神的关系可以明显看出：物质和精神的关系只有在人类实践中才能发生。若要想科学地改造世界，必须科学地认识世界，新唯物主义整合了这两点与科学同步，称为科学世界观。

第二次启蒙，人类需要对世界有一个整体的和一以贯之的认识，以增强人类对彼此的关爱和对整个世界的关心。这种认识所倡导的价值观，能使人类对金钱的膜拜让位于对真理和幸福的追求。

至高无上的是事件，而不是物质。从物理学角度来说，它将重心从质量转移到能量。世界由能量活动而不是物质性的原子组成。每个能量事件都是一种合生。任何时间都不是分散独立的。然后成为未来事件的组成部分。因此，怀特海认为，现实事件或现实机缘，才是构成世界的基本元素。[①]

（三）阳明心学与怀海特过程哲学的关系

从怀特海经过修正的主体性原理来看，王守仁坚持的"心即理"和"心外无物"，正是强调了万事万物包括心的主体性，心和物的关系并不是传统哲学中所理解的能动的主体和被动的客体之间的单向反映和被反映的关系，而是万物一体之中的两种不同经验主体和力量相互制约、相互生成、相互作用和相互影响的关系。它们类似于道家学说中的"阴和阳"的关系。从"阳明观花"的叙事中也可以看出，不仅作为"心"的存在是能动的认知主体，而且所谓"此花"也与"汝心"一样，在人的感知中"此花颜色一时明白起来"。也就是说，"花"也不是纯粹被动的惰性质料，而是能动的有生命的存在。因此，它才能和人心发生作用，在人心

[①] [英] 怀特海：《过程与实在》，李步楼译，商务印书馆 2011 年版，第 78 页。

中呈现出来。

从主体性原理内在包含的实践性原理来看，根据阳明心学的知行合一学说，知和行也本为一体，现实的知和行须臾不可分离。所以，王守仁说，"一念发动处，便即是行了"，"知是行的主意，行是知的功夫；知是行之始，行是知之成"。而作为本体的心并不是寂然不动的，而是积极能动的，它可以"物来接应"，"物去不留"，表现出极强的自觉能动性和实践性。所以，它对外物的感知，并不是消极被动的，而是积极主动的"摄入活动"。而作为宇宙总体中的所谓事和物，其本身当然也不是消极被动的，而是积极能动的活动过程，并且如王守仁所说，草木瓦石等万物也是有良知的，天地万物都是有良知的，正因如此，它们才能与人的良知发生互动，才能进入人的现实认知活动之中。①

怀海特的主要学术观点与中国传统文化相通之处至少有以下几点：一是人是自然的一部分，人类需要对世界有一个整体的和一以贯之的认识，以增强人类对彼此的关爱和对整个世界的关心。这与中国传统的"天人合一"思想不谋而合；二是他认为"至高无上的是事件，而不是物质"，事件即"机缘"，这与释家的"缘起性空"思想不谋而合，所谓"缘起"，就是说：世界上没有独存性的东西，也没有常住不变的东西，一切都是因缘和合所生起。所谓"性空"，就是说：因缘和合所生起的假有，本性是空的；如果自性不空，则不能有，这就是"真空生妙有"的意义。三是两者皆认为"人的修心应在于实践"，即"知行合一"，唯有在实践中，机缘中修心，方能至善，方能践行"天人合一"的伟大实践。

（四）"天人合一"的当代价值和启示

在建设中国式现代化和社会主义生态文明社会过程中，坚持心物一元论，坚持万物一体的有机宇宙论和本体论，坚持知行合一的认识论，对我们克服和扬弃工业文明社会实践中的某些弊端，诸如把自然万物当作无生命、无内在价值的自在存在，肆意开发和滥用，奉行所谓"价值中立原则"，认为自然资源是无限的，科技是万能的，等等，无疑具有非常现实的意义。中国式社会主义现代化既是对世界先进工业文明思想的继承，也

---

① 杨富斌：《对阳明心学"心外无物"学说的过程哲学诠释》，《河北师范大学学报》（哲学社会科学版）2022 年第 5 期。

是对其创造性的发展，因为结合中国是农业大国和后发国家的现实，在当今全球化浪潮中，中国既要积极参与，又要保持相对独立性，保持我国现代化的特色，以中国天下大同、协和万邦、万物一体和人类命运共同体的理念影响和引领世界，防止世界走向单级化。中国倡导和引领的社会主义生态文明社会建设，既是对资本主义工业文明积极成果的继承和发展，也是在此基础上以万物一体、民胞物与、天人合一等思想为理念，创造性地建设人与自然、人与社会、人与人、人与自我和谐共生的崭新文明新形态。

  可见，人类文明形态决定于人类实践行为方式的选择，即人类的行为方式仅仅是"一味追求物质的富有"还是对"真理和幸福的追求"。这便是"工业文明"与"生态文明"两种生活方式根本区别所在。也是"金钱至上"与"天人合一"两种价值观区别所在。

  工业文明，借矿物能源之量能，注入城市之肌体，使其迅速扩张、膨胀，借资本为媒介，实现资本对地理空间之扩张和控制，从而形成"城市化"浪潮。在此浪潮中，借能源之投入，实现资本之增值，从而满足人之贪欲。因此，城市文明虽然体现为物质、商品之极大丰富，实则体现为"人"对"天、地"无尽之索求。于天，气候变暖、灾祸不断；于地，江河尽染、土地皆污，人类跻身于钢筋混凝土之丛林，为谋珠玑之利，国家相争，市民争利，置天地于不顾，置家园于灾害。

  生态文明，量自然之承载能力，而谋人类之生存法则。尽太阳之所给，养天地之物华，天、地、人各得其所，天、地、人合而为一，如此，人类可谋求永续发展之方式，使文明万代相传。

  故而，站在"天人合一"的角度，重新认识广阔大自然的生命价值，来重新认识"归居田园"的价值，使我们重新认识城市化的社会实践不应该只重视城市的发展，更应该重视天地间万事万物的共同发展，不应该只重视矿物能源带来的好处，更应该重视太阳给人类带来的无尽恩惠。降低人类的欲望，在行知合一中，修身养性，在爱"自己"的同时，更应该爱"人类"，爱"自然"，从而使天地间物尽其华，使城乡各显生机，城乡空间各尽其用，从而达到"天人合一"之最高境界，使人类真正实现可持续发展。

第三节　村落文化生态新形态

　　复旦大学王德峰教授说："今天以西方文明为主导的世界文明，让我们都纷纷向西方学问学习，从科学一直学习到哲学，然后西方文明所有的病症，我们都无一避免地沾染到。我们把理性的思考之所得，看成是我们生活的基础。我们被西方思想套进去了，但是西方哲学产生出来的科学的巨大成果，永远不是我们生活的基础，只是方便我们生活的手段，人类生活的真实基础倒是我们的儒道佛的思想所展示的。西方人到20世纪开始认识到这一点，在此之前，已经有马克思、尼采开始认识到这一点，所以他们发生了对自己的西方自身的柏拉图哲学传统的颠覆。这件事情很简单的，我们中国哲学滋养的是我们的心灵，智慧只是对无的默契，这是佛家；与自然的默契，这是道家；与亲情的默契是儒家。总而言之不是理性的思考，这样一种智慧是我们生活本来的基础。西方人的哲学锻炼了我们的头脑，中国的哲学滋养了我们的心。"[①] 因此，我们的生活需要什么样的哲学思想为指导，是决定村落文化生态的具体形式。

　　村落文化生态变迁及新形态的打造，归根结底，在于人思想的变迁和综合文化素养的提升，古村落文化生态结构充分说明了这一点。

　　古代村落，美轮美奂，天人合一。尽管说，人民是历史的创造者，但村落空间营造和文化景观的提升，首先是村落中文化人的引领和创造，其次是普通老百姓对文化生态的认可。从村落选址，到建筑营造，到室内雕刻装饰，到诗词楹联题写，无一不是文化人的手笔。而这些营造空间的理念和手法，来自文人的哲学信仰和生活理念，哲学信仰、生活理念、文化水平构成文人的综合修养。那么古代文人都包含哪些哲学信仰、生活理念和文化修养，这是我们需要总结和关注的，这不但给当今的人们提供了参考和比较，更从中找出人生的奋斗目标和社会的发展方向，从而为打造"城乡融合""天人合一"的村落文化新形态提供当代人应具有的人文素养的支持。

---

①　王德峰：《寻觅意义》（王德峰人文讲演录），山东文艺出版社2022年版。

一　古代文人的素养与品质

（一）古代文人的素养

由于社会系统的"稳定性"，人的"性情"就成了社会的主线，人们的才情和精力都放在了人性的挖掘上了，一切都是由情感而生，"性情"是社会运转的核心。

古代村落，是农耕文明的文化中心。大部分读书人都处于乡野，社会基础教育设施，如私塾、书院等大部分分布在农村。因此，农村中，存在三种文化精英。第一种是"士人"，即读书人。这类人家庭条件优渥，以读书、科举为业，一生为功名而奋斗；第二种人是"士农"，这类人家庭条件贫寒，边耕边读，"朝为田舍郎，暮登天子堂"是其生活理想，不但能体会下层百姓的苦寒，且知书达理，文化素养极高；第三类人是"士商"，这类人以经商为业，常年出门在外经商，但其妻儿老小都留在家乡，一辈子奋斗所赚的钱财，都背回老家，这类人，守正创业，讲究信义，笃信儒家文化和思想，在经商中实践儒家文化思想，也具有极高的文化素养。其余一般平民百姓，在宗族文化引导下，皆以"仁、义、礼、智、信"作为自己的行为规范和标准。

由此可见，正是这三种知书达理之文化精英，主导着村落空间的规划与营造，并在生活与实践中，不断充实村落空间的文化内涵。同时，普通平民百姓通情达理，对儒家文化的信仰和对文化精英的信任，使传统文化要素深入到千家万户，深入到村落每一个空间，从而使村落真正实现天人合一的完美境界，同时使村落空间与景观，具备了教化的功能。

（二）古代文人的理念

古人营建村落的理念是天人合一、阴阳和谐。在这个理念指导下，村落选址，讲究风水；空间结构，必须符合阴阳学说；村落与环境，必须相互和谐，使色彩融于环境，使材料取之于本土，使空间与环境交错，从而营建形成安全、优美、具有充足的环境容量、阴阳和谐的生产和生活空间。

1. 天人合一，首先是村落与环境的合二为一。村落的选址，首先观山察水，进行堪舆，并考察环境容量。观山察水自有一套堪舆理论，目的是获得安全和优美的居住空间，同时又得到左青龙、右白虎、前朱雀、后玄武四方神灵的保佑。环境容量,是选址需要考虑的最主要因素之一。只有充足的环境容量,才能开阡陌、种稻粟,才能有足够的粮食养活子孙后代。正好比某一植物,首先为自己选择一个水土肥美又具有足够生存空间的地方定居下来,生根发芽,才能使自己的族群生生不息。

2. 天人合一,也是村落空间中阴阳的和谐。在村落空间的规划之初,借"太极""八卦""七星拱月"之形,来表达村落空间结构的天人合一和阴阳和谐。这样的例子比比皆是。可见,古代在村落规划之初,便具有明确的规划思想和目标,并将规划理念落实在空间营造的具体环节。这与当今设计师们的"天人合一"理念截然不同,前者落到实处,后者仅仅停留在口号阶段。当今的村落规划,多将城市居住区的设计手法应用于村落,建筑与建筑之间、建筑与环境之间说不出之所以然。可见,规划设计者,是否真正具有"天人合一"的设计理念及设计方法,直接决定了村落空间最终布局,也决定了空间是否真正具有文化内涵。

3. 天人合一,又指人与居住空间的合二为一。古语云:"人宅相扶,感通天地。"对于人来说,"宅"为"六合","六合"便是属于户主的"天地"。因此住宅空间布局、朝向、开门、用材、作法等,一切皆有讲究。这一切,均取决于古代文人的"品质"。

(三) 古代文人的品质

孔子曰:"人有五仪:有庸人,有士子,有君子,有贤人,有圣人。审此五者,则治道毕矣。"[1] 孔子认为,世人可分五类,依次为"庸人、士子、君子、贤人、圣人"。庸人,是被社会鄙弃的一类人,这一类人不学无术,不知教化为何物,随心所欲,肆意妄为;因此,为避免沦落为庸人,就要读书,就要接受教化,由此,士子便成为接受教化但修行尚未达到一定境界的人。士子接受教育,而能够按照道德规范要求自己,则能成为君子,所谓谦谦君子是也;而贤人不但能够遵循道德规范,更能够成为行为规范的榜样;圣人,则是制定行为规范的人,能成为圣人者,寥寥无几。这五类人,分别代表着一个人修养和品质的高低,也是每个人"修身"过程中的参考标准。因此,在"修身、齐家、治国、平天下"目标指引下,每个人,都给自己确定了一个明确的人生奋斗目标。

---

[1] 杨朝明编:《孔子家语通解》,齐鲁书社2013年版。

关于如何做人，又有一说。子张问于孔子曰："何如斯可以从政矣？"子曰："尊五美，屏四恶，斯可以从政矣。"子张曰："何谓五美？"子曰："君子惠而不费，劳而不怨，欲而不贪，泰而不骄，威而不猛。"子张曰："何谓惠而不费？"

子曰："因民之所利而利之，斯不亦惠而不费乎？择可劳而劳之，又谁怨？欲仁而得仁，又焉贪？君子无众寡，无小大，无敢慢，斯不亦泰而不骄乎？君子正其衣冠，尊其瞻视，俨然人望而畏之，斯不亦威而不猛乎？"

子张曰："何谓四恶？"子曰："不教而杀谓之虐；不戒视成谓之暴；慢令致期谓之贼；犹之与人也，出纳之吝谓之有司。"[①]

子张与孔子的问答，是从社会治理出发，强调一个人应该不贪、不骄，正衣冠，尊其瞻视，令人敬畏。由为人推而广之，人减少贪欲，知足常乐，则不会过度向自然索取，会遵循天人之间的自然关系；人"尊其瞻视"，不但会正衣冠，还会看重村落空间、建筑环境的营造，使村落空间环境优美，处处赏心悦目，人工环境，恰如天造，可比自然。这不正是"天人合一"的最高境界吗？可见，人的修养和品格，直接决定了村落文化生态的人文境界。

总结起来，古代文人具有以下共同的优秀品质。第一，具有坚定的哲学信仰。中国文人哲学信仰大致可分为"儒、释、道"，而儒、释、道在人与自然关系中，都强调"天人合一"。因此，在生活实践中，都强调尊重自然，敬畏自然。第二，在人与人的关系处理中，强调"仁、义、礼、智、信"，强调孝道，从而使人与人之间得以和谐相处。第三，具有强烈的国家情怀，具有奉献精神和法制意识。"先天下之忧而忧，后天下之乐而乐"的奉献精神，使得在村落治理中减少了许多争斗。在族规和孝道的教化下，使每个人懂得了行为规范，从而实现治理的自治性和自觉性。第四，具有自强不息的奋斗精神和坚韧的意志。无论面临什么灾难和困苦，都能够自强不息，积极进取，讲究"吃得苦中苦，方为人上人"，因此在获取生活资料的过程中，取得较强的生存能力。第五，讲究个人品德的修养。"修身"作为为人之第一要务，时刻鞭策着一个人提升自身的道

---

① （春秋）孔子：《论语·尧曰篇第三章》，肖伟注，中国文联出版社2016年版。

德修养,从而以实现"齐家、治国、平天下"人生目标,并获得他人的尊重。

这些优秀品质,使得古代文人肩负起"守道"之责任,并行教化之功能,从而提升社会整体素养水平。正因为具备了这些优秀品质,才能在村落社会有机体营造和生长中,实现"血缘、政治、经济、思想、伦理"五大器官的健康发展,从而达到村落有机体与自然环境的和谐共存,最终实现天人合一的生存境界。

二 时代新人的品质

随着生态文明的建设和发展,中国"天人合一"的哲学思想必将逐渐深入人心,并成为世人的行动指南。在这样的文化预期背景下,人们的整体素养不断提升,当代文人的品质不断提高,并在村落文化生态建设过程中,展现出现代科学基础上的优秀传统文化回归与复兴,中国传统文化将以现代文明的新材料、新科学、新方法构建出来,最终形成村落文化的新形态。

作家梁晓声指出,当代文人的品质体现为:"根植于内心的修养,无需提醒的自觉,以约束为前提的自由,为别人着想的善良。"[1] 习近平总书记强调,培育和践行社会主义核心价值观,要以培养担当民族复兴大任的时代新人为着眼点。培育和践行社会主义核心价值观,说到底是人的思想建设、灵魂建设,聚焦的是造就具有正确世界观、人生观、价值观的社会主义建设者。我们党顺应历史大势,提出培养担当民族复兴大任的时代新人,对于引领广大人民群众特别是青年坚定信心、强化自觉、提升素质,投身民族复兴伟业具有重要而深远的意义。时代新人之"新",特别体现在有自信、尊道德、讲奉献、重实干、求进取。

(一) 有自信

作为当代文化人,应具有作为中华儿女、炎黄子孙的骄傲和自豪感,作为新时代中国人的骨气和底气,爱国、爱党、爱社会主义,"四个自信"执着坚定,对实现"两个一百年"奋斗目标、实现中华民族伟大复

---

[1] 梁晓声:《什么是文化》,三五观察网,https://35jituan.30edu.com.cn/Artic/e/,2022年3月11日。

兴中国梦充满信心。

自信，首先是文化自信。相信中国传统文化具有时代性。在当今社会中，在人的价值观的培养过程中，在道德修养的教化过程及城乡空间的营造中，中国优秀传统文化，传统的价值观念，从未落后过。

文化自信，根本上是思想领域的一次"文艺复兴"，是摆脱对西方文化的盲目崇拜，重新树立起中国传统文化的人文情怀。因此，对于村落有机体而言，是"思想"器官的生命再生，是传统哲学思想的重新复苏，是顺应时代潮流并将肩负起重构人类文明新形态重任的思想大解放。

正如亨廷顿所说："人类文明的希望在东方"。中华文明，根植于几千年"天人合一"的理念，在吸收、融合西方科学技术和城市文明的基础上，逐渐走出一条兼顾人类发展诉求和生态环境保护相融合的生态文明之路。兼顾人类发展，不仅仅是本国人民的发展，而是兼顾世界人民共同发展的"共富之路"，是构建人类命运共同体的伟大实践。兼顾生态环境保护，是确保人类家园健康发展，能给人们提供一个安全、优美、清洁的居住空间。"天人合一"，一个新型的人类文明形态正像早晨的太阳，在古老东方冉冉升起。

人类文明新形态是对中华文明的赓续和创新。每一种文明都有自己的生存土壤，中华文明是当代中国文化的根基，是中华民族独特的精神标识。一百多年来，我们党团结带领人民从农业文明走向工业文明，为把我国建设成为社会主义现代化强国，实现中华民族伟大复兴而不懈奋斗，实现了从后发外生型、赶超型现代化到内生自主型、引领型现代化的转变。我们在走出中国式现代化道路的实践逻辑中，创造了人类文明新形态。人类文明新形态厚植于中华文明土壤，彰显着中华文明的鲜明底色，凝结着中华文明的文化底蕴，使中华文明在 21 世纪再次迸发出强大精神力量。

人类文明新形态是对马克思主义文明观的丰富和发展。马克思和恩格斯立足唯物史观，在揭示人类社会发展一般规律的基础上指出了文明发展的趋势。通过对资本主义的革命性批判，指出社会主义必然代替资本主义，并预见了未来共产主义社会新的文明形态的一般特征。人类文明新形态实现了对马克思主义文明观的不断丰富和发展，为在百年未有之大变局中更好解决人类发展难题，科学回答中国之问、世界之问、人民之问、时代之问提供了中国经验、中国方案、中国智慧,使社会主义文明在21世纪焕发出蓬勃生机活力。

人类文明新形态是对西方资本主义文明的扬弃和超越。近代以来,西方国家率先实现从传统农业文明向现代工业文明的过渡,推动人类社会进入了工业化、现代化的文明阶段。有种观点认为,人类现代化发展只有西方资本主义道路,西方资本主义文明是"人类文明的终极形态"。然而,历史证明,中国共产党团结带领中国人民群众开辟了一条不同于西方资本主义的现代化道路,创造了具有"社会主义性质"与"人类性"有机融合的人类文明新形态,实现了对西方文明形态的反思与超越,彰显了人类文明的多样性。

(二) 尊道德

尊道德,是在传统道德价值观念基础上,建立起新时代的人类行为标准,是梁晓声所谓的"以约束为前提的自由"。尊道德,必须以继承中华传统美德为前提条件,弘扬社会主义核心价值观,崇德向善、见贤思齐。要求人们具有善良的道德情感、正确的道德判断、自觉的道德实践。

尊道德,除了遵守传统的为人处世的优良传统之外,还必须遵守社会主义法治体系,遵守各行各业的道德职业规范,遵循天地良心。如此,方能修心如玉,方能秉承"天人合一"的价值观念。

尊道德,也是村落有机体"伦理"器官的生命重构。这个器官,在传统伦理道德滋养下,吸收当今法制观念,吸收现代科学、技术行业的职业规范,从而,以更加包容的形态,构筑形成新型文化形态的重要一环。

(三) 讲奉献

讲奉献,是强调在处理人与人、人与集体、人与国家关系过程中,应该采取的为人原则。它既是构成美德的一种品质,更是社会治理的一种有效手段。因此,讲奉献强调人应该具有自觉的国家意识、民族意识、责任意识,主动担当民族复兴的历史责任,在尽责集体、服务社会、贡献国家中体现自身价值。唯如此,方能克服"以自我为中心",克服自私自利,克服对名利、金钱、美色的贪欲。

(四) 重实干

重实干,就是坚持实践第一、知行合一、求实务实、有为善为,脚踏实地干事创业，用勤劳的双手创造美好生活。

实干，是人们谋求生活资料，实现美好生活的具体实践。任何一个伟大的设想和美好愿望，不付诸实践，不脚踏实地的实干，一切归于零。因此，实干，是推动社会进步的第一动力。

重实干，更是村落有机体重构"经济器官"的行动方略，社会要发展，首先经济要提升，不但要在农村地区充分利用每一寸耕地，更应该在城市地区大力发展科学技术，充分吸收人类文明的科学成果，打造具有竞争优势的产业链，为城市、村落有机体赋能，实现有机体量能循环的平衡。

重实干，反对不劳而获，反对剥削压迫，提倡勤劳致富，勤俭致富，唯如此，将人生的价值付诸实干的美好实践，使人生活得精彩、充实，在构建人类命运共同体过程中，聚沙成塔，发挥每个人个体的力量，最终实现更加美好的文明形态和生活。

（五）求进取

求进取，就是始终保持昂扬向上的状态、姿态，富有求新求变的朝气锐气，勤于学习、勇于开拓，以新的实践创造成就民族复兴的伟大梦想。

求进取，是一个人的精神状态。当人们抱定某一种理想和价值取向，在其内心深处，升华成为一种付诸实践的内生动力，时刻保持着积极、乐观的进取精神，从而向着目标，一步一个脚印，直至实现理想和奋斗目标。

求进取，不但要积极传承、发扬中华优秀传统文化，将中华优秀传统文化付诸打造人类文明新形态的伟大实践，还必须积极吸收世界各国的先进科技和技术，不断学习，不断创新，将传统文化与当代科技融合发展，将人类文明成果皆为我所用，从而为人类探索出一条新的、可持续发展的道路。

三　村落文化新形态构建

村落文化新形态是由"时代新人"构建的文化形态。时代新人，既具有发展社会主义现代化的能力，又具有中国文人的传统美德。因此，要具备这双重属性，既要重视村落物质空间系统的营造，更要重视人的素质提升。村落物质空间系统的营造需体现传统文化的景观，从而实现村落空间的教化功能。人的素养的提升，主要体现在人的知识水平和道德修养水平。

（一）构建策略

1. 保护传统建筑，活化传统空间

农村地区，依然保留着众多的传统建筑，这是文化的根，是承载中华传统文化和记住乡愁的物质空间载体。作为最主要的传统文化载体，首先需要做好系统的保护，体现村落发展的历史年轮，留住村落发展的痕迹和历史记忆。恪守保护为主、抢救第一、合理利用、传承发展的原则，在保护中传承中华文化；保护传统建筑，注重文化遗产的真实性、完整性和多样性，把社会效益、人文效益放在第一位，认真做好文化遗产的普查、梳理和认定，在此基础上挖掘开发有特色的重点文化遗产项目，通过构建载体、拓展渠道、活化手段，使历史空间成为真正的人们生活、生产空间，使文化遗产在活化的状态中得以保护和传承，切实发挥文化遗产的教化功能、生活生产功能、民族精神的凝聚功能。正确处理好当下和长远、保护和发展等方面的关系，修缮老旧"古董"，擦亮文化瑰宝，把珍贵文化遗产完整地留给子孙后代。

2. 弘扬地域文化，构造独特景观

一方水土养一方人，一方文化塑造一方景观。作为一个独立的社会聚落和文化单元，文化生态具有自身独特的生成机制，不同地域的人具有不同的思想观念、行为方式、情感取向，因而也就有了不同的生活方式，这种不同的生活方式，都将以不同的形态特征表现出来。建筑物作为人类有目的性的物质创造，其形态的生产就成为用材料、结构、色彩、轮廓、肌理等"形"的因素构造主题的情绪、意念、环境、时间等因素组成的"态"的表达。"形"的要素具有可变性、可组织性，是物质的、客观的；"态"的定义是来自于人的需求和感受，是变化的参数，是主观的、心理的。这便是"器以载道"的哲学逻辑所在。因此，在村落的新建筑营造中，应该强调地域文化的差异性，以地域文化为灵魂，尽量以本地的建筑材料，塑造独特的建筑风格，避免简单的抄袭，从而导致千村一面的村落景观，建设一乡一品的农村特色文化。

3. 挖掘非遗文化，创新文化产品

非物质文化遗产，既是历史发展的见证，也是珍贵的具有重要价值的文化资源，是中华民族智慧与文明的结晶。中国农村蕴藏着丰富的非物质文化遗产，非物质文化遗产对于塑造独特的生活方式，具有其他文化无法替代的作用，千百年来，成为农民的重要精神食粮。保护非物质文化遗产，要重视多样性的保护，同时，更应该重视非物质文化的传承人的保护，使非物质文化遗产代有传人、生生不息。

非物质文化遗产的保护，更应该是创新性的保护。在保护文化形态原真性的同时，运用现代数字化技术手段，结合时代生活内容，对其进行创造性转化和创新性发展，使之与现代文明相接续，与社会主义核心价值观相融合，使之成为新时代的精神食粮；保护非物质文化遗产，还应该和乡村产业发展相结合。非物质文化遗产，不能只成为博物馆里的展品，要开发利用，使其成为适合于时代生活需求的文化产品，在市场中找到生存的空间，从而实现保护、传承、发展的良性循环，推动乡村振兴深入发展。

4. 培养人才队伍，提升认识水平

中国传统文化遭到抛弃和破坏，很大程度上是从人的思想上开始的。当我们觉得中国传统文化落后于人的时候，就会有了抛弃和破坏的行动。在中国近代史中，多次发生大规模的拆除古城、古建筑，毁弃古文物的悲剧，这些行为，无一不是思想认识的问题所致。"旧不如新"的思想至今依然在人们的思想中根深蒂固。因此，要修复乡村传统文化生态，首先要从思想上统一认识，明白传统文化在新时代社会主义现代化建设中的重要战略地位，并付诸行动。

文化生态保护与修复，还需要一支专业的人才队伍。从古建筑的保护与修复到新建筑的创新设计，都需要深厚的文化底蕴和专业的知识作为支撑，需要有热爱传统文化的情怀。当下这样的人才队伍存在人员缺乏、分布不均、年龄老化、管理与研究力量严重匮乏等问题。因此要加强专业人才队伍建设，教育和引导民众参与文化生态修复行动中来；在大学中开设相关专业课程，村、校联合建立教学实践基地等形式，大力开展传统文化生态修复乡村建设行动，构建从理论到实践全链条的文化传承人，提升文化生态修复人才队伍的整体素质。

5. 加强党建引领，构建体制机制

党的领导是革命取得胜利的根本保证，传统文化生态修复要取得成功，依然离不开党的领导。当前"党建引领、党建联盟"等组织形式在农村地区蓬勃发展，文化生态修复，应纳入农村基层党支部的日常工作行动中来。同时，要统筹考量"保护管理"与"开发建设"的关系，从各地实际出发，适时出台地方性法规或政府规章，在乡村空间规划中，界定村落文化遗产保护的具体范围、对象和措施，明确文化生态修复的内容、方式和模式，将具有历史、艺术、科学价值的文化遗产纳入保护修复范畴，鼓励和引导社会各方力量依照国家法律和政策参与文化遗产的保护和修复，形成国家和地方相结合的多重保护修复机制，为保护文化遗产、修复乡村传统文化生态提供强有力的政策保障。

（二）构建提升村民道德、文化水平的教育体系

1. 构建提升文化素养的教育体系

文化素养的提升指的是职业素养之外的基础教育的文化素养提升。该教育系统泛指从幼儿园到大学的教育体系及机构。而在农村中，泛指幼儿教育及小学教育。

经历了四十余年的城市化浪潮洗礼，农村中原有的教学体系及设施，遭受了严重破坏，能够保留的学校，十不足一二。在经历了几轮拆乡并村后，农村学校逐渐合并，每个乡镇，仅在乡镇所在地保留基础教学设施。给农村儿童教学造成不便，更有甚者，为追求优质教学资源，农村孩子到城市就学，已成趋势。

拆并农村基础教学设施，是迫使农村人口流失的重要原因，与乡村振兴战略背道而驰。因此，为了活化乡村，留住人口是重中之重，做好农村基础教学设施规划与布点，是提升农村人口素养的重要抓手。

其次，完善农民的职业教培训。农村职业教学培训，应该下沉到乡村，定期开展农民职业教学课堂，使现有农民，逐渐掌握农业新科技、新方法，培育农业产业领头羊，带领村民走向共同富裕道路。

再次，完善农村老年大学。完善老年大学是丰富老年农民精神文化生活的需要，是巩固思想文化阵地和党的建设需要，是促进老年人适应当代科技化、信息化发展需要，掌握智能手机应用、适应网络化发展需要，也是应对人口老龄化发展趋势需要。增进人与人之间的了解，增进邻里和谐，缓解矛盾，提升相互帮助应对困难的能力，增进学习乐趣，提升文化修养，为传承中华优秀传统文化，作出应有贡献。

2. 构建提升道德修养的教化体系

构建提升道德修养的教化体系，目的在于通过寓教于乐的方式，提升农民的道德修养水平。村落文化道德水平的提升，应充分利用农村文化礼堂的作用，使文化礼堂，成为农民精神文化家园。

费孝通先生在《乡土中国》中有这么一句，"从基层上看去，中国社会是乡土性的"，相信一定引发了不少人的共鸣。"土"字的基本意义是指泥土，以前，乡下人离不开泥土，因为种地是最普通的谋生办法。而冯克利在《虽败犹荣的先知》里提出，现代社会从根本上说就是一个陌生人的社会，或称"匿名社会"。

乡土社会的"土"已然在演变，陌生人社会的"孤独"也并非我们想要。人们并没有停下奋斗的脚步，其本质是都有对美好生活的向往，这种美好生活根植于浓厚的对"熟人社会"温暖的渴望，但又建立在受益于现代化、市场化带来的效率和物质丰裕。人们衣食住行所需要的一切，几乎都由陌生人提供。正如冯克利所说，能否与陌生人愉快合作，不但可以用来判断社会的运行是否健康，也是一个人能力大小的可靠标准。只不过，从马斯洛需求层次来看，物质丰裕后，精神文化需求也得跟上来。寻求一个按照"匿名社会"高效运转又有"熟人社会"温暖便利的生活方式，成为大家内心的渴望，此时便一定程度上需要乡土文化的重塑重构。

有人说，很多人是"乡村—城市""两栖人"。这些人在村里和城市都有一个家。在浙江，无论是一直扎根乡村的村民，还是返乡探亲的客商，人们一定会发现，农村文化礼堂在某种程度上成了村庄的一个"必备标识"。农村文化礼堂作为村民的"精神家园"，其建设本身就是一个庞大的工程，要用好，确实得问问老百姓内心需求。金华各县市，在文化礼堂打造中，各有特色。

婺城区将农村文化礼堂与学校课堂结对发展，"双堂双进"获《新闻联播》点赞；金东区"礼堂管家""云上文化宴"率先探索，成为智慧礼堂的探路者；兰溪市100多座旧祠堂（古建筑）、30多座大会堂在农村文化礼堂建设中得以修缮利用；东阳市根据影视拍摄需求，探索"流动农村文化礼堂"；义乌市通过"家印象"品牌思维，让礼堂成为"老家印象"的生动载体，一些节目通过央视覆盖全球150多个国家和地区；永康市打造全域化文化礼堂"三巷九院"的布局，精雕细琢、百工特征明显，产生了与工业文化契合的乡风乡愁；浦江县"文化礼堂精品线路"模式把非遗文化和美丽经济有机结合；武义县将"茶文化"镌刻进农村文化礼堂；磐安县将农村文化资源与现代文明素养深度融合；金华开发区发挥城区优势，与婺城区、金东区联动开展文化下乡进礼堂活动。

图 9-1 金华某村落的文化礼堂

于很多人而言，家的"乡村—城市"两栖性，决定了文化生活诉求的双重需求。人们既不愿忘却乡愁和童年记忆之地，也不想放弃成就梦想的资源配置集中的城市生活。那个在城镇化进程中，因土地征迁、村庄规划、项目改造而改变的村庄，失去的一些乡村记忆、文化品牌，农村文化礼堂某种程度上在努力重构重塑，至少迅速提供了一个可承载过去、会阐释当前、能展望明天的公共文化空间。

中国是一个以农耕文明为传统文化核心的国家，对于背井离乡的人们，一边是乡愁，一边是生活，乡愁和生活既苦又甜。后乡土社会仍然存续"熟人社会"的物质载体和文化内核，但已呈现农业边缘化、社会原子化、人口外流之势。笔者调研中普遍反映，乡村人口外流，"人气"不够，令文化礼堂活动开展常常"热闹不足"。

打造乡土文化符号，让文化礼堂成为村特色文化传承的一个阵地，成为助推共同富裕的"展示平台"。如通过打造各地村集体经济特色品牌，在农村文化礼堂开展各类直播活动，甚至可以以文化礼堂为链接点，把以文化品牌、创意产业和旅游产业链为主体的乡土文化通过文化礼堂这个"窗口"展示出来，通过搭建经济共同体，以阵地开放促进整合资源，促进乡村社会共同体意识的形成、共同体精神的传承。当然，社会力量参与、创新传播方式和传播内容，促进文化与科技、数字化的融合传播，媒体宣传引导扩大知名度和美誉度也是实现文化礼堂价值功能的必要途径。

重塑乡村"熟人社会"文化不是逆历史潮流，因为有了党的领导就牢牢牵住了"牛鼻子"。而更好发挥农村文化礼堂作用，光有经验还不够，制度治理是"地基石"。我们呼吁的是优秀文化，希望重构的也一定是符合新时代新气象的、以人民群众需求为导向的新型乡土"熟人社会"文化，这种突破物理空间限制的"熟人社会"并不排斥"匿名社会"带来的高效，农村文化礼堂在联结"熟人社会"文化和"匿名社会"现实的双重需求上，成为一座"桥"。

村落文化新形态的构建，总是在村落有机体"物质空间系统"和"社会系统"两大系统中共同打造实现的。物质空间系统在体现现代性的同时，也承载着中国浓厚的传统文化内涵；社会系统的和谐，在于时代新人的素养和良好品德。抓住了物质空间的"传统文化灵魂"和社会系统的"时代新人品格"，村落文化新形态将会以一幅美丽的山水画卷，徐徐地展现在世界的东方。

后　　记

　　村落文化生态，是一定时期村落社会总的生活方式。因此，其内涵不但包括村落物质空间世界，还包括村落社会生活的方方面面。可以说，选择"村落文化生态"作为研究对象，给自己找了个大题、难题。因而如何进行科学研究，是首先需要回答的重大问题。

　　生物学家格迪斯在其《进化中的城市》一书中提到的"城市有机体"概念给了我启发，让我认识到既然城市是一个"有机体"，那么农村也应该是一个活生生的"有机体"。因此，就将"有机体"概念引入到村落社会的研究，提出了"村落有机体"概念，这样就把握住了村落文化生态的"整体性"，并在后续的研究中，引入马克思的"社会有机体"概念。以这两个概念为理论基础，推演了村落有机体内在生长规律及逻辑，构建形成了"村落有机体理论"。"村落有机体理论"是本课题最大的研究成果和学术贡献，也是本课题研究所秉持并贯穿各章节的理论基础，因此，将本书命名为《中国村落有机体文化生态变迁研究》。

　　既然村落是一个"有机体"，那么我们就可以采用"解剖"的手段展开研究。首先将"村落有机体"分解为两大系统：物质空间系统和社会系统。对物质空间系统的研究，可以深入解读承载传统文化的物质空间系统的变迁规律；对社会系统的深入剖析，可以寻找到社会系统所包含的政治、经济、思想、伦理、血缘五大社会关系的内涵及其相互关系。如此，便有了村落有机体研究的基本逻辑和方法。掌握了这一层逻辑关系，也有助于读者对本书的阅读和理解。

　　对于"村落有机体"的进一步剖析，可以构建形成"村落有机体"的结构模型。"村落有机体"的结构模型可以清晰地辨析有机体各层级内涵及其所表现的"场景"，通过对"场景"的定义及量化，可建立起研究村落某种问题的评价指标体系。这对于乡村规划学、乡村地理学、乡村社会学、经济学、政治学等学科的研究提供了一种崭新的视角。不同的学者可以根据问题研究程度的深浅要求，来决定"村落有机体"解剖的层级，也可以根据不同视角来选择有机体的研究内容。

  本书是 2018 年立项的国家社科基金项目"城乡融合中村落传统文化生态沙漠化应对机制研究"的研究成果。课题的研究有自身的学术性要求，因而学术语言对于普通读者来说具有一定的难度，其可读性及受众面，会产生一定影响。但只要能给读者和关注村落的学者、学生带去一点启发，则善莫大焉。

  本书的研究深度仅停留在"村落有机体理论"的初始阶段，有许多问题亟待深入探索。如"村落有机体细胞活性""村落有机体的量能流动""村落有机体内部各器官之间相互作用机理"等，都有待深入研究，期待不同的学者参与到村落有机体的研究中来。

  在四年多的课题研究中，弟子戴志敏、叶向阳、叶剑楠、洪侬蒙等参与了课题的调研和研究。第四章第二节是叶剑楠同学的研究成果，第七章是洪侬蒙同学的主要研究成果。课题组章明卓老师带研究生也参与了课题的研究，其中第八章第四节是其弟子方琴的部分研究成果。林青凤也参与了调研，历鑫同学参与了插图的绘制工作，在此一并表示感谢。

陈志文
2023 年初夏于金华